KANT

ET LES PENSEURS DE LANGUE ANGLAISE

KANT
ET LES PENSEURS DE LANGUE ANGLAISE

MÉLANGES EN L'HONNEUR DE JEAN FERRARI

sous la direction de

Sophie GRAPOTTE,
Mai LEQUAN et Lukas SOSOE

Publié avec le concours
de l'unité de recherche Identités. Politiques, Sociétés, Espaces (Université du Luxembourg)

PARIS
LIBRAIRIE PHILOSOPHIQUE J. VRIN
6, place de la Sorbonne, V^e^

2017

Imprimé en France

ISSN 0249-7875

ISBN 978-2-7116-2756-1

www.vrin.fr

AVANT-PROPOS

Le présent volume – en l'honneur de Jean Ferrari – se veut un vivant hommage à l'homme, au *Kantforscher*, au collègue et à l'ami qu'il est pour tous les contributeurs de ce volume et pour bien d'autres collègues encore, absents de ce volume. Un volume d'hommage volontiers audacieux, voire paradoxal, dans la mesure où il traite du rapport de Kant avec les penseurs de langue anglaise (américains, anglais, écossais), qui lui sont antérieurs ou contemporains, ainsi que de quelques aspects de la réception de l'œuvre kantienne dans l'ère anglo-saxonne, y compris jusqu'à nos jours, quand on sait Jean Ferrari aussi fervent défenseur de la philosophie de Kant que de la langue française. En effet Jean Ferrari a peu, voire pas, traité comme tel du dialogue du kantisme avec les anglo-saxons dans ses propres travaux de recherche comme dans les innombrables séminaires, journées d'études, colloques et congrès internationaux qu'il a organisés ou co-organisés de par le monde au cours de sa longue carrière universitaire et qui, pour la plupart, ont été consacrés à Kant ou aux Lumières.

Au-delà de ce clin d'œil à un thème quasi absent de ses propres travaux consacrés à Kant, ce volume rend hommage à la belle et remarquable carrière de Jean Ferrari et témoigne modestement de ce que les études kantiennes en général et particulièrement de langue française doivent à ses recherches propres, à son aura personnelle, intellectuelle et amicale sans égale et à son dynamisme constant, qui n'en finit pas de nous surprendre.

Ce volume salue une carrière originale, Jean Ferrari ayant commencé à exercer ses talents de diplomate comme Conseiller culturel adjoint près de l'ambassade de France au Maroc à Rabat (1978-1982), puis comme Conseiller culturel près de l'ambassade de France en Autriche à Vienne (1978-1982), enfin comme Conseiller culturel, chef de la Mission universitaire française en Italie à Rome (1987-1990). Ces talents auront été ensuite grandement mis au service de l'enseignement, de la recherche et plus généralement de la vie universitaire, académique, institutionnelle et associative, à travers son engagement majeur dans maintes académies, sociétés savantes et associations de philosophie. Jean Ferrari a en particulier toujours accueilli très favorablement et contribué activement à intégrer les étudiants et chercheurs étrangers aux institutions qu'il a dirigées ou au sein desquelles il a exercé des responsabilités : il a encouragé par exemple dans la voie des études kantiennes de nombreux chercheurs issus d'Afrique, d'Asie, d'Amérique du Sud et du Nord, ainsi que d'Europe de l'Est.

S'il est impossible de rendre compte en quelques lignes du parcours singulier de Jean Ferrari et de ses innombrables contributions à l'histoire de la philosophie et particulièrement au kantisme de langue française, on peut néanmoins rappeler quelques uns des moments marquants de sa carrière.

Agrégé de philosophie, docteur d'État, Jean Ferrari a d'abord enseigné au Lycée Moulay Youssef de Rabat le français, puis la philosophie en classe de terminale, puis au Lycée de jeunes filles Lalla Aïcha et enfin à la Faculté des Lettres de Rabat. Il est actuellement Professeur émérite de l'Université de Bourgogne, où il fut nommé en 1987. Associé au Centre de recherche Bachelard (aujourd'hui UMR Centre Georges Chevrier), longtemps Président de la Société Bourguignonne de Philosophie, il fut plusieurs fois Doyen de la Faculté des Lettres et Philosophie de cette Université (de 1987 à 1998) et est membre de l'Académie des Sciences, Arts et Belles-lettres de Dijon, dont il fut le Vice-Président de 1998 à 2002.

Concernant la recherche sur Kant en français, Jean Ferrari fait œuvre de pionnier en créant en 1988 la Société d'Études Kantiennes de Langue Française (SEKLF) à l'Université de Bourgogne, où il enseigne alors, et en organisant à cette occasion le premier congrès international de la SEKLF – qui organise depuis un congrès tous les deux ans –.

Son inlassable dévouement à l'enseignement et à la recherche en philosophie, autour de Kant, mais aussi bien en-deçà et au-delà de Kant, se double de la conviction de la nécessité de défendre la francophonie, ce qu'il fit notamment en qualité de Président de l'Association des Sociétés de Philosophie de Langue Française (ASPLF) de 1996 à 2010. Jean Ferrari a aussi beaucoup œuvré en faveur d'une meilleure représentation de la philosophie de langue française au plan international, notamment comme membre du bureau de la Fédération Internationale des Sociétés de Philosophie (FISP), puis comme Vice-Président de la FISP à partir de 1998, au sein de laquelle il présida durant plusieurs années la Commission pour l'enseignement de la philosophie. Il collabore à plusieurs revues philosophiques, dont les *Kant-Studien*, et est membre de nombreuses sociétés savantes françaises et étrangères. Docteur *Honoris causa* de l'Université Gutenberg de Mainz depuis 2003, ses liens intellectuels et amicaux avec l'Allemagne, anciens et nombreux, sont bien connus.

La présente publication témoigne des liens fidèles qui l'unissent à la maison d'édition Vrin. Que soient ici vivement remerciés Anne-Marie et Denis Arnaud pour leur aide, leur accueil et leur complicité dans la réalisation du présent volume. Jean Ferrari a édité ou co-édité un grand nombre d'ouvrages collectifs issus de colloques et congrès internationaux, dont la liste exhaustive ne saurait être fournie ici. Ces ouvrages collectifs attestent de son souci de privilégier le travail en équipe, de favoriser les collaborations entre chercheurs et entre établissements de recherche et d'enseignement, dans un esprit collégial et amical, loin du travail solitaire, voire solipsiste, du philosophe : *L'action* ; *Descartes et l'Allemagne* ; *Kant et les Lumières européennes* ; *Kant et la France* ; ou encore à la

Librairie Philosophique J. Vrin : *1793 Sur la politique et la religion*; *1796 Sur la paix perpétuelle*; *1797 Kant et la Métaphysique des mœurs*; *1798 Kant et la naissance de l'anthropologie au siècle des Lumières* en sont quelques exemples. Jean Ferrari a également coordonné des ouvrages plus généraux intéressant l'histoire de la philosophie, son enseignement, son accessibilité à un large public : *Socrate pour tous.*

Si son maître-ouvrage, sa thèse remaniée, *Les sources françaises de la philosophie de Kant* (Paris, Klincksieck, 1979) a marqué un apport décisif dans les études kantiennes et illustre une méthode et un style d'écriture qui sont ceux d'un authentique historien de la philosophie, Jean Ferrari est aussi l'auteur d'une anthologie de textes de Kant commentés : *Kant ou l'invention de l'homme* (Paris, Seghers, 1971). Il a également publié un nombre important d'articles plus éclectiques – du moins en apparence – sur des auteurs aussi divers que Nicolas de Cues, Raymond Lulle, Leibniz, Buffon, Rousseau ou encore Blondel. Il a notamment coordonné l'ouvrage collectif *Recherches blondéliennes*, publié à l'occasion du centenaire de la soutenance de *L'Action* (en juin 1893). Il a également participé à plusieurs ouvrages collectifs témoignant de la diversité de ses intérêts philosophiques au-delà de la constellation du kantisme : *Le désordre en tous ses états*; *À l'école des philosophes. Regards multiples sur l'enseignement de l'histoire de la philosophie*; *Le baroque*; *L'idée de nation* ou encore *La rencontre des imaginaires : entre Europe et Amériques.*

Jean Ferrari est, enfin, l'auteur de plusieurs traductions d'ouvrages de Kant dans la prestigieuse édition de la Pléiade chez Gallimard dans les *Œuvres philosophiques* de Kant, aujourd'hui considérée comme l'une des éditions de référence de Kant en français, où il a travaillé au côté d'autres grands traducteurs. On lui doit notamment la traduction de la *Nouvelle explication des premiers principes de la connaissance métaphysique*, de *La fausse subtilité des quatre figures du syllogisme*, de la *Recherche sur l'évidence des principes de la théologie naturelle et de la morale*, de *l'Essai pour introduire en philosophie le concept de grandeur négative* ou encore de *l'Annonce du programme des leçons du semestre d'hiver 1765-1766*, traductions aujourd'hui devenues des classiques à part entière.

Après l'hommage que lui avait rendu en 2001 l'ouvrage collectif *Une philosophie cosmopolite. Hommage à Jean Ferrari* (sous la direction de Maryvonne Perrot et Jean-Jacques Wunenburger, qui furent ses collègues à l'Université de Dijon) et auquel 22 auteurs avaient participé, le présent volume souhaiterait saluer ce que ce précédent hommage nommait, dans le titre de sa seconde partie, « La galaxie kantienne », dont Jean Ferrari est incontestablement l'un des soleils les plus éclairants. Il est en effet l'une de ces étoiles rares, qui, par leur attachante, chaleureuse et lumineuse personnalité intellectuelle et humaine, par leur intelligence philosophique aiguë, par leur sens infaillible de la diplomatie, du lien, des coopérations et fédérations, forment un système planétaire, un « monde-île », selon la belle expression de Kant dans la *Théorie du ciel.* Au sein du « ciel étoilé » que forme le Kantisme, Jean Ferrari aura, en tant que puissant centre de gravité, largement contribué à attirer à Kant et vers Kant des générations d'étudiants et de chercheurs. Qu'il soit par le présent volume remercié de tous ses efforts, de son infatigable énergie, de son généreux sens de l'ouverture et de son dévouement sans faille au service des kantismes, ainsi que de sa joviale bonne humeur et de l'amitié complice avec lesquelles il anime depuis des années la constellation kantienne et rayonne sur tant d'astres prometteurs et de mondes en devenir.

Sophie GRAPOTTE, Mai LEQUAN, Lukas SOSOE
Octobre 2016

LISTE DES ABRÉVIATIONS

Les œuvres de Kant (voir ci-dessous la liste des sigles utilisés) sont citées dans l'édition de l'Académie de Berlin, *Kant's gesammelte Schriften*, de la manière suivante : la mention abrégée AK est suivie du numéro du tome en chiffres romains, puis de celui de la page en chiffres arabes. Les références à la *Critique de la raison pure* mentionnent la pagination des éditions A et/ou B.

Anthropologie	*Anthropologie du point de vue pragmatique*
Anfangsgründe	*Premiers principes métaphysiques de la science de la nature*
APL	*Annonce de M. Emmanuel Kant sur le programme de ses leçons pour le semestre d'hiver 1765-1766*
Beweisgrund	*L'unique fondement possible d'une démonstration de l'existence de Dieu*
CFJ	*Critique de la faculté de juger*
CRP	*Critique de la raison pure*
CRPr	*Critique de la raison pratique*
DD	« Doctrine du droit », *Métaphysique des mœurs*
Découverte	*Sur une découverte selon laquelle toute nouvelle critique de la raison pure serait rendue superflue par une plus ancienne*
Dissertation	*La dissertation de 1770 : De la forme et des principes du monde sensible et intelligible*
DV	« Doctrine de la vertu », *Métaphysique des mœurs*
EH	Pope, *Essai sur l'homme*
Ép.	Épitre
FMM	*Fondements de la métaphysique des mœurs*
Grandeurs négatives	*Essai pour introduire en philosophie le concept de grandeurs négatives*

HGN	*Histoire générale de la nature et théorie du ciel*
IHU	*Idée d'une histoire universelle au point de vue cosmopolitique*
Logique	*Logique*
MM	*Métaphysique des mœurs*
OBS	*Observations sur le sentiment du beau et du sublime*
OP	*Œuvres philosophiques,* « Bibliothèque de la Pléiade » (le tome est indiqué en chiffres romains, la page en chiffres arabes)
PPP	*Projet de paix perpétuelle*
Progrès	*Quels sont les progrès de la métaphysique en Allemagne depuis le temps de Leibniz et de Wolff ?*
Prolégomènes	*Prolégomènes à toute métaphysique future qui pourra se présenter comme science*
Lumières	*Réponse à la question : Qu'est-ce que les Lumières ?*
QOP	*Qu'est-ce que s'orienter dans la pensée ?*
Évidence	*Recherche sur l'évidence des principes de la théologie naturelle et de la morale*
Réfl.	*Reflexionen* (*Handschriftlicher Nachlaß*)
Rel.	*La religion dans les limites de la simple raison*
Rem.	*Remarques touchant les Observations sur le sentiment du beau et du sublime*
Rêves	*Rêves d'un visionnaire expliqués par des rêves métaphysiques*
TP	*Sur le lieu commun : il se peut que ce soit juste en théorie mais, en pratique, cela ne vaut point*
Treatise	Hume, *A Treatise of Human Nature being an Attempt to Introduce the Experimental Method of Reasoning into Moral Subjects*

PHILOSOPHIE THÉORIQUE

À PROPOS DU RAPPORT DE KANT À POPE AU COURS DE LA PÉRIODE PRÉCRITIQUE

> Newton fut le premier à voir de l'ordre et de la régularité, alliés à une grande simplicité, là où avant lui on ne pouvait rencontrer que désordre et diversité mal agencée et depuis lors, les *comètes* décrivent des orbes géométriques. Rousseau fut le premier à découvrir sous la diversité des formes humaines [précédemment] admises, la nature profondément cachée de l'homme et la loi secrète selon laquelle la Providence se trouve par ses observations justifiée. Auparavant, l'objection d'Alphonsus et de Manès avait encore sa valeur. Après Newton et Rousseau, Dieu est justifié et dorénavant la doctrine de Pope est vraie [1].

Cette *Rem.* a depuis longtemps retenu l'attention des chercheurs [2] : son importance est manifeste, comme l'atteste le montage des noms de trois des plus illustres personnalités intellectuelles de l'époque : Newton, Rousseau, Pope, ainsi que la ferme conclusion qui est posée. Pour autant, la réflexion kantienne est à la fois circonstanciée et complexe, puisqu'elle suggère une répartition de moments intellectuels, Newton établissant la rationalité de l'explication astronomique des phénomènes apparemment les plus erratiques (mouvement des comètes), et concomitamment Rousseau dont l'investigation anthropologique profonde ne fournit rien moins que la clef de lecture de l'histoire de l'humanité. Une nouvelle ère d'intelligibilité métaphysique se trouve ainsi ouverte dans laquelle l'affirmation de la Providence reçoit sens et légitimité et Dieu se trouve justifié. Le nom de Pope vient emblématiser ce renouvellement.

Dans la constellation des noms ainsi construite, Kant articule Pope à la fois à Newton, c'est-à-dire à la théorie de l'ordre cosmique universel, et à Rousseau en ce qui a trait à l'étude de la nature humaine. Une telle perception semble parfaitement correspondre à la double thématique qui sous-tend le fameux *Essay on*

1. *Rem.*, Paris, Vrin, 1994, p. 140-141. Les Remarques seront citées dans cette édition et référencées sous la forme *Rem.* x.

2. Dès 1932, Cassirer prenait appui sur cette *Rem.* dans son essai *Das Problem Jean-Jacques Rousseau*, pour dégager les enjeux de l'anthropologie rousseauiste. Voir E. Cassirer, *Le problème Jean-Jacques Rousseau*, Paris, Hachette Littérature, 2006, p. 52.

man[1], poème philosophique qui rendit Pope célèbre dans toute l'Europe. Les quatre Épitres ont certes pour objet, comme le titre l'indique et comme le rappellent les premiers vers de l'Ép. II, l'homme qui doit être « the proper study of mankind» mais jamais la préoccupation anthropologique n'est isolée de l'inscription de l'être humain au sein de l'ordre astronomique régissant l'univers et à la place qui est la sienne dans la continuité des formes naturelles vivantes – ce que Pope appelle « la scène de l'homme : prodigieux labyrinthe, mais qui a sa régularité. »[2]. D'ailleurs Newton fait son apparition en personne dans le poème, salué comme cet habile mortel qui s'avéra capable de « développer toutes les lois de la nature »[3].

Car pour traiter correctement de l'homme, il faut d'abord le considérer par rapport à l'univers et constamment rapporter son être à son inscription dans le grand Tout. Les lois générales de l'univers régissent la nature de part en part; chaque être n'est qu'une infime partie de ce tout immense qui obéit à un ordre rationnel et bon. C'est celui que les Stoïciens appelaient *kosmos*, celui que Newton éclaire avec ses équations. Kant ne s'y est pas trompé : il ne faut pas moins que l'alliance de l'astronomie newtonienne et de l'anthropologie rousseauiste pour que la doctrine de Pope soit validée et que la doctrine du « Tout ce qui est, est bien » reçoive son cautionnement.

Kant lecteur de Pope : cela ouvre une question qui doit être déployée sur un double plan, à la fois historique et philosophique. Les interrogations foisonnent : quelle connaissance le penseur de Königsberg a-t-il pu prendre de l'EH, paru en Angleterre en 1734 et très vite devenu célèbre à travers toute l'Europe ? Le nom de Pope est-il pour Kant, comme il l'est devenu pour nous, simplement emblématique d'une affirmation forte de l'optimisme ? Y a-t-il des différences spéculatives notables entre les diverses doctrines philosophiques de l'optimisme ? Si oui, quelle est la tonalité originale, l'inflexion spécifique de l'optimisme de Pope et en quoi se différencie-t-il par exemple de l'enseignement leibnizien quant au choix du meilleur des mondes possibles ? Pourquoi le retenir de façon préférentielle, jusqu'à voir en lui la vraie doctrine qui justifie Dieu et garantit la Providence ?

Voilà qui renvoie à un étonnement qui n'a pu manquer de se faire jour dans l'esprit du lecteur de la *Rem.* citée *supra* : l'absence du nom de Leibniz... En effet, celui qui symbolise pour Kant en 1764-65 la victoire obtenue contre l'objection du mal, identifiée par les noms de Manès et d'Alphonsus, ce n'est pas Leibniz, ardent défenseur de la Cause de Dieu– et implicitement mentionné à travers l'épisode du Prince de Castille réclamant de siéger au Conseil de Dieu ![4] – mais bien Pope. La triade référentielle Newton, Rousseau, Pope scelle sa complémentarité

1. Titre désormais abrégé EH. Les références dans les Épitres seront notées Ép. x

2. EH I, 5-6, toujours cité dans la traduction de M. S***(ilhouette) Lausanne et Genève, Marc-Michel Bousquet et compagnie, 1745, l'orthographe étant modifiée par nous.

3. EH II, 31-34.

4. Essais de théodicée, 2e partie, § 193.

et cet accord s'opère sur la base de l'exclusion du nom de Leibniz : voilà qui exige explication.

Il convient d'opérer une mise en perspective historique. Nous possédons par chance quelques textes écrits par Kant pour la question mise au concours par l'Académie de Berlin en 1753 : il était demandé de mener l'examen du système de Pope, résumé dans la formule « Tout est bon », à comparer au système de Leibniz (optimisme du choix du meilleur). Kant finalement ne prit pas part à ce concours mais mit par écrit des réflexions, contenues dans les *Löse Blätter* du *Nachlass* [1]. À l'intérieur du titre général *Reflexionen zur Metaphysik*, les fragments 3703, 3704, 3705 ont trait au débat sur l'optimisme et concernent la confrontation des doctrines de Leibniz et de Pope.

Leur lecture a beaucoup à nous apprendre : tout d'abord il est manifeste que Kant avait une connaissance directe de l'EH [2] : il l'avait probablement lu dans la traduction allemande donnée par B. H. Bockes en 1740.[3] Son investigation centre la question de l'optimisme à partir d'une définition posée dans la Réflexion 3704 :

> L'optimisme est cette conception qui légitime le mal dans le monde, en supposant un être premier, infiniment parfait, bon et puissant [4].

Si le discours de l'optimisme argumente classiquement à partir de Dieu et de ses attributs – examinant en particulier la compatibilité entre bonté, justice, toute-puissance – son enjeu majeur est de construire l'acceptabilité métaphysique du mal dont la présence est réelle dans le monde.

Savoir si cette présentation rend justice à l'optimisme tel que le déploie le système leibnizien est un débat ouvert[5]. Kant va manifester sa distance par rapport au philosophe du choix du meilleur des mondes et c'est la référence à Pope qui prend l'avantage. Sous le titre « Comparaison de la conception de Pope avec l'optimisme et avantage de la première », il développe une lecture du leibnizianisme qui peut surprendre un historien moderne de la philosophie. Paradoxalement, Leibniz est vu par lui comme professant un optimisme « faible », car c'est une doctrine qui « excuse » le mal et les maux dans l'univers, au nom de considérations métaphysiques supérieures : mal partiel en vue d'un bien plus grand, mal provisoire en vue d'un bien ultérieur majeur, etc. La doctrine leibnizienne de l'optimisme est interprétée comme une simple « permission métaphysique » du mal et non comme sa pleine légitimation.

1. *Löse Blätter*, AK XVII, 229-239.

2. Publié en 1734, le poème philosophique de Pope *Essay on man* connut rapidement la célébrité en Angleterre et dans toute l'Europe; maintes fois republié, il fut l'objet de plusieurs traductions, particulièrement en français et en allemand. Encensé ou moqué, son auteur devient pour son siècle une personnalité intellectuelle « clivante » mais tous les contemporains s'accordaient à reconnaître le mouvement inspiré du poème dans lequel le lyrisme cosmique le plus ample peut venir rencontrer l'humour dans l'évocation triviale et prosaïque de l'oie, de l'ours ou du mouton !

3. La Réfl. 3703 suit ainsi l'argumentation développée dans la 4° Ép. à partir du v. 75.

4. Réfl. 3704, AK XVII, 231

5. « L'analyse kantienne est loin d'être strictement fidèle à Leibniz » note F. Marty, *in* OP I, 1474.

> Mais il se réservait d'excuser la sagesse suprême qu'il connaissait à partir d'autres fondements, pour la permission qu'elle en avait donnée [1].

L'optimisme leibnizien a pour visée d'être une théodicée, c'est-à-dire de défendre la cause de Dieu contre des adversaires qui lui imputeraient la responsabilité du mal, en

> assurant que pour autant qu'il est en lui, tout est bon, et que du moins ce n'est pas sa faute si chaque chose ne prend pas un tour aussi parfait qu'elle le devrait d'après le souhait des hommes sincères [2].

Comparée à l'optimisme de Leibniz, «la conception de Pope» [3] est jugée par Kant beaucoup plus nette et philosophiquement plus satisfaisante, tant dans la déclaration qui l'exprime que dans le cheminement argumentatif adopté. « Whatever is, is right. » [4] déclare expressément Pope. « Tout ce qui est, est comme il doit être.», ou, selon la formulation moins rigoureuse, mais souvent retenue : « Tout est bon. ». Pope se positionne sur le versant d'une sorte de nécessitarisme ontologique, ce qui a l'avantage de lui permettre d'échapper au foisonnement de difficultés que rencontrait la doctrine du choix du meilleur des mondes possibles. Laquelle ouvrait immanquablement sur l'abîme d'une spéculation incertaine quant au statut métaphysique des possibles non choisis et rendait problématique la question de l'articulation en Dieu de l'entendement et de la volonté dans le fiat de l'acte créateur.

« Pope choisissait un autre chemin… » écrit Kant. Bien souvent l'expression « chemin de pensée » n'a qu'une signification banale ; elle prend ici tout son sens. Elle semble même faire écho à une lecture directe de l'ouvrage de Pope qui, éloigné de tout dogmatisme métaphysique, déploie un itinéraire argumentatif dont le parcours est original.

Mais qu'est-ce qui porte Kant à donner l'avantage à la doctrine de Pope sur la très savante métaphysique leibnizienne ? La première raison avancée est que le chemin de pensée suivi par Pope « est le plus adapté pour rendre perceptible à tous les hommes la belle preuve de Dieu » [5]. Ainsi la force probante, avec le réconfort moral qu'elle apporte, peut-elle venir éclairer tout homme ; elle n'est pas réservée aux seuls doctes capables de « donner leur consentement aux preuves métaphysiques de l'existence divine ». Le cheminement de Pope déploie en somme le mouvement même de l'argument physico-théologique et c'est en cela que consiste son excellence.

1. Réfl. 3704, AK XVII, 233 ; OP I, 30.
2. Réfl. 3705, AK XVII, 236 ; OP I, 32.
3. Il est à remarquer que Kant n'emploie pas, pour caractériser la doctrine de Pope, le terme d'optimisme qu'il réserve au système métaphysique leibnizien.
4. C'est la proclamation solennelle qui conclut l'Ép. I.
5. Réfl. 3704, AK XVII, 233.

> Il parcourt la Création partie par partie, là surtout où les accords semblent le plus lui faire défaut ; il montre cependant que chaque chose que nous aimerions exclure du plan de la plus haute perfection, est bonne aussi, considérée en elle-même et qu'il n'est pas requis d'avoir d'avance un préjugé avantageux de la sagesse de l'Être ordonnateur pour faire approuver cet Être [1].

Ici se conjuguent les deux raisons qui militent en faveur de la préférence accordée à Pope. D'une part la puissance de conviction de sa doctrine ne repose pas sur l'acquiescement préalable donné à quelques présupposés métaphysiques, argument qui vient stigmatiser sans le dire le dogmatisme spéculatif. D'autre part, le mouvement de l'EH est un véritable parcours de pensée dans lequel tout homme peut entrer puisque le poème explore de proche en proche les diverses régions de la Création et dégage, degré par degré, niveau par niveau, les liaisons qui ordonnent ensemble les divers êtres entre eux, au sein du grand Tout.

Il est vrai que la cohérence harmonieuse de la Création apparaît de façon magnifiée à travers le poème de Pope qui opère devant le lecteur ébloui, la mise en évidence esthétique, la théâtralisation puissante, de l'unité juste et belle de l'univers. Les quatre Ép. explorent ainsi, en sollicitant divers points de vue, astronomique, physique, naturaliste (animaux, plantes) anthropologique, l'immense et unique système de relations réciproques qui lient tous les êtres par les lois générales de la nature, pour le plus grand bien de l'ensemble.

Il faut le reconnaître, Kant ne semble guère avoir été sensible à la dimension proprement poétique de l'EH. Ce qui compte à ses yeux, c'est surtout le type de raisonnement développé par Pope pour atteindre sa conclusion. Avançant sur un autre chemin que celui du raisonnement déductif établi à partir de prémisses métaphysiques, Pope valide, à tout niveau, la rubrique de l'être nécessaire : cela vaut pour Dieu, « Être premier, pleinement suffisant », cela vaut pour l'univers en général, cela vaut pour l'infinie multiplicité et variété des êtres particuliers, divers jusque dans leurs plus infimes détails.

Car l'être nécessaire, c'est l'être parfait, et réciproquement. Tel est le sens philosophique dans lequel Kant oriente la lecture louangeuse qu'il fait de Pope ; sous le titre « De la perfection universelle de la constitution du monde au sens physique et moral », il écrit :

> La première règle de la perfection du monde est qu'il est complet au plus haut degré, que tout ce qui est possible existe et que rien, du moment qu'il a la capacité d'exister, ne fait défaut, ni dans la chaîne des êtres, ni dans la diversité produite par leur changement [2].

Exit l'écart spéculativement posé par Leibniz entre possible et réel. Tout ce qui est possible existe et le réel épuise le possible. Le «Tout est bien » doit être pensé sur le mode d'une pleine nécessité ontologique. Mais si être et être nécessaire en viennent à coïncider, quel sens peut-il encore y avoir à parler du mal

1. Réfl. 3704, AK XVII, 234.
2. Réfl. 3704, AK XVII, 235.

ou des maux ? L'affirmation selon laquelle une stricte nécessité règne dans l'univers ne vide-t-elle pas de toute signification les termes de bien et de mal, de juste et d'injuste ? Dès lors, comment qualifier de bon l'univers créé et de juste la place que l'espèce humaine y occupe ?

À la différence de bien des contemporains[1], Kant perçoit qu'il serait absurde de figer la doctrine de Pope en un nécessitarisme métaphysique totalement paralysant et vecteur de conséquences morales insupportables. D'ailleurs Pope entend résister au nécessitarisme ontologique et à l'argument paresseux qui en découle, puisqu'il veut promouvoir des enjeux pratiques (dans le champ de la morale, de la psychologie, de la politique, de la vie sociale) et qu'il appelle de ses vœux une intervention active de l'homme en vue de transformer de façon favorable son rapport à la nature, à lui-même et à ses semblables.

En ce point affleure la question pointée dans la Réfl. 3704 : l'ordre rationnel qui construit l'ensemble des êtres en un tout harmonieux, jusqu'où s'étend-il ? Laisse-t-il hors de lui des niveaux d'être définitivement abandonnés à l'irrégularité et l'imperfection ? Voilà qui serait contraire à la proclamation doctrinale fondamentale « Whatever is, is right ».

S'il est donné à un esprit perspicace et attentif de percevoir et d'admirer la liaison universelle « sans défaut et sans manque » qui situe chaque être au niveau qui est et doit être le sien dans l'économie du tout, cet observateur ne peut manquer de remarquer que la perfection diminue en descendant le long de la hiérarchie des êtres et que le désordre semble s'installer dans certaines régions de l'être, tout particulièrement au niveau de ce désespérant «désordre moral» qui semble bien régner dans les affaires humaines. Faut-il alors botter en touche et se débarrasser de l'objection du désordre, qui risque de miner la doctrine, en arguant que ce ne sont là que figures du non-être ?

La doctrine du « Tout est bien » semble en effet rencontrer une difficulté interne redoutable. Car soit elle reconnaît qu'il y a des êtres qui échappent à la rationalité harmonieuse et elle ne peut maintenir jusqu'au bout son affirmation princeps, soit elle intègre toute chose dans l'ordre, du haut en bas de l'échelle des êtres, mais alors elle justifie indifféremment tout être et disqualifie tout jugement de valeur. Peut-on éviter ce type de dilemme et si oui, à quel prix ?

Les difficultés théoriques ici dégagées ne sont certes pas formulées explicitement dans le texte, mais on peut en percevoir la trace dans certains passages, par exemple dans la Réfl. 3704 :

1. La réception du poème de Pope par ses contemporains est une vaste question. « Toute chose est ce qu'elle doit être », elle ne peut manquer d'être et d'être précisément ce qu'elle est : doctrinalement, beaucoup, en particulier Crousaz jugent que Pope penche du côté d'une sorte de spinozisme. D'autres pointent une certaine proximité doctrinale avec le fatalisme antique, par exemple avec l'affirmation stoïcienne du Destin.

> Par suite le champ de la révélation de la puissance divine comprend toutes les espèces des choses finies, s'étend avec une sorte de richesse jusqu'aux manques et ne se perd qu'en passant par tous les niveaux de diminution, des plus hauts degrés de perfection jusqu'au rien [1].

Dans cette phrase, Kant opère une certaine transposition de la pensée de Pope : il interprète en termes traditionnels de degrés de perfection – ou degrés d'être – la thématique cosmique de la hiérarchie des êtres liés ensemble :

> Tout ce qui est, n'est qu'une partie d'un tout surprenant, dont la Nature est le corps et dont Dieu est l'âme [2].

Déployant à travers la structure même de son poème, « the Great Chain of Being » Pope reprend une thématique classique, voire traditionnelle, puisqu'elle est héritée de l'idée scolastique de la *scala naturae* et il lui donne une orchestration remarquable[3]. Chaîne des êtres ou échelle des êtres : en fait, ces deux idées se chevauchent un peu ; elles se déploient l'une dans l'autre, la liaison universelle et réciproque des êtres au sein de l'unité ordonnée du tout s'énonçant comme une parfaite hiérarchie des choses en fonction de leur degré d'être. L'ordre juste de la nature – ou pour le dire autrement, la bonté de la Création – rend tous les êtres solidaires les uns des autres : des cieux astronomiques infinis jusqu'à la plus chétive créature, ver de terre ou brin d'herbe, la chaîne des êtres est sans rupture et dans ce continuum, l'être humain occupe une place intermédiaire[4].

> Regarde au travers des airs, sur la terre et dans l'onde, la matière prête à éclore, s'agiter, crever et produire; à quel point la progression des êtres peut s'élever en haut, s'étendre sur la surface, se cacher dans la profondeur, au dessus, autour, au dessous de nous. Quelle vaste chaîne qui commence depuis Dieu [5] !

Les anneaux de cette merveilleuse chaîne universelle s'enlacent les uns aux autres. Rien n'est séparé, tout se tient et tient ensemble; la solidité du tout dépend de la fermeté des nœuds qui unissent les éléments; ces nœuds sont les relations réciproques qui lient les créatures les unes aux les autres.

> Un esprit universel qui s'étend à tout, qui conserve tout, unit tous les êtres, du plus grand au plus petit; il a fait la bête en aide à l'homme et l'homme à la bête. Tout est servi et tout sert. Rien n'existe à part : la chaîne se perpétue : où finit-elle [6] ?

1. Réfl. 3704, AK XVII, 235.
2. EH I, 259-260.
3. A. O. Lovejoy, *The Great Chain of Being*, « The William James Lectures delivred at Harvard University », Cambridge (Mass.) & London (England), Harvard UP, 1933, chap. VI, VII, VIII.
4. Monsieur de S., auteur de la traduction française de 1745, présente ainsi la thématique centrale du poème, à travers le résumé de l'Ép. I. : « L'univers y est représenté comme une grande chaîne, où tout occupe la place dans laquelle il doit être, où tous les êtres sont pourvus des facultés qu'ils doivent avoir et qui sont propres à former les liens et la subordination d'une partie à une autre, où tout ce qui est, est bien. »
5. EH I, 225-229.
6. EH III, 22-26, « All serv'd, all serving » : la formule est devenue célèbre.

Le grand principe de continuité commande. Aucun échelon ne saurait manquer à l'échelle, aucun anneau manquer à la chaîne :

> Autrement il y aurait un vide dans la Création, où, un degré étant ôté, la grande échelle est détruite. Qu'un chaînon soit rompu, la chaîne de la nature l'est, et l'est également, quel qu'il soit, le dixième ou le dix-millième [1].

On peut se demander si, dans cette majestueuse thématique, l'accentuation est proprement d'ordre ontologique, visant à mesurer les degrés de perfection de chaque niveau ontique. Sans récuser la notion de degré d'être, le poème de Pope en déplace l'accent : ainsi la chaîne est-elle figurativement plus présente que l'échelle et c'est la solidarité des créatures au sein du tout qui est soulignée, bien plus que la hiérarchie des êtres.

> The organic analogy also establishes an order, not of being, as in the great chain, but of function ; parts are defined in terms of tasks, not of degree of completeness of being [2].

Ce déplacement interprétatif se trouve corrélé à la montée en puissance de l'idée, d'importance décisive, de tâche ou de fonction propre à chaque élément dans l'économie du tout. Car c'est le plein accomplissement par chaque être de la fonction qui lui est échue qui fait de l'ensemble un système rationnel et harmonieux, un tout véritable. Si la plupart des êtres, des sphères célestes jusqu'aux animaux et aux plantes, suivent avec exactitude les lois qui régissent leur existence et leurs mouvements et accomplissent ainsi spontanément leur fonction, on devine que dans le cas de l'homme, la chose est plus malaisée...

Le concept de perfection est aussi concerné par ce déplacement d'accentuation qui réinterprète la hiérarchie objective des êtres dans la logique d'une tâche propre à chaque type de créature. Alors que la notion traditionnelle de perfection mesurait le degré d'être de chaque étant au sein de la hiérarchie ontologique, elle désigne désormais l'aptitude qu'a chaque être à occuper justement la place qui lui a été assignée dans l'économie du Tout. Déroger à ce rang, mal occuper cette place, voilà la faute par excellence, celle que commet l'homme dans son orgueil métaphysique insensé, envieux des anges et jaloux de Dieu même !

> L'orgueil a toujours en vue les demeures célestes : les hommes voudraient être des anges et les anges des dieux [3].

C'est le bien du Tout qui commande et organise le grand système de la nature ; les lois générales priment inévitablement sur les considérations particulières, ce qui a pour conséquence directe que l'être humain, dans la position intermédiaire qu'il occupe, ne saurait revendiquer un quelconque statut privilégié. Inscrit dans

1. EH I, 235-238.
2. F. E. L. Priestley, *Pope and the Great Chain of Being.* in *Essays in English Literature from the Renaissance to the Victorian Age,* Toronto, University of Toronto Press, 1964, p. 224.
3. EH I, 121-122.

l'économie de l'ensemble à titre de partie, enchaîné à la loi du tout, il ne saurait être assez fou, ou assez bête, pour supposer que les choses sont dans l'univers ordonnées en vue de son bien propre! « For me » [1] l'être humain n'est que trop tenté par ce délire finaliste : penser que tout a été fait pour lui, en fonction de lui et en vue de son bonheur, se prendre pour la fin ultime de l'univers et s'affliger, s'indigner, de ne pas être traité comme tel... L'orgueil alimente la folie, la folie soutient l'orgueil.

> Homme insensé, Dieu a-t-il uniquement travaillé pour ton bien, ton plaisir, ton amusement, ton ornement et ta nourriture [2]?

Contre les illusions délirantes du finalisme anthropocentriste, l'ironie de Pope se fait mordante et ravageuse, moquant l'être humain devenu plus bête que la bête :

> Lorsque l'homme s'écrie: Voyez, tout est pour mon usage! Voyez l'homme qui est pour le mien, réplique l'oison qu'on engraisse. (...) Il en est de même de l'homme, aussi peu raisonnable que l'oison, lorsqu'il prétend que tout est fait pour un et non par un pour le tout [3].

Il n'est pas étonnant que la nature se charge de rabattre et de ruiner de telles prétentions et que l'humanité qui se plaît à les entretenir, se condamne à être indéfiniment malheureuse! Au fond la faute morale – ou métaphysique – est une faute logique : c'est l'illusion de la partie qui se prend pour le tout et qui déraisonne au point d'absolutiser le particulier et de l'ériger en loi universelle.

> Ressouviens-toi, Homme, que la Cause universelle n'agit point par des lois particulières, mais qu'elle agit par des lois générales : elle a constitué ce qui mérite avec justice le nom de bonheur, non dans le bien d'un seul, mais dans le bien de tous [4].

Ainsi le naturalisme universel qui inspire le lyrisme du poème de Pope ne se contente-t-il pas d'être descriptif; il s'élève à un sens prescriptif, s'explicitant en des termes psychologiques et moraux dès lors qu'on a affaire à des êtres doués d'une capacité de discernement et de choix. À leur niveau la notion objective de fonction va se doubler d'un aspect subjectif et s'énoncer comme désignant un rôle à remplir, une tâche à assumer, un devoir. Voilà qui ouvre sur une dimension directement pratique et éloigne considérablement la position de Pope des spéculations abstraites des métaphysiques de l'optimisme. La visée d'une réforme morale vient donner à l'amour-propre de l'homme une orientation favorable, conforme au bien du Tout et susceptible de contribuer au bonheur tant individuel que collectif.

1. EH I, 129, 133, 134.
2. EH III, 27-28.
3. EH III, 45-52.
4. EH IV, 33-36.

Apprends donc à te connaître toi-même et ne présume point de développer la divinité. L'étude propre de l'homme est l'homme.

Les premiers vers de l'Ép. II font, en des termes qui ont une résonnance quasi-socratique, de l'étude anthropologique l'axe du programme d'investigation philosophique; mais si l'être humain est invité à se connaître lui-même, à comprendre comment il se situe, lui, être d'un état mixte, « placé dans une espèce d'isthme » dans la grande chaîne des êtres, c'est pour apprendre, en tant qu'humanité, à occuper justement sa place dans l'ordre du grand Tout et en tant qu'individu, à s'inscrire correctement dans les diverses petites totalités humaines que sont les familles, les sociétés. Et le poème de Pope de se faire essai de psychologie, traité de morale ou esquisse de philosophie politique, dans les Ép. III et IV.

Voyageant tout au long de la grande chaîne des êtres, le poème traverse les séparations entre les niveaux et « décloisonne » tout regard anthropocentré, enjoignant au métaphysicien de devenir aussi naturaliste, au théologien de devenir psychologue, au savant de devenir moraliste... C'est dans l'étroite intrication entre cosmologie et anthropologie, anthropologie et morale, description et prescription, que réside la plus grande force de l'EH, celle qui a été immédiatement perçue par son siècle.

Quelle leçon majeure Kant retient-il de cette lecture ? Question délicate où les données chronologiques et thématiques s'entrecroisent : en effet Kant fait référence à Pope à différents moments de la période précritique et à chaque fois il privilégie tel ou tel aspect de la réflexion de Pope. On pourrait dire qu'il accentue plutôt la cosmologie dans les *Réflexions sur l'optimisme* des années 1755, et plutôt l'anthropologie dans les *Rem.* au tournant de l'année 1764. Mais les choses sont évidemment plus complexes, comme on l'a vu à l'occasion de la *Rem.* étudiée *supra* puisque c'est un système de double référence qui vient valider la doctrine de Pope : à la fois l'astronomie de Newton et l'anthropologie de Rousseau. Kant semble avoir parfaitement compris la leçon de l'EH. Lors même que son intérêt s'éloignera du débat strictement métaphysique portant sur l'optimisme, pour se centrer sur l'être humain, il ne perdra jamais de vue la question de la place que l'être humain occupe dans l'univers.

Quelles sont les inflexions de cette lecture ? Le *terminus a quo* peut être trouvé dans la Réfl. 3704 qui engage l'examen de l'optimisme à partir du concept de perfection :

La première règle de la perfection du monde est qu'il est complet au plus haut degré, que tout ce qui est possible existe et que rien ne fait défaut dans la grande chaîne des êtres, ni dans la diversité produite par leur changement (...) [1].

1. Réfl. 3704, AK XVII, 235.

Qu'implique l'idée d'une « perfection du monde » ? De façon relativement nouvelle Kant propose d'en déployer la classique signification ontologique (plénitude d'être et degrés d'être) en ayant recours à la thématique de la grande chaîne des êtres dans laquelle tout se tient.

S'il assume la définition ontologique traditionnelle selon laquelle la perfection est de mise partout où l'être existe conformément à son essence : « Die Vollkommenheit bedeutet überhaupt die Vollständigkeit einer Sache. »[1], il ne fait pas de doute que cette définition ne peut recevoir un développement réel qu'à travers l'étude de la série ordonnée des êtres au sein de l'unité du Tout. Telle est la leçon que Kant a tirée de Pope : la perfection du monde s'énonce dans la hiérarchie des êtres, liés dans la grande chaîne de la Nature.

Novembre 1755 : le thème « optimiste » de la perfection de l'ordre du monde reçoit un redoutable ébranlement lors du tremblement de terre de Lisbonne, qui ébranle bien plus que la ville – toute l'Europe savante. Pope en avait pourtant neutralisé par anticipation l'objection :

> Mais la Nature ne s'écarte-t-elle point de sa bonté et de sa fin (...) lorsque des tremblements de terre engloutissent des villes (...)? Non, répondra-t-on, la Première Cause toute-puissante n'agit point par des lois particulières, mais par des lois générales[2].

Cependant la puissance de choc de l'évènement reste intacte et suscite les plus vifs affrontements doctrinaux. Alors que Voltaire dans son *Poème sur le désastre de Lisbonne et la loi naturelle*, publié début 1756, récuse violemment l'optimisme et moque l'idée de Providence, Kant réagit en un tout autre sens : délaissant le débat sur l'optimisme, lourd d'enjeux métaphysico-théologiques, il reprend ses études de géographie, comme en témoignent les quatre opuscules qu'il rédige et publie en 1756, ainsi que le programme de son cours de géographie physique de 1757. Il n'ignore cependant rien de la polémique qui fait rage entre Voltaire et Rousseau, ce dernier ayant dans une *Lettre à Voltaire* en date du18 août 1756, défendu contre l'auteur du *Candide*, la doctrine de l'optimisme. De cette lettre, des copies avaient circulé; la lettre elle-même fut l'objet d'une publication, à l'insu de Rousseau, en octobre 1759. Or qu'y trouve-t-on? Une ample défense et illustration du système de Pope – certes un peu hâtivement identifié à celui de Leibniz– seul capable d'apporter la consolation à l'être humain dans les malheurs qui le frappent.

> Le poème de Pope adoucit mes maux et me porte à la patience, le vôtre aigrit mes peines, m'excite au murmure et m'ôtant tout, hors une espérance ébranlée, il me réduit au désespoir[3].

1. AK XXVII, 121.
2. EH I, 137-142.
3. Rousseau, *Lettres philosophiques*, Paris, Vrin, 1974, p. 36.

Si c'est tout d'abord sa bienfaisance pratique qui fait le mérite du système de Pope, Rousseau n'en néglige pas pour autant l'aspect doctrinal et il défend philosophiquement la thématique de l'harmonie universelle des êtres dans l'unité de la nature :

> Quand vous attaquez, par exemple, la chaîne des êtres si bien décrite par Pope, vous dites qu'il n'est pas vrai que, si l'on ôtait un atome du monde, le monde ne pourrait subsister. Vous citez là-dessus M. de Crousaz… [1].

Poursuivant son attaque, Rousseau approuve encore Pope dans la critique de tout finalisme anthropocentriste ; et Voltaire de se retrouver alors placé dans la position du « naïf », cet homme à la fois présomptueux et borné qui se plaît à croire que tout devrait avoir été fait pour lui et qui s'indigne que ce ne soit pas le cas !

> Sur le bien du tout, préférable à celui de sa partie, vous faites dire à l'homme : « Je dois être aussi cher à mon maître, moi être pensant et sentant, que les planètes qui probablement ne sentent point » [2].

A contrario, Rousseau en véritable philosophe, entend juger en référence à la totalité et proclamer la vraie devise de l'optimisme « Tout est bien pour le tout ».

Bien qu'ayant préféré se tourner du côté des sciences de la nature plutôt que de nourrir la polémique ambiante, Kant ne déserte pas le débat philosophique : la question dite de l'optimisme, impliquée à travers l'idée du bien du tout et de la nécessité régissant le sort des parties, ne lui est pas devenue indifférente… Mais désormais le terrain privilégié de sa recherche est l'examen de la place qu'occupe l'être humain au sein du Tout. Quelle est sa position, son rang ? Mais aussi : quelle est sa fonction, son rôle ?

Ici se fait jour l'orientation résolument anthropologique qui va désormais primer dans la réflexion kantienne à partir de 1764 et jusqu'à la rupture critique. Témoin irremplaçable de cette orientation, les *Remarques touchant les Observations sur le sentiment du beau et du sublime*, notations disparates où la pensée kantienne se découvre à l'état de fragments, d'esquisses ou de pistes de réflexion. Le nom de Pope y intervient à plusieurs reprises[3]. Et là-même où il n'est pas explicitement mentionné, l'influence de ses thématiques est manifeste. Sans vouloir faire un repérage exhaustif, on examinera certaines continuités.

Quelle est la position de l'homme dans l'univers et la situation qui en découle ? Kant les décrit en des termes largement inspirés de l'EH. Qu'on se rappelle les premiers vers de l'Ép. II[4] :

1. Rousseau, *Lettres philosophiques, op. cit.*, p. 38-39. Voltaire avait connaissance du commentaire très défavorable de l'EH donné par Crousaz : *Examen de l'Essai de M. Pope sur l'homme*, Lausanne, Marc-Michel Bousquet et compagnie, 1737.

2. *Ibid.*, p. 41.

3. Une *Rem.* montre que Kant a eu connaissance d'autres ouvrages de Pope : « Plaisanteries de Pope [sur le thème] : si l'argent n'existait pas. » (p. 218).

4. EH II, 3-6.

> Placé dans une espèce d'isthme, être d'un état mixte, mélange de lumière et d'obscurité, de grandeur et de bassesse...

Tel est l'homme, cet être intermédiaire qui dans la hiérarchie des êtres, n'est situé ni si haut, ni si bas, ni séraphin, ni bête. Son inscription ontologique moyenne va de pair avec son assignation astronomique qui le fait « habitant de la planète qui gravite autour du soleil, à quelque deux cents diamètres solaires » et non pas habitant de Jupiter; les propriétés de sa nature l'adaptent exactement à son habitat terrestre [1].

Il s'ensuit qu'il est sage et juste pour l'être humain de ne revendiquer aucune autre place, réputée plus haute et plus sublime, de n'entretenir ni aspirations insensées, ni curiosités oiseuses, comme celles auxquelles se complaisent « les esprits à chimères » [2]. Kant l'affirme : « Je n'ai pas du tout l'ambition d'être un séraphin ; ma seule fierté est d'être un homme » [3], ce qui n'est pas sans faire écho à la modeste satisfaction du « pauvre Indien » cher à Pope qui, limité en ses désirs, « ne souhaite ni les ailes des anges, ni le feu des séraphins » [4]. La conclusion s'impose :

> Celui qui est sage pour un autre endroit de la Création est un fou pour l'endroit qu'il habite [5].

À partir de là, deux lignes de réflexion se déploient, interférant l'une avec l'autre dans de nombreuses *Rem.* : l'une stigmatise l'orgueil[6] insensé, déraisonnable, de l'homme qui revendique des qualités qui n'ont pas lieu d'être à son niveau tandis que l'autre construit la justesse d'un comportement adéquat à notre situation.

Retrouvant l'inspiration de l'Ép. I où Pope s'indignait de la folie de l'orgueil humain capable de rêver d'une subversion totale de l'ordre de l'univers en sa faveur[7], Kant, en des termes plus sobres mais tout aussi fermes, prescrit à l'homme de réfréner les aspirations délirantes d'une imagination déréglée et de se donner pour tâche d'habiter le lieu qui lui a été assigné dans la Création. Se plaindre d'une dotation trop peu avantageuse ou insuffisamment prestigieuse revient à entretenir une fiction à la fois dangereuse et pernicieuse, tant pour le

1. *Rem.*, p. 130.

2. Cette censure du « chimérique » se prolonge et se développe dans l'ouvrage de 1766, *Rêves d'un visionnaire*. « À en juger en effet par les considérations ci-dessus, la connaissance intuitive de l'*autre* monde ne peut s'acquérir ici-bas qu'au prix d'une partie de l'intelligence dont on a besoin pour *celui-ci*. » (*Rêves*, AK II, 341).

3. *Rem.*, p. 130.

4. EH I, 106.

5. *Rem.*, p. 130.

6. Ni chez Pope, ni chez Kant, la vive critique de l'orgueil présomptueux n'a pour cible les ressources en en soi positives et favorables de l'amour de soi, par lequel l'être humain, comme toute créature naturelle, est confié à ses propres soins.

7. « Que tout l'ordre, cet ordre admirable, soit donc détruit ! Et pour qui ? Pour toi, ver méprisable ! O folie ! Orgueil ! Impiété ! » (EH I, 249-250).

bonheur de l'être humain que pour l'ordre de la nature. Les pensées les plus fausses naissent d'une telle présomption : elles peuvent alimenter la fantasmagorie d'un commerce avec les esprits bienheureux [1] ou faire le lit d'une théologie perverse, laquelle instrumentalise Dieu sommé, par la ruse d'un culte superstitieux, de se mettre au service des affaires et intérêts humains [2].

La sagesse n'est pas un idéal abstrait; elle est enracinée dans notre niveau d'être et ne vaut que par référence à lui. Ni en-deçà, ni au-delà. Car, contrairement à ce que l'aspect statique et apparemment seulement descriptif des notions pourrait suggérer, habiter sa position dans l'univers, occuper correctement sa place, est pour l'homme une tâche. Elle fixe à l'être humain la norme d'un comportement justement mesuré et précisément adapté. Situé à son niveau propre dans l'économie de la nature, l'homme a à se montrer digne de la place qui lui est échue, à occuper son rang dans la Création (« such a rank as man ») [3] avec toute la sagacité dont il est capable.

En une image où l'on peut entendre un écho de l'éthique stoïcienne, Pope demandait à l'homme de «jouer correctement son rôle». Kant, lui, formule la même idée en ayant recours à des termes empruntés au vocabulaire militaire. Le terme « Posten » mérite commentaire : il désigne le « poste de faction » que la sentinelle doit défendre, la position que le soldat doit tenir, sans quoi sa défaillance ruine l'effort de tous ses camarades de combat.

> L'affaire la plus importante pour l'homme est de savoir comment assumer convenablement sa place dans la Création et comprendre justement ce qu'il doit être pour être un homme. (...) c'est qu'alors il a abandonné son poste de faction car, comme il ne se contente pas d'être ce à quoi il est destiné, comme il fait issue hors de la délimitation de l'être humain, il n'est donc rien et la brèche qu'il ouvre étend sa propre corruption aux membres voisins [4].

Occuper son poste, ce n'est donc pas être à une certaine place, c'est accomplir la tâche que comporte cette position, c'est assumer une fonction et l'assumer avec le plus d'efficacité possible. L'anthropologie engage une sagesse pratique puisqu'elle est « la science qui enseigne à l'homme à occuper convenablement la place qui lui a été assignée dans la Création et de laquelle il puisse apprendre ce qu'il doit être pour être un homme » [5]. L'enseignement moral naît ici directement de l'anthropologie, comme de l'instance où le descriptif se fait prescriptif. La logique des degrés d'être tend à s'accomplir à travers le devoir-être d'une juste conduite à hauteur d'homme.

1. Les *Rêves d'un visionnaire* déploient une ironie mordante contre les illusions propres à la *Schwärmerei* mystique.
2. *Rem.*, p. 140.
3. Ép. I, 48.
4. *Rem.*, p. 125.
5. *Rem.*, p. 129.

« L'homme est aussi parfait qu'il doit être. Son être est proportionné à son état, à la place qu'il occupe »[1] déclarait Pope. Qu'importe si l'être humain se juge faible ou imparfait, « il sera cependant tout à fait bon pour le poste qui lui a été désigné, parce qu'il est précisément ce qu'il doit être »[2]. Car pour un homme, être humain n'est pas un simple donné ; c'est un devoir-être, ou mieux, un apprendre à être qui lui prescrit de justes comportements, conformes aux propriétés qui le caractérisent, étant donné la place et le rang qui lui ont été assignés dans la Création.

L'anthropologie engage naturellement une éthique. La prescription morale ne s'alimente à rien d'extérieur ; elle tire son principe de la logique générale de l'être, distribuée à chaque niveau d'être. Alors que pour les plantes et les animaux la coïncidence des êtres à leur nature se fait d'elle-même, en ce qui concerne l'être humain, il y a un écart.

Ce que Kant a mesuré en lisant Rousseau, c'est que le hiatus a eu tendance à se creuser tout au long de l'histoire de l'humanité, à partir de l'âge de la sauvagerie naturelle et jusqu'au moderne « état d'opulence ». Ici s'ouvrirait la délicate question de savoir à quoi attribuer cet écart : est-il imputable à l'existence d'une liberté humaine qui peut errer dans ses choix ? – auquel cas c'est l'essence humaine qui contient cette fêlure originaire – ou bien la discordance de l'être humain par rapport à sa détermination essentielle est-elle à mettre au compte de l'évolution socio-culturelle de notre espèce qui s'est de plus en plus détournée de son statut naturel pour s'engager dans la voie de la dénaturation croissante propre à l'état de civilisation ?

Kant, lecteur admiratif de Rousseau au cours des années 1764-1765[3] semble prendre parti pour la deuxième interprétation, sans pour autant entretenir l'illusion – pas plus que ne le fait Rousseau d'ailleurs – d'un possible retour en arrière, en-deçà de l'état d'opulence[4] auquel notre espèce est malheureusement parvenue.

Il s'ensuit que la louange de la Providence prend un tour hautement paradoxal – et fort peu consolant :

> Il convient de louer la Providence surtout en ce que, pour les hommes elle correspond très bien à leur état actuel : en effet, leurs futiles désirs ne s'accordant pas à la direction divine, ils souffrent à cause de leurs folies : avec l'homme qui s'est mis en dehors de l'ordre de la nature, rien ne vient s'harmoniser[5].

1. EH I, 70-71.

2. *Ibid.*

3. Voir la *Rem.*, p. 127 : « C'est Rousseau qui m'a remis sur le droit chemin (...). J'apprends à honorer les hommes... ».

4. Le terme *Üppigkeit* désigne l'état de développement historique des sociétés dans lequel l'abondance des biens excède la règle de la satisfaction des besoins (*Genügsamkeit*) et produit l'inflation de désirs artificiels démesurés.

5. *Rem.*, p. 138.

Justice immanente plus que punition transcendante, la Providence en sa bienveillance salutaire, destine justement aux hommes, pour leur propre bien, les maux que leur causent leurs propres dérèglements. Il est juste et bon que l'homme, du fait de sa dénaturation, ne rencontre dans l'ordre naturel que l'ennemi de ses désirs, le censeur impitoyable de sa corruption, la juste cause de son propre malheur.

Même si Pope a vivement stigmatisé les errements de l'orgueil humain et en a souligné les conséquences néfastes, il reste que, dans la mouvance des moralistes anglais, il portait en fin de compte un regard favorable sur l'humanité et entretenait une doctrine moins sévère, presque souriante, ouvrant dans l'Ép. IV la perspective heureuse d'une société harmonieuse et du bien-être des individus.

« Dorénavant, le système de Pope est vrai. » déclare Kant en 1764.

Certes. Mais il a aussi entendu les douloureux paradoxes exposés par Rousseau dans le *Second Discours* et la doctrine de l'optimisme n'en est pas sortie indemne ! Elle a pour le moins changé de tonalité : un certain tragique historique la colore désormais.

Brigitte GEONGET
SPH, Université Bordeaux Montaigne

CONNAISSANCE DE SOI ET PERSONNALITÉ CHEZ LOCKE ET KANT

INTRODUCTION

Dans cette contribution, je me propose d'exposer un problème important – bien que souvent négligé –, décisif dans la philosophie moderne eu égard au lien systématique de la "connaissance de soi" et de la "personnalité", à savoir : le problème de l'intuition ou de la connaissance intuitive. Afin d'éviter d'emblée un malentendu, précisons que le concept philosophique d' "intuition" ne désigne pas des phénomènes tels que des inspirations spontanées, des pressentiments soudains, des vues mystiques, des illuminations spirituelles, de simples présomptions, mais la possibilité d'une saisie directe, immédiate des faits purs ou empiriques. Les philosophes, en particulier ceux de l'époque moderne, ont abordé la question de la connaissance intuitive de différentes manières : soit comme simples équations mathématiques (« 2 + 2 = 4 »), soit comme simples propositions (comme « noir n'est pas blanc », « le tout est plus que ses partie » ; « si *A* est plus grand que *B* et *B* plus grand que *C*, alors *A* est plus grand que *C* »), soit comme savoir intuitif de sa propre existence [1].

Le problème philosophique qui sous-tend ces exemples peut être formulé ainsi : s'agit-il, dans les intuitions ou dans la connaissance intuitive, de savoir, donc d'un savoir intuitif et, si oui, qu'est-ce qui caractérise ce savoir ? Le savoir intuitif est-il spontané, immédiat, non inférentiel, non discursif, *a priori*, nécessaire, infaillible ? Et avant tout : qu'est-ce qui garantit la vérité du savoir intuitif et est-il évident ?

Dans cette contribution, je me propose de suivre ces questions à partir de la relation du problème de la connaissance de soi-même et de la personnalité chez Locke et Kant. On peut expliciter ce problème en partant de Descartes : afin de garantir le statut de principe de la connaissance première (*primo cognitio*),

1. À titre d'exemple, on se référera de manière classique à Descartes : *Regulae ad directionem ingenii* (*Regula* III, IV, V, IX, XI et XII) et aux *Principia Philosophiae* (§ 11, 12, 30, 45, 46, 49, 50), ainsi qu'à Leibniz : *Nouveaux Essays* (IV, 2, § 1, 14) et *Meditationes de Cognitione, veritate et Ideis*.

Descartes spécifie la saisie de l'*ego cogito, ego sum* également comme une intuition, comme une vue directe de l'esprit de l'existence du Je pensant. Pour Descartes, le Je n'est pas alors seulement *res cogitans*, mais en même temps l'âme substantielle individuelle. C'est-à-dire : l'accès intuitif que nous avons à nous-mêmes en tant qu'être existant, pensant, signifie en même temps une saisie mentale de l'unité de notre conscience en tant que substance et, de plus, de la personne. Locke attribue, au moins, cette conclusion à la conception cartésienne.

De même, selon Locke, nous avons un savoir intuitif de notre existence. S'opposant explicitement à Descartes, Locke considère que l'intuition de l'existence n'offre assurément aucun savoir de nous-mêmes comme personne. Généralement, on explique ce décalage entre les deux auteurs par le fait que, dans la théorie de Locke, la personne est indépendante de l'âme individuelle et n'existe pas en tant que substance. C'est certes judicieux, mais cela ne suffit pas pour fonder le concept non substantiel de personne chez Locke. L'argumentation de Locke, visant à établir que la "personnalité" n'est pas une propriété intrinsèque d'une personne, a un fondement qui relève davantage d'une théorie de la connaissance. Elle réside dans l'argument que nous n'existons pas toujours déjà comme des personnes, mais que nous ne nous constituons d'abord comme personnes que par la conscience en général et que nous ne nous saisissons précisément pas de manière intuitive.

Dans la présente contribution, je me propose de tenter de reconstruire cette argumentation : dans une première partie, je commencerai par analyser la conception lockéenne de la connaissance intuitive avant de relier cette conception à sa théorie de l'identité personnelle. Il apparaîtra alors que des personnes ne peuvent pas se connaître intuitivement pour cette raison que leur identité est constituée par le souvenir. La seconde partie approfondit ces réflexions en distinguant deux formes de l'identité personnelle : les formes de l'identité dans le souvenir (*Erinnerungsidentität*) et dans le futur (*Zukunftsidentität*). La troisième partie montre, grâce au troisième paralogisme de la personnalité dans la première édition de la *Critique de la raison pure* de Kant, comment il est possible de renforcer encore davantage la critique lockéenne du concept substantialiste de personne. Cette critique, sur laquelle Locke et Kant s'accordent quant au contenu, conduit, à partir de fondements épistémologiques, à n'accorder au concept théorique de personne qu'une signification purement pratique, voire à sa déflation.

LA CONNAISSANCE INTUITIVE DE SOI ET LA PERSONNE CHEZ LOCKE

La preuve cartésienne de la *primo cognitio,* c'est la preuve du « ego cogito, ego sum » dans les *Méditations* ou du « cogito, ergo sum » dans les *Principes* se laisse reconstruire dans le syllogisme suivant : « Tout ce qui pense existe. Je pense. Donc j'existe. » [1]. Avec ce raisonnement, Descartes affirme l'« ego cogito, ego sum » ou le « cogito, ergo sum » comme la *primo cognitio* et par là comme le *fundamentum inconcussum* ou le premier principe à démontrer. Des critiques ont objecté à cette exigence que le premier principe ne peut pas être le résultat-preuve d'un raisonnement. Car le raisonnement présuppose déjà un savoir déterminé, par exemple : la connaissance des prémisses et des règles du raisonnement.

Dans sa réponse aux secondes objections que Mersenne et d'autres ont adressées aux *Méditations*, Descartes réagit à cette critique avec l'argument suivant : la *primo cognitio* n'est pas démontrée en réalité par un syllogisme, mais comme quelque chose de « connu par soi-même », par « une vue simple de l'esprit ». Avec cette « vue simple de l'esprit », il s'agit d'un « mentis intuitus », d'une saisie rationnelle spontanée du fait que j'existe en tant qu'être pensant et, de plus, comme substance individuelle de l'âme [2]. Locke expose cette argumentation dans le deuxième livre de son *Essay* comme si Descartes n'affirmait pas par-là uniquement la connaissance intuitive de nous-mêmes comme être pensant, mais également comme personne. Car, selon Descartes, l'être de l'âme réside dans la pensée, qui, comme sa nature, ne cesse jamais. Puisque la pensée de l'âme ne peut être que la pensée consciente et que l'unité de la conscience constitue la personne, Descartes n'enseigne pas seulement la connaissance intuitive de nous-mêmes comme âme existante, mais également comme personne. C'est dire : même la personne est substance.

Locke considère que la conception cartésienne est fausse, en premier lieu, pour des raisons épistémologiques. Locke ne conteste pas que nous connaissions notre existence intuitivement :

1. *Cf.* R. Descartes, *Meditationes de prima philosophia*, éd. Adam et Tannery, Paris, Vrin, 1964, t. VII, p. 189 : « *illud omne, quod cogitat, est sive existit* ». Et un peu plus haut : « *ego cogito, ergo sum, sive existo* ». *Cf.* J. Ferrari, « De quelques remarques sur la théorie et l'expérience chez Descartes et Kant », *in* H. Linneweber-Lammerskitten et G. Mohr (éd.), *Interpretation und Argument*, Würzburg, Könighausen und Neumann, 2002, p. 145-153 ; en particulier p. 148-151.

2. R. Descartes, *Meditationes de prima philosophia*, *op. cit.*, p. 189 : « Cum autem advertimus nos esse res cogitantes, prima quaedam notio est, quae ex nullo syllogismo concluditur ; neque etiam cum quis dicit, *ego cogito, ergo sum, sive existo*, existentiam ex cogitatione per syllogismum deducit, sed tanquam rem per se notam simplici mentis intuitu agnoscit, ut patet ex eo quod, si eam per syllogismum deduceret, novisse prius debuisset istam majorem, *illud omne, quod cogitat, est sive existit* ».

> we have the Knowledge of our own Existence by Intuition, (...) an internal infallible Perception that we are (...) (*Essay*, II,9,3) [1].

Mais que résulte-t-il de cette intuition pour nous-mêmes comme personne ? Selon Locke, on ne peut tirer aucune conclusion de l'intuition de l'existence. Car, à la différence du concept rationaliste d'intuition de Descartes, le concept empiriste d'intuition de Locke n'implique aucun savoir du monde qui soit *a priori* – rationnel, donc indépendant de l'expérience.

Comprendre en détail les raisons pour lesquelles Locke admet la connaissance intuitive de notre existence, mais n'autorise aucune conclusion relative au concept de personne, requiert d'exposer de façon plus précise son concept d'intuition en regard du problème de la connaissance de soi et de la personnalité. Que signifie donc « intuition » chez Locke ? Locke, par « intuition » ou « intuitive knowledge », désigne généralement la connaissance véritablement immédiate. Est immédiate la connaissance qui est instantanée dans l'esprit (*mind*), c'est-à-dire que l'esprit perçoit l'accord ou le désaccord des idées sans réflexion conceptuelle supplémentaire. Les propositions « blanc n'est pas noir », « un cercle n'est pas un triangle » ou « un arc de cercle est moins que le cercle entier » sont, pour Locke, des exemples de savoir intuitif (*Essay*, IV, 2, 1).

Dans ces cas, l'esprit saisit des faits simples, dont l'existence est directement claire, sans que cette saisie requière une démonstration supplémentaire. Aux yeux de Locke, les intuitions sont, de manière tout à fait fondamentale, épistémiquement immédiates, non discursives, elles possèdent le plus haut degré de clarté et de certitude, par suite, elles résistent au doute, sont infaillibles, elles ne requièrent aucune démonstration, elles garantissent leur propre vérité et sont évidentes [2]. Ces attributs du savoir intuitif, déjà connus à l'Antiquité et au Moyen-âge, que, selon Locke, l'esprit découvre grâce à l'introspection, ne sont pas déjà disponibles à un point de vue systématique. Même si l'on accorde qu'il y a des intuitions à titre de perceptions spirituelles immédiates, non discursives,

1. Nous citons *An Essay Concerning Human Understanding* de Locke en indiquant le numéro du livre, du chapitre et du paragraphe dans l'édition (orthographe moderne) réalisée par P. H. Nidditch (éd.), Oxford, Clarendon, 1975.

Cf. *Essay,* II, 9, 3 : « Our knowledge of our own existence is intuitive. As for our own existence, we perceive it so plainly and so certainly, that it neither needs nor is capable of any proof. For nothing can be more evident to us than our own existence. I think, I reason, I feel pleasure and pain : can any of these be more evident to me than my own existence ? ».

2. Cf. *Essay,* IV, 17, 14 : «Our highest degree of knowledge is intuitive, without reasoning. Some of the ideas that are in the mind, are so there, that they can be by themselves immediately compared one with another : and in these the mind is able to perceive that they agree or disagree as clearly as that it has them. Thus the mind perceives, that an arch of a circle is less than the whole circle, as clearly as it does the idea of a circle : and this, therefore, as has been said, I call intuitive knowledge ; which is certain, beyond all doubt, and needs no probation, nor can have any ; this being the highest of all human certainty. In this consists the evidence of all those maxims which nobody has any doubt about, but every man (does not, as is said, only assent to, but) knows to be true, as soon as ever they are proposed to his understanding. »

la question demeure de savoir ce qui garantit leur vérité, légitime leur infaillibilité et quels sont leurs véritables objets. Cela étant dit, une chose doit être claire : Locke ne comprend pas, comme Descartes, par intuition la saisie rationnelle d'un fait *a priori*.

Cela permet précisément d'éclairer le cas de la connaissance intuitive de l'existence. Il vaut en général, dans la théorie de la connaissance de Locke, que nous n'avons d'accès mental qu'aux idées ou représentations :

> idea is the object of thinking (*Essay* II 1, 1).

Locke utilise le concept « idea » pour désigner l'ensemble des produits mentaux :

> Whatsoever the mind perceives in itself, or is the immediate object of perception, thought, or understanding, that I call idea (*Essay*, II 8, 8).

Par voie de conséquence, rien ne peut être un objet de connaissance qui ne soit pas une idée. Par suite, notre propre existence doit également être une idée si nous devons pouvoir en posséder une connaissance intuitive. Elle doit donc être un objet de la perception de l'esprit. C'est également le cas selon Locke. Car, dans toutes nos activités conscientes de l'esprit, nous percevons en même temps immédiatement, infailliblement et avec certitude, notre existence comme objet de la pensée. Selon Locke, nous parvenons à une connaissance intuitive de nous-mêmes en saisissant immédiatement notre existence dans la perception de nous-mêmes.

Mais, de la même manière, pouvons-nous nous connaître également intuitivement comme des personnes ? Outre le fait que la connaissance intuitive de soi en tant que personne doive remplir les critères d'immédiateté, de non-discursivité, d'infaillibilité, de garantie de vérité, etc., la personne concrète, en tant que personne que nous devrions connaître par-là, devrait se trouver elle-même immédiatement en tant qu'idée dans l'esprit humain. De plus, il devrait y avoir une raison causale identifiable de cette idée. Nous possédons, certes, selon Locke, l'idée abstraite de la personne, mais il n'est pas question de cette idée abstraite quand je parle de moi-même comme personne concrète, singulière. L'idée de l'être individuel de ma personne devrait, pour qu'il puisse la donner comme objet de mon intuition, avoir une cause particulière de son existence. Mais cette cause quelle est-elle ?

Ce point est décisif. Afin de l'expliciter, je vais, dans ce qui suit, distinguer le concept métaphysique de personne du concept épistémique de personne. Je désigne par "personne métaphysique" une entité que l'on doit concevoir comme une substance spirituelle existante et dont l'idée est un objet immédiat de la perception de soi. Par « personne épistémique », j'entends, en revanche, une personne qui n'existe pas comme substance spirituelle et qui n'est pas perçue intuitivement, mais qui est constituée par les produits de la conscience. Or, c'est la thèse de Locke : Les hommes, en ce sens, ne sont pas des personnes métaphysiques, mais épistémiques.

La théorie de l'identité personnelle fournit la fondation de cette thèse. Dans cette théorie, Locke prend, avant tout, en considération deux options fondamentales classiques pour expliquer l'identité de la personne : premièrement, l'identité de l'âme-substance, deuxièmement, l'identité du corps humain. Locke veut démontrer que, même si nous savions tout de l'identité d'une substance ou d'un corps, nous ne saurions rien par là de l'identité de la personne. Car les corps, les substances et les personnes ont, chacun, leurs propres critères d'identité. Par conséquent, la distinction conceptuelle entre « homme, substance et personne [*man, substance* et *person*] », *Essay*, II 27, 7) constitue le point de départ de l'argumentation. Le concept « man » ne désigne, par conséquent, rien d'autre que le corps d'un homme déterminé. Son identité serait déterminée biologiquement par l'organisation des membres d'un corps humain en vue de la vie. « Substance » signifie, par contre, en premier lieu, le substrat des propriétés. Selon Locke, les substances sont inconnaissables, car nous n'avons pas d'accès mental aux choses mêmes, mais uniquement aux idées ou aux représentations des choses. Par suite, Locke qualifie également le concept de substance de concept obscur (« obscure », *Essay,* II, 23, 2, 3, et 15). Cela a avant tout pour conséquence que nous ne pouvons pas savoir si la pensée est la propriété d'une substance matérielle ou immatérielle. Par suite, le concept de matière pensante ne comprend pas non plus, selon Locke, de contradiction.

La définition lockéenne de la personne est extrêmement importante. Elle énonce :

> Person is a thinking intelligent Being, that has reason and reflection and can consider itself as itself (*Essay*, II 27, 9).

Ce qui est nouveau, au point de vue systématique, dans ce concept de la personne, ce n'est pas la définition de l'être pensant, intelligent, mais celle de la conscience ou de la conscience de soi. Car cette spécification permet d'expliciter pourquoi le recours à l'identité simplement corporelle ne suffit pas, en effet, à savoir comment un être pensant, en différents lieux et en différents temps, peut être pensé comme le même; et c'est précisément ce que nous voulons savoir quand nous nous interrogeons sur la possibilité de l'identité personnelle.

La conscience de soi est introduite ici comme la condition épistémique de l'identité personnelle. C'est déjà l'indice, même si ce n'est pas encore la preuve, que les personnes n'existent pas comme des personnes métaphysiques, mais sont constituées comme des personnes épistémiques. Or, sur la base de son concept de conscience de soi, Locke développe un argument qui doit réaliser cette démonstration en deux pas : dans le premier pas, Locke expose d'abord sa conception de la conscience. La conscience est par conséquent intrinsèquement réflexive, c'est-à-dire : elle contient toujours le savoir explicite de ses réalisations et, dans cette mesure, elle est conscience de soi. Car il serait impossible de percevoir quelque chose sans savoir que l'on perçoit. Le fait que nous connaissons constamment les réalisations de notre conscience est, selon Locke, le fondement véritable du fait que nous possédons la représentation d'un Je ou de soi-même :

> consciousness (...) makes every one to be what he calls self (*Essay*, II 27, 9).

Le soi – ou la conscience de soi – est donc constitué en raison de la réflexivité de la conscience. On doit comprendre Locke ainsi : la conscience personnelle de soi désigne l'unité de la conscience, et ce, au sens du rester-égal-à-soi-même d'un être raisonnable au cours de son histoire mentale. Aussi longtemps que la même unité de la conscience persiste, persiste la même personne :

> For, since consciousness always accompanies thinking, and it is that, that makes every one to be, what he calls *self;* and thereby distinguishes himself from all other thinking things, in this alone consists *personal identity*, *i.e.* the sameness of a rational being (*Essay,* II 27, 9).

Le fait que la personne ne se donne pas par-là comme personne métaphysique, mais comme personne épistémique est certes clair, mais ne devient parfaitement évident que dans le second pas de l'argumentation.

Le concept d'identité diachronique est expressément abordé dans le second moment de l'argumentation. Selon Locke, l'identité diachronique est une propriété que l'on peut attribuer à un objet quand l'on a exactement la même idée de cet objet en différents points du temps ; ce que l'on peut établir au moyen d'une comparaison. L'identité personnelle est simplement un cas d'application de ce procédé. Par conséquent, nous sommes les mêmes personnes si c'est une et même conscience du Je, qui accompagne les représentations en différents points du temps et engendre, ce faisant, l'unité de la conscience. Le souvenir fonctionne alors comme le critère grâce auquel on peut établir quand, pour un moi, une conscience en un point du temps antérieur est la même conscience que dans un point du temps ultérieur ou simultané. Car, pour Locke :

> (...) as far as this consciousness can be extended backwards to any past action or thought, so far reaches the identity of that *person;* it is the same *self* now it was then; and it is by the same *self* with this present one that now reflects on it, that that action was done (*Essay,* II, 27, 9).

Pour Locke, l'identité personnelle consiste, par suite, dans le Je ou le moi constitué d'une conscience par ses souvenirs, qui est conscient de la continuité temporelle de son existence au moyen de l'attribution à soi de ses pensées ou de ses actions antérieures. Le cœur de l'argument réside alors dans l'affirmation que le souvenir et, par suite, l'attribution à soi-même ne seraient pas possibles sans la conscience de soi. La personne ou l'identité personnelle n'existe donc pas dans la conscience ou la pensée-Je, mais est établie par la conscience elle-même. Cela signifie que nous ne sommes pas des personnes métaphysiques, auxquelles nous aurions un accès mental intuitif, mais nous nous représentons dans l'unité de notre conscience comme des personnes constituées, épistémiques. Il est clair que la représentation de nous-mêmes comme personne ne remplit pas les critères spécifiques de la connaissance intuitive indiqués auparavant par Locke : en effet, il s'agit de réalisations discursives minimales procurées et impliquées par le souvenir ; elle ne possède pas le plus haut degré de clarté et de certitude, puisque les souvenirs s'estompent et que nous pouvons nous tromper en eux ; nous devons même parfois vérifier l'authenticité de nos souvenirs, par exemple grâce à des témoignages certifiés ; par suite, la représentation de moi-même comme personne peut, finalement, ne pas être évidente et sa vérité ne pas être garantie.

À l'aide des arguments de Locke, on peut donc montrer que la connaissance intuitive de notre existence ne nous livre aucune information sur nous-mêmes comme personnes, puisque ce n'est que grâce au souvenir que nous nous constitutions, en premier lieu, comme personnes épistémiques. Ce savoir de nous-mêmes comme personnes épistémiques ne peut manifestement pas prétendre à une certitude indubitable, puisque le souvenir ne constitue aucune source sûre de connaissance. On peut il est vrai, selon Locke, contrôler entièrement le facteur d'incertitude qui se trouve au fondement de l'intensité du contenu des souvenirs que l'on ré-expérimente. Une personne sait simplement qu'un souvenir est sûr par l'intensité avec laquelle elle le revit introspectivement. Que cela soit le talon d'Achille de la théorie lockéenne de la personne, Butler et Reid le suggéraient déjà quand ils mettaient l'accent sur le phénomène de la perte de souvenirs. Butler objecte à la théorie de Locke qu'elle est circulaire parce que la constitution de l'identité personnelle présuppose déjà le concept de personne[1]. De plus, Reid reproche à Locke de transgresser la loi de la transitivité du souvenir. Car, admettons que Jean soit puni pour un vol qu'il a commis quand il était jeune, vol dont il se souvient ultérieurement alors qu'il est devenu un officier courageux. Lorsqu'il accède, par la suite, au rang de général, il se souvient encore de l'époque où il servait comme officier, mais a irrémédiablement oublié le vol qu'il a commis dans sa jeunesse. Selon Locke, le jeune Jean serait identique à l'officier et l'officier au général, mais le général ne serait pas identique au jeune Jean. Cela serait intenable, car si *A* est identique à *B* et *B* à *C*, *A* doit également être identique à *C*[2].

De telles objections semblent suggérer que la perte du souvenir ou l'interruption de la conscience, par exemple, lors du sommeil ou de l'évanouissement, aurait pour conséquence absurde de détruire une personne ou de produire une pluralité de personnes. Leibniz attire déjà l'attention sur cette difficulté lorsqu'il invite à réfléchir au fait que nous pouvons suppléer les manques de souvenir soit par les produits de la conscience médiatrice tels que les représentations obscures, soit par le témoignage d'autrui. Locke lui-même prend en compte cette objection et lui oppose l'argument suivant : la question de savoir si la perte du souvenir conduit à une destruction de la personne ou à une pluralisation de personnes ne concerne pas l'identité de la personne, mais l'identité de la substance. Davantage, cette question n'est pas pertinente eu égard au problème de l'identité personnelle, puisque l'identité de la personne repose seulement sur l'identité de la conscience

1. *Cf.* J. Butler, « Of Personal Identity », *in* J. Perry (éd.), *Personal Identity*, Berkeley/Los Angeles/London, University of California Press, 1975, p. 99-105.

2. *Cf.* Th. Reid : « Of Mr. Locke's Account of Our Personal Identity », *in* J. Perry (éd.), *Personal Identity*, *op. cit.*, p. 114 *sq.*).

au plan de la théorie de connaissance et ne dépend pas de l'identité ontologique d'une substance pensante déterminée matérielle ou immatérielle.

Certes, la substance pensante fonctionne comme le fondement indispensable de la réalisation de l'identité personnelle, mais on peut tout à fait penser, selon Locke, que l'identité d'une seule et même personne se réalise dans des substances distinctes. Sans quoi, finalement, nous ne pourrions pas imaginer – selon la théorie théologique présupposée – ressusciter le jour du Jugement dernier comme les mêmes personnes[1]. Locke fonde ce point de sorte qu'il soit indifférent, pour l'identité d'une personne, dans quelle substance une conscience pense. Seul est décisif le fait qu'une conscience constitue pour elle-même l'identité d'une personne – que ce soit dans cette substance pensante-ci ou dans celle-là ne joue aucun rôle. De manière tout à fait fondamentale, une personne ne doit pas avoir en permanence conscience de ses actions antérieures, mais doit, en principe, seulement être en mesure de s'en souvenir. La perte des souvenirs ne mène pas non plus, dans cette mesure, nécessairement à la destruction ou à la pluralisation des personnes. En outre, le fait que l'homme, en tant que corps, ne puisse pas fixer l'identité d'une personne prouve, selon Locke, que la perte des membres n'a pas nécessairement de répercussion sur l'identité d'une personne[2]. Cette conclusion, en partie fondée sur des expérimentations intellectuelles, constitue, selon Locke, plus qu'un indice du fait que nous sommes des personnes épistémiques et non pas physiques. Il nous appartiendra de confirmer cette thèse dans la deuxième partie de cette contribution en exposant les motifs pratiques de la théorie de l'identité personnelle. L'arrière-plan permettra d'expliquer pourquoi Locke sépare l'identité personnelle du corps et de la substance et la rattache à la conscience de soi qui se souvient. Comme nous le verrons dans la troisième partie de cette contribution, Kant est fondamentalement d'accord avec cette conception, mais la renforce encore en n'accordant, finalement, au concept de personne que la signification d'une métaphore juridique.

1. Voir *Essay*, II 27, 26 : « And therefore, conformable to this, the apostle tells us, that at the Great Day, when every one shall "receive according to his doings, the secrets of all hearts shall be laid open." The sentence shall be justified by the consciousness all persons shall have, that they *themselves*, in what bodies soever they appear, or what substances soever that consciousness adheres to, are the *same*, that committed those actions, and deserve that punishment for them. »

2. Cf. *Essay*, II 27, 10-16.

LES FONDEMENTS PRATIQUES DE L'IDENTITÉ PERSONNELLE CHEZ LOCKE

Les arguments que nous venons de développer nous amènent à la conclusion que, chez Locke, il s'agit de la conception d'une théorie de l'identité *mentale* des personnes, d'une théorie qui offre un critère fiable grâce auquel il est possible de déterminer l'identité diachronique d'une conscience. Locke ne semble pas avoir examiné de manière plus précise les aspects pratiques du concept de personne. C'est, comme on le sait, précisément le contraire[1]. Dans l'*Essay*, en conclusion des développements sur l'identité personnelle, Locke souligne spécialement que l'identité personnelle a, en premier lieu, une importance pratique. Locke désigne le concept de personne comme le « forensic term », comme l'expression juridique qui se rapporte aux actions et à leur récompense et qui ne peut être appliquée qu'aux êtres pour lesquels il peut y avoir des lois et qui peuvent être heureux et malheureux :

> « Person » a forensic term. *Person*, as I take it, is the name for this *self*. Wherever a man finds what he calls *himself*, there I think, another may say is the same *person*. It is a forensic term appropriating actions and their merit; and so belongs only to intelligent agents capable of a law, and happiness, and misery (*Essay*, II 27, 26).

À partir de ce que l'on peut appeler le concept juridique de personne, il est maintenant possible de montrer qu'il faut distinguer deux formes d'identité personnelle dans la théorie de Locke : premièrement, la forme de l'identité dans le souvenir (*Erinnerungsidentität*), selon laquelle une personne doit pouvoir s'attribuer ses actions antérieures pour pouvoir être tenue responsable moralement et juridiquement. Deuxièmement, la forme de l'identité dans le futur (*Zukunftsidentität*), selon laquelle la recherche du bonheur n'est même seulement possible que pour une personne identique, c'est-à-dire pour une personne qui part du fait qu'elle sera punie ou récompensée uniquement pour les actions qu'elle s'attribuera dans le futur. Il est assurément possible de distinguer ces deux formes d'identité personnelle grâce à la différenciation de la perspective temporelle que prend la conscience, en effet, d'une part, dans une perspective rétrospective et, d'autre part, dans une perspective prospective. Cela étant dit, l'identité dans le souvenir ainsi que l'identité tournée vers le futur appartiennent toutes deux au mode de l'identité personnelle constitué par la conscience de soi. Ces deux formes justifient la conception lockéenne que les hommes ne sont pas des personnes métaphysiques, mais épistémiques et que leur « être-personne » ne peut pas non plus, par suite, être saisi intuitivement.

Pour Locke, c'est un principe pratique que le droit et la justice de la récompense et de la peine se fondent sur l'identité de la personne :

1. *Cf.* les analyses pertinentes d'U. Thiel, *Lockes Theorie der personalen Identität*, Bonn, Bouvier, 1983, p. 135 *sq.*

> In this *personal identity* is founded all the right and justice of reward and punishment; happiness and misery, being that, for which every one is concerned for *himself*, not mattering what becomes of any substance, not joined to, or affected with that consciousness (*Essay*, II 27,18).

Selon ce principe, seules les personnes sont des sujets du droit ou des sujets moraux, puisque seules les personnes peuvent être récompensées et punies pour leurs actes. Car l'application de la récompense et de la peine présuppose qu'un moi présent dans la perspective du passé reconnaît ces mêmes actions, qu'il s'agit d'évaluer au point de vue moral-juridique, comme ses propres actions. Mais cela ne signifie rien d'autre que le fait qu'un sujet de l'action doit remplir, pour l'identité personnelle, le critère du souvenir. Car, selon Locke, une conscience des actions, qu'elle n'est pas capable d'attribuer à son Je présent, ne s'intéresse en général qu'à des actions qui n'ont pas eu lieu. Cela signifie que des actions dont une conscience ne peut pas se souvenir sont pour cette conscience moralement ou juridiquement sans objet.

Locke s'efforce de rendre plausible cette thèse grâce à quelques exemples qu'il construit. Supposons que le même Socrate participe dans l'état de veille, mais pas dans le sommeil, à la même conscience, Socrate éveillé et endormi ne serait pas alors la même personne. Par conséquent, il serait injuste de punir le Socrate éveillé pour ce qu'a pensé le Socrate endormi et pour ce dont le Socrate éveillé n'a jamais été conscient. En principe, cela se passe dans ce cas comme dans celui où un homme, en tant que « fou » (« mad man », *Essay*, II 27, 20), ne serait pas puni selon les lois humaines pour les actes qu'il a commis en tant que personne raisonnable susceptible d'imputation, et inversement. Selon Locke, dans de tels cas, les lois traitent le même homme logiquement comme deux personnes.

Si nous jetons un œil à l'éthique de Locke, il appert que cette conception de l'identité personnelle ne vaut pas seulement au sens étroit pour le domaine juridique, mais peut également, de manière général, être appliquée à l'agir moral. Le bien ou le mal moral est, selon Locke, cette idée relativement à laquelle nous jugeons l'accord ou le désaccord des actions avec une loi. Il est possible, de cette manière, d'établir, selon la volonté et le pouvoir du législateur, le respect ou la violation des lois et d'évaluer ainsi la récompense et la peine[1]. Locke distingue trois sortes de règles morales et de lois : premièrement, la loi divine (« *Devine* law », *Essay*, II 28, 8), selon laquelle on juge si une action est un péché ou un devoir ; deuxièmement, la loi civile (« *civil* law », *Essay*, II 28, 9), selon laquelle on décide si une action est punissable ou non ; troisièmement, la loi de l'opinion et de la réputation (« law of opinion or reputation », *Essay*, II 28, 10), selon laquelle on établit qu'une action est vertueuse ou vicieuse. Des formes propres de contrainte ainsi que de récompense et de peine reviennent à ces trois sortes de lois, cependant, la loi morale de Dieu prévaut fondamentalement : Dieu possède ainsi

1. Pour l'éthique de Locke, voir *Essay*, II 28.

le pouvoir de prononcer la récompense et la peine y compris avec un effet sur une vie ultérieure. Deuxièmement, l'autorité publique a le pouvoir de forcer à observer les lois civiles en supprimant la vie, la liberté et les biens. Enfin, les différentes sociétés forceraient à observer leurs normes morales individuelles en récompensant et en punissant par l'approbation et la désapprobation sociales. Dans chacune de ces trois sphères, l'évaluation de la récompense et de la peine présuppose une personne identique comme sujet de droit ou sujet moral, qui est conscient en tant que tel, grâce au souvenir, de ses actions antérieures. Le principe que le droit et la justice de la récompense et de la peine se fondent sur l'identité de la personne a, dans cette mesure, une signification éthique universelle.

Selon Locke, le bonheur est le but de toute action humaine :

> All men desire happiness, that is past doubt (*Essay,* II 21, 68) [1].

Car la réceptivité au bonheur et au malheur constitue une détermination fondamentale de l'existence humaine. Mais, l'homme ne prend pas part au bonheur simplement, mais l'homme prendrait intérêt au bonheur en s'occupant et se souciant de lui-même. Cet intérêt particulier pratique fonde, selon Locke, le rapport systématique entre la recherche du bonheur et l'identité personnelle. La réceptivité au bonheur et au malheur présuppose donc pour chaque être doté de raison un moi auquel il s'intéresse et qu'il voudrait voir heureux :

> (...) every intelligent being, sensible of happiness or misery, must grant, that there is something that is *himself*, that he is concerned for, and would have happy; that this self has existed in a continued duration more than one instant, and therefore it is possible may exist, as it has done, months and years to come, without any certain bounds to be set to its duration; and may be the same *self*, by the same consciousness, continued on for the future (*Essay,* II 27, 25).

Il ne s'agit pas, pour Locke, simplement d'une expérience brève du bonheur, mais d'un moi qui perdure, qui fonctionne, dans une perspective prospective, en tant que sujet moral d'une vie future heureuse. Ce moi est la personne identique, qui non seulement s'attribue dans le souvenir les actions antérieures et assume donc la responsabilité morale, mais qui, en outre, oriente également son existence vers une existence future heureuse. L'identité personnelle est ainsi également la condition de la réalisation de la recherche du bonheur humain, puisque cette recherche n'a de sens pour un agent moral que s'il peut prendre le bonheur, prospectivement, comme un Je qui perdure, lequel fonctionne comme le sujet moral d'une vie heureuse à venir. Cela vaut de manière correspondante pour la

1. Voir également *Essay,* II 21, 41 : « All desire happiness. If it be further asked, what it is moves desire? I answer happiness, and that alone. *Happiness* and *misery* are the names of two extremes, the utmost bounds whereof we know not; it is what "eye hath not seen, ear hath not heard, nor hath it entered into the heart of man to conceive." But of some degrees of both we have very lively impressions, made by several instances of delight and joy on the one side; and torment and sorrow on the other ».

responsabilité morale que les personnes s'imputent prospectivement eu égard à leurs (possibles) actions futures.

On peut expliciter ce point grâce à la détermination que donne Locke du contenu de la vie moralement bonne et heureuse. En éthique, Locke peut être considéré comme un partisan de l'hédonisme. Selon sa conception, toute action humaine vise à atteindre un état d'absence de douleur corporelle ou spirituelle. C'est dans cet état d'absence de douleur que réside également le bonheur auquel aspire la personne en vue d'éviter un malaise qu'elle éprouve. Le malaise détermine la volonté à supprimer la douleur en vue d'atteindre ainsi un bien absent. Selon Locke, le bien et le mal sont généralement équivalents à la joie et à la douleur. Mais il définit spécifiquement le bien moral et le mal moral comme l'accord et le désaccord de nos actions avec une loi, dont nous tirons, selon la volonté du législateur, de la joie et de la douleur et, ce faisant, le bonheur et le malheur :

> Good and evil (...) are nothing but pleasure or pain, or that which occasions or procures pleasure or pain, or that which occasions, or procures pleasure or pain to us. *Morally good and evil* then, is only the conformity or disagreement of our voluntary actions to some law, whereby good or evil is drawn on us, from the will and power of the Law-maker; which good and evil, pleasure or pain, attending our observance, or breach of the law, by the decree of the Law-maker, is that we call *reward* and *punishment* (*Essay,* II 28, 5) [1].

Dans l'hédonisme de Locke, le bonheur, par conséquent, n'est pas réduit au fait d'éprouver avec plaisir l'absence de douleur, mais est compris, dans une perspective éthique, comme la conséquence de l'action morale en accord avec des lois données. Mais le sujet de l'espoir de conséquences heureuses à venir de l'action morale peut uniquement être une personne identique, qui peut établir une relation entre son action et le bonheur qu'elle pourra éprouver ultérieurement.

Locke attribue à l'identité personnelle également une fonction fondamentalement morale-pratique, à savoir dans la mesure où elle fonctionne, dans une perspective rétrospective, comme la présupposition de l'imputabilité des actions morales et, d'autre part, dans une perspective prospective, comme la condition de la réalisation de l'aspiration humaine au bonheur. De plus, il est apparu que, dans la théorie de Locke, il faut distinguer deux formes de l'identité personnelle : l'identité dans le souvenir, d'un côté, et l'identité dans le futur, de l'autre côté. Ces deux formes d'identité personnelle, qui reposent sur des réalisations mentales constitutives de la personne, ne sont donc pas saisies par une compréhension intuitive, que Locke admet, il est vrai, pour la perception de sa propre existence, mais pas pour l'être de notre personne. Car la "personne", selon Locke, n'est pas un concept métaphysique, mais épistémique, qui a seulement une signification juridique. Kant se rattache à cette thèse. Selon la critique du paralogisme de la

1. Eu égard à l'action morale et à la quête du bonheur, voir également *Essay,* II 21, 31-38; 41-46; 55 *sq. Cf.* U. Thiel, *Lockes Theorie der personalen Identität, op. cit.*, p. 135 *sq.*

personnalité, le concept de personne a, pour Kant également, tout au plus une fonction morale-juridique. L'élimination du concept de personne de la métaphysique, que l'on constate chez Locke, se laisse diagnostiquer chez Kant comme une déflation générale.

La déflation kantienne du concept de personne

Pour anticiper brièvement : l'évaluation kantienne de la signification philosophique du concept de personne ne laisse rien à espérer quant à la clarté. Ce concept ne peut pas être justifié en tant que concept d'un moi numériquement identique, qui persiste en différents points du temps. Cependant, ce concept est « nécessaire et suffisant pour l'usage pratique » (CRP, A 365). Kant soutient que le concept de personne a assurément de la valeur dans le contexte de la philosophie morale ou du droit, mais que sa signification dans le cadre de la philosophie de la connaissance ou sa signification ontologique ne peuvent pas être légitimées. Comme chez Locke, le rôle du concept de personne peut être explicité, chez Kant, en partant du problème de la connaissance intuitive de l'existence. Bien que Kant exclue fondamentalement la possibilité d'une connaissance intuitive, il ramène cependant, comme Locke, la connaissance de notre propre existence à la perception empirique de soi. Alors que, selon la *Critique de la raison pure*, la conscience de notre existence exprime une « intuition empirique indéterminée, c'est-à-dire une perception » (CRP, B 422 rem.), les *Prolégomènes* parlent même du « sentiment de [m]on existence » (*Prolégomènes*, § 46, AK IV, 334 rem.).

Au fond, Kant n'argumente pas autrement que Locke : quand je pense, je sais immédiatement que j'existe. Ce savoir empirique n'est ni discursif ni reposant sur une inférence, il se manifeste immédiatement, il est certain, indubitable et infaillible, sa vérité est garantie et il est évident. Cependant, selon Kant, mon existence ne peut pas être déduite du concept de ma pensée : car

> le prétendu raisonnement cartésien : *cogito, ergo sum* (...) est tautologique dans la mesure où le *cogito* (*sum cogitans*) exprime immédiatement la réalité effective [*Wirklichkeit*]. (CRP, A 355, AK IV 224)

Certes, il est, selon Kant, analytiquement vrai que j'existe quand je pense ; mais il ne s'agit pas alors de la connaissance intuitive, qui – comme le pense Descartes – présente la saisie rationnelle d'un fait *a priori*. De toute façon, il ne peut absolument pas y avoir de savoir intuitif ou de connaissance intuitive en raison de l'irréductibilité des sources de la connaissance, la sensibilité et l'entendement ou l'intuition et le concept, car, pour Kant, l'entendement humain n'est pas capable d'intuitionner ni l'intuition de penser[1].

Kant distingue alors la conscience de soi empirique de la conscience de soi pure. La conscience pure est, en tant que fondement de l'unité de la liaison des représentations, le principe formel du savoir. Par suite, Kant la désigne également comme l'« aperception originaire » (CRP, B 132) produite par un « acte de la spontanéité », à laquelle revient un statut purement logique (de concept). C'est la condition de la possibilité pour qu'un sujet de représentations puisse être conscient d'une diversité de représentations. Cette idée implique l'identité de la conscience dans la synthèse d'un divers donné dans l'intuition. Car on ne peut absolument pas penser une *unité* synthétique de représentations sans la condition de l'identité complète du Je dans la synthèse. Cette conscience d'un rapport d'identité fondé par le « Je pense » synthétisant est l'« unité analytique de l'aperception » (CRP, B 133), une représentation de l'unité dans laquelle je me représente seulement l'« identité de la conscience » (*ibid.*) elle-même et non pas l'identité de ma personne. Car l'identité du « Je pense » pur n'est pas biographique, mais bien logique, c'est-à-dire qu'elle doit être comprise comme une identité qui présuppose conceptuellement toute synthèse. Les propriétés individuelles de la conscience de soi sont seulement applicables au niveau de la conscience empirique et sous les conditions de la conscience logique ou « générale » (CRP, B 132). En revanche, la conscience de soi empirique est concrète, à savoir : la conscience du sens interne en tant que pouvoir « au moyen duquel s'intuitionne lui-même ou son état interne » (CRP, A 22/B 37, AK III 52). Kant comprend parmi les états mentaux, que nous percevons dans le sens interne, les désirs, les pensées, les sentiments, les inclinations, les décisions de la volonté, etc. Par suite, on peut dire qu'il s'agit, avec la conscience de soi empirique, de la conscience du moi biographique existant dans le temps de tous ses événements psychiques. Bien que le sens interne soit un pouvoir simplement passif, cela suffit que des présentations me soient données, mais pas cependant comme telles de là, pour expliquer la conscience de soi empirique. Selon Kant, le « Je pense » pur doit affecter le sens interne en posant en lui des représentations et en les amenant à la conscience. De cette manière, l'aperception pure provoque dans le sens interne la conscience du soi empirique, par exemple en tant qu'attention que le moi porte aux phénomènes psychiques internes[2]. Cependant, il s'avère que, d'une part, la conscience pure parvient à une sorte de connaissance purement logique, non sensible de soi-même, alors que, de l'autre côté, la conscience de soi empirique

1. *Cf.* D. Heidemann, « Dass ich bin. Zu Kants Begriff des reinen Existenzbewusstseins », *in* C. La Rocca *et al.* (éd.), *XI. Internationaler Kant-Kongress : Kant und die Philosophie in weltbürgerlicher Absicht*, Berlin/New York, De Gruyter, 2013, p. 153-164.

2. Pour plus de détail, voir D. Heidemann, « Innerer und äußerer Sinn. Kants Konstitutionstheorie empirischen Selbstbewusstseins », *in* V. Gerhardt, R.-P. Horstmann et R. Schuhmacher (éd.), *Kant und die Berliner Aufklärung. Akten des IX. Internationalen Kant-Kongresses Berlin 2000*, Bd. 2, Berlin/New York, De Gruyter, 2001, p. 305-313.

est susceptible d'une connaissance de soi sensible-phénoménale, non logique. Le moi connaît uniquement son existence de manière empirique-immédiate dans la mesure où des représentations lui sont données dans le sens interne, car

> on ne saurait rencontrer dans le simple concept d'une chose absolument aucun caractère de son existence (CRP, A 225/B 272) [1].

Quand Kant, comme Locke, rejette la possibilité d'une connaissance rationnelle-intuitive de l'existence et admet purement et simplement la perception de soi de son existence, considère-t-il alors en même temps, comme Locke, que nous n'existons pas comme des personnes métaphysiques, mais que nous sommes constitués par la conscience comme des personnes épistémiques? Il ressort de la critique du troisième paralogisme de la *Critique de la raison pure* que Kant considère que, non seulement le concept métaphysique de personne, mais aussi finalement le concept épistémique ne peuvent pas être théoriquement légitimés. Le troisième paralogisme s'énonce comme suit :

> Ce qui est conscient de l'identité numérique de soi-même en différents temps est dans cette mesure une personne;
> or, l'âme, etc.,
> donc elle est une personne (CRP, A 361, AK IV, 228).

Dans sa critique du troisième paralogisme de la théorie rationnelle de l'âme, Kant insiste sur le fait que la majeure de ce raisonnement n'est à proprement parler qu'une « proposition [identique] de la conscience de soi dans le temps » (CRP, A 362). Car je suis en tout temps une conscience identique de mes représentations. Or, la question est de savoir si je suis, en différents temps, une conscience identique de mes présentations. Et, si tel est le cas, comment peut-on connaître que je suis cette conscience identique?

Kant distingue ici deux possibilités générales. Dans une sorte d'expérimentation intellectuelle, il réfléchit, premièrement, à la question de savoir si un « observateur externe » (CRP, A 362) pourrait établir l'identité de ma conscience entendue comme la permanence de mon âme. Selon Kant, il ne serait pas en mesure de l'établir. Car, l'intervalle de temps, dans lequel il pense ma conscience comme identique, ne serait pas un intervalle de temps de ma conscience, mais de sa propre conscience. Dans la perspective de la troisième personne, l'identité personnelle ne peut donc jamais être établie, puisque l'observateur externe n'inférera toujours que de son identité personnelle à ma propre identité. Car l'observateur externe ne pourrait avoir aucune information sur un changement mental de première personne en moi.

1. Il ne semble pas contestable que Kant vise alors, de manière générale, la connaissance rationaliste de l'existence de l'*ego cogito* de Descartes même si, comme Jean Ferrari l'établit (« De quelques remarques sur la théorie et l'expérience… », art. cit., p.146) que « Descartes, dans l'œuvre de Kant, n'occupe qu'une place secondaire », non pas, finalement, en comparaison aux empiristes.

En toute rigueur, l'identité personnelle ne peut être connue qu'à partir de la perspective de la première personne, et c'est le deuxième cas : Kant argumente maintenant que l'identité de ma conscience de moi-même en différents temps est seulement la condition formelle de l'unité de la conscience de moi-même, mais ne dit rien de l'identité numérique de mon sujet, puisque un changement pourrait toujours encore se produire en lui. Afin d'illustrer son propos, Kant mobilise, de nouveau, une sorte d'expérimentation intellectuelle : admettons une série de substances, où la première transfère sa conscience entière à la seconde, la seconde à la troisième, etc. La dernière substance de cette série serait alors consciente de tous les états mentaux des substances précédentes comme de ses propres états mentaux. Mais, pourtant, cette dernière substance n'aurait pas été, selon Kant, la personne identique dans tous ces états.

Il n'y a pas lieu d'affirmer que cet argument vise ici directement Locke[1]. Cependant, du moins dans la perspective théorique, il aurait assurément des conséquences fatales pour le critère du souvenir. Car il ne s'ensuit pas du fait que j'ai un souvenir continu de mon passé que je suis la même personne dans cette période du souvenir. Si l'on prend l'objection de Kant au sérieux, il serait du reste pensable que je ne suis conscient dans un souvenir que de la somme des contenus de pensée d'autres sujets. Pour que la connaissance de moi-même comme un moi permanent dans le temps soit possible à partir de la perspective de la première personne, je devrais pouvoir me comparer dans ma conscience avec moi-même, et ce, de sorte à pouvoir m'observer comme le pôle de référence de mes représentations changeantes. Ce n'est précisément pas possible selon Kant, car ce qui observerait la conscience serait simplement lui-même en tant que conscience analytiquement identique de ses représentations. Pour pouvoir établir l'identité de ma conscience, je devrais pouvoir me connaître dans ma conscience comme quelque chose d'objectivement permanent dans le temps. Mais une telle « connaissance de soi par la raison pure (...) à partir du simple concept du soi identique » (CRP, A 366) n'est pas possible, puisque nous ne pouvons pas, si l'on veut, sortir de nous-mêmes pour considérer le changement de nos représentations comme de l'extérieur. Kant n'abandonne pas, ce faisant, les concepts du Je, du moi, du sujet ou de l'aperception. Il les maintient fermement dans la signification purement formelle qu'ils reçoivent dans la philosophie transcendantale en tant

1. Cela suggère néanmoins que Kant pense ici à Locke. Voir M. Baum, « Logisches und personales Ich bei Kant », *in* D. H. Heidemann (éd.), *Probleme der Subjektivität in Geschichte und Gegenwart*, Stuttgart-Bad Cannstatt, Frommann-Holzboog, 2002, p. 107-123; en particulier p. 119-120. – Les influences empiristes sur la philosophie théorique kantienne sont, il est vrai, connues de manière générale, mais, finalement, ont été peu étudiées dans le détail en ce qui concerne Locke, Berkeley et Hume. Ce n'est qu'au cours de ces dernières années que ce thème a été approfondi dans la littérature. Cependant, les études globales, comme par exemple celles de H. E. Allison (*Custom and Reason in Hume. A Kantian Reading of the First Book of the Treatise*, Oxford, OUP, 2008) et de W. Waxman (*Kant and the Empiricists*, Oxford, OUP, 2005), s'efforcent moins d'expliquer l'histoire des sources que d'offrir une interprétation de l'empirisme à partir de la philosophie kantienne en adoptant un point de vue empiriste.

que conditions pures de la possibilité de l'expérience. Mais, comme Locke, Kant plaide pour une admission du concept de personne dans sa fonction simplement pratique, car il est « nécessaire et suffisant pour l'usage pratique » (CRP, A 365), en vue des imputations morales-juridiques des actions et de pouvoir entreprendre de manière significative les récompenses ou les peines qui en résultent.

Kant restreint assurément la fonction du concept pratique de personne encore davantage que Locke. Même s'il accorde une signification généralement pratique au concept de personne, il considère le souvenir comme un critère inapproprié pour déterminer l'identité personnelle. On peut au moins le déduire de deux expérimentations intellectuelles. Car, même si je suis conscient de mes actions antérieures dans le souvenir, il ne s'ensuit pas que je suis le sujet identique de ces actions et par là que je suis une personne. Finalement, et l'expérimentation intellectuelle le montre, il se pourrait que les souvenirs, dont je suis conscient maintenant, soient les souvenirs simplement accumulés et transférés dans ma conscience d'autres substances. C'est la conséquence implicite de la théorie de Locke, qui opère la distinction entre substance et personne. L'objection que Kant adresse implicitement à Locke affirme donc qu'admettre les substances comme substrats de la conscience amoindrit la fonction du critère du souvenir dans la mesure où il est possible que les pensées de substances différentes puissent être transmises à une troisième substance et celle-ci n'aurait donc aucun souvenir réel. Par suite, les personnes sont des personnes « sans substance » également dans la perspective pratique. C'est pourquoi le concept kantien de personne est un concept déflationniste, c'est-à-dire que, même si Kant, pour des raisons pragmatiques, est disposé à lui reconnaître une fonction pratique, il lui refuse cependant toute fonction métaphysique et épistémique.

BILAN

Selon Locke, nous pouvons, il est vrai, parvenir à une connaissance intuitive de notre existence, mais nous ne pouvons pas, en revanche, nous connaître intuitivement comme personne. Dans cette mesure, nous ne pouvons nous comprendre, en raison du critère du souvenir, que comme des personnes épistémiques et non comme des personnes métaphysiques. Selon Kant, nous percevons certes notre propre existence de manière empirique et immédiate, mais nous ne possédons aucune connaissance intuitive de nous-mêmes comme personne. Dans cette mesure, Kant s'accorde également avec Locke sur le point que le concept de personne est seulement susceptible de signification pratique. Toutefois, Kant montre que le souvenir est un critère insuffisant de l'identité de la personne, du moins sous les présupposions de la théorie de Locke. Il faut convenir de ce diagnostic, et c'est là que réside la force de l'objection kantienne, qui formule une critique immanente de Locke. Cela signifie que cette objection ne présuppose pas l'idéalisme transcendantal, mais se borne à indiquer que le savoir du souvenir est pour des raisons principielles un savoir incertain et ne permet pas de procurer de fondement à un concept de personne solide. Selon Kant, il n'y a rien à objecter à l'usage quotidien et, en outre, pratique du concept de personne tant que cet usage n'implique pas de suppositions implicites métaphysiques ou épistémologiques eu égard à l'existence des personnes comme substances et à leur transparence à soi cognitive[1].

Dietmar HEIDEMANN
Université du Luxembourg

(Traduction Sophie GRAPOTTE)

BIBLIOGRAPHIE

ALLISON, Henry E., *Custom and Reason in Hume. A Kantian Reading of the First Book of the Treatise*, Oxford, OUP, 2008.

BAUM, Manfred, « Logisches und personales Ich bei Kant », *in* D. H. Heidemann (éd.), *Probleme der Subjektivität in Geschichte und Gegenwart*, Stuttgart-Bad Cannstatt, Frommann-Holzboog, 2002, p. 107-123.

BUTLER, Joseph, « Of Personal Identity », *in* J. Perry (éd.), *Personal Identity*, Berkeley/Los Angeles/London, University of California Press, 1975, p. 99-105.

CAIMI, Mario, « Selbstbewusstsein und Selbsterkenntnis in Kants transzendentaler Deduktion », *in* D. H. Heidemann (éd.), *Probleme der Subjektivität in Geschichte und Gegenwart*, Stuttgart-Bad Cannstatt, Frommann-Holzboog, 2002, p. 85-106.

DESCARTES, René, *Meditationes de prima philosophia*, in *Œuvres de Descartes*, éd. par Ch. Adam et P. Tannery, t. VII, Paris, Vrin, 1964.

FERRARI, Jean, « De quelques remarques sur la théorie et l'expérience chez Descartes et Kant », *in* H. Linneweber-Lammerskitten et Georg Mohr (éd.), *Interpretation und Argument*, Würzburg, Könighausen und Neumann, 2002, p. 145-153.

HEIDEMANN, Dietmar H., « Dass ich bin. Zu Kants Begriff des reinen Existenzbewusstseins », *in* C. LaRocca *et al.* (éd.), *XI. Internationaler Kant-Kongress : Kant und die Philosophie in weltbürgerlicher Absicht*, Berlin/New York, De Gruyter, 2013, p. 153-164.

– « Innerer und äußerer Sinn. Kants Konstitutionstheorie empirischen Selbstbewusstseins », *in* V. Gerhardt, R.-P. Horstmann et R. Schuhmacher (éd.), *Kant und die Berliner Aufklärung. Akten des IX. Internationalen Kant-Kongresses Berlin 2000*, Bd. 2, Berlin/New York, De Gruyter, 2001, p. 305-313.

LOCKE, John, *An Essay Concerning Human Understanding*, éd. par P. H. Nidditch, Oxford, Clarendon, 1975 ; trad. fr. J.-M. Vienne, *Essai sur l'entendement humain. Livres I-II*, Paris, Vrin, 2001.

1. Je tiens à exprimer mes remerciements les plus sincères à Sophie Grapotte pour la traduction en français du texte original.

PERRY, John (éd.), *Personal Identity*, Berkeley/Los Angeles/London, University of California Press, 1975.

REID, Thomas, « Of Mr. Locke's Account of Our Personal Identity », *in* J. Perry (éd.), *Personal Identity*, Berkeley/Los Angeles/London, University of California Press, 1975, p. 113-117.

THIEL, Udo, *Lockes Theorie der personalen Identität*, Bonn, Bouvier, 1983.

WAXMAN, Wayne, *Kant and the Empiricists*, Oxford, OUP, 2005.

« POÉTIQUE DE L'*IPSE* » : UNE HYPOTHÈSE SUR LE COGITO POSTMÉTAPHYSIQUE KANTIEN

Die tranſcendentale Poësie ist aus Philosophie und Poësie gemischt. Im Grunde befaßt sie alle tranſcendentale Functionen, und enthält in der That das tranſcendentale überhaupt. Der tranſcendentale Dichter ist der tranſcendentale Mensch überhaupt.

Novalis, *Poësie* [1]

« JE PENSE X » : LA FORMULE KANTIENNE DE L'INTELLIGENCE

Toute philosophie du sujet s'égare inévitablement dans les labyrinthes des malentendus ou se heurte aux impasses des antinomies non-éclairées de la raison, tant qu'elle ne repose pas sur les *règles inhérentes au développement de la pensée* et, par conséquent, tant que la pensée ne se découvre pas elle-même comme système épigénétique nomologique, et système toujours en état de processus ou en acte. Pour maîtriser l'art de se comprendre soi-même et d'être d'accord avec soi-même, la *subjectivité* doit pouvoir se saisir sur le mode de l'opération constructrice. Il n'est point de cohésion possible en moi si « cela qui pense en moi [dieses Ich, oder Er, oder Es (das Ding), welches denket] » (CRP, A 346/ B404) ne parvient pas à se penser comme l'*exercice même d'être sujet : exercice de se penser Soi-même comme règle ou loi d'action* – la loi la plus universelle cernée dans le cas le plus singulier, l'unité unificatrice : *Je pense X*.

La vérité de la *critique du canon cognitif* exige que celle-ci se développe et se forme, au moins virtuellement, d'une façon épigénétique, c'est-à-dire *à l'occasion de son usage*. Les lois de la pensée se constituent en système au moment où elles instituent le système de l'expérience. En vertu de cet

1. Novalis, « Poësie, § 47 », *Schriften, zweiter Band. Das philosophische Werk*, éd. par R. Samuel, Stuttgart, W. Kohlhammer, 1981, p. 536.

isomorphisme entre la constitution de la raison et l'institution du monde, concevoir les caractères formels du système de l'expérience possible, c'est concevoir l'activité des propres concepts qui intègrent le système de l'intelligence; de même que considérer la forme du moi pensant (*je pense*), c'est penser l'objet possible en général (tout *X*). Cela relève d'une science critique, pragmatique ou praxéologique de l'intelligence, et non doctrinale. C'est pourquoi il n'est jamais question d'apprendre *une philosophie critique*, mais seulement de se livrer à *une activité* où le moi s'unifie lui-même thématiquement, où la raison se destine et s'accomplit librement elle-même, l'activité de *philosopher*. Car tout ce qui concerne une pratique exercée *par soi* et l'enseignement ou l'apprentissage d'une telle pratique renvoie, non pas à la possession d'une science *ex datis* avec la respective méthode dogmatique de transmission reproductive et mimétique, mais, bien au contraire, à la formation et à l'entraînement de procédures pratiques, une *attitude génératrice* d'une science *ex principiis*, dont la méthode didactique ne peut être qu'une méthode de *recherche productive* (méthode *zététique* qui *réalise son objet dans l'acte même de recherche*)[1]. De fait, le *Je* et le *Soi* ne sont rien d'autre qu'un travail, une pratique, un exercice autoréglé et finalisé dont l'éclaircissement n'est possible qu'à la lumière de sa spontanéité même, car ici illumination théorique, autocompréhension et accomplissement pratique de soi-même vont originairement ensemble : « la philosophie transcendantale est la connaissance de soi (*SelbstErkentniss*) de notre raison »[2], qui doit supposer une sorte de sentiment théorique de son action. En tant que nouvelle science « onto-*logique* », elle traite du *processus du logos*, c'est-à-dire « du sujet et non pas de l'objet »[3]. Aussi, en identifiant et en restituant les actes qui doivent nécessairement régir la construction ou la connaissance d'un objet quelconque, la philosophie transcendantale concrétise-t-elle un effort actif de la part du sujet afin de se comprendre lui-même en tant que sujet agissant en général, sujet constructeur ou connaissant.

Par le syntagme *Poétique de l'ipse*[4], nous entendons précisément l'activité qui définit la subjectivité humaine en tant qu'intelligence, présupposant d'emblée que la qualité la plus distinctive de l'atelier d'un sujet cognitif est la qualité, non partageable ni distribuable, d'être *un* et d'être *soi* exprimée par le *Je pense X* (*cogito aliquid*). Qui plus est, à l'origine « présubjective » du sujet, *un* et *soi*

1. Au sujet des distinctions qui définissent l'attitude philosophique, nommément celles que Kant établit entre apprendre philosophie et apprendre à philosopher, entre le sens scolastique et le sens cosmopolitique ou cosmique de la philosophie, entre la technique et la pratique de la raison, entre le technicien ou l'artiste et le législateur de la raison, entre les fins arbitraires et les fins nécessaires, entre l'habileté et la sagesse, voir APL (AK II, 306-307), *Leçons de métaphysique* (AK XXVIII/1, 359-364; trad. fr. M. Castillo, Paris, LGF, 1993, p. 116 *sq.*), *Logique* (AK IX, 21-26; trad. fr. L. Guillermit, Paris, Vrin, 1989, p. 21 *sq.*), CRP (A 837-840/B 865-868).

2. Kant, *Vorlesungen über Metaphysik*, AK XXVIII/1, 360 (l. 39), 363 (l. 35-36).

3. « Die transcendentale Philosophie geht also aufs Subject, nicht aufs Object. » (*Ibid.*, AK XXVIII/1, 364).

4. Voir P. Jesus, *Poétique de l'ipse. Étude sur le « Je pense » kantien*, Bern, Peter Lang, 2008.

recouvrent le *vrai* : la production de la qualité *ipse* entraîne immédiatement la co-production de l'*unum* et du *verum*. Mais il faut s'interroger sur la production ainsi que sur la productivité de cette qualité *ipse* : comment *Je* et *Soi-même* s'offrent-ils à la pensée? Que sont-ils du point de vue représentationnel? Renferment-ils une représentation de « quelque chose » (*res concepta*) ou de « quelque action » (*actus concipiendi*)? Relèvent-ils d'une représentation *relationnelle* ou *non*-relationnelle? Autrement dit, sont-ils à concevoir sur le mode représentationnel de l'*intuition sensible de soi* ou bien sur le mode plutôt *non*-représentationnel du *sentiment intellectuel de soi ?* En effet, étant donné leur statut d'indices signifiant la pure représentabilité ou, mieux, l'acte irreprésentable qui assure la simple *présence* subjective des re-*présentations*, quelle est la nature objectale et la teneur de vérité du *Je* et du *Soi-même*? En un mot, que désignent-ils?

Il est évident que notre titre, à lui seul, énonce déjà, du moins tacitement, une hypothèse programmatique, une Idée, sous-jacente à notre *positio quaestionis* et dont elle constitue le guide rationnel et le fil conducteur, à savoir l'hypothèse selon laquelle *Je* (*ego*) et *Soi-même* (*ipse*) – ou le *Je comme dynamisme et capacité d'être Soi* – exprimeraient non pas des concepts, aussi élevés et originaires fussent-ils, mais le travail même de conception, le « processus » (*Prozess*) ou le « passage » (*Übergehen, Übergang*) intrinsèques à la production de liaison conceptuelle[1] entre représentations. Le *Je* énonce l'acte identique instituant la *présence* et l'*appartenance à soi* qui caractérise tous les contenus représentationnels en tant que simplement représentables. Les termes *processus* et *passage*, métaphores spatiotemporelles de la spontanéité ou de la poéticité du cycle pur « *Je* = *Soi* » en tant que médiatisé par l'imagination, manifeste une dimension dynamique absolument endogène. Il y a lieu de croire que cette efficacité dynamique autofondée recoupe les figures leibnizienne et fichtéenne de la mobilité du moi, c'est-à-dire qu'elle correspond aussi bien à l' « action du principe interne, qui fait le changement ou le passage d'une perception à une autre » (l'*Appétition*)[2], qu'au « passage de l'indéterminité à la déterminité (Übergehen von der Unbestimmtheit zur Bestimmtheit) »[3]. Dans ces deux figures, nous

1. *Passage* veut dire ici action cognitive organique, donc téléonomique. C'est pour cela qu'il faut lire la première *Critique* à la lumière de la troisième, et mettre en valeur la fondation du système de la *Physique* proposée dans l'*Opus postumum* (à cet égard, voir D. Emundts, *Kants Übergangskonzeption im* Opus postumum, Berlin, De Gruyter, 2004). Ainsi processus et passage constituent-ils des termes-clés pour décrire l'identité ou l'ipséité synthétique de la conscience de soi, comme les analyses de Dieter Henrich, dont cette étude est largement redevable, en témoignent (voir D. Henrich, *Identität und Objektivität: Eine Untersuchung über Kants transzendentale Deduktion*, Heidelberg, Carl Winter, 1976, p. 71-76).

2. G. W Leibniz, *Monadologie*, in *Die philosophischen Schriften*, éd. par C. I. Gerhardt, vol. 6, Hildesheim, Olms, 1978, § 15, p. 609.

3. « Die Handlung des sich selbst sezens des Ich ist ein Übergehen von der Unbestimmtheit zur Bestimmtheit; wir müβen darauf reflectiren, wie das Ich es macht[,] um von der Unb[estimmtheit] zur Best[immtheit]. überzugehen. » (J. G. Fichte, *Wissenschaftslehre* nova methodo – *Kolegnachschrift K. Chr. Fr. Krause (1798-1799)*, hrsg. E. Fuchs, Hamburg, Meiner, 1982, p. 46-47, (trad. fr. I. Radrizzani, *La doctrine de la science* nova methodo, Lausanne, L'Âge d'Homme, 1989, p. 87).

sommes «à la limite de tout fondement», devant un acte de spontanéité qui ne provient que de lui-même :

> Le moi effectue ce passage parce qu'il l'effectue, il se détermine parce qu'il se détermine; ce passage a lieu par un acte de liberté absolue qui se fonde lui-même; c'est une création *ex nihilo*, la production de quelque chose qui n'existait pas, un commencement absolu[1].

Néanmoins, tandis que l'*appétition* ne déclenche que le simple mouvement sériel de la conscience, donc la *constitution continuelle d'une diversité*, la *position du moi* effectue la *composition unifiante du divers* dans son unité d'acte déterminant. Ainsi, *quelque chose* (un objet *un*) qui n'existait pas est construit en moi, par moi, sur le mode du moi, voire *à l'image du moi*. L'efficacité constructrice du «*déterminant* en moi» («*das* Bestimmende *in mir*», CRP, B 158 n.) exhibe la teneur «praxique/poïétique» du moi intelligent, une sorte de liberté théorique immédiate, la liberté nomothétique de l'entendement, qui doit se greffer sur ce fonds *pulsionnel*, *conatif* ou *appétitif*, radicalement *originel* dans lequel puisent et la volonté et l'intelligence.

«Le poète transcendantal est l'homme transcendantal en général.» Il est possible, c'est notre thèse générale, de déterminer cette poétique transcendantale sous le signe d'une poétique de l'*ipse*, et, de ce fait, le lieu de l'imagination devient tout à fait central dans la topique dynamique des facultés cognitives. Non parce qu'il faut la supposer comme la «racine commune [gemeinschaftliche, aber uns unbekannte Wurzel]», A 15/B29) de la sensibilité et de l'entendement (racine dont Kant lui-même affirme le caractère hypothétique et inconnu), mais parce que l'imagination productive signifie la productivité même de toute cognition. Ainsi, indépendamment de la faculté considérée, tant que j'examine mon activité j'examine mon imagination.

De *l'imagination faculté* l'on passe à *l'imagination dynamisme intrinsèque* à toute faculté cognitive possible: une faculté en acte se révèle foncièrement inventive, imaginative. Si bien que sensibilité, entendement et raison, c'est-à-dire intuitions pures, catégories et idées, ne présentent aucune efficacité cognitive en dehors de l'imagination. En vérité, la strate formelle de la sensibilité (donc ce qu'il y a d'originairement *actif* dans la passivité) renvoie à la construction imaginative des représentations unitaires et pures de l'espace et du temps; ensuite, les fonctions unificatrices de l'entendement, elles, n'agissent sur une matière empirique que par le biais de la liaison ou de la synthèse imaginative, et, finalement, la raison détermine le fonctionnement unificateur de l'entendement en lui proposant, sans aucun doute au moyen de l'imagination, cet analogue d'un

1. «Hier giebt es keine Gründe; wir sind an der Grenze aller Gründe. (...) Das Ich geht über[,] weil es übergeht, es best[immt]. sich, weil es sich bestimmt, diess Übergehen geschiet durch einen sich selbst begründenden Act der absoluten Freiheit; es ist ein erschaffen aus nichts, ein Machen dessen [,] was nicht war, ein absolutes anfangen»(J. G. Fichte, *Wissenschaftslehre* nova methodo, *op. cit.*, p. 47).

schème qui est l'idée du maximum. Dès lors, là où il y a activité, il y a l'imagination. Le moi en tant que processus cognitif est poète; il est l'imagination à l'œuvre et l'imagination est essentiellement un travail de temporalisation.

Au commencement le temps est forme. Inscrit dans le régime subjectif de la forme (*Form*)[1] et de la manière (*Art*, *Weise*), qui caractérise aussi bien l'affection interne que les représentations ou les phénomènes, le temps kantien se libère de l'emprise du réalisme transcendantal, soit de l'être en général (temps absolu), soit du mouvement physique en particulier (temps des objets). Face au dogmatisme de l'ontocosmologie traditionnelle du temps, l'ontologie critique jette ses bases dans le seul domaine immédiatement sûr, celui de la constitution cognitive du sujet, situé en deçà de toute métaphysique et de toute physique. En tant que forme de la sensibilité, le temps s'affirme comme ce qu'il y a de plus réel : de plus subjectif et de plus objectif à la fois, car il est *condition* de toute réceptivité du sujet. Son caractère strictement transcendantal, non ontologique, est ainsi sauvegardé.

À l'instar de l'être heideggérien, *le temps n'est rien d'étant*. En tant que forme, il est une « figure du néant », « intuition d'une absence d'objet »[2]. Le temps se borne au lieu formel de l'apparaître de la conscience empirique du moi (CRP, § 6a, A 32-33/B 49). En effet, *je* ne suis perceptible pour moi qu'en me « phénoménalisant » et en m'apparaissant ainsi *dans* le temps; celui-ci n'étant rien d'autre que la forme même selon laquelle je suis affecté par mes phénomènes intérieurs (§ 6b, A 33/B 49–50; § 7, A 37/B 54). C'est seulement *dans* le temps, mais non *sous* ou *par* lui, que tout phénomène intérieur est reçu par moi et m'est rendu sensible. Autrement dit, le temps constitue la forme du sens interne[3]. Il en découle la conjonction primordiale entre l'ordre du temps et l'ordre du sujet. Aussi, entre le fait de *devenir conscient* et le fait d'*être temporel*, remarque-t-on la plus parfaite coïncidence, si bien qu'aucune représentation n'existera ni *pour* ni *en* moi que par son inscription dans le tissage formel des rapports de temps. Indépendamment de son origine qui peut être externe ou interne, tout phénomène en tant que conscient est *dans* le temps (CRP, § 6c, A 34/B 50-51). Le temps se révèle être la condition subjective de la conscience de tous les phénomènes en général, ainsi que du moi en tant qu'il s'affecte et s'intuitionne lui-même, c'est-à-

1. « *Forma*, nempe sensibilium *species* », laquelle (d'après la *Dissertation* (§ 4; AK II, 392-393)) se montre dans la mesure où les sensations (« *materia*, nempe *sensatio* ») obéissent à des lois stables, innées, de coordination; l'identification « forma seu species » relie la forme constitutive et le mode d'apparaître, *species* indiquant la « figure », « l'aspect » ou « l'apparence » de ce qui apparaît.

2. J. Rivelaygue, *Leçons de métaphysique allemande II*, Paris, Grasset, 1992, p. 80-81.

3. Rappelons que l'opposition entre les prépositions *dans/en* et *sous/par* signale le mode différentiel suivant lequel l'intuition pure et le concept contiennent le divers : l'un dans l'unité d'une représentation infinie (l'espace et le temps), l'autre dans la discursivité d'une représentation (les catégories) englobant une infinitude de représentations possibles (A 25/B 39-40, A 31-32/B 47). La *Dissertation* établissait déjà ce même partage (*in quo* versus *sub quo*), soit au sujet de l'hétérogénéité entre « *intuitus purus (humanus)* » et « *conceptus universalis s. logicus* » (§ 12; AK II, 397), soit à propos de l'application de cette différence aux notions de temps (§ 14, 2; AK II, 399) et d'espace (§ 15 B; AK II, 402).

dire en tant que « phénoménalisé », le moi devenant ainsi susceptible d'être pris pour objet par une psychologie empirique des états et des contenus internes (§ 8, II, B 66-69; § 24, B 152-156). Cependant, ce moi-phénomène, dont le contenu est une diversité de représentations radicalement contingente se succédant de manière ininterrompue, sera rapporté et soumis à l'unité synthétique de la pure conscience de soi qui, dans son acte de spontanéité, relie toute diversité sensible en produisant la représentation *je pense*, laquelle représentation « doit *pouvoir* accompagner toutes mes représentations » (B 131), puisque si celles-ci n'étaient pas toujours *les miennes*, elles ne seraient pas véritablement *représentables*, et *a fortiori* encore moins *pensables* (§ 15 8, B 129-140).

Le sujet se dédouble et se conjugue ainsi en un moi divers, celui du *changement* des phénomènes internes, et en un moi unique et identique qui se pose comme *processus* transcendantal d'unification et principe originaire de synthèse. D'un côté, je *me* reçois dans la fluidité la plus totale (le moi-phénomène, moi-objet déterminable); de l'autre, le *je pense* est la forme logique de la conscience une du sujet pensant en tant que tel : il est l'acte identique – l'acte-*ipse* – et la représentation vide (le moi-pensée, moi-sujet déterminant) qui reconduit à l'unité de *Soi-même* le divers des représentations données dans l'intuition. Cette déclinaison duale du sujet, où jouent la réceptivité et l'activité, fait apparaître deux modes essentiellement distincts de se rapporter au temps. Tandis que le moi-phénomène est *dans* le temps, le moi-acte, à l'inverse, contient et supporte, voire engendre, tout le temps dans son unité. Tout le temps est *en* lui *comme s*'il était *de tout temps* et *à jamais*, bien que le *je pense* ne soit qu'*au présent* et qu'il ne puisse donc pas signifier l'inclusion du temps dans la substance, c'est-à-dire la *permanence objective de moi-même* [die objective Beharrlichkeit meiner selbst] »; A 362-363). Certes, être de tout temps et à jamais, c'est bien, en termes temporels, la condition native propre à la substance, car la substance se donne dans le *permanent* (« das Beharrliche »; A 182-183/B 225-226, A 348). Mais, par ailleurs, en reprenant l'un des principes de la métaphysique leibnizienne, encore que pour le rabattre sur l'ordre restreint des phénomènes, Kant présente l'action comme le « critère empirique suffisant » qui permet de démontrer la substantialité et d'en déduire la permanence, puisque l'action signifie le « rapport du sujet de la causalité à l'effet », donc du *permanent* au *changeant*, « le premier sujet de la causalité, dans tout ce qui naît et périt, ne pouvant pas lui-même naître et périr » (A 205/B 250-251). Étant donné la permanence *active* du *je pense*, le moi pur semblerait ainsi pouvoir se revendiquer de la substance. Toutefois, le point nodal de la stratégie kantienne consiste, bien plutôt, dans une déclaration de guerre à l'encontre de tous les rapprochements qui tendent à assimiler le moi à la substance. En réalité, pour que le bien-fondé d'une telle revendication se vérifiât, encore faudrait-il que le *je pense* eût partie liée avec le phénomène, puisqu'il n'est de substance sans un phénomène – ou quelque chose dans un phénomène – qui soit fixe et permanent, ce qui n'est nullement concevable dans le *je pense*, car celui-ci est absolument étranger à la juridiction du phénomène.

LE *JE* DU *JE PENSE* : FORME SANS MATIÈRE OU ACTION SANS AGENT

Le *je pense* jouit d'une parfaite spontanéité transcendantale et ne possède aucun contenu ni aucune détermination empirique. Qui plus est, ses caractères archétypiques, pour ainsi dire, « pro-substantiels » – subjectivité, simplicité, unité, identité – sont strictement qualitatifs et purement logiques (CRP, A 348-350; B 412-413, 419). Ces caractères ne sont assignables à *rien de sensible*; ils sont sans objet, sans sens ni signification : des concepts qui expriment le simple acte de concevoir *quelque chose* mais qui font abstraction de la concrétude de *ce quelque chose*. Le *je pense*, en tant qu'attracteur fonctionnel de la cognition, renferme une sorte de forme énergétique sans matière et il se sait mouvement sans mouvant, action vide, absolument autre que les contenus déterminés et déterminables.

Les *Paralogismes* paraissent ainsi parvenir à l'aporie de l'action sans agent ou du « faire » sans « être », de même que la *Déduction* nous convie à méditer le scandale critique de l'achronie de la spontanéité – le *présent synthétique* du *je pense* (*j'unifie*) étant un présent éventuellement « *temporalisateur* », mais *non temporel*. Peut-être le *je pense* place-t-il des donnés dans le temps, mais il lui demeure étranger, puisqu'il ne se donne pas lui-même *dans* le temps. L'activité du *je pense* ne peut être subsumée sous la catégorie de la causalité dans la mesure où le *je pense* n'offre aucun phénomène et la causalité exige un phénomène stable (*causa phaenomenon*) qui soit le principe de la transformation d'autres phénomènes (*effectus phaenomena*). La causalité renvoie à l'activité et à la permanence d'une substance que l'on appréhende dans le rapport entre phénomènes; tandis que le *je pense* présente seulement le « rapport à soi » inhérent à la phénoménalité en général. La causalité, l'autonomie ou l'efficacité cognitive du *je pense*, c'est-à-dire son principe actif, est de nature pré-phénoménal et par là pré-catégoriale et pré-conceptuelle[1]. Il en va de même pour son existence et pour tous ses « attributs » possibles que l'homonymie avec des titres catégoriaux rend susceptibles de confusion dialectique.

Effectivement, le *Je pense* existe et il se pense existant pour lui-même comme « quelque chose » d'*un* (quantité), de *réel* (qualité), de *subsistant* et d'*actif* (relation), d'*existant* et de *nécessaire* (modalité). Mais ces « attributs » ne sont pas du tout des « concepts de l'entendement » ou des titres catégoriaux, car *Je* pense et *Je* suis pensant sans *me* « concevoir ». Ce « quelque chose » que *Je* suis en tant que pensant est « inconcevable ». Le *Je est une pensée* et « être la pensée *Je* » ou « exister pensant » signifie être *un*, *réel*, *subsistant*, *actif*, *existant*, *nécessaire*. Par conséquent, « exister pensant » reste une détermination non-conceptuelle du moi, détermination minimale où l'unité, la réalité, la subsistance/activité,

1. F. Gil utilise l'expression « précatégorial » pour caractériser l'existence du *je pense* (*Traité de l'évidence*, Grenoble, Millon, 1992, p. 258), mais elle doit pouvoir s'appliquer sans distinction à tous les « attributs » essentiels qui définissent le moi pur.

et la nécessité/existence ne sont que l'essence non-concevable et non-catégorisable de la pensée elle-même et de l'être lui-même. Si le moi pur « arrive par soi » en se produisant comme simple *pensée-être*, simple positivité sans autre contenu que la force d'agir, alors il va de soi qu'il ne peut s'insérer dans l'ordre des objets possibles, *connaissables* dans le rapport entre phénomènes. Car s'il est vrai que *Je* ne pense qu'en existant, il n'est pas moins vrai que *Je* n'existe qu'en pensant. L'*esse* du *cogito* consiste en la simple pensée, pensée sans intuition de soi, mais pensée qui pense nécessairement *quelque chose*, ne serait-ce qu'une *intuition donnée de manière indéterminée* (CRP, B 423 n.). Or, être pure pensée, c'est ne pas être *concevable* ou *catégorisable*, c'est devancer les catégories et se situer là où l'être et la pensée se touchent originairement. Être qui pense ou pensée qui est, le *Je* est l'acte-forme de penser en général. *Je suis – je pense*, c'est la pensée en tant qu' « effectivité » immédiate (« Wirklichkeit », A355), c'est l'*être même* pour la pensée (« das Wesen selbst », B 429). Il *est* l'opération générale qui manifeste le caractère systématique et organique propre à la table des catégories et à l'activité intellectuelle de catégorisation. Le *je pense* n'est pas *expliqué* par ou sous des concepts. Ce sont les concepts qui sont *impliqués* en lui parce qu'il est la conception même et la conception doit rester inconcevable comme le premier moteur doit rester immobile.

La spontanéité – phénoménologiquement discrète mais transcendantalement continue – de l'accompagnement synthétisant des représentations par le *je pense*, cette spontanéité qui « doit être toujours possible », s'exerce sans dépendre d'aucun *substrat permanent*. Ainsi, rien n'empêche que l'on fasse l'économie de toute figure réaliste du permanent en moi, y compris celle du *sujet* permanent. Il faut dès lors admettre la possibilité métaphysique limite d'une coexistence naturelle entre l'*un* purement qualitatif et le multiple substantiel au sein du moi « réel », c'est-à-dire qu'il faut envisager la possibilité non contradictoire d'une action unique traversant une multiplicité sérielle d'acteurs ou de substances réelles (A 363 n.).

Entièrement vide de toute intuition et de toute application catégoriale à l'égard de soi-même, le *je pense* ne nous présente que la forme de la *conscience* (A 354-355, 400; B 404). Le *je pense*, de même que toute la psychologie rationnelle, ne nous apporte aucune *connaissance* sur le sujet, cette connaissance étant circonscrite aux seules limites de l'expérience interne possible (A 382, 396), alors que sans espace il n'y a pas de science possible (le temps pur n'étaye aucune science). Reste, néanmoins, à savoir si la psychologie empirique peut être une véritable connaissance, voire une science naturelle, ce qui exige l'élucidation du rapport entre les données du sens interne et les mathématiques (question abordée dans les *Premiers principes métaphysiques de la science de la nature*)[1]. Ainsi, en raison de l'abîme infranchissable qui sépare pensée et existence, vision non intuitive de l'*acte* et vision intuitive de la *chose* (CRP A 350, 400), s'il est de

1. *Anfangsgründe*, AK IV, 471.

substance dans le *je pense*, elle n'aura rien de déterminable, elle sera uniquement *dans l'idée*. Quoi qu'il en soit, la conscience du moi dans son mouvement propre semble tendre vers « l'illusion inévitable » de la substance, *comme si* l'hypostase était son orbite naturelle, son mode de fonctionner (A 384-386, 400-402). Toutefois, eu égard à la nécessité d'une intuition permanente pour fonder la substance (A 350; B 412-413), hypostasier la conscience, c'est une violence irrévocablement illégitime. Cette intuition permanente, pour sa part, n'est possible que par le biais du sens externe, c'est-à-dire dans l'espace, tandis que le moi qui se donne comme phénomène apparaît seulement dans l'écoulement du temps (A 381, 384-386; B 291). C'est pourquoi seul le sens externe permet de donner une réponse thérapeutique efficace aux pathologies « hypostasogènes » qui se développent à partir d'une mécompréhension de l'intuition de soi-même dans le sens interne.

La cohésion indéfectible qui lie les phénomènes intérieurs au temps, ainsi que l'affirmation de l'hétérogénéité radicale séparant le sens interne et le sens externe, ouvre un autre abîme entre l'ordre fluent de l'intériorité et l'ordre stable de la substance. La métaphore fluviale du temps surgit comme le masque tragique d'une limite insurmontable; à savoir la limite, au sens quasi topographique[1], du sens interne en tant que lieu et mode constitutif de l'empiricité aperceptive d'où résulte tout naturellement une certaine liquéfaction du moi, c'est-à-dire l'identité entre le moi et la mobilité des représentations. Dès lors, en partageant le moi théorique entre la fluidité totale de l'expérience interne, saturée de représentations, et la permanence insécable *d'une* représentation qui ne représente rien, *une* représentation qui ne donne que l'acte pur de l'aperception transcendantale, acte non-substantiel et sans assise ontologique déterminable, la *Critique de la raison pure* paraît vouer le sujet – sinon dans la connaissance du moins dans la *reconnaissance* de soi-même – au vertige du vide dont il ne pourra être libéré que par les espérances et les croyances qui remplissent le moi pratique. À dire vrai, c'est seulement la restitution croyante de la sûreté et de la certitude du moi qui sera capable de le faire adhérer pleinement et à son acte et à son temps. En ce sens, la première *Critique* se place en amont de la *personne* et il faudra se garder de confondre l'unité et l'identité logiques de l'aperception transcendantale avec celles du moi personnel.

Une instabilité éclatante se révèle, dont la structure pourrait être condensée dans une expression qui restera certainement plus suggestive que rigoureuse : Kant s'éloigne de Leibniz sans s'approcher suffisamment de Fichte. Le déploiement historique de la pensée et de l'œuvre kantienne témoigne, structurellement, de cette polarisation entre deux ordres métaphysiques, l'ordre leibnizo-wolffien

1. Dans son « unité architectonique » (CRP, A 833/B 861), le système kantien peut être décrit comme une « topologie de l'esprit » (R. P. Wolff, *Kant's Theory of Mental Activity*, Gloucester MA, Peter Smith, 1973, p. 37), voire comme une « chorologie » (sur la valeur heuristique d'une telle métaphore qui se veut « plus que métaphorique » : voir P. Tunhas, *Abîmes, passages, limites : système et pré-système chez Kant*, thèse de Doctorat, EHESS, 1998).

de la subjectivité substantielle, sur lequel se fonde le «dogmatisme du sens interne» qui survit jusqu'aux *Leçons de métaphysique* des années 1770[1], et l'ordre fichtéen – peut-être plus phénoménologique que métaphysique – de la subjectivité *idealiter* active. Cet ordre est annoncé par ce dynamisme crucial qui est l'auto-affection mais son plein développement n'est accompli que par la thématisation explicite de la positivité symétrique de l'auto-affection, à savoir l'auto-action (*Selbsttätigkeit*) ou l'auto-position (*Selbstsetzung*) de l'esprit, qui se profilera d'une façon plus définie au long des explorations sinueuses de l'*Opus postumum*[2]. La *Critique de la raison pure* se situe dans l'épaisseur laborieuse de cet intervalle tensionnel et met en scène le dense drame d'un *sujet instable* dont le pivot est la théorie du moi qui fut réécrite dans la seconde édition à l'aide de l'opérateur majeur que constitue l'auto-affection. Ainsi, en amont et au fondement des catégories et des intuitions, Kant entreprend le sauvetage de la *réalité spontanée du moi*, réalité ou effectivité du *je pense* qui n'est ni phénomène ni noumène. La présence efficace d'une spontanéité cognitive en moi, énoncée par le *je pense*, se rapporte à la stabilité ou à la stabilisation fonctionnelle de l'acte de «représenter en général».

L'indéconstructible spontanéité intellectuelle, à la fois irreprésentable et inconnaissable mais toujours effective, s'avère hétérogène au moi-*en*-soi (moi-noumène) et au moi-représenté-*en*-moi ou *pour*-soi (moi-phénomène). Les deux *moi* qui font le système de la cognition, le moi actif de la conception et le moi passif de l'intuition, partagent néanmoins la même non-substantialité, quoique sous des rapports différents: le premier en tant qu'origine des catégories, le second en tant que diversité fluente, non permanente et non active. Ce qui est décisif dans cette distinction c'est le fait que le moi actif soit investi du caractère de cause intelligible, ayant une valeur affective (entendons *affectante*) absolue qui laisse supposer un fond nouménal. Cette causalité intelligible se dérobe complètement au domaine du déterminable, tendant à la limite à se revêtir de la forme et de la force que contient la *causa sui*. Certes, une fois délivré du poids métaphysique de la substance, le moi se délie de la sphère des «choses» mais il risque de demeurer un être protéiforme, un acte indéterminable – une sorte d'acte neutre ou d'acte *quelconque* – au sein d'une mécanique cognitive générale

1. *Leçons de métaphysique*, AK XXVIII/I, 221-228. Pour une évaluation du parcours de la notion de sens interne dans la pensée kantienne, y compris «le dogmatisme précritique du sens interne» selon lequel celui-ci serait le lieu de l'intuition de la substance même, voir l'étude fondatrice de J. Nabert, «L'expérience interne chez Kant» [1924], in *Expérience intérieure de la liberté et autres essais de philosophie morale*, Paris, P.U.F., 1994, p. 243-311.

2. Sur la pertinence d'un certain tournant fichtéen chez Kant, il est important de rapprocher deux lectures historiques qui insistent sur la résolution du dualisme entre forme et acte au sein du *Cogito* kantien par la position d'une primauté fondamentale de l'acte sur la forme, coup de force qui serait l'œuvre promise et en quelque sorte déjà offerte *in nuce* par l'*Opus postumum*. Songeons notamment à P. Lachièze-Rey, *L'idéalisme kantien*, Paris, Alcan, 1931, p. 48-49, 360-364, 472-474, *passim;* et à H. J. de Vleeschauwer, *La déduction transcendantale dans l'œuvre de Kant*, t. 3, Antwerpen/Paris/S'Gravenhage, De Sikkel, Librairie Ernest Leroux, Martinus Nijhoff, 1937, p. 614-660.

sans la concrétion singulière d'une masse propre, laquelle se condense dans la demeure du temps et dans un mode humain de le travailler et de l'habiter. Certes, le moi aura un statut plus ancré dans le *factum* de la « fonction identique » que dans le dogme de la permanence, mais ne revendiquerait-il pas un mode qui soit plus que simplement formel, plus résistant qu'une « pure forme logique », afin de surmonter les menaces de subtilisation perçues dans la dynamique d'une action qui dispense l'agent ?

Kant paraît faire exploser la métaphysique de la substance sans avoir une conception de l'action du moi qui échappe véritablement à l'emprise de la grammaire (para-vitaliste) de la substance, car il définit le « je pense » en ayant recours au caractère logique de la substance et à sa nature active, déterminante et autodéterminante. Autrement dit, il est ici question non seulement d'un sujet qui ne peut être prédicat d'aucun autre sujet mais aussi, et surtout, d'un sujet actif qui est au fondement de l'activité synthétique de l'entendement, un sujet représentant qui accompagne toute représentation sans pouvoir n'être accompagné d'aucune autre. Les anciennes structures de la métaphysique semblent encore sous-tendre l'édifice de la *Critique*, encore que composées sous un autre principe recteur, ce qui entraîne inexorablement des ambiguïtés profondes concernant le sens et la fonction même de ces structures, dont la nature *doctrinale*, métaphysique, en tant qu'éléments constitutifs des sciences rationnelles, ne cesse jamais de menacer la solidité architectonique de la purge *disciplinaire*, critique, de leur signification. La tension entre l'ancienne et la nouvelle philosophie innerve cet effort, qui définit l'essence du geste critique, de transmutation de la *doctrine* de la raison en simple *discipline* de la raison (CRP, B 421). Cependant, cette mutation, qui transforme les sciences rationnelles en sciences imaginaires, dont le rôle sera surtout de présenter d'une façon architectonique la raison à elle-même, peut être interprétée ou bien comme une totale réécriture critique de la métaphysique, critique qui assignerait de nouvelles significations et de nouvelles fonctions aux anciennes structures, ou bien – ce qui illustre clairement la profondeur de la tension référée – comme la révélation du sens authentique de ces structures.

D'après Adickes, qui reprend une expression évangélique de censure, Kant aurait jeté du « vin nouveau dans des outres vieilles » [1], mais il reste à savoir si le résultat, comme la métaphore le suggère, fut à la fois la destruction des vieilles outres (*le monopole métaphysique des écoles*) et la perte anticipée d'un vin nouveau (« le système futur de la métaphysique » ; CRP, B XXXVI). Car il se peut en effet que la *Critique de la raison pure* soit, comme Kant le soutient à la fin de sa réponse au leibnizien Eberhard, « la véritable apologie de Leibniz contre ses partisans qui le portent aux nues avec des éloges qui ne l'honorent guère », dans la mesure où la *Critique* kantienne découvrirait le sens authentique de la « prédétermination » (*Vorherbestimmung*) [2]. Condition de possibilité de toute connaissance

1. E. Adickes, *Kants Systematik als systembildender Faktor*, Berlin, Mayer und Müller, 1887, p. 1.
2. *Découverte*, AK VIII, 250; OPII, 1388-1389.

et de toute intelligibilité *a priori*, celle-ci ne concernerait plus les choses extérieures mais « les facultés de l'esprit en nous, la sensibilité et l'entendement, suivant la constitution propre de chacune par rapport à l'autre »[1].

Le triangle dynamique –sens interne, aperception transcendantale, substance–, dont il nous faudrait reconstituer et questionner la géométrie problématique, montre bien la force constructive de la *critique* ainsi que la résistance intrinsèque à ses matériaux. L'instabilité se présente comme étant probablement congénitale à l'attitude critique kantienne et semble provenir, d'une part, de l'affaiblissement onto-logique de la notion leibnizienne de substance, ancrée dans le principe dynamique qui est la force (dont le lexique, quoique fort cohérent, est extrêmement varié : *virtus perseverandi*, *impetus*, *nisus*, *conatus* ou *εντελεχεια*)[2] et, d'autre part, de l'indisponibilité d'une compréhension de la spontanéité intellectuelle totalement indépendante du paradigme substantiel. Peut-être cette compréhension «purifiée» se retrouve-t-elle dans le mode fichtéen de dépasser la scission entre le théorique et le pratique, entre l'acte pur et le moi réel, entre la conscience transcendantale et le temps.

En effet, l' « intuition intellectuelle » (*intellectuelle Anschauung*) fichtéenne saisit l'unité de l'esprit dans sa « duplicité originaire » (*ursprüngliche Duplicität*) sur le mode de la «sujet-objectivité» (*Subjectobjectivität*). La description fichtéenne de l' «égoïté» (*Ichheit*), description à caractère «pragmatique» ou «praxéologique», saura, sinon dépasser, du moins éviter le lexique du sujet et de l'hypostase en se concentrant dans l'évidence première de son activité auto-positionnelle, le «fait-action» (*Tathandlung*) qui se fonde lui-même et qui construit le monde sans être substance[3]. Pourtant, point toujours essentiel, le sentiment d'activité s'accompagne du sentiment de limitation de l'activité qui correspond, non pas nécessairement à une altérité ou extériorité ontologique, mais à la tâche subjective de détermination réalisée à l'intérieur de soi-même et de son système représentatif. C'est pourquoi il n'est de position sans *op*-position et *com*-position de «quelque chose en général» (*etwas überhaupt*); ou, dans des termes fichtéens, il n'est de *Tathandlung* sans *Anstoβ*, et donc de *Ich* sans *Nicht-Ich*. Et la Philosophie s'exerce dans ce retour sans fin à l'origine préthéorique et préthétique de l'événement/action *Je*: «La philosophie, comme le rappelle Merleau-Ponty, n'est pas un certain savoir, elle est la vigilance qui ne nous laisse pas oublier la source de tout savoir»[4].

1. *Découverte*, AK VIII, 250; OPII, 1388-1389.

2. Voir, entre autres textes, *De primae philosophiae emendatione* ou *De ipsa natura* (G.W. Leibniz, *Opuscules philosophiques choisis* [texte latin et trad. fr. P. Schrecker], Paris, Vrin, 2001).

3. Voir, par exemple, Fichte, *Wissenschaftslehre-nova methodo*, *op. cit.*, § 1 et 17, p. 28-31, 184-185.

4. M. Merleau-Ponty, *Signes*, Paris, Gallimard, 1960, p. 179.

L'évidence première dans la conscience de l'activité intellectuelle du moi manifeste le caractère indéconstructible de cette spontanéité, même s'il faut souligner la nature relative de la spontanéité au sens où celle-ci semble révéler l'action d'une espèce d'*automaton en moi*. Effectivement, l'activité ne saurait en aucun cas se déconstruire elle-même : le *Je* – pas plus que n'importe quel principe actif – ne peut se dévorer lui-même, « l'autophagie » achevée est absurde, contradictoire. Certes, tout texte peut être déconstruit, mais le principe de générativité ou de productivité sémiotique échappe à sa propre emprise. La réflexivité – qu'elle soit constructive ou déconstructive – connaît des limites de progression ; elle doit aboutir nécessairement à une circularité constitutive. En ce sens, l'affirmation primordiale que cet ouvrage reformule inlassablement concerne le lieu subjectif métaphénoménologique et métaréflexif qui se dérobe totalement à la visibilité intuitive et à l'application des catégories.

Le fil rouge, métacritique, que l'on peut dérouler en lisant la *Critique de la raison pure*, et tout spécialement la *Déduction transcendantale* de la seconde édition, c'est, à notre sens, la *Poétique de l'ipse* entendue comme *l'unité d'un processus transcendantal d'unification des représentations dans une conscience générale de soi-même*. Ce *moi-processus*, qui *produit* (d'où sa vertu poïétique) l'appartenance systématique continue de toutes les représentations à l'un et au vrai en général, c'est-à-dire à un moi *unum et ipse*, désigne non pas une causalité efficiente (puisque celle-ci ne pourrait qu'être phénoménale) mais un fondement ultime d'intelligibilité, non pas une *causa* (*Ursache*) mais plutôt une *ratio* (*Grund*).

PROCESSUS-*IPSE* : SPONTANÉITÉ SÉMANTIQUE ET SYNTAXIQUE DU FLUX COGNITIF

Il est ici question de la spontanéité cognitive la plus primitive et originaire que l'on doit supposer comme étant *a priori* un dynamisme unifié et unificateur. Dans son acception la plus originelle, la notion de poétique ici employée dépasse la distinction aristotélicienne entre *praxis* et *poïésis*, ainsi que la distinction kantienne entre connaissance théorique et action morale. Selon notre hypothèse métacritique, la spontanéité radicale du moi engendre de l'unité et cette unité assure la possibilité d'un monde. Par conséquent, elle se rapporte autant au *Je qui connaît le monde* qu'au *Je qui agit dans le monde*. À telle enseigne que la proposition-clé de la *Critique de la raison pure*, à cet égard, l'ouverture du § 16 : « *Das* Ich denke *muß alle meine Vorstellungen begleiten* können », pourrait être traduite dans le langage de la *Critique de la raison pratique* de la façon suivante : « *Das* Ich will (*und das* Ich soll) *muß alle meine Begehrungen begleiten* können ».

La radicalité et la transversalité de cette spontanéité unificatrice, soulignons-le, ne doit pas être tenue pour la faculté-racine commune des facultés de l'esprit, car elle se borne à poser une *qualité commune* à toute action possible de l'esprit, la qualité du système Je, par l'appartenance à un seul et même moi. Ainsi, le monisme méthodologique et démonstratif que l'on retrouve chez plusieurs kantiens de la première génération – pensons au *représenter originaire* de Beck, au *principe de conscience* de Reinhold ou au *moi absolu* de Fichte – n'est pas adopté ici bien qu'il puisse par là devenir plus compréhensible. En réalité, si l'ontophénoménologie kantienne part de la primauté insurmontable du multiple et de l'hétérogène, aussi bien sur le mode de la matière (la diversité du donné sensible) que sur celui de la forme (la pluralité des pouvoirs du sujet), il n'en demeure pas moins que la bonne performance cognitive du sujet repose nécessairement sur la bonne performance des processus médiateurs qui fournissent des passages hybrides. La forme-*ipse* – la forme-acte du moi un et identique à soi – serait, par excellence, le processus producteur d'affinité, d'homogénéité et de communauté qualitative.

La métaphore – plutôt littérale que véritablement métaphorique – qui illustre de façon prototypique l'efficace de la conscience une et unificatrice, donc l'efficace de l'accompagnement synthétisant, consiste dans les actions constructrices élémentaires de la géométrie et de l'arithmétique, à savoir l'acte de tracer une ligne et l'acte de dénombrer.

À dire vrai, il est légitime de reconduire la problématique de la spontanéité cognitive de l'imagination à la simple question suivante : Qu'est-ce qu'une conscience capable de tracer une ligne ou capable de dénombrer une quantité ? En quoi consiste cette capacité ? Questions qui expriment une autre plus large : Qu'est-ce que l'esprit humain *quatenus capax veritatis ?* Car une ligne ou un nombre, c'est l'icône, le symbole, de la *détermination* de quelque chose en général en tant que *quelque chose plutôt que rien* (plutôt que *nihil negativum irrepraesentabile*). Tout objet possible n'est représentable que par un travail identique à celui de tracer une ligne ou de dénombrer une quantité quelconque.

Ces constructions ne sont possibles que par l'unité des actes constructifs de la conscience. Autrement, celle-ci serait inexorablement cantonnée dans l'immobilité fragmentée de l'élément premier, c'est-à-dire qu'il n'y aurait jamais de *passage possible* du point à la ligne ou de l'indéterminé au déterminé, ce passage signifiant *cognition*. Seul le mouvement ou le processus un de la conscience peut fonder la possibilité de quelque chose. Le fait de tracer une ligne témoigne de la simultanéité protodiachronique entre un acte constructeur et une chose construite, d'autant plus que les conditions mêmes de la chose construite, l'espace et le temps, semblent résulter également – de façon pour ainsi dire épigénétique – de cette occasion de construction. La puissance originaire d'une conscience représentante consiste précisément en ceci qu'elle construit quelque chose en même temps qu'elle pose la possibilité de toute construction. En ce sens, tout objet est archétypal ! En d'autres termes, tout objet révèle un seul et même fond indéconstructible de nécessité, la marque d'une seule et même loi morphogénétique.

Or, une construction, une détermination ou une morphogenèse cognitive, signifie une activité dotée d'un principe et d'une règle. La fin de la construction est l'accord parfait entre l'acte et la règle : le vrai, le bien et le beau, tous s'accompagnent invariablement de la nécessité immanente à l'action.

L'objectivation et la subjectivation de ce qui apparaît à la conscience s'effectue *suivant une règle* : c'est ainsi, par le biais de la normativité réflexive, que l'autonomie épouse l'héautonomie, que l'opération (autonome) de quelque chose épouse le sentiment de soi (héautonome) de l'opérateur de quelque chose. À la limite, la tension essentielle du sujet n'est autre que celle de faire coïncider le vrai, le bien et le beau, et de découvrir les uns dans les autres à l'intérieur de son propre processus. D'ailleurs, le nom propre de la *philosophie* désigne ce désir (à vocation peut-être hallucinatoire) d'éprouver en soi-même – dans l'acte *unum et ipsum* d'être *Je* – le foyer ou le chemin commun du connaissable, du désirable et de l'admirable. Si la philosophie transcendantale fait de l'intelligence ou du processus intelligent son objet, elle ramène toute compréhension à la compréhension de *soi* en tant que Raison, c'est-à-dire *pouvoir formateur, organisateur* et *systématisateur*.

À ce propos, la philosophie de l'organisme, du processus et de la créativité ontologique (à tendance vitaliste) s'unit contre l'idéalisme kantien, et plus spécifiquement contre l'« Esthétique transcendantale » parce que celle-ci combinerait une métaphysique de la matière amorphe avec la *petitio principii* de l'origine strictement subjective de toute forme spatiotemporelle et de toute relation entre données sensibles. En vérité, de Peirce et James jusqu'à Sellars et Brandom, en passant par Bergson et Whitehead, les *ontologies du processus* soutiennent la réalité primordiale de l'union entre matière et forme, entre sémantique et syntaxe, dans l'acte de connaissance : ce qui s'y donne apparaît d'emblée sous une certaine forme s'imposant à la sensibilité, qui reconnaît passivement une forme, notamment celle du flux (en tant que séquence réglée d'événements), mais qui ne la produit pas. La donation de sens s'accompagne immédiatement d'une structuration immanente déterminée. Par conséquent, sémantique et syntaxe ne sont guère indifférentes ou extérieures l'une à l'autre, elles se co-appartiennent indissolublement et s'interdéterminent dans leur unicité.

À cet égard, l'on remarque une convergence prégnante entre, d'une part, la thèse anti-idéaliste bergsonienne de l'immédiateté et de la réalité foncières d'une forme matériellement remplie (c'est-à-dire la co-donation d'une matière avec sa forme durative déterminée) et, d'autre part, l'inversion du processus cognitif kantien fondée sur une subjectivité formatrice et constructrice, inversion revendiquée par Whitehead. Tous deux partent ainsi d'une sensibilité pure qui devrait recouvrir la sensibilité transcendantale tout en corrigeant la direction de son dualisme. Alors que Bergson décrit *l'effort d'intuition* avec ses *données immédiates ;* Whitehead, quant à lui, élabore une *critique du pur sentiment* conduisant à une reconstruction de la subjectivité sur le mode, plus passif que la passivité purement réceptive, de la *superjectivité* ou de l'émergence post-esthétique et esthétiquement médiatisée du Je.

> The philosophy of organism is the inversion of Kant's philosophy. *The Critique of Pure Reason* describes the process by which subjective data pass into the appearance of an objective world. The philosophy of organism seeks to describe how objective data pass into subjective satisfaction, and how order in the objective data

> provides intensity in the subjective satisfaction. For Kant, the world emerges from the subject; for the philosophy of organism, the subject emerges from the world – a « superject » rather than a « subject ». The word « object » thus means an entity which is a potentiality for being a component in feeling; and the word 'subject' means the entity constituted by the process of feeling, and including this process. (...)
> The philosophy of organism aspires to construct a critique of pure feeling, in the philosophical position in which Kant put his *Critique of Pure Reason*. This should also supersede the remaining *Critiques* required in the Kantian philosophy. Thus in the organic philosophy Kant's 'Transcendental Aesthetic' becomes a distorted fragment of what should have been his main topic. The datum includes its own inter-connections, and the first stage of the process of feeling is the reception into the responsive conformity of feeling whereby the datum, which is mere potentiality, becomes the individualized basis for a complex unity of realization[1].

L'anti-substantialisme du *processus* s'harmonise cependant avec le fonctionnalisme transcendantal du *Je pense* kantien et de tout *cogito* qui s'avère pragmatiquement déterminé en tant que continuité et stabilité opérationnelle[2]. Le penseur, c'est le processus de la pensée : le constructeur ne précède pas la construction, l'essence ne précède pas l'existence. En se produisant comme construction, le sujet s'y produit, s'y identifie. Le penseur pur, penseur sans pensées, constitue une fiction qui veut dissocier agent et action, alors que, sous l'angle du processus, tout ce qui est logiquement pur s'anéantit. Il est pertinent d'évoquer la critique jamesienne du *Je pense* et sa proposition de remplacement par le *Je respire*[3]. Rabattre la simple possibilité d'un *flux de pensée* sur l'actualité

1. A. N. Whitehead, *Process and Reality. An Essay in Cosmology*, éd. D. R. Griffin & D. Sherburne, New York, The Free Press, 1978, p. 88 et 113.

2. « Descartes in his own philosophy conceives the thinker as creating the occasional thought. The philosophy of organism inverts the order, and conceives the thought as a constituent operation in the creation of the occasional thinker. The thinker is the final end whereby there is the thought. In this inversion we have the final contrast between a philosophy of substance and a philosophy of organism. The operations of an organism are directed towards the organism as a "superject", and are not directed from the organism as a "subject". The operations are directed *from* antecedent organisms and *to* the immediate organism. They are "vectors", in that they convey the many things into the constitution of the single superject. » (*Ibid.*, p. 151).

3. « Let the case be what it may in others, I am as confident as I am of anything that, in myself, the stream of thinking (which I recognize emphatically as a phenomenon) is only a careless name for what, when scrutinized, reveals itself to consist chiefly of the stream of my breathing. The "I think" which Kant said must be able to accompany all my objects, is the "I breathe" which actually does accompany them. There are other internal facts besides breathing (...), and these increase the assets of "consciousness", so far as the latter is subject to immediate perception ; but breath, which was ever the original of "spirit", breath moving outwards, between the glottis and the nostrils, is, I am persuaded, the essence out of which philosophers have constructed the entity known to them as consciousness. *That entity is fictitious, while thoughts in the concrete are fully real. But thoughts in the concrete are made of the same stuff as things are.* » (W. James, « Does "consciousness" exist ? », in *Writings 1902-1910*, New York, The Library of America, 1987, p. 1157-1158.) Pour Cassirer, le mérite de W. James réside surtout dans le dépassement du cadre du *solus ipse* en réconciliant l'esprit et la pensée d'un côté,

effective d'un *flux respiratoire* signifie dénoncer la nature métaphorique de la substantialité de l'esprit pour faire coïncider la réalité des pensées avec la réalité des choses et intégrer le penseur dans la matérialité active des fonctions vitales continues, schéma ultime d'un processus. Bien qu'il se rapproche de Gassendi, James dépassera sa thèse anti-*cogitatio* de l'existence du Moi. Aussi ne se bornera-t-il à conclure : *Je respire, donc je suis*. Plus radical que Gassendi, il soutient que la nature propre du *Je est d'être une métaphore et une synecdoque* où la pensée-Je s'équivoque en se décrivant sous les traits de la vie. Le *Je pense*, le *Je suis* ou le *Je de l'esprit en général* voudrait dire l'unité et l'identité d'un *penseur* mais, en vérité, il signifie l'unité et l'identité d'*un processus vital*. Dans notre terminologie, cependant, par *Je pense* il faut entendre l'immédiateté dynamique d'un processus-*ipse* à la fois praxique et poïétique. On pourra l'appeler *Je-processus*, même si le plus souvent le processus ne sait pas se formuler sous un pronom, demeurant non seulement impersonnel mais aussi irreprésentable.

Ainsi, appliquée au fonctionnement de l'esprit ou du Je, la notion de processus, qui renoue la normativité d'un programme avec la normativité de sa réalisation, cerne un système dynamique et nomologique d'opérations dont l'unité et l'identité s'expriment par l'autopersistance, l'auto-cohérence et l'autoréférentialité d'un agir téléonomique. En termes plus kantiens, le Je est, au premier chef, un *Pouvoir des règles*, un entendement, qui s'active en ordonnant des représentations données (donc en se *sensibilisant*) et qui s'organise en se réglant sur des représentations produites (donc en se *rationalisant*, en se *destinant*). Être moi signifie, au fond, être un autodéveloppement virtuellement infini, *sensiblement changeant* et *idéalement stable*. Le Soi serait l'adhésion même à cette spontanéité qui assure sa cohésion continue. C'est-à-dire que le Soi ne porterait en lui que le déictique qualitatif, tantôt tacite tantôt formulé, d'un agir, déictique souvent phénoménologiquement obscur mais toujours structurellement nécessaire pour que cet agir soit la progression unifiée d'une spontanéité, pour qu'un *Self* soit un *selving*.

Notre concept de système praxéologique prétendrait réunir plusieurs dimensions significatives : l'articulation organique d'un tout, l'unité de ses opérations pro-totalisantes et leur principe normatif interne qui exige en permanence la conformité du Moi à Soi-même dans le processus, à la fois praxique et poïétique, de la vérité. Ainsi ce concept fait-il écho à la *sémantique inférentielle* et à la *pragmatique normative*. Selon notre lecture praxéologique, la sémantique de l'expérience repose sur la pragmatique de la raison qui guide les opérations syntaxiques de l'entendement. Cette lecture recoupe donc, partiellement, la théorie exposée par R. Brandom[1] qui prolonge et renouvelle, d'une façon assez

avec le corps, l'espace et autrui, de l'autre. Voir E. Cassirer, *Logique des sciences de la culture : cinq études*, trad. fr. J. Carro et J. Gaubert, Paris, Cerf, 1991, p. 130-131.

1. Voir, entre autres textes, R. Brandom, *Making it Explicit. Reasoning, Representing, and Discursive Commitment*, Cambridge MA, Harvard UP, 1994, p. 10-11, 92, 132-134, *passim*.

hégélienne et wittgensteinienne, les variations kantiennes de W. Sellars[1]. Les opérations conceptuelles de l'entendement y sont envisagées essentiellement comme des protagonistes d'actes de transition et de médiation entre propositions, donc des fonctions d'unité qui jouent des rôles inférentiels, en vertu desquels se définit tout contenu possible. De là l'inscription de la sémantique au sein de la pragmatique; l'agir normatif, au sens à la fois logique et déontique, étant le sol natal de la signification. La vérité ou la science recèlerait l'être même, le développement proactif, de la *raison responsable*. Car la raison n'est rien d'autre, en définitive, que l'activité systématique d'unification nécessaire, système générateur de système; et ce par vocation (puisque la raison contient un *désir de système*), par droit (puisque seul le semblable engendre et comprend le semblable) et par devoir (puisque la raison obéit et répond à des lois)[2].

Dans la mesure où cette enquête porta avant tout sur le *Je théorique*, l'enjeu capital fut celui de la production de vérité. A cet égard, il importe au premier chef de mettre en valeur l'embrayage fondamental entre la théorie du jugement et la théorie de la conscience de soi. La copule *est* (*S est P*) exprime dans tout jugement possible l'unité d'un *ego sum*, agent logique, c'est-à-dire l'activité formelle d'une *conscience de soi* dont l'unité/identité est la condition nécessaire de toute chose possible en tant que *quelque chose d'un et d'identique à soi*. L'unité de la conscience active charrie l'unité de l'acte synthétique (unité de l'unification ou unité unifiante) et, par là même, réalise l'unité de quelque chose (unité de l'objet ou unité unifiée).

En somme, *Je pense X* recèle la formule de la conscience et du pouvoir de l'intelligence qui, dans son processus unificateur systémique, organise et s'organise. De plus, il faut expliciter que l'X à penser occulte une multiplicité diachronique et synchronique unifiée par le *Je* achronique (et panchronique). Lorsque quelque chose de possible ou de réel (un X) est pour moi et en moi comme représentation, il se transforme en un *X un*, il acquiert la forme de *l'un*, la forme-*ipse*, la forme-moi. Le *Je théorique* kantien constitue une unité sémantique et syntaxique unifiante qui se produit de façon epigénétique. Ainsi cette fonction cognitive spontanée – poïétique – s'avère-t-elle à la fois irréductible à une simple forme logique et non-assimilable à une entité substantielle. Le *Je pense*, l'aperception transcendantale, est un Pouvoir-force morphogénétique qui se déploie sur le mode d'un processus continu de synthèse virtuellement infini dont la visée est la production d'un système organique de connaissance. Sa modalité logique

1. Voir surtout les concepts de règle sémantique et d'inférence chez W Sellars., *Pure Pragmatics and Possible Worlds. The Early Essays of Wilfrid Sellars*, ed. J. Sicha, Reseda CA, Ridgeview Publishing, 1980, p. 136-139, 155, 262-274; et la description de l'entendement entant qu'imagination productive et en tant qu'analyse (par analyse entendons l'engagement actif dans l'établissement de rapports conceptuels), W. Sellars, *Science and Metaphysics. Variations on Kantian Themes*, London, Routledge, 1968.

2. Sur le statut déontique de la raison théorique, voir R. Brandom, *Making it Explicit, op. cit.*, p. 199-206.

est la nécessité : en moi, le nécessaire pénètre le possible et le réel. Et sa manière d'agir est métaphénoménologique : devoir *pouvoir* accompagner toutes mes représentations signifie instituer la forme/acte de toute représentation, à savoir son appartenance à un seul et même système cognitivo-sémiotique. Ainsi, Kant nous apprend-il, en frayant le chemin de la force et de la forme non substantielles, l'instabilité inévitable du passage critique à un *Cogito* postmétaphysique.

Paulo JESUS
Centro de Filosofia (Université de Lisbonne)

LE RÉVEIL DU SOMMEIL DOGMATIQUE DAVID HUME ET EMMANUEL KANT

La relation entre les philosophes David Hume et Emmanuel Kant est bien connue dans l'histoire de la philosophie : Kant reconnaît dans les *Prolégomènes à toute métaphysique future :*

> ce fut l'avertissement de *David Hume*, qui, voilà plusieurs années, interrompit d'abord mon sommeil dogmatique et donna à mes recherches dans le champ de la philosophie spéculative une autre direction [1].

Chacun connaît cet éloge de Kant. Mais en quoi consiste le sommeil dogmatique et comment Hume a-t-il réussi à éveiller la conscience critique ? Quelle est la position de Kant, tiré du sommeil dogmatique ?

La recherche scientifique actuelle nous présente le rapport entre la philosophie de Hume et de Kant de la façon suivante : pour Hume la relation de cause à effet ne peut pas être comprise *a priori* par l'entendement humain. Nous ne savons pas ce que la nécessité causale – que le pain nous nourrit et que le soleil se lève demain – veut dire, mais par l'expérience répétée un savoir interne du sentiment ou de l'imagination surgit. Hume réduirait alors – selon cette interprétation soutenue, par exemple, par Bernhard Thöle [2] – la relation de la causalité à un savoir irrationnel et purement subjectif. Pour Dietmar Heidemann la foi de la validité de la relation causale reste faillible [3]. La tâche de Kant aurait été de réfuter ce savoir purement subjectif et psychologique en démontrant le caractère objectif de la causalité.

1. *Prolégomènes*, AK IV, 260 ; OP II, 23.

2. B. Thöle, « Die Analogien der Erfahrung », *in* G. Mohr und M. Willaschek (éd.) *Immanuel Kant. Kritik der reinen Vernunft*, « Klassiker Auslegen » 17/18, Berlin, Academie Verlag, 1998, p. 282 et W. Stegmüller, « Zur Frage der kausalen Notwendigkeit. Bemerkungen über Hume und Kant », *in* W. Farr (éd.), *Hume und Kant*, Freiburg/München, Alber, 1982, p. 137. Même Manfred Kühn estime que la relation causale de Hume a uniquement une validité subjective. *Cf.* M. Kühn, *Kant. Eine Biographie*, München, Beck, 2003, p. 234.

3. D. H. Heidemann, « Belief and Faith bei Hume », *in* D. Heidemann (éd.), *Glaube und Vernunft in der Philosophie der Neuzeit : Festschrift für Robert Theis*, Hildesheim, Olms, 2013, p. 77.

On exagérera à peine en disant que la recherche scientifique adopte la position kantienne pour comprendre Hume. Kant lui-même a fixé les rôles, car il préconise de remplacer un savoir empirique et subjectif par sa théorie des jugements synthétiques *a priori*.

Il faut tout de même reconnaître que, pour Hume, le savoir de la relation causale n'a pas une validité psychologique, comme le suggère Kant en interprétant Hume. Pour Hume toutes les idées sont des copies des impressions précédentes. Cela veut dire que l'impression interne qui est la base de l'idée de la causalité ne peut pas être un produit arbitraire du sujet, qui est faillible, comme le suggèrent la plupart des commentateurs de Kant. Il s'agira donc ici d'examiner le caractère de la relation causale chez Hume et de le comparer ensuite avec la position de Kant.

LE DOUTE SCEPTIQUE
QUANT AUX OPÉRATIONS DE L'ENTENDEMENT HUMAIN

Quelle est la situation de la pensée avant Hume? Pour la métaphysique dogmatique, la question de la vérité se pose comme le problème d'une relation entre intellect et chose. Thomas d'Aquin définit la vérité comme une « adequatio rei et intellectus » [1], une adéquation de la chose et de l'intellect. L'intellect humain doit se rendre conforme à la chose. La forme de la chose affecte l'intellect humain de sorte que la différence entre les deux soit annulée. L'intellect reconnaît la forme de la matière en tant qu'elle n'est pas dans la matière. La connaissance et la vérité n'ont lieu qu'après une égalisation de l'intellect humain à la chose. L'intellect humain reçoit la mesure divine par le *medium* de la chose issue de l'intellect divin. Le monde atteste d'une structure intelligible et est la manifestation du principe de la raison divine. L'intellect humain peut y reconnaître la trace divine et peut aboutir à une connaissance de la vérité métaphysique.

En revanche, David Hume est sceptique quant à une connaissance rationnelle adéquate de la structure du monde. Selon lui, notre pensée n'est qu'un miroir véritable des impressions réelles. Dans la vie quotidienne, chacun avoue qu'il y a une distinction entre les perceptions des idées et les perceptions des impressions réelles. La perception d'une impression est plus vivante et plus forte que la perception des idées. Nos idées sont les copies des impressions précédentes, dont nous sommes conscients en réfléchissant. Pour Hume, toutes les idées de l'entendement humain doivent être ramenées à leur origine dans une impression de l'expérience sensible [2].

1. Thomas d'Aquin, *Quaestiones disputatae de veritate. Lateinisch-Deutsch*, trad. et éd. A. Zimmermann, Hamburg, Meiner, 1986, p. 9.

2. D. Hume, *Enquiry concerning Human Understanding*, Reprinted from the 1777 edition with introduction and analytical index by L. A. Selby-Bigge, Oxford, Oxford University Press, 1975, p. 19.

L'entendement n'est pas capable de produire une idée par lui-même, il peut seulement composer, transposer, augmenter ou diminuer les matériaux de l'expérience (*Enquiry,* 19). Hume exige que toutes les idées abstraites de la métaphysique antérieure soient vérifiées à l'aune de leur origine sensible. Il entend donc examiner les idées de notre entendement et analyser l'idée de la causalité. Dans la vie quotidienne nous supposons une structure intelligible du monde, mais sans vraiment la comprendre. Nous sommes certains que le pain est là, qu'il nous nourrit quand nous avons faim et que le soleil se lèvera demain. Néanmoins cette certitude ne peut pas être comprise par l'entendement. Hume cherche alors à savoir d'où vient cette certitude quotidienne. Pour lui, les objets de la raison humaine sont ou bien des *relations of ideas* ou bien des *matters of fact.* En ce qui concerne les *relations of ideas*, la raison reste en elle-même et fait des constatations sur les structures de la pensée. Les *relations of ideas* sont des lois de la géométrie ou de l'algèbre qui ne concernent pas l'existence. Elles sont des vérités *a priori*, donc nécessaires et générales, que nous savons par l'intuition ou la démonstration. Ces vérités ne dépendent pas d'une existence quelconque dans l'univers. Les vérités d'Euclide seraient évidentes, même si aucun triangle n'existait.

Concernant les *matters of fact,* nous disposons d'un savoir de l'existence qui se réfère à une chose réelle. En faisant des constatations sur l'existence, l'entendement humain se réfère ici à quelque chose d'externe à lui-même. Nous avons alors un savoir immédiat de la réalité, mais ce savoir n'est pas un savoir logique. Nous ne comprenons pas pourquoi quelque chose est là. Le contraire de ce qui existe peut toujours être imaginé. L'existence des choses n'a rien à voir avec la pensée analytique procédant selon le principe de la contradiction. À travers les impressions nous avons un savoir de la réalité, mais ce savoir ne concerne pas le futur, ni une loi de la nature.

La certitude de la connaissance humaine que le pain nous nourrit et que le soleil se lèvera demain ne peut pas être expliquée d'une façon théorique par l'entendement. L'entendement peut analyser le donné – comme le pain – et établir des statistiques en ce qui concerne le passé, mais il ne trouve pas une loi nécessaire qui concerne son existence future. Il reste dans le domaine de la possibilité. Nous ne comprenons pas pourquoi le pain nous nourrit.

Hume se demande comment dont nous sommes capables de connaître l'existence future et si les objets de la raison humaine sont ou bien des vérités abstraites des relations entre les idées, ou bien des *matters of fact* qui se réfèrent à l'existence immédiate. De quelle façon pouvons-nous énoncer des propositions logiques sur l'existence future, et appliquer ce qui vaut pour les *relations of ideas* aux *matters of fact ?* Quelle est l'origine de notre savoir des lois de la nature ?

Nous parvenons là à la question centrale de Hume : d'ou vient la certitude concernant la relation causale des objets existants dans le temps ? Comment la connaissance des lois de la nature est-elle possible ?

Or, Hume est conscient que nous ne sommes pas capables de comprendre la structure de l'expérience. Malgré notre ignorance, nous supposons constamment une connexion causale entre les faits passés et les faits futurs. Nous vivons notre vie quotidienne sur le mode d'un savoir incompréhensible, en étant certains que le pain est là et qu'il nous nourrit. Pour Hume, le savoir de la relation causale n'est pas un savoir *a priori* de l'entendement[1].

Par une expérience de pensée Hume prouve l'incapacité de la raison humaine à connaitre la relation causale entre les objets de la nature. Hume distingue entre la perception subjective de la succession des objets et la compréhension de la relation causale. Si nous imaginons un objet totalement inconnu de notre raison, nous sommes alors incapables de prédire les conséquences. Nous serions seulement capables d'observer une succession des objets, l'un objet suivant l'autre, mais nous ne serions pas capables de connaître une connexion nécessaire. Si nous imaginons avoir fait plus d'expériences et que les objets nous soient devenus familiers, nous supposons alors pouvoir découvrir les effets par le « mere operation of our reason, without experience »[2]. Nous observons qu'il y a des objets ressemblants qui sont constamment conjoints. La raison infère alors l'existence d'un objet de l'apparence de l'autre.

> But when many uniform instances appear, and the same object is always followed by the same event; we then begin to entertain the notion of cause and connexion[3].

L'expérience répétée apparaît uniforme : les objets se montrent d'une façon identique, de sorte que nous attendons les mêmes effets des mêmes causes. Les impressions se montrent d'une façon identique, même avant d'être comprises par l'entendement. Pour Hume, la transition de la perception subjective à la compréhension de la relation causale est évoquée par l'expérience elle-même. Quand nous avons fait plus d'expériences, nous devenons certains que le pain d'aujourd'hui nous nourrira comme il le faisait hier. Nous croyons comprendre les lois de la nature, mais en fait nous n'avons pas de connaissance des forces secrètes par lesquelles un objet produit l'autre.

Pour Hume, la raison est incapable de connaitre d'une façon logique les lois de la nature. Le pain ne renvoie à aucune loi qui nous enseigne qu'il nous nourrira. Hume demande quelle est l'impression qui est la base de la relation de cause à effet. Toutes les idées de l'entendement doivent être ramenées aux impressions de l'expérience sensible. Hume nous montre que le savoir de la relation causale ne vient pas de l'expérience immédiate, qu'elle soit extérieure ou intérieure. C'est plutôt l'expérience répétée qui détermine l'homme à tirer des conclusions. La coutume ou l'habitude produit une propension à répéter la même opération, sans y être forcé par le raisonnement. Hume qualifie ce savoir d'instinct. L'instinct ne veut pas dire que ce savoir soit irrationnel et inné, mais que c'est un savoir non rationnel, que nous apprenons par l'expérience répétée. L'expérience elle-même nous conduit, par la coutume, à ce savoir. Par le principe de la

1. « I shall venture to affirm, as a general proposition, which admits of no exception, that the knowledge of this relation is not, in instance, attained by reasoning *a priori ;* but arises entirely from experience, when we find that any particular objects are constantly conjoined with each other » (Hume, *Enquiry*, *op. cit.*, p. 27).

2. *Ibid.*, p. 28.

3. *Ibid.*, p. 78.

coutume, nous apprenons la réalité de la relation nécessaire. Pour Hume, la sagesse de la nature elle-même garantit ce savoir, nécessaire à notre survie, indépendamment des opérations de l'entendement (*Enquiry*, 55). Selon Hume, il existe une harmonie préétablie entre le cours de la nature et la succession de nos idées. L'instinct appris est l'effet d'une harmonie préétablie entre la réalité et le cours de nos idées. Même si les puissances et les forces de la nature nous restent inconnues, nos pensées et nos conceptions ont pris la même direction que les travaux de la nature. Par le principe de la coutume, la correspondance entre le cours de la nature et le cours de nos idées se met en place. Cette correspondance est nécessaire pour la subsistance de notre espèce (*ibid.*). Pour Hume toutefois du principe de la coutume nous connaissons les effets, mais non les causes. Hume tient le principe de la coutume pour une hypothèse de sa philosophie. Cette hypothèse semble être la seule qui explique pourquoi nous tirons une conclusion à partir des expériences faites en divers instants.

Selon Hume, ce savoir n'est pas une vérité de la pensée ou de la perception directe des impressions. Le seul fait de savoir que le pain nous nourrit ne se réfère pas à une chose extérieure à nous, mais à une impression intérieure. Hume explique ce savoir par l'imagination :

> We then feel a new sentiment or impression, to wit, a customary connexion in the thought or imagination between one object and its usual attendant; and this sentiment is the original of that idea which we seek for[1].

L'expérience répétée révèle une apparence uniforme : nous découvrons une ressemblance entre les objets naturels, qui nous conduit à attendre les mêmes effets des mêmes causes. Nous éprouvons une impression nouvelle, qui est une connexion de la pensée. La pensée s'imagine la connexion nécessaire entre l'objet présent et l'objet absent. L'imagination anticipe le futur. Après avoir fait une certaine expérience, nous sommes certains que le pain nous coupera la faim et que le soleil se lèvera demain. L'imagination se représente une chose sans qu'elle soit là. Elle nous découvre un savoir par lequel l'expérience répétée reçoit une signification nouvelle. Par une impression intérieure le sentiment éprouve l'unité nécessaire du passé, du présent et du futur. Hume n'est donc pas sceptique eu égard à la validité de la loi de causalité, il est sceptique seulement eu égard à sa possible connaissance théorique.

Quelle est la nouveauté de cette impression par rapport aux objets de la raison ?

Par l'impression intérieure, nous disposons d'un savoir de la relation causale qui n'est plus un savoir abstrait, comme le sont les *relations of ideas*, mais un savoir qui concerne notre existence concrète dans le temps. Le sentiment et la pensée, les *matters of fact* et les *relations of ideas*, ne sont plus séparés l'un de l'autre, ils ont la même signification : la signification intelligible de notre vie. La connexion causale est une relation d'idées qui n'est plus séparée de l'existence, car elle nous découvre la signification de notre être-là. L'expérience elle-même

1. *Ibid.*

apparaît comme signification *a priori* de la relation causale. Cette aprioricité n'est pas une aprioricité logique de l'entendement, car elle émane de l'expérience elle-même. Elle renvoie à notre réceptivité. Par notre réceptivité ou intuition pure, nous accédons à un savoir de l'être.

Hume montre que la compréhension de lois et des objets de la science de la nature (par exemple que le pain nous nourrit) se fonde sur notre intuition temporelle. Nos idées et impressions sont liées dans le temps d'une façon inexplicable. La loi de la causalité n'a donc pas une validité subjective ou faillible, comme on le reproche souvent à Hume, mais une *objectivité liée à une impression du sens interne*, qui reste incompréhensible et qui ne peut pas être vérifiée par l'expérience extérieure. L'impression intérieure n'est pas une impression de la sensation directe, mais elle suppose l'expérience répétée. Le sentiment interne nous montre que le changement dans le temps, la pluralité, a une signification qui persiste et qui est intemporelle, la signification apriorique de notre vie. Même si nous ne connaissons pas les forces secrètes de la nature, le cours de nos idées est analogue au cours de la nature. Nous accédons donc à un savoir par analogie de la réalité elle-même et nous croyons que le pain nous coupera la faim. Pour Hume, la croyance se distingue de la fiction par un sentiment (*feeling*) qui ne dépend pas ni de la volonté, ni de notre bon plaisir (*Enquiry*, 48). Ce sentiment nous révèle la signification objective de la croyance. La croyance est un savoir qui est l'effet de l'harmonie préétablie entre nos idées et la réalité. Elle nous indique, d'une façon inexplicable, l'accord de notre savoir et de la réalité[1]. Par la croyance nous accédons donc à l'essence de la réalité elle-même, à une certitude apriorique et intemporelle de notre vie.

L'erreur de l'homme est de transposer ce savoir intérieur, ce sentiment d'une impression issue de la coutume, aux objets de l'expérience extérieure, quand nous prétendons comprendre l'objet externe par notre sensation interne :

> and as we feel a customary connexion between the ideas, we transfer that feeling to the objects; as nothing is more usual than to apply to external bodies every internal sensation, which they occasion[2].

Nous confondons la signification apriorique de la forme temporelle de l'expérience avec la structure *a priori* de l'objet. Le savoir de la croyance ne peut pas être transformé en loi de causalité. C'est la raison pour laquelle Hume refuse la preuve de l'existence de Dieu et tous les essais faits pour fonder la foi religieuse dans les miracles. Le miracle semble contredire le cours de la nature. Pour Hume, la foi n'a rien à voir avec la raison. Ainsi, la foi se distingue de la croyance, qui intègre le raisonnement et la sensation dans un acte de l'esprit.

Comment Hume a-t-il réveillé Kant de son sommeil dogmatique ?

1. La croyance résulte de l'expérience répétée : le savoir de la relation causale résulte d'une harmonie préétablie entre le cours de nos idées et le cours de la nature. Ce savoir acquiert ainsi de la validité objective, mais cette objectivité ne peut pas être prouvée, elle n'est pas faillible, comme le suggère Dietmar Heidemann (« Belief and Faith bei Hume », art. cit., p. 77).

2. Hume, *Enquiry, op. cit.*, p. 78.

LES JUGEMENTS SYNTHÉTIQUES *A PRIORI* COMME CONDITIONS FORMELLES DE L'EXPÉRIENCE SELON KANT

Hume critique la méthode analytique de la métaphysique, où l'intellect serait capable de se rendre conforme à la chose. Pour lui, l'intellect ou l'entendement n'est plus capable de comprendre la structure intelligible du monde. La question de la vérité et de la certitude précède toutes les questions de relations et de méthodes. Le problème de la vérité concerne la connaissance elle-même. La connaissance humaine est un savoir qui lie les représentations dans le temps et qui anticipe le futur, sans que ce savoir soit fondé sur un objet de la raison. Hume refuse l'idée d'une réalité donnée vers laquelle la pensée se dirige. Pour lui, c'est la nature intelligible de l'homme qui se manifeste dans le savoir de la relation causale. Le fait d'arracher Kant à son sommeil dogmatique veut dire que la séparation stricte entre les *relations of ideas* et les *matters of fact*, entre la pensée abstraite et l'intuition sensible, doit être dépassée.

Pour Hume, la connaissance humaine procède par un savoir général et nécessaire qui précède cette séparation. Par le sens interne, nous disposons d'un savoir objectif de la réalité qui ne peut plus être compris par l'entendement, car il concerne la forme temporelle de notre connaissance. La réflexion philosophique de Hume révèle déjà un caractère en un sens transcendantal, car la connaissance y tente de se comprendre elle-même dans son autonomie. Le caractère intemporel de notre connaissance apparaît en fait comme liaison des représentations dans le temps. Pour Kant, la clef de la métaphysique est la distinction entre les jugements analytiques et synthétiques. Selon lui, c'est David Hume qui s'est approché le plus de cette distinction. Kant est d'accord avec Hume en refusant la pensée analytique comme base de la relation causale.

Quelle est la réponse de Kant à Hume ? La réflexion transcendantale essaie de comprendre le monde comme manifestation de la spontanéité de la conscience. Il n'y a plus de choses ou d'impressions sensibles qui existent pour elles-mêmes, mais c'est la connaissance qui se réalise.

> J'appelle transcendantale toute connaissance qui s'occupe en général non pas tant d'objets que de notre mode de connaissance des objets en tant qu'il est possible en général [1].

Kant reproche à Hume de supposer qu'il y a des impressions identiques à l'origine des idées de l'entendement. Selon Hume, les impressions identiques nous laissent reconnaître une ressemblance entre les objets après avoir fait une certaine expérience. Le cours de la nature apparaît comme une uniformité qui nous détermine à conclure que le futur doit être le même que le passé. Pour Kant en revanche, l'impression n'est plus une réalité identique, externe à notre savoir, mais une apparition, une manifestation de notre savoir. Il n'est plus possible de séparer les idées des impressions.

1. CRP, B 25, AK III, 43 ; OP I, 777.

Comment la réflexion transcendantale nous explique-t-elle ce que le sens commun pense toujours, c'est-à-dire que le pain nous nourrit ?

Kant suit Hume dans son analyse de l'expérience, afin d'expliquer le caractère nécessaire de la relation causale. Comme Hume il distingue la perception de la succession des objets du jugement sur leur relation causale.

> *Des jugements empiriques, en tant qu'ils ont une valeur objective*, sont des JUGEMENTS D'EXPÉRIENCE, mais ceux qui *ne sont valables* que *subjectivement,* je les nomme simples JUGEMENTS DE PERCEPTION. Ces derniers n'ont pas besoin d'un concept pur de l'entendement, mais seulement de l'enchaînement logique des perceptions dans un sujet pensant. Les premiers, au contraire, exigent toujours, outre les représentations de l'intuition sensible, des *concepts particuliers produits originairement dans l'entendement,* qui ont précisément pour effet de conférer une *valeur objective* au jugement d'expérience [1].

Tous nos jugements sont d'abord de simples jugements de perceptions avec une validité subjective. Kant nous donne l'exemple suivant : quand le soleil éclaire la pierre, elle s'échauffe. Ce jugement de perception ne renferme aucune nécessité. Les perceptions ne sont liées que par habitude. Ce jugement a donc une valeur simplement subjective. En revanche, le jugement selon lequel le soleil échauffe la pierre ajoute à la perception le concept de cause. Le concept de chaleur est lié nécessairement à celui de lumière solaire.

Comment la transformation d'un jugement de perception en un jugement d'expérience s'opère-t-elle ?

Le passage suivant a suscité de nombreuses discussions et controverses :

> Tous nos jugements sont d'abord de simples jugements de perception ; ils n'ont que de valeur pour nous, c'est-à-dire pour le sujet que nous sommes, et ce n'est qu'ultérieurement que nous leur conférons un rapport nouveau, à savoir à un objet, et exigeons que ce rapport soit valable aussi pour nous en tout temps, et de même pour tout un chacun [2].

Pour Kant, c'est ultérieurement que nous conférons un rapport à l'objet et voulons que ce rapport soit valable universellement. Le jugement d'expérience change le rapport à l'objet. Par le jugement nous subsumons l'intuition du soleil sous le concept de cause et d'effet. Nous déterminons ainsi les perceptions relativement à la forme du jugement en général, ce qui « ren[d] de cette manière le jugement empirique universellement valable » [3]. L'adjonction d'un concept d'entendement transforme la simple sensibilité subjective en jugement objectif. Par l'acte de juger, la perception devient expérience, car l'intuition est déterminée quant à la forme de l'acte de juger.

Le jugement d'expérience a une validité objective et universelle. Nous transformons les jugements de valeur subjective postérieurement en jugement de

1. *Prolégomènes,* § 18, AK IV, 298 ; OP II, 69-70.
2. *Ibid.*
3. *Ibid.*, AK IV, 301 ; OP II, 74.

valeur objective, valable en tout temps et pour chacun. Tout le monde doit avoir les mêmes perceptions dans les mêmes circonstances. Pour Kant c'est une exigence de la volonté du sujet de donner une validité objective aux jugements :

> Ce que l'expérience m'apprend dans certaines circonstances, elle doit me l'apprendre en tout temps, et à tout le monde aussi, et sa validité ne se borne pas au sujet ou à son état momentané. C'est pourquoi j'énonce tous les jugements de ce type comme objectivement valables [1].

Pour Kant, c'est une obligation de rendre nos jugements universellement valables, si nous voulons juger des objets d'une façon *a priori* [2]. La condition de la pensée [3] est l'objectivation de nos perceptions en jugements. C'est une condition de la possibilité de l'expérience que nos jugements soient les mêmes.

Pour Hume, la transition de la perception des impressions qui se suivent à la conception de la nécessitée causale est due à une sagesse de la nature, donc à un principe objectif qui détermine notre pensée. Notre pensée subjective est postérieure à un principe de la réalité elle-même. La croyance en la validité de la relation causale est donc la forme subjective d'un principe objectif de la nature. Pour Kant, la transition de la perception des successions au jugement de la relation causale est une condition de la pensée : pour que nous puissions nous comprendre comme êtres intelligibles, nos perceptions doivent avoir un caractère objectif. C'est donc une nécessité de la pensée d'ajouter à l'intuition sensible et à sa liaison logique le jugement synthétique comme nécessaire et par suite universellement valable. Pour Kant, les jugements synthétiques sont l'autoréalisation de la raison elle-même. La loi de la causalité est la spontanéité de la connaissance qui se réalise dans la réceptivité.

Dans la « Deuxième analogie de l'expérience », Kant affirme « que tous les phénomènes de la succession dans le temps ne so[nt] tous ensembles que des changements » [4]. Le changement ne concerne pas l'être ou le non-être de la substance, mais uniquement un être ou non-être successifs des déterminations de la substance. Le changement n'a plus la signification de l'existence. Le principe de la causalité ne se réfère donc pas à une impression identique ou à une réalité quelconque, mais au changement. La deuxième analogie de l'expérience ne traite plus d'une réalité identique, comme le faisait Hume, mais d'un changement qui apparaît.

Dans les *Prolégomènes*, Kant caractérise l'entendement spéculatif comme la faculté de la connaissance des règles *in abstracto* (alors que le sens commun pense *in concreto*). Kant suit Hume, en montrant que le sens commun utilise la relation causale sans en être conscient. En supposant que le pain nous nourrit, le sens commun procède selon la maxime : « Tout ce qui arrive est déterminé par le moyen de sa cause » [5]. Kant est d'accord avec Hume en soulignant la nécessité

1. *Ibid.*, AK IV, 299 ; OP II, 72.
2. B. Dörflinger, *Das Leben theoretischer Vernunft*, Berlin/New York, De Gruyter, 2000, p. 200.
3. J. Haag, *Erfahrung und Gegenstand*, Frankfurt a. M., Klostermann, 2007, p. 229.
4. CRP, B 233, AK III, 167 ; OP I, 925.
5. *Prolégomènes*, AK IV, 369 ; OP II, 157.

de l'expérience pour comprendre le concept de causalité. Tout comme Hume, Kant nous montre l'impossibilité pour l'entendement de dériver du concept d'une chose le concept d'une autre chose qui lui soit nécessairement liée.

La relation causale est la règle *a priori* de la pensée empirique. Kant explique la nécessité de la loi de causalité par la structure du temps : notre connaissance se réalise d'une manière temporelle et spatiale; elle a le caractère d'une apparition. Le temps et l'espace n'existent pas comme des choses en elles-mêmes, mais notre intuition *a priori* a lieu comme temps et espace.

Le temps lui-même ne peut pas être perçu, il est le substrat de toutes les déterminations dans le temps. Dans la perception, il y a un substrat qui n'est pas perçu, il apparaît comme le permanent et la succession. Le temps est le produit de l'imagination transcendantale, il est la manière dont le monde et les choses sont là, sans que nous puissions comprendre cela.

La deuxième analogie de l'expérience, considérée comme la réponse de Kant à Hume, nous explique le principe de la succession dans le temps suivant la loi de la causalité : « Tous les changements arrivent suivant la loi de liaison de la cause et de l'effet »[1]. Le principe de cette deuxième analogie de l'expérience nous révèle que l'expérience n'est possible que par la représentation d'une liaison nécessaire des perceptions. La perception devient expérience par la pensée de sa liaison nécessaire. La liaison des perceptions dans le temps est « le produit d'un pouvoir synthétique de l'imagination »[2]. L'imagination se figure la chose, sans qu'elle soit là. L'imagination n'est plus une faculté reproductive, comme pour Hume, elle est productive, elle produit l'apparition.

Kant nous en donne deux exemples, afin de montrer que la spontanéité de la pensée apparaît comme succession de nos perceptions : l'appréhension du divers par la perception d'une maison et par la perception d'un bateau descendant le courant. La succession des représentations déterminées est perçue d'une manière subjective, mais l'apparition elle-même est la manifestation de l'objectivité. Le rapport objectif des phénomènes qui se succèdent reste indéterminé par la simple perception. Kant explique l'apparition par la force productive de l'imagination. La signification objective de l'apparition est pour Kant le X qui reste indéterminé et qui ne peut pas être expliqué par l'apparition :

> Il est aisé de voir que cet objet ne doit être pensé que comme quelque chose en général = X, puisqu'en dehors de notre connaissance nous n'avons rien que nous puissions opposer à cette connaissance comme y correspondant[3].

Le X qui correspond au divers de nos représentations n'est rien pour nous. L'unité qui rend nécessaire l'objet est l'unité formelle de la conscience dans la synthèse du divers des représentations. L'objet n'est rien d'autre que l'unité formelle de la conscience dans la *synthesis* du divers des représentations. L'objet

1. CRP, B 232, AK III, 166; OP I, 925.
2. CRP, B 233, AK III, 167; OP I, 925.
3. CRP, A 104, AK IV, 80; OP I, 1410.

transcendantal est toujours le même pour toutes nos connaissances, et il donne une réalité objective à nos concepts empiriques. Ce concept de l'objet transcendantal ne contient pas d'intuition déterminée.

La réalité objective de toutes nos connaissances empiriques est fondée sur la loi transcendantale :

> Toutes les représentations ont, comme représentations, leur objet et peuvent être elles-mêmes à leur tour objet d'autres représentations. Les phénomènes sont les seuls objets qui peuvent nous être immédiatement donnés, et ce qui en eux se rapporte immédiatement à l'objet s'appelle intuition. Or, ces phénomènes ne sont pas des choses en soi, mais ils sont eux-mêmes des représentations, qui à leur tour ont leur objet, qui par conséquent ne peut plus être intuitionné par nous, et peut par suite être appelé l'objet non empirique, c'est-à-dire transcendantal = X [1].

Pour Kant l'apparition est l'endroit de l'objectivité qui ne nous est pas connu. La deuxième analogie de l'expérience nous montre ainsi de quelle façon le X inconnu devient connu et déterminé. La pensée indéterminée de l'objet se détermine par l'apparition. La pensée indéterminée de l'objet est l'intuition pure, l'apriorité de l'objet. Nous connaissons seulement les phénomènes, « c'est-à-dire une représentation dont l'objet transcendantal est inconnu » [2]. La succession est la succession des appréhensions, elle ne concerne pas les états dans les phénomènes.

Revenons à la question de Hume : comment savons-nous que le pain nous nourrit ? Hume refuse une compréhension de l'empirique par l'entendement. Pour Kant en revanche, c'est l'entendement pur qui produit les catégories. Le divers est déjà la manifestation de la synthèse de l'aperception transcendantale. Par les jugements synthétiques *a priori*, la réceptivité a une signification intelligible. « Quand donc nous expérimentons que quelque chose arrive, nous supposons toujours que quelque chose précède, que l'objet suit selon une règle » [3]. Les phénomènes sont déterminés dans leur succession par une règle, qui n'est pas tirée de l'expérience, mais qui est une condition de l'unité synthétique dans le temps. Le temps lui-même est la règle : le phénomène reçoit sa place déterminée dans le temps selon une règle qui est « une condition formelle de toutes les perceptions, que le temps antérieur détermine nécessairement celui qui suit » [4]. La pensée n'est plus séparée de la perception sensible, elle se manifeste à travers les représentations perçues.

1. CRP, A 108-109, AK IV, 82 ; OP I, 1413.
2. CRP, B 236, AK III, 168 *sq.* ; OP I, 927.
3. CRP, B 240, AK III, 171 ; OP I, 930. Notre conception se fonde sur la règle selon laquelle le divers des représentations est toujours successif.
4. CRP, B 244, AK III, 173 ; OP I, 933.

Conclusion

Il est temps de rendre à Hume sa propre crédibilité et d'arrêter de l'interpréter au prisme de la lecture qu'en fit Kant. Pour Hume, la transition de la perception des impressions qui se suivent à la conception de la nécessitée causale est fondée dans une sagesse de la nature, dans un principe objectif qui détermine notre pensée subjective. Notre pensée subjective suit un principe de réalité, qui nous mène à un savoir par analogie des forces de la nature. La croyance dans la relation de causalité a une signification objective, mais cette objectivité est liée à la forme temporelle de l'expérience externe. Ce savoir est une perception du sens interne et ne peut pas être compris de façon théorique.

Le grand mérite de Hume consiste dans le fait de montrer que notre savoir de la relation causale est un savoir non-rationnel, de l'ordre du sentiment. La signification du pain qui nous nourrit ne peut pas être comprise, mais elle est sentie.

Hume nous montre que la connaissance précède la distinction entre le raisonnement théorique et le donné sensible. La relation de cause à effet est la signification intelligible de la conscience elle-même : nous transposons à l'extérieur un savoir interne de la conscience.

Kant suit Hume en fondant la nécessité de la relation causale sur le caractère temporel de notre connaissance. Grâce à Hume, Kant prend conscience du caractère incompréhensible du temps. Pour lui, le temps n'est plus la forme du sens interne, comme pour Hume, mais la condition de l'intuition du sens interne. Kant n'explique plus le temps par le sens interne, comme le fait Hume, mais il explique le sens interne par le temps. L'expérience empirique se manifeste dans une signification apriorique. Notre connaissance a le caractère d'apparition spatio-temporelle, et non le caractère de l'en-soi. Tout ce qui arrive est la manifestation du concept de la causalité.

Pourtant, la loi de la causalité n'est pas une proposition qui concerne l'existence des choses. Nous ne pouvons pas connaître le futur par le présent – les doutes de Hume ne sont pas dissipés. Nous ne comprenons pas les lois particulières de la nature. Par le caractère temporel de l'expérience apparaît le concept de la causalité. Les concepts de cause et d'effet sont des formes *a priori* pour comprendre l'expérience. Elles se réfèrent à la possibilité de l'expérience, mais la réalité nous reste incompréhensible. Kant ne réfute pas ce que Hume a affirmé, mais il comprend la loi de la causalité par sa condition transcendantale. La signification intelligible de la loi de la causalité, qui est la signification intelligible de la conscience elle-même, n'est plus un savoir hétéronome, comme pour Hume, mais apparition de la spontanéité de l'homme.

Helke PANKNIN-SCHAPPERT
JGU Mainz

NEWTON ET LA COSMOLOGIE KANTIENNE EN 1755

On considère souvent l'année 1755 comme le moment de « conversion » de Kant à la philosophie newtonienne[1]. En effet, après une période de silence, Kant fait paraître sans nom d'auteur l'*Histoire générale de la nature et théorie du ciel* qui revendique dans le sous-titre une approche newtonienne : « Essai sur la constitution et l'origine mécanique de l'univers dans sa totalité traité d'après les principes de Newton ». Kant inscrit donc d'emblée sa démarche dans la postérité newtonienne et affirme une continuité au moins méthodologique avec la nouvelle physique. Toutefois, son projet de parler de l' « origine » de l'univers annonce une visée qui élargit la perspective de Newton.

La dédicace à l'intention de Frédéric le Grand est particulièrement éclairante sur ce point : s'adressant au roi, Kant rappelle l'activité de l'Académie de Berlin dans le domaine des sciences et déclare vouloir apporter sa contribution au progrès scientifique qu'elle encourage[2]. Il est donc parfaitement au courant de l'ambition de Frédéric et de son institution de s'imposer sur la scène philosophique et scientifique européenne, comme des sympathies newtoniennes de l'Académie, qui soutient en effet la nouvelle physique par tous les moyens à sa disposition. L'époque est traversée par de vives controverses philosophiques, dans lesquelles l'Académie prend sans exception parti contre Wolff et en faveur de la pensée anglaise, bien qu'on puisse trouver des disciples du système wolffien au sein de cette institution. Si par la mention de Newton dans le titre et par cette dédicace, Kant semble prendre implicitement position contre Wolff et se ranger derrière les philosophes et savants de l'Académie royale de Prusse, une certaine tension se manifeste d'emblée dans son désir de s'attaquer à des sujets étrangers aux préoccupations de Newton et peut-être même inatteignables par les seuls moyens de la nouvelle physique. Kant souligne à plusieurs reprises la témérité de son approche et il est convaincu de son originalité; certaines des solutions scientifiques qu'il avance sont en effet novatrices et pertinentes encore aujourd'hui

1. M. Schönfeld, *The Philosophy of the Young Kant*, New York, OUP, 2000, p. 73 *sq*.

2. Kant, HGN, trad. fr. A. Roviello, Paris, Vrin, 1984, p. 64. Les chiffres entre parenthèses dans le corps du texte renvoient à cet écrit : nous mentionnons d'abord la page de la traduction française, puis celle de l'original allemand publié dans le tome I de l'édition de l'*Akademie*.

(à l'instar de l'« hypothèse Kant-Laplace ») et sa conception cosmologique, qui prend en compte non seulement la physique « locale » déterministe de Newton, mais aussi la finalité leibnizienne et la téléologie wolffienne, offre des éléments importants pour l'analyse de la période précritique.

Nous nous proposons d'analyser ici le projet de la *Théorie du ciel* au sein du newtonianisme promu par l'Académie de Berlin, à laquelle Kant rattache explicitement sa démarche. Il apparaîtra qu'à l'aide des idées et instruments de la nouvelle physique, Kant va plus loin que celle-ci et articule une conception qui ne se limite pas à la réception de Newton, mais à la fois corrige, enrichit et dépasse la perspective philosophique de ce dernier. Ce qui n'est pas sans rappeler les écrits contemporains de Maupertuis ou l'œuvre majeure d'Emilie du Châtelet : deux des « apôtres de Newton » en France et (dans le cas de Maupertuis) aussi à l'Académie de Berlin.

Après un silence d'environ une décennie, pendant laquelle il demeure intéressé par des problèmes scientifiques, Kant s'attaque de nouveau en 1755 à des questions de philosophie naturelle. Il renouvelle alors la conception qui était la sienne en 1746 : il cherchait à l'époque une solution de compromis entre Leibniz et Descartes à propos des forces vives, et ne démontrait qu'un intérêt indirect pour les principes newtoniens. L'écrit consacré à l'estimation des forces vives est assez typique pour la première moitié du XVIIIe siècle, pendant laquelle en philosophie naturelle on assiste moins à l'élaboration du paradigme newtonien qu'à une compétition entre trois grandes doctrines philosophiques concurrentes, celles de Descartes, de Leibniz et de Newton[1]. La *Théorie du ciel* témoigne déjà, neuf ans plus tard, d'un changement de perspective : Kant, comme certains de ses contemporains ou prédécesseurs immédiats, est à la recherche d'une synthèse entre la nouvelle physique et des doctrines métaphysiques d'inspiration « leibnizo-wolffienne », selon le terme employé à l'époque. Cet essai fait partie d'un groupe cohérent de textes – « le système de 1755/56 »[2] – comprenant également la *Nova Dilucidatio* et la *Monadologie physique*, des textes qui visent l'élaboration systématique de cette synthèse sur le modèle de la métaphysique wolffienne et selon les principes newtoniens.

L'accès direct de Kant aux textes newtoniens, aux *Principes*[3] et à l'*Optique*[4], est aujourd'hui un acquis de la recherche et n'a plus besoin d'être démontré. Kant

1. H. Pulte, « Order of Nature and Orders of Science », *in* W. Lefèvre, *Between Leibniz, Newton and Kant. Philosophy and Science in the Eighteenth Century*, Dordrecht, Springer, 2001, p. 64.

2. Voir à ce propos, B. Falkenburg, *Kants Kosmologie. Die wissenschaftliche Revolution der Naturphilosophie im 18. Jahrhundert*, Frankfurt a. M., Vittorio Klostermann, 2000, p. 55. On ne saurait en revanche faire nôtre l'affirmation de l'auteure qui voit en Kant un « guter Wolffianer », *ibid.*, p. 48.

3. E. Watkins, « Kant's Justification of the Laws of Mechanics », *Studies in History and Philosophy of Science*, 29, 1998, p. 541.

4. Sur le rapport de Kant à l'*Optique* de Newton et sur sa réception de la force répulsive grâce à une tradition expérimentale dont font partie, entre autres, Boerhaave et Musschenbroek, voir

a l'occasion de consulter ces textes, ainsi que leurs commentaires non seulement dans la *Schlossbibliothek* dont il s'occupe et où se trouvent les publications de la Royal Society, des Académies de Paris, de Berlin ou de St. Petersburg, entre autres, mais, comme on le sait, également chez son maître M. Knutzen. Celui-ci fait partie du nombre restreint de professeurs de Königsberg qui s'intéressent à la pensée anglaise et comprennent la physique nouvelle; il apporte en outre une contribution originale à la théorie de l'influx physique[1] et redéfinit les monades ou « éléments » de Wolff en leur reconnaissant une action physique réelle, jouant ainsi un rôle important dans la philosophie naturelle de l'époque et dans la formation de Kant[2].

Dans la *Théorie du ciel*, le but de Kant est d'emblée double : il souhaite décrire la formation des corps célestes à partir des principes de la mécanique newtonienne et en même temps articuler une nouvelle approche de la preuve de l'existence d'un auteur divin du cosmos. Il propose à la fois une cosmologie obéissant aux lois du mouvement de Newton et une contribution personnelle à l'argument physico-théologique et à la téléologie de l'époque. Si Kant discute de problèmes et concepts newtoniens précis, comme le mouvement, la force motrice, la quantité de matière ou la gravitation, sa visée est bien plus ample et comprend deux volets, scientifique et théologique :

> Découvrir le système qui relie les grands membres de la création dans toute l'étendue de l'infinité, faire dériver des lois mécaniques la formation des corps célestes eux-mêmes et l'origine de leurs mouvements du premier état de la nature. (...) [U]n tel développement de la nature n'est pas pour celle-ci quelque chose d'inouï, mais il appartient nécessairement à sa tendance essentielle, et ceci est le témoignage le plus splendide de sa dépendance à l'égard de cet Être originaire qui a en lui la source même des êtres et de leurs premières lois de l'action (65, 69/221, 226).

Kant est donc persuadé que sa cosmologie est en mesure non seulement d'expliciter la formation de l'univers, mais aussi de mettre au jour l'accord entre les lois de la matière et le plan divin. On le constate, si le fondement est bien newtonien – les lois du mouvement et en premier lieu l'attraction comme action à distance –, le plan annoncé par Kant est plus ambitieux : il propose une vision totalisante de l'origine de l'univers et de son fonctionnement à l'aide des principes newtoniens considérés désormais comme universels et nécessaires, doublée d'une critique explicite des solutions métaphysiques avancées par Newton dans le Scholie général des *Principes*, et plus précisément de

M. Massimi, « Kant's dynamic theory of matter in 1755, and its debt to speculative Newtonian experimentalism », *Studies in History and Philosophy of Science*, 42, 2011, p. 525-543. Sur la lecture de Newton dans la période critique, l'ouvrage incontournable est désormais M. Friedman, *Kant and the Exact Sciences*, Cambridge Mass, Harvard UP, 1992.

1. Voir, à ce propos, E. Watkins, « The Development of Physical Influx in Early Eighteenth Century Germany : Gottsched, Knutzen, and Crusius », *The Review of Metaphysics*, 49, 1995, p. 295-339.

2. Pour des détails, voir M. Puech, *Kant et la causalité*, Paris, Vrin, 1990, p. 111 *sq*.

l'intervention de la « main immédiate de Dieu », seule apte, selon Newton, à maintenir l'ordre et la stabilité de l'univers. Kant prend donc position au sein d'un débat plus large à l'époque sur la nécessité des lois de la nature et sur le besoin d'assurer à la physique nouvelle des fondements métaphysiques que Newton avait explicitement écartés. La cosmologie de la *Théorie du ciel* part des acquis de la physique newtonienne tout en souhaitant la compléter[1] grâce à une dimension cosmo-théologique finaliste. Si l'on ne saurait aller jusqu'à parler d'un véritable « anti-newtonianisme » de Kant en 1755 (Watkins)[2], on peut sans doute considérer ce texte comme typique de sa position philosophique et scientifique dans la période précritique, quand sa pensée portait les marques d'un éclectisme post-wolffien indépendant et ambitieux.

LE PROJET COSMO-THÉOLOGIQUE : AVEC ET CONTRE NEWTON

Sans pouvoir entrer dans tous les détails des développements scientifiques proposés dans la *Théorie du ciel*, rappelons brièvement les arguments principaux de son propos. La préface, riche et précise, introduit les problèmes fondamentaux du traité et prend position au sein de la discussion sur les preuves physico-théologiques de l'époque. Elle rappelle sur plusieurs points l'*Essai de cosmologie* de Maupertuis de 1750, dont elle partage le caractère hybride, à la fois physique et métaphysique, ainsi que certaines affirmations centrales, et que Kant connaît[3], bien qu'il préfère citer d'autres ouvrages de cet auteur. Dans l'*Essai*, Maupertuis distingue sa perspective de deux conceptions symétriques qu'il considère comme insuffisantes. D'un côté celle de Newton, emblématique pour les « Physiciens », qui voit des preuves de l'existence de Dieu non seulement dans l'uniformité des mouvements des corps célestes, mais également dans « les plis de la peau d'un rhinocéros »[4]. Ce point de vue, affirme Maupertuis, est imputable à un défaut de raisonnement qui serait évitable si l'on prenait en compte un mouvement inhérent à la matière :

1. Pour une analyse soutenant la parenté de Kant avec Épicure, voir P. Kerszberg, « Kant ou la cosmologie comme philosophie première », *in* L. Langlois (dir.), *Kant avant la* Critique de la raison pure, Paris, Vrin, 2009.

2. E. Watkins, « The early Kant's (anti-) Newtonianism », *Studies in History and Philosophy of Science*, 44, 2013, p. 429-437.

3. H.-J. Waschkies, *Physik und Physikotheologie des jungen Kant*, Amsterdam, Grüner, 1987, p. 563-583.

4. « Newton paraît avoir été plus touché des preuves qu'on trouve dans la contemplation de l'Univers, que de toutes les autres qu'il aurait pu tirer de la profondeur de son esprit. Ce grand homme a cru que les mouvemens des corps célestes démontraient assez l'existence de celui qui les gouverne. (...) L'uniformité observée dans la construction des animaux, leur organisation merveilleuse & remplie d'utilités, étaient pour lui des preuves convainquantes de l'existence d'un Créateur tout-puissant et sage », Maupertuis, *Essai de cosmologie*, in *Œuvres*, t. I, Lyon, Bruyset, 1768, p. 6-7.

> l'alternative d'un choix ou d'un hasard extrême n'est fondée que sur l'impuissance où était Newton de donner une cause physique de cette uniformité [des mouvements des planètes]. Pour d'autres Philosophes (...), l'uniformité de leur cours ne paraît point inexplicable: elle ne suppose plus ce singulier coup du hasard, ou ce choix, & ne prouve pas plus l'existence de Dieu, que ne ferait tout autre mouvement imprimé à la matière [1].

De l'autre côté, nous retrouvons un excès comparable, avec une conception refusant toute cause finale et attribuant la convenance dans la nature à une « mécanique aveugle » [2]. Contrairement à des écrits antérieurs, cités par Kant, où Maupertuis avait pris position pour la nécessité des lois du mouvement imprimées à la matière par l'intelligence divine (déclenchant ainsi de vives controverses et des soupçons d'hérésie), il défend ici une position intermédiaire qui « cherche » Dieu dans le mouvement des astres et dans les premières lois imposées à la nature en partant des attributs de l'être divin sage et tout-puissant [3]. On reconnaît aisément les affinités conceptuelles et thématiques entre la *Théorie du ciel* et l'essai de Maupertuis, même si Kant cite en l'occurence le *Discours sur les différentes figures des astres* de 1732 [4].

En invoquant des arguments similaires, et tout en se défendant de vouloir s'opposer à la religion, Kant conteste l'argument qui veut que :

1. *Ibid.*, p. 9.

2. « Les uns voient la suprême Intelligence par-tout; les autres ne la voient nulle part : ils croient qu'une Méchanique aveugle a pu former les corps les plus organisés des plantes & des animaux, & opérer toutes les merveilles que nous voyons dans l'Univers », *ibid.*, p. 13.

3. « L'Être suprême est par-tout; mais il n'est pas par-tout également visible. Nous le verrons mieux dans les objets les plus simples : cherchons-le dans les premières loix qu'il a imposées à la Nature; dans ces règles universelles, selon lesquelles le mouvement se conserve, se distribue, ou se détruit. (...) [J]'ai cru plus utile de déduire ces loix des attributs d'un Être tout-puissant & tout-sage. Si celle que je trouve par cette voie sont les mêmes qui sont en effet observées dans l'Univers, n'est-ce pas la preuve la plus forte que cet Être existe, & qu'il est l'auteur de ces loix ? (...) S'il est vrai que les loix du mouvement soient des suites indispensables de la nature des corps, cela même prouve encore la perfection de l'Être suprême : c'est que toutes choses soient tellement ordonnées, qu'une Mathématique aveugle & nécessaire exécute ce que l'intelligence la plus éclairée & la plus libre prescrivait », *ibid.*, p. 23-25. Son principe de moindre action sera la loi recherchée et d'autres thèmes communs avec le texte kantien de 1755, tels le problème des bornes de l'entendement humain, la théodicée, la question de l'évidence et de la probabilité, ainsi que le rapport entre la mathématique et la physique sont mentionnés ici. Sur le rapport de Kant avec Maupertuis dans l'*Unique fondement possible d'une démonstration de Dieu*, voir J. Ferrari, « Kant, Maupertuis et le principe de moindre action », in H. Hecht (dir.), *Pierre Louis Moreau de Maupertuis : Eine Bilanz nach 300 Jahren*, Berlin, Berlin-Verlag A. Spitz, 1999, p. 230 *sq.*

4. Selon G. Tonelli, Kant serait plus proche ici de la position défendue par Maupertuis en 1746 dans un mémoire intitulé *Les loix du mouvement et du repos déduites d'un principe métaphysique* (paru en 1748 dans *Histoire de l'Académie Royale des Sciences et des Belles-Lettres de Berlin*, Berlin, Haude) et non de l'*Essai de cosmologie*. Le passage qu'il cite à l'appui de sa thèse est en revanche repris à l'identique dans l'*Essai*, qui toutefois insiste davantage sur la déduction du principe de moindre action à partir de la sagesse de Dieu. Voir à ce propos, G. Tonelli, « La nécessité des lois de la nature au XVIIIe siècle et chez Kant en 1762 », *Revue d'histoire des sciences et de leurs applications*, 12, 1959, p. 225-241.

> Si le système du monde, avec tout son ordre et toute sa beauté, est seulement un effet de la matière laissée à ses lois générales de mouvement, si la mécanique aveugle des forces de la nature a le pouvoir de se développer à partir du chaos de façon si splendide et si elle atteint d'elle-même à une telle perfection, alors est invalidée la preuve de l'existence d'un auteur divin (65/222).

Il rejette donc le point de vue selon lequel les lois de la nature laissées à elles-mêmes produiraient du désordre, de sorte que l'harmonie et la beauté de la nature devraient être imputées à une intervention extérieure. Kant vise ici Newton, pour qui les concordances dans la nature sont « le signe d'une main étrangère qui a su contraindre en un plan sage une matière dépourvue de toute régularité » (66/223). Contre cette thèse, qu'il accuse de diminuer la toute-puissance de Dieu, il affirme sa propre conception, qu'il entend argumenter tout au long de cet essai à l'aide des lois de la mécanique newtonienne :

> Mais je réponds : les lois générales d'action de la matière sont pareillement une conséquence du dessein suprême, elles ne peuvent alors vraisemblablement avoir d'autres déterminations que de tendre à accomplir d'elles-mêmes le plan que s'est proposé la Sagesse suprême; ou bien, s'il n'en est pas ainsi, ne devrait-on pas succomber à la tentation de croire que la matière et ses lois générales seraient tout au moins indépendantes, et que la puissance suprême qui a su se servir d'elles de manière si glorieuse est assurément grande mais cependant pas infinie, assurément puissante mais cependant pas absolument suffisante (*ibid.*).

En retournant l'argument contre ses adversaires, il soutient que seule une « mécanique aveugle », seule une matière qui se détermine dès l'origine selon des lois mécaniques qui lui sont inhérentes, peuvent prouver l'existence d'un entendement infini et auto-suffisant, ainsi que d'un choix intelligent et réfléchi, bref l'existence de l'Être suprême et créateur. Seule une tendance essentielle vers l'organisation, vers l'ordre et la beauté, est en mesure selon Kant, de témoigner de la dépendance de la nature envers la Providence :

> [La] nature n'a pas la liberté de s'écarter de ce plan de la perfection. Puisqu'elle se trouve ainsi soumise à une intention suprêmement sage, elle doit nécessairement avoir été fixée dans de tels rapports harmonieux par une cause première régnant sur elle, et *il y a un Dieu précisément pour cette raison que la nature, même dans le chaos, ne peut procéder autrement que de façon régulière et ordonnée* (71/228).

Si on peut légitimement affirmer que cette clarification par rapport à la religion ainsi que l'aspect théologique de la *Théorie du ciel* mettent au jour une critique explicite de Newton, la cosmogonie kantienne est en revanche élaborée dans un cadre newtonien. Kant prend soin de souligner cette parenté :

> parmi toutes les tâches de la science de la nature, aucune n'a été résolue avec plus d'exactitude et de certitude que celle de la vraie constitution de l'univers dans son ensemble, des lois du mouvement et du mécanisme interne des révolutions de toutes les planètes, dans la mesure où la philosophie newtonienne peut procurer des vues telles qu'on n'en rencontre en aucune autre partie de la philosophie (72-73/229).

Se fondant donc sur la mécanique newtonienne, Kant entend reculer vers l'origine de l'univers qui serait « facile » à atteindre, car la nouvelle physique permet à l'homme de dépasser certaines des limitations constitutives de son entendement et de faire siens « sans présomption » les mots de Descartes : « *Donnez-moi de la matière, je vais à partir de là bâtir un monde* ! C'est-à-dire, donnez-moi de la matière, je vous montrerai comment un monde doit naître » (73/230). Il est possible, selon lui, de compléter l'entreprise newtonienne, d'ajouter aux principes mathématiques des principes physiques en mesure d'égaler la perfection conférée à la mathématique par Newton. Tel est le but scientifique que Kant se fixe ici à propos de la « partie physique de la science du monde », qui se fonde sur les forces essentielles à la matière, la force d'attraction et la force de répulsion : « si on a de la matière douée d'une force d'attraction essentielle, il n'est pas difficile de déterminer les causes qui ont pu contribuer à l'organisation du système du monde dans son ensemble » (*ibid.*). Même si Kant soutient que les deux forces sont « empruntées à Newton », cela n'est pas tout à fait exact : ses développements sur la force de répulsion, ainsi que la considération de l'attraction comme une propriété essentielle et non plus générale de la matière – un pas que Newton avait refusé d'accomplir – démontrent le dépassement du projet newtonien.

Avant de conclure la préface, Kant se penche sur la question méthodologique de la certitude et de la vraisemblance, comparant sa démarche au procédé mathématique selon des critères très débattus à l'époque. Il revendique ici uniquement « la crédibilité » et la « juste façon de penser » car son traité, qui, bien que partant des calculs mathématiques et de l'observation, fait appel à des analogies et à des concordances, ne saurait prétendre, affirme-t-il, à la précision géométrique ni à l'infaillibilité mathématique, mais seulement à une « vraisemblance raisonnable » (79/235).

« La main de la nature »

Kant introduit brièvement, à l'intention des lecteurs non familiarisés avec la pensée de Newton, les concepts newtoniens sur lesquels il fonde son explication mécaniste de la formation de l'univers, à savoir la force d'impulsion et la gravitation. Il insiste sur le cadre et les instruments *newtoniens* de sa démarche probablement aussi parce que la recherche sur l'origine de l'univers et sur l'organisation générale des planètes ne fait pas partie des questionnements newtoniens au sens strict. Toutefois, Kant partage avec son époque une grande admiration pour l'entreprise de Newton, qui grâce à l'attraction semble avoir réussi à « découvrir et fixer clairement *la* loi du cosmos »[1] et dont les principes mécaniques sont considérés comme nécessaires et universels. Dans la première partie de l'essai, Kant décrit en suivant ces principes les systèmes des étoiles

1. E. Cassirer, *La philosophie des Lumières*, Paris, Fayard, 1966, p. 74-75.

fixes, la Voie Lactée et les nébuleuses. Il cite des auteurs variés, tels Huygens, Bradley, Wright de Durham et Maupertuis, dont il semble connaître les écrits, même si parfois de source indirecte ou grâce à des comptes-rendus. Son intérêt pour les débats scientifiques de son époque et son érudition ne font pas de doute, même s'il reste un philosophe de la nature et non un savant à proprement parler, tout comme sa contribution originale concernant la structure de la galaxie, le choix du modèle en forme de disque aplati et l'attribution de la rotation différentielle[1], même s'il reste un philosophe de la nature et non un savant à proprement parler.

Il réaffirme la thèse centrale sur la complémentarité des considérations physiques et métaphysiques et insiste sur le fait que l'infinité de la nature se fonde sur l'infinité de Dieu :

> La Sagesse, la Bonté, la Puissance qui se sont manifestées sont infinies et dans la même mesure fécondes et actives, le plan de leur manifestation doit donc être comme elles infini et sans limites (97/256).

Kant s'arrête ici sur la visée systématique de son propos et explicite l'expression « constitution systématique du monde ». Bien que le concept de système puisse faire écho à la philosophie wolffienne, il est important de rappeler que l'« esprit systématique » est également revendiqué par ses adversaires, qui contestent la légitimité d'un point de départ théorique et hypothétique au profit de l'observation et de l'expérience, seules en mesure d'assurer la mise en lumière de la cohérence et de la continuité de la nature. Cette approche est opposée à l'« esprit de système » associé à la métaphysique spéculative de type leibnizien et wolffien et valorise la méthodologie newtonienne, analytique et inductive[2]. Kant renvoie ici aux « relations uniformes et régulières » entre les planètes qui tournent toutes autour d'un corps central commun, sur le modèle de notre système solaire. C'est en partant de l'observation de notre système planétaire et des calculs de Newton, mais aussi en confrontant les résultats de nos raisonnements à l'expérience, qu'on est en droit d'élargir grâce à l'analogie ce modèle à l'ensemble de l'univers.

La deuxième partie comprend selon Kant lui-même « le propos le plus original » de l'essai (77/234) : elle décrit la formation de l'univers à partir du premier instant de la création, selon des lois strictement mécaniques inspirées de Newton. Sa cosmogonie commence avec le premier instant qui suit la création – ce qui le précède ne relevant pas de la physique –, avec le chaos qui caractérise l'état de la nature « le plus simple qui puisse succéder au néant » (101/263). La matière, que Kant nomme « matière première élémentaire », est répartie dans l'espace et le « remplit ». Déjà dans cet état chaotique, elle manifeste une tendance à

1. Sur toutes ces questions scientifiques, ainsi que sur la « théorie des Univers-Iles », voir l'introduction de J. Seidengart, « Genèse et structure de la cosmologie kantienne précritique », *in* HGN, trad. cit., p. 32 *sq.*

2. Sur la méthodologie de Newton et son influence sur Kant, voir F. Capeillères, *Kant philosophe newtonien*, Paris, Cerf, 2004.

l'organisation et à la perfection, car ses propriétés essentielles lui ont été imprimées par l'entendement divin. On ne saurait affirmer plus clairement la nécessité des lois de la nature. C'est pourquoi aussi le repos qui suit la création ne dure qu'un instant : « Les éléments ont des forces essentielles pour se mettre en mouvement les uns les autres, et ils sont eux-mêmes leur propre source de vie. La matière a aussitôt tendance à se former » (102/264). Grâce à l'attraction et à la répulsion, les corps se forment en créant des masses qui passent par la suite d'un mouvement rectiligne à un mouvement circulaire. Leur densité différente détermine leur « hauteur » dans l'espace, les corps à forte densité devenant des centres d'attraction, tandis que la répulsion empêche l'effondrement gravitationnel. Kant postule l'existence d'un centre unique de l'univers (154/316), ainsi que la formation similaire d'autres systèmes sur le modèle de notre système solaire. L'attraction est comprise comme la « relation universelle même qui réunit les parties de la nature en un espace », elle est « la source originaire du mouvement », précédant tout mouvement et ne rencontrant aucun obstacle. Les principes de plénitude et de continuité régissent l'univers dans lequel toutes les choses sont liées entre elles.

La cosmogonie n'a pas pu se produire en un instant, affirme Kant, elle a eu besoin de « millions de siècles » et continuera pour l'éternité. À l'image de la toute-puissance divine, la nature est d'une fécondité et d'une richesse sans bornes. Kant semble d'accord avec Newton pour parler d'une tendance au déclin inhérente aux mondes qui naissent[1] et en ce point précis il exprime son admiration pour la pensée de son prédécesseur tout en refusant ses conclusions : « Newton (...) qui joignait à la pénétration la plus profonde dans l'excellence de la nature le plus grand respect devant la révélation de la toute-puissance divine » (156/317). Il propose une solution purement mécanique à ce déclin auquel Newton s'était vu obligé d'apporter le secours immédiat de Dieu : dans la cosmologie kantienne, la force régénératrice du feu compense la destruction de tout ce qui est fini par une prodigalité et un renouvellement plus rapide que toute perte. La nature se caractérise par un pouvoir inépuisable d'engendrement car Dieu « demeure occupé en une création incessante à façonner la matière pour la formation des mondes sans fin ». L'univers n'a pas de fin, il a une origine, certes, mais ne connaîtra pas de terme :

> Si donc nous suivons à travers toute l'infinité des temps et des espaces ce phénix de la nature qui ne se consume que pour renaître à nouveau rajeuni de ses cendres, si l'on voit comment, dans la région même où elle tombe en décadence et vieillit, la nature est inépuisable en nouvelles apparitions et comment, à l'autre limite de la création dans l'espace de la matière brute non-formée, elle progresse à pas constants dans l'expansion du plan de la révélation divine, pour remplir de ses prodiges l'éternité aussi bien que tous les espaces, alors l'esprit qui réfléchit à cela est plongé dans un profond étonnement (159/321).

1. « Tout ce qui est fini, qui a un commencement et une origine porte en soi la marque de sa nature limitée ; il doit passer et avoir une fin », HGN, trad. cit., p. 155.

L'origine, la formation et la stabilité du monde sont donc assurées par les lois de la matière et explicitées de manière rigoureuse à l'aide de principes mécaniques, sans l'intervention de la « main immédiate de Dieu ». Kant parvient ainsi à proposer une description convaincante et cohérente de l'action des lois générales du mouvement, qui ordonnent progressivement la matière à partir du chaos.

« LA MAIN DE DIEU »

Dans le huitième chapitre de la deuxième partie de la *Théorie du ciel*, Kant revient à la preuve physico-théologique[1] : « on ne peut regarder l'univers sans reconnaître l'ordonnance tout à fait excellente de son organisation et les marques sûres de la main de Dieu dans la perfection de ses relations » (171/331). Il réaffirme que les lois générales de la nature ne sauraient être considérées comme indépendantes de Dieu, comme un « destin éternel et aveugle », mais qu'au contraire elles ont leur source dans une origine commune à laquelle elles doivent l'ordre, l'harmonie et la beauté qu'elles impriment à la matière et au cosmos. Cette source est, selon Kant, l'entendement divin unique. La raison qui voit et admire la beauté de l'univers « s'indigne » et ne saurait accepter de l'attribuer ni au hasard, ni, après une réflexion plus patiente, à une « main étrangère » censée intervenir de manière répétée afin d'y apporter des corrections incessantes.

Kant critique de nouveau explicitement la position newtonienne et accuse son prédécesseur de s'être laissé guider par « un préjugé presque général », un « préjugé ancien et non-fondé » partagé avec « la philosophie paresseuse, qui, sous une mine pieuse, cherche à cacher une ignorance inerte » (173/334). Ce préjugé – qu'il faudrait selon Kant dénoncer et abandonner au plus vite – empêcherait les philosophes de reconnaître que le plan d'organisation de l'univers est imprimé depuis la création dans les lois essentielles de la matière. Ce n'est qu'à cette condition d'ailleurs que l'on peut parler de nature, autrement celle-ci serait réduite à un miracle permanent. Il est intéressant de remarquer que Kant accuse ici Newton de ne pas avoir su ou pu se débarrasser des préjugés – cible par excellence du combat mené par la philosophie de l'*Aufklärung* –, mais aussi d'un certain manque de courage et d'audace, en somme de choix théoriques aux conséquences absurdes (180/341) dont il faudrait se défaire. Il aurait, selon Kant, « désespéré » de comprendre les forces d'impulsion à partir des forces de la nature et d'expliciter par là le caractère systématique de l'univers. C'est précisément ce découragement ayant empêché Newton d'étendre les lois mécaniques à l'ensemble de la nature et à les considérer comme inhérentes à la matière, qui représente, confesse Kant, le point de départ de la *Théorie du ciel*, et c'est précisément la volonté de le dépasser qui a motivé la rédaction de cet

1. Pour une discussion de cette preuve par rapport à la tradition et aux écrits kantiens de l'époque, voir R. Theis, introduction à Kant, *Beweisgrund*, trad. fr. R. Theis, Paris, Vrin, 2001, p. 30 *sq*.

essai. Si la parenté avec la nouvelle physique est assumée, Kant revendique ici également l'autonomie de son projet et la différence radicale des résultats. Il déclare à propos de sa démarche :

> elle fonde une doctrine mécanique, mais une doctrine fort éloignée de celle que Newton trouvait insuffisante, et à cause de laquelle il repoussa toutes les causes secondaires, parce que (...) il se trompait en tenant cette théorie pour la seule parmi toutes les théories possibles de sa sorte (177/339).

La conclusion de sa cosmogonie d'inspiration newtonienne lui semble être sûre et irréfutable et il croit avoir atteint la certitude grâce à un enchaînement d'arguments « bref et solide » :

> le monde connaît à l'origine de sa constitution un développement mécanique à partir des lois générales de la nature; et deuxièmement le mode de production mécanique que nous avons exposé est le vrai (173/334).

Elle s'accompagne d'une double conclusion physico-théologique :

> Cette première conclusion est tout à fait juste : si dans la constitution du monde brillent ordre et beauté, alors il y a un Dieu. Mais cette autre conclusion n'en est pas moins fondée : si cet ordre a pu découler des lois générales de la nature, alors toute la nature est nécessairement une action de la Sagesse suprême (184/346).

On ne saurait que faire nôtre ici l'heureuse formule que F. Marty propose au sujet de l'essai kantien de cosmologie : « avec Newton, plus loin que Newton »[1]; cela, à une précision près. Le Newton de Kant nous semble être en 1755 fortement influencé par la philosophie de Maupertuis : Kant fait désormais partie des post-newtoniens, qui ne se satisfont plus de la physique nouvelle et recherchent – peut-être parce qu'ils sont aussi post-wolffiens – un fondement métaphysique à la science de la nature. La physique est complémentaire de la métaphysique, mais elle se fonde dans ce qui la dépasse. Seule une mécanique radicale, affirme Kant, une mécanique qui se lit dans le mouvement des astres et dans une moindre mesure dans les détails du monde organique, est capable de fonder une dépendance radicale de l'univers par rapport à l'Être suprême. C'est l'entendement divin – et non un choix guidé par la bonté ou la sagesse introduisant la contingence – qui imprime les lois nécessaires à la matière. Si Kant emploie aussi parfois les concepts de sagesse, de bonté, de choix divin, concepts associés à l'époque aux théories affirmant la contingence des lois de la nature, il demeure le partisan décidé de la nécessité de ces lois, imprimées à la matière lors de la création. Il faut reconnaître l'audace de Kant à ce propos, si l'on songe aux accusations d'hérésie formulées par des penseurs reconnus, tel Formey, contre une telle position. L'argument kantien sera repris et énoncé de manière plus limpide en 1763, quand il reviendra une nouvelle fois sur ces questions. Dans *L'unique argument possible*

1. Voir F. Marty, « Avec Newton, plus loin que Newton : L'*Histoire générale de la nature et théorie du ciel* (1755) », in *Kant avant la* Critique de la raison pure, *op.cit.*, p. 107.

pour une démonstration de l'existence de Dieu, au paragraphe intitulé « L'ordre nécessaire de la nature dénote par lui-même un auteur de la matière ainsi ordonnée », il affirme que si les lois de la nature étaient contingentes, on ne saurait atteindre le créateur de l'univers, ni mettre en lumière la dépendance de la nature par rapport à son auteur; on ne pourrait prouver que l'existence d'un démiurge[1].

Soulignons enfin que, par son refus de la « main immédiate de Dieu », de cette finalité qu'on pourrait retrouver, selon les mots de Maupertuis, dans les plis de la peau du rhinocéros, Kant s'inscrit dans un mouvement de pensée plus large qui s'affirme à l'époque et entraîne le passage d'une téléologie « idiographique » (*idiographisch*) à une téléologie « nomothétique » (*nomothétisch*). La première part du singulier et du détail, la deuxième prend en compte les lois de la nature et leur finalité spécifique[2]. Dans sa critique de la finalité newtonienne et le rejet de ce premier type de téléologie, Kant porte l'empreinte, comme nous avons essayé de le montrer, de la pensée de Maupertuis. Par conséquent, afin de comprendre véritablement quel est le Newton que Kant à la fois suit et critique en 1755, il nous apparaît nécessaire de prendre en compte l'une des plus importantes sources françaises de sa pensée[3], celui que l'on a pu nommer à l'époque « Isaac Newton »[4].

Tinca PRUNEA-BRETONNET
Université de Bucarest

1. *Beweisgrund*, AK II, 124; trad. cit., p. 156; ainsi que les analyses de R. Theis, *ibid.*, p. 70.

2. Voir à ce propos, H. Pulte, « Mannigfaltigkeit der Regeln und Einheit der Prinzipien », in *Pierre Louis Moreau de Maupertuis*, *op. cit.*, p. 237.

3. J. Ferrari, *Les sources françaises de la philosophie de Kant*, Paris, Klincksieck, 1979; voir, plus particulièrement, le chap. intitulé « Quelques philosophes et savants français du XVIIIe siècle : Voltaire, Maupertuis, Buffon, d'Alembert », p. 103 *sq.*

4. Ce texte est publié dans le cadre du projet PN II RUTE-2014-4-2522, financé par UEFCSDI.

LA MÉTAPHYSIQUE SOUS LE FEU CROISÉ DU RATIONALISME ET DE L'EMPIRISME SELON KANT

Dans *Les progrès de la métaphysique*, Kant définit la métaphysique ainsi :

> Le nom ancien de cette science *metà tà fusiká* donne déjà une indication sur le genre de connaissance auquel tendait son dessein. On veut, grâce à elle, s'élever au-dessus de tous les objets de l'expérience possible (*trans physicam*) pour connaître si possible ce qui ne peut absolument pas être un objet d'expérience, et la définition de la métaphysique (...) serait donc celle-ci : c'est une science qui progresse de la connaissance du sensible à celle du suprasensible [1].

La métaphysique est donc ce genre de connaissance qui cherche à dépasser tous les objets sensibles et à s'élever jusqu'aux Idées suprasensibles pour les connaître. Si c'est là le but ultime de la métaphysique, la question est pourtant de savoir comment procéder pour l'atteindre. Or, la métaphysique semble elle-même en comporter le moyen. Elle contient en effet une partie qui dépasse déjà les objets sensibles au sein même de la sphère du sensible. Partie qui s'appelle « ontologie » ou « philosophia transcendentalis » ; car elle « transcende » (dépasse) les objets jusqu'à leurs prédicats ontologiques (les « catégories ») pensés *priori* par l'entendement. Si l'entendement transcende par ces concepts déjà les objets sensibles, pourquoi la raison ne pourrait-elle pas s'élever par leur moyen jusqu'aux Idées suprasensibles ? Kant définit l'ontologie comme suit :

> La métaphysique contient dans l'une de ses parties (l'ontologie) des éléments de la connaissance humaine *a priori*, tant dans des concepts qu'en des principes (*Grundsätze*) (...) [2].
>
> [L'ontologie] (...) constitue un système de tous les concepts et principes (...) de l'entendement. Elle (...) est l'entrée ou le vestibule de la métaphysique proprement dite [3].

1. *Progrès*, AK XX, 7, 316 ; OP III, 1264 (trad. mod.).
2. *Progrès*, AK XX, 7, 313 ; OP III, 1263 (trad. mod.).
3. *Progrès*, AK XX, 7, 260 ; OP III, 1216.

La métaphysique se compose donc de deux parties : 1) la métaphysique proprement dite qui vise à connaître les Idées suprasensibles, « transcendantes », et 2) *l'ontologie* qui est une "métaphysique préliminaire" visant à connaître les objets comme tels en leurs déterminations « transcendantales » et constituant le « vestibule » de la métaphysique proprement dite.

Kant reprend cette structure de la métaphysique à la « *métaphysique scolaire* » de son temps instituée en Allemagne par Leibniz et Wolff. Celle-ci est le représentant éminent du « *rationalisme* », qui a pour trait essentiel – selon la définition de Kant – d'être l'*absolue négation de l'expérience* comme seul fondement de la connaissance[1].

C'est en effet au moyen des catégories *a priori* de l'entendement, en particulier celle de la causalité ou de la relation du fondement au fondé, que la raison cherche à s'élever jusqu'aux Idées suprasensibles. Plus précisément dit, c'est au moyen du *principium rationis sufficientis* que la raison cherche à connaître les Idées in-conditionnées (*un-bedingt*) et en particulier celle de *Dieu* en tant que fondement suprême de tout ce qui est.

Cette structure de la métaphysique remonte encore plus loin. C'est Aristote qui l'a établie à la suite de Platon, en considérant la métaphysique ainsi structurée comme la *prima philosophia*. Selon lui, cette dernière ne réside pas dans la « physique », *i.e.* la philosophie de la nature, mais bien dans l'*ontologie générale* culminant dans la *théologie*[2]; tout comme chez Platon la philosophie s'élève à partir des choses phénoménales à travers les Idées nouménales jusqu'à l'Idée suprême du « *Bien* »[3]. Depuis son commencement grec, la métaphysique a pour structure d'être une « *onto-théologie* ».

Mais c'est aussi depuis son commencement grec, que la métaphysique commence à s'empêtrer dans l'*apparence*. Plus en effet elle s'élève au suprasensible, plus elle risque de succomber au pur semblant. La *sophistique* en a profité en développant l'art d'une *dialectique* habilitée à produire sciemment des faux-semblants. Aussi ancienne que la philosophie, la sophistique ne saura pourtant s'imposer que dans la mesure où la dimension de l'apparence se met en avant et prend le dessus, alors que la dimension de l'intelligible (l'Idée) se retire, s'obscurcit et *s'éclipse*. Ce processus sous-tend le passage de la philosophie grecque classique à celle de l'*hellénisme*. Si, dans leur combat contre la sophistique, Platon et Aristote ont réussi à dissiper le voile de l'apparence, c'est précisément la vision claire des Idées intelligibles apparaissant dans leur propre lumière qui leur a permis cette victoire. Mais à l'époque de l'*hellénisme*, ces mêmes Idées vont précisément s'obscurcissant pour s'éclipser et n'être finalement pas plus que du *néant*. Ne restent alors que les *phénomènes sensibles*,

1. *Progrès*, AK XX, 7, 275 ; OP III, 1229.

2. Aristote, *Metaphysica*. Recognovit brevique adnotatione critica instruxit W. Jaeger. Scriptorum classicorum bibliotheca oxoniensis. Oxford, first published 1957, VI, 1, 1026a 8 *sq*.

3. Platon, *La République*, texte établi et traduit par E. Chambry, neuvième tirage mis à jour, Paris, Les Belles Lettres, 1989, VI, 506a-509b.

exempts de l'intelligible comme seule *réalité*. Délaissée de son appui dans les Idées, la raison – toujours en quête de connaître le suprasensible – s'empêtre alors dans des *contradictions*, contribuant ainsi à *anéantir* la réalité intelligible. Le *scepticisme* à l'égard de la raison en est la conséquence. Les phénomènes sensibles s'imposent en revanche toujours plus. Affluents, ils deviennent ce qui exerce son *effet* sur l'âme humaine, ce qui la *marque* par son « *empreinte* » (*túpôsis*), ce qui « se grave » dans elle (*en-apo-gráphein*)[1] comme dans de la cire, – devenant donc des *im-pressiones* qui ont l'avantage de se présenter comme le proprement « évident » (*enargés*)[2]. La position philosophique correspondante est l'*empirisme*. Il est la *conséquence du scepticisme* vis-à-vis la raison, – qu'il *renforce* en même temps. Tous deux, le scepticisme aussi bien que l'empirisme, combattent le rationalisme et demandent l'*epochè* par rapport aux jugements ontologico-métaphysiques[3]. La métaphysique disparaît.

Mais l'homme ne saurait se passer de métaphysique. Celle-ci est selon Kant une « disposition naturelle » (*Naturanlage*) de l'homme[4] : les questions visant le suprasensible naissent de la raison même de l'homme. Il va donc à nouveau s'engager dans la métaphysique et chercher à connaître le suprasensible par la pure raison, pour s'empêtrer à nouveau dans des contradictions. De sorte que la métaphysique va sombrer à nouveau dans le néant au profit du scepticisme et de l'empirisme; mais pour se lever à nouveau, redisparaître à nouveau, et ainsi de suite. Le tout en « vacillant » (*schwanken*)[5] donc entre rationalisme, d'une part, et scepticisme uni à l'empirisme, de l'autre. Loin de progresser, à l'instar des sciences, de manière linéaire vers un but précis, la métaphysique ressemble bien plutôt, selon Kant, à une « mer exempte de rivages ainsi que de but qui se tracerait à l'horizon »[6]; une mer où toute trace de « progrès » s'efface dans le va-et-vient des vagues qui ne cessent d'affluer et refluer dans un ressac infini.

Mais ces vagues ne sont pas les mêmes. Plus en effet le *rationalisme* s'anéantit dans ses contradictions et plus il cède au *scepticisme*, plus il cherche à se prémunir contre le doute sceptique et à s'accomplir sur le mode de la *certitude de soi*, – tout comme l'*empirisme* cherche alors, lui aussi, à faire montre de la certitude qui lui est propre. Cette volonté de certitude vient à son comble à l'époque moderne, cartésienne. Le *rationalisme* applique alors son « principe de raison » (*rationem reddere*) sous la forme du « *principe de la raison suffisante* » qui vise à saisir les choses en la *totalité complète* de leurs déterminations afin d'être certain de les

1. *Stoicorum veterum fragmenta*, herausgegeben von H. F. von Arnim, 4 Bände, Leipzig, 1903-1924, Nachdrucke; 1, frg. 68.

2. Cicéron, *Lucullus*, cité d'après *Grundriß der Geschichte der Philosophie*, begründet von F. Überweg, völlig neu bearbeitete Ausgabe, *Die Philosophie der Antike*, Band 4, Schwabe & Co AG Verlag, Basel, 1994, p. 800.

3. Sextus Empiricus, *Esquisses pyrrhoniennes*, introd., trad. et commentaire par P. Pellegrin, bilingue grec/français, Paris, Seuil, 1997. *Cf.* dans cet ouvrage : livre II, chap. VII.

4. CRP, B 21 *sq.*, AK III, 41 ; OP I, 774.

5. *Progrès*, AK XX, 7, 246; OP III, 1220.

6. *Progrès*, AK XX, 7, 259; OP III, 1215.

connaître jusque dans leurs ultimes principes ; alors que l'*empirisme* tire sa certitude de l'*im-pressivité* des "im-pressions" sensibles qui, *frappant* les sens, ne laissent nulle place au doute. Telles sont les deux positions opposées entre lesquelles se meut la métaphysique aux Temps modernes. Positions dont la première a son exposant éminent dans la « métaphysique scolaire », leibniziano-wolffienne, en Allemagne, alors que la seconde est représentée par le scepticisme empiriste de la philosophie anglo-saxonne, surtout de *David Hume*. Dans la mesure où ces deux positions se font *extrêmes*, elles ruinent selon Kant la métaphysique. Il convient donc de les réduire à leur juste mesure en les *corrigeant* l'une par l'autre.

Comme la métaphysique est une « disposition naturelle » de l'homme, elle va se remettre de son anéantissement dans le scepticisme et l'empirisme. L'homme ne peut se passer de métaphysique et va toujours se poser des questions visant les *Idées suprasensibles*. La question est alors de savoir *quelles* sont ces Idées et *comment* elles naissent de la raison de l'homme.

On sait bien que les Idées dont il s'agit, sont selon Kant celles de « *Dieu* », du « *monde* » et de l'« *immortalité de l'âme* ». Mais la façon dont elles naissent de notre raison est moins connue. C'est pourtant cette façon qui importe ici, – tant pour mettre au jour que la métaphysique est en fait une *disposition naturelle* de l'homme que pour *découvrir* comment la raison, en concevant ces trois Idées, s'empêtre dans *des contradictions et des apparences trompeuses*. Or la raison (la « faculté de l'inconditionné ») engendre ces trois Idées de telle manière que, prenant son départ dans le domaine des objets sensibles (qui sont conditionnés), elle se base, certes, sur l'entendement (la « faculté du conditionné »), soit sur ses *catégories* (qui déterminent *a priori* ces objets comme tels), mais tout en suivant ses propres principes, avant tout celui de la *ratio sufficiens* promettant de s'élever en toute *certitude* jusqu'aux ultimes Idées. C'est ce procédé qu'il s'agit maintenant de mettre au jour. Procédé qui, sans rien laisser au hasard, suivra toute une *méthode* garantissant tant la cohérence que la *systématicité*. Car la raison (au sens large) – avec toutes ses catégories, principes et Idées – forme bien, selon Kant, un *tout systématique* où chaque notion a sa place. Quelle est donc cette méthode ? Or, de même que l'entendement comme faculté des catégories, la raison comme faculté des Idées se manifeste tout d'abord dans les formes de la *logique formelle ;* formes qui, à bien les penser, renvoient aux *concepts ontologiques correspondants*. Ainsi, de même que Kant a mis au jour les *catégories* de l'entendement en suivant le fil conducteur de la *table des formes des jugements*, de même il mettra au jour les trois Idées suprêmes de la raison en suivant le fil conducteur de la *triplicité des syllogismes* : la raison se manifestant d'abord comme faculté *in*-conditionnée dans *l'acte de conclure* qu'elle accomplit uniquement par elle-même, de manière *in*-conditionnée. Dans ses syllogismes, elle suivra les trois formes des jugements de la *relation*, puisque – suivant son principe de raison – elle passe toujours du conditionné au conditionnant de manière à se mouvoir dans la *relation* entre eux. Ainsi, les syllogismes de la raison sont au *nombre de trois*: 1) le *syllogisme catégorique*; 2) le *syllogisme hypothétique*; 3) le *syllogisme disjonctif*. Tous trois servent donc de fil conducteur pour mettre au jour les procédés par lesquels la raison s'élève jusqu'à ses trois Idées suprêmes. En suivant le *syllogisme catégorique*, elle aboutit à concevoir un ultime sujet : l'âme pensante (cogitante) qui semble une substance persistante, « *immortelle* ». En suivant le *syllogisme hypothétique*, elle finit par représenter la nature comme système complet des conditions, soit comme *monde*. Et en suivant le *syllogisme disjonctif*, elle s'élève à l'Idée de *Dieu* comme *omnitudo realitatis*. Non sans s'empêtrer chaque fois dans des contradictions et des apparences trompeuses [1].

Précisons ces procédés en nous limitant à l'essentiel. Le point de départ est chaque fois la nature comme domaine des objets sensibles, – objets qui apparaissent dans les formes de l'espace et du temps et dont les rapports sont réglés par les lois catégoriales de l'entendement : celle de la relation substance-accident, celle de la relation cause-effet et celle de la causalité réciproque des substances eu égard à leurs accidents. Ces relations jouant, chacune, entre conditionnant et conditionné, la nature se présente bien comme domaine où tout est *conditionné*. Comme telle, la nature est affaire de l'*entendement*, la faculté du conditionné. Mais, comme faculté de l'inconditionné, la *raison* ne peut se satisfaire du conditionné. Aussi aspire-t-elle à atteindre l'inconditionné ; et ce précisément à partir de la nature comme domaine du conditionné, s'engageant donc par là dans le mouvement de la métaphysique : celui de dépasser ou "transcender" le sensible jusqu'au suprasensible. Se laissant guider par ses syllogismes, elle procède alors de la façon suivante :

1) Suivant le *syllogisme catégorique* – dont la prémisse majeure est un jugement d'ordre catégorique, qui lie catégoriquement, *i.e.* sans autre, le terme prédicat avec le terme sujet –, la raison va envisager la nature comme étant déterminée par des relations d'ordre catégorique. Elle va ainsi représenter les phénomènes naturels sensibles comme étant à chaque fois de l'ordre d'un « prédicat » ou *attribut* qui se rapporte à un certain *sujet*. Mais, conformément à la subordination des syllogismes catégoriques (chaque conclusion constitue la prémisse majeure d'un nouveau syllogisme), ce sujet ou le phénomène en question se présente à son tour comme étant un *attribut* qui se rapporte à un *sujet*, autre que lui, plus fondamental que lui. Autre sujet qui se présente lui aussi comme attribut qui renvoie à un sujet plus fondamental encore, et ainsi de suite. De telle sorte que la raison – comme faculté de l'inconditionné – se trouve finalement renvoyée à un *ultime sujet* auquel se rapportent tous les phénomènes de la nature. Quel est cet ultime sujet ? Or, les phénomènes de la nature étant tous quelque chose qui se présente à et *pour nous*, cet ultime sujet ne peut être nul autre que nous-même ou notre « âme » comme *sujet pensant, cogitant, conscient*. Tout ce qui se présente à

1. Concernant ce procédé, *cf.* CRP, A 304/B 360 *sq.* ; A 321 *sq.*/B 378 *sq.* ; A 338 *sq.*/B 369 *sq.* ; A 405 *sq.*/B 432 *sq.*

nous le fait en effet *pour* notre âme *en tant que sujet conscient*, de sorte que celle-ci est bien toujours l'ultime sujet. Comme tel, elle ne saurait jamais figurer comme un «ob-jet» qui se présente devant ou *pour* nous, déterminable en son «contenu» d'objet par les catégories de l'entendement. Comme ultime sujet, notre «âme» demeure toujours un «sujet logique», purement «formel»[1]. Mais la raison – prise par les catégories de l'entendement permettant (semble-t-il) de déterminer ontologiquement les Idées suprasensibles – va *conclure* que l'âme, comme cet ultime sujet, est bien une *substance qui persiste* dans le changement de ses attributs et qui est donc éternelle, soit *immortelle*. C'est de cette manière que notre raison en vient à concevoir l'Idée de «l'immortalité de l'âme». Mais la conclusion que l'âme, comme ultime sujet (formel), est une substance persistante est évidemment *fausse* : elle est un «*paralogisme*»[2]. La raison succombe ici à l'apparence trompeuse.

2) Suivant le *syllogisme hypothétique* – dont la prémisse majeure réside dans un jugement hypothétique, posé à la condition d'un autre –, la raison envisage la nature de telle manière que tout ce qu'elle comporte est à chaque fois de l'ordre d'un terme conditionné par un autre. Mais vu que le jugement conditionnant relève à son tour d'un syllogisme hypothétique et qu'il n'est donc lui aussi posé que sous condition d'un autre jugement, la raison – suivant *l'échelonnement des syllogismes hypothétiques* – va envisager ledit terme conditionnant comme étant à son tour conditionné par un autre, et ainsi de suite. Envisagée suivant le syllogisme hypothétique, la nature se présente donc comme déterminée par des rapports de *conditionné à conditionnant* qui s'étendent à l'infini. Mais la raison est la faculté de l'inconditionné, qu'elle cherche à atteindre selon son principe de la *ratio sufficiens*. Suivant ainsi la série des conditions, toujours conditionnées par des termes précédents, et visant toutefois un terme *ultime* qui la fonde et limite, la raison en vient à concevoir la nature comme *monde ;* le monde étant la nature en tant qu'elle forme – en toute son étendue et conditionnement – une totalité systématique complète. C'est ainsi que notre raison engendre l'*Idée du monde*. Mais à peine entrevue par elle, celle-ci l'empêtre déjà dans des thèses contradictoires : l'*infinité* de la série des conditions et la *totalité* complète de celles-ci étant contradictoires. Thèses contradictoires dont chacune s'avère en elle-même impossible, *tout en renvoyant à la thèse contraire*. Ces thèses forment donc une «*antinomie*» dans laquelle elles passent sans cesse l'une dans l'autre. Ainsi, la raison se voit prise dans le *cercle* des «antinomies cosmologiques» *dont elle ne peut sortir*. Et ce aussi bien quand elle considère les choses du monde a) par rapport à leur «essence» que quand elle les pense b) par rapport à leur «existence»[3].

1. CRP, A 350 et A 346/B 404.

2. CRP, A 348 *sq. Cf.* aussi *Prolégomènes*, § 46-48.

3. Concernant ce qui suit, cf. *Progrès*, AK XX, 7, 286-292; OP III, 1240-1246. *Cf.* aussi notre article : « Critique et refondation de la métaphysique. Les "progrès de la métaphysique" chez Kant et la

a) Considérant les choses du monde sous l'angle de leur « *essence* » d'ordre « *mathématique* », les considérant donc eu égard à leur *étendue spatio-temporelle* et distinguant, dans celle-ci, des parties (ou unités) homogènes, la raison – toujours suivant son *principium rationis sufficientis* – va alors concevoir pour chacune de ces parties une autre qui la "conditionne", *i.e.* la limite et détermine (soit de l'extérieur soit de l'intérieur)[1]. Venant ainsi à concevoir le monde comme s'étendant à l'infini du point de vue de l'espace et du temps, la raison va établir comme *première thèse* : en son extension spatio-temporelle, le monde est *infini*, c'est-à-dire *illimité*. Mais à peine établie, cette thèse s'avère *impossible* : l'infini ne pouvant être *donné* (il est une sorte d' "irréalité"). Ainsi renvoie-t-elle la raison à l'*antithèse* : en son extension spatio-temporelle, le monde est *fini*, c'est-à-dire *limité*. Mais celle-ci s'avère elle aussi *impossible*. Car le monde devrait alors être limité par un *vide* qui, exempt de contenu empirique, ne saurait ni *exister* ni *limiter* le monde. L'antithèse s'avérant impossible, elle renvoie la raison à la *première thèse* qui, impossible elle aussi, la renverra de nouveau à l'antithèse, impossible, et ainsi de suite.

b) La raison fait la même expérience quand elle envisage le monde, l'ensemble des choses sensibles, du point de vue de leur « *existence* », d'ordre « *dynamique* », soit à chaque fois de l'ordre d'un *effet* produit par l'*action d'une cause*. Considérant donc les choses du monde sous l'angle de l'*existence* et ainsi sous celui de la *relation de cause à effet*, la raison concevra d'abord ces choses comme formant une série *infinie* de causes et d'effets, chaque *cause* étant, en son *existence*, respectivement en son *activité effectrice*, l'effet d'une autre. La raison établit ainsi la *thèse* que le monde est *infini* quant à la série des causes et effets. Thèse qui s'avère toutefois *impossible*. Car abstraction faite qu'une telle série *infinie* ne saurait jamais être *donnée*, elle ne correspondrait pas au *principium rationis sufficientis*. Celui-ci requiert un *terme ultime, fondateur*, soit une cause qui, en sa causalité, ne relève pas de l'action d'une cause précédente, mais agit de manière absolument *libre*, commençant donc son activité causale *par elle-même*. La raison conçoit ainsi l'*Idée « cosmologique » de la liberté* en tant qu'« *auto-commencement* » de l'activité causale d'une cause. Elle va alors établir la *thèse* – contraire à la première – qu'il doit exister, dans le monde, au moins *une*, sinon plusieurs causes agissant de manière *libre* (et dont dépendrait toute la série respective de la causalité des autres causes). Mais cette *antithèse* s'avère elle aussi impossible. Car si une chose commence à agir, elle passe dans un état (*Zustand*) dans lequel elle ne se trouvait pas auparavant et qui constitue donc un *changement* (*Veränderung*) pour elle : celui de son activité causale. Or, selon le

critique du système leibniziano-wolffien », *Archives de philosophie*, 69/4, 2006, p. 567-599, en part. p. 582-587.

1. L'espace et le temps sont des « grandeurs (...) infinies », *i.e.* des *quanta* divisibles à l'infini. CRP, B 39 *sq.* AK III, 53; OP I, 786. – Nous nous limitons à l'antinomie concernant l'étendue *extérieure* du monde.

mécanisme de la nature, tout changement présuppose une cause dont il dépend et qui l'effectue. Une action absolument libre n'est pas possible dans la nature, *de part en part conditionnée* par le mécanisme. L'antithèse étant impossible, elle renvoie donc la raison à la première thèse : toute action causale d'une cause est l'effet de celle d'une autre cause de sorte que la série des causes et d'effets est *infinie*[1].

Dans aucune de ces thèses sur le monde – ni celles d'ordre mathématique ni celles d'ordre dynamique –, la raison ne réussit à concevoir le monde d'une manière *tenable*. À peine établie, chacune de ces thèses s'avère impossible, tout en renvoyant à l'antithèse, et *vice versa*. La raison se trouve en effet *prise dans le cercle des thèses antinomiques, sans pouvoir en sortir.*

3) Suivant le *syllogisme disjonctif* – dont la prémisse majeure réside dans un jugement disjonctif qui attribue au terme sujet la disjonction de deux prédicats contradictoires (ou bien A ou bien Non-A) et qui en tire, moyennant l'exclusion, dans la prémisse mineure, d'*un* de ceux-ci (de préférence du prédicat négatif), la *conclusion* que le terme sujet est nécessairement déterminé par l'autre prédicat –, (suivant donc ce syllogisme disjonctif), la raison envisage les choses (*res, Sachen*) de la nature comme pouvant être déterminées, chacune, ou bien par ce prédicat-ci (A) ou bien par le prédicat contraire (Non-A), soit (en termes ontologiques) ou bien par cette "réalité"-ci (*realitas, Sachheit*) ou bien par la "réalité" contraire[2]. L'homme par exemple se présente comme pouvant être ou bien mortel ou bien « non-mortel » (*nichtsterblich*)[3]; le cheval ou bien solipède ou bien fissipède. Excluant alors, dans la prémisse mineure, la "réalité" contraire, la raison en tire la conclusion que la chose en question est *nécessairement* déterminée par la première "réalité" (le cheval est nécessairement solipède), – tout en satisfaisant par là au *principium rationis*. Mais la prémisse majeure de ce syllogisme est à son tour *conditionnée* : le cheval ne saurait être ou bien *solipède* ou bien *fissipède* qu'à la condition d'être *pourvu de pieds*. Jugement qui est à nouveau de l'ordre d'une *conclusion*, laquelle dépend à son tour d'une prémisse majeure d'ordre disjonctif : le cheval est ou bien *pourvu* ou bien *dépourvu de pieds*, tout comme elle dépend de l'exclusion (dans la mineure) de la "réalité" négative ; de sorte que ce jugement requiert d'accomplir un *deuxième syllogisme*, plus haut et plus général que le premier. Dont la prémisse majeure s'avère elle aussi *conditionnée* : le cheval ne saurait être pourvu ou dépourvu de pieds qu'à la condition d'être *vertébré*. Jugement qui est à son tour la conclusion d'un syllogisme disjonctif dont la prémisse majeure comporte une disjonction plus ample encore : celle d'être *pourvu* ou *dépourvu de vertèbres*. Disjonction à son tour conditionnée par une autre, encore plus haute et plus ample : celle d'être *vivant, organique*, ou *non-*

1. Nous renonçons à présenter les antinomies cosmologiques de la *modalité*.

2. *Cf.* CRP, A 571-580/B 599-608, AK III, 385-390; OP I, 1195-1202 (référence valable pour ce qui suit).

3. CRP, A 574/B 602.

vivant, non-organique. Montant ainsi toujours plus haut, concevant des disjonctions toujours plus générales et embrassant donc une sphère de réalité *toujours plus ample*, la raison concevra finalement *la disjonction la plus générale possible* (comportant toutes les autres); disjonction qui a lieu au sein d'un « *substratum* »[1] *suprême, le plus ample possible*. Parvenu à celui-ci, elle aura conçu la chose en question (le cheval comme solipède) en la *totalité complète* de ses prédicats ("réalité") ou conditions, en ayant ainsi satisfait au *principium rationis sufficientis*.

La raison va alors procéder également dans le *sens inverse*. Partant de ce substrat, elle passera d'une disjonction de "réalité" à l'autre, tout en *excluant* à chaque étape le terme négatif et en *attribuant* à chaque fois à la chose en question la "*réalité*" *retenue* (le terme affirmatif), – jusqu'à atteindre une dernière "réalité" qui ne comporte plus en elle la moindre disjonction possible, en attribuant également cette ultime "réalité" à la chose en question. Par là, notre raison aura de nouveau déterminé la chose en question *en* la *totalité complète* de ses "réalités" possibles (depuis la plus haute et générale jusqu'à la plus basse et spécifique), – en rendant ainsi la chose présente en toute sa « *concrétion* », voire en tant qu'« *individu* », car la rendant présente jusque dans son infime "réalité", *in-divisible*.

Mais dans ce parcours, notre raison a déjà fait plus. Partant dudit *substrat* suprême le plus ample de toutes les disjonctions possibles, elle a toujours déjà procédé à *différencier* aussi, et même d'abord, ce *substrat* englobant lui-même, – en ne faisant d'ailleurs que suivre la différenciation qu'accomplit toujours déjà ce substrat lui-même. De telle sorte qu'elle représente finalement aussi ce substrat en toute sa *concrétion*, voire en tant qu'*individu*. Mais ce substrat qui embrasse toutes les réalités possibles ou – avant de se différencier – toute *la* réalité possible, dépasse évidemment toute réalité finie des choses de la nature; tout comme il dépasse la capacité de notre raison de l'embrasser explicitement en toute son ampleur. Ce substrat est donc une *idée* et même un *idéal;* l' « idéal » étant, selon Kant, « l'idée [représentée] non seulement *in concreto*, mais *in individuo* (...) »[2]. Ce substrat – qui est donc à la fois englobant et concret, voire "individuel", tout en étant par son auto-différentiation l'*origine* de tous les êtres du monde en leur réalité concrète – (ce substrat) est manifestement l' « *être originaire* », soit *Dieu*[3]. C'est ainsi que notre raison engendre l'*Idée de Dieu*.

Mais elle succombe ici également à l'*apparence trompeuse*. Ce substrat – embrassant toutes les réalités possibles et ne *manquant donc de rien* – semble en effet quelque chose qui *est*, qui *existe* : il n'est en rien déficient; le non-être y est absent. Notre raison va donc représenter ce substrat comme *ens realissimum* ou

1. CRP, A 578 *sq.*/B 606 *sq.*, AK III, 389 *sq.* ; OP I, 1200.

2. CRP, A 568/B 596, AK III, 383; OP I, 1193.

3. CRP, A 578/B 607, AK III 389; OP I, 1200 *sq.* *Cf.* J. Ferrari, « Das Ideal der reinen Vernunft », *in* G. Mohr et M. Willaschek (éd.), *Immanuel Kant. Kritik der reinen Vernunft*, Berlin, Akademie Verlag, 1998, p. 491-523.

ens originarium, soit comme une chose qui *est*, qui *existe*. Mais la voilà qui succombe à l'illusion. Car l'*être* ou l'*existence* n'est pas un prédicat d'ordre «réel» apportant une *realitas* ou *contenu* (*Sachgehalt*) à la chose en question. Il ne fait que «poser» la chose en question, avec toute sa "réalité", comme donnée[1]. L'Idée de Dieu s'avère donc *sans être*. Elle *n'est pas* : elle sombre dans le non-être ou le néant.

Toutes les Idées de notre raison – celles de l'immortalité, du monde et de Dieu – s'avèrent donc dépourvues d'être : elles ne sont pas. Serait-ce parce qu'elles comportent de l'apparence trompeuse, comme celles de l'immortalité de l'âme et de l'existence de Dieu, ou parce qu'elles s'anéantissent en tournant dans le cercle des thèses antinomiques, comme celles du monde. Mais la raison ne cesse pourtant de les engendrer nécessairement suivant son *principium rationis sufficientis* qui requiert de s'élever jusqu'à l'*inconditionné*. Aussi tombe-t-elle inévitablement dans le *scepticisme* par rapport à toutes ces Idées ; scepticisme qu'elle éprouve de la manière «la plus désespérée» par rapport à l'Idée du monde : celle-ci – tournant dans le cercle de thèses *antinomiques* – ne lui permettant pas d'en sortir[2].

Lesdites Idées ne sont pourtant pas le seul objet du scepticisme. Vu qu'elles relèvent des syllogismes catégoriques, hypothétiques et disjonctifs visant les *catégories* correspondantes des choses de la nature (substance-accident, cause-effet, communauté ou conditionnement réciproque), toutes ces catégories se trouvent elles aussi remises en question. Autrement dit, toute la structure ontologique de la nature risque de s'effondrer avec les Idées suprasensibles. Le *scepticisme à l'égard des catégories* des choses de la nature sensible s'avère la *conséquence du scepticisme à l'égard des Idées suprasensibles*[3].

Et ce n'est pas tout : vu que c'est bien le *principium rationis sufficientis* qui a prescrit à la raison de s'élever à partir des choses sensibles jusqu'aux Idées suprasensibles – et ce en suivant, dans ses syllogismes, les *structures catégoriales* de celles-ci –, vu donc que ce *principium* y est à chaque fois *lui-même* intervenu sous un certain mode catégorial, c'est finalement ce *principe suprême de toute la métaphysique* (surtout moderne) qui se trouve *lui-même* remis en doute. Tout rapport de conditionnant à conditionné – quelque nécessaire qu'il semble – risque dès lors d'être, en cette nécessité même, de l'ordre de l'*apparence trompeuse*. Ce qui implique que la nécessité interne des catégories (celle de la *connexion* entre les termes liés par elles) devient elle aussi tout à fait problématique[4].

1. CRP, A 598 *sq*/B 626 *sq*., AK III, 401 ; OP I, 1214 *sq*.

2. *Progrès*, AK XX, 7, 287 ; OP III, 1241. *Cf*. AK XX, 7, 327 ; OP III, 1274.

3. *Prolégomènes*, AK IV, 351 ; OP II, 134 *sq*.

4. *Cf*. A. Schopenhauer, *Über die vierfache Wurzel des Satzes vom zureichenden Grunde* (1813), in *Arthur Schopenhauer, Sämtliche Werke*, Textkritisch bearbeitet und herausgegeben von W. Freiherr von Löhneysen, Wissenschaftliche Buchgesellschaft, Darmstadt, Reprographischer Nachdruck, 1989 der 2. überprüften Auflage, Stuttgart und Frankfurt a. M., 1968, Band III, p. 5-189.

Les rapports rationnels (ou intelligibles) des phénomènes de la nature étant ainsi douteux, voire caducs, seuls demeurent les phénomènes sensibles comme réalité proprement dite, – d'autant qu'ils sont (surtout à l'époque moderne) des « *im-pressions* » qui, frappant nos sens, ne laissent pas de place au doute. L'*empirisme* s'avère bien, à l'époque moderne également, la *conséquence du scepticisme* vis-à-vis la métaphysique ontologique toute entière (Idées, catégories, *principium rationis sufficientis*), – tout comme il renforcera alors également ce même scepticisme.

La philosophie marquée par l'empirisme est la « philosophie anglo-saxonne »[1], dont David Hume est un des représentants éminents à l'époque de Kant. Comme on le sait, Hume remet en doute la loi de la causalité, soit la *nécessité* de la relation (ou connexion) entre la cause et l'effet, tout en se réclamant des phénomènes sensibles qui se manifestent à nous dans l'expérience (*empeiria*). Limitons-nous ici aussi à l'essentiel[2].

Comme Kant le relève d'entrée, Hume s'attaque principalement à un *seul et unique concept* de la métaphysique : celui de la *causalité*, qui en est certes un des plus importants, mais pas pour autant le seul. Si ce concept est, selon le rationalisme, un concept entièrement rationnel, soit un concept qui a pour origine *a priori* la raison et si le rapport (ou la connexion) entre la cause et l'effet, visé par lui, est donc absolument *nécessaire*, Hume conteste tant l'un que l'autre. Selon lui, ce concept ne provient nullement *a priori* de notre raison, pas plus que la connexion entre la cause et l'effet visée par lui est nécessaire. On ne pourrait en effet nullement « prévoir » (*absehen*)[3] (ontiquement) par la raison pure que telle chose quand elle *est* (existe), entraîne nécessairement telle autre ; d'autant qu'une même chose peut bien avoir des effets *différents*, voire *contraires*, – comme par exemple le soleil qui, quand il chauffe par sa lumière la cire, la fait *fondre*, alors qu'il fait *durcir* l'argile[4]. Fonte et durcissement étant des effets contraires, il ne peut y avoir de rapport nécessaire, *a priori* prévisible par la pure raison, entre le soleil comme cause et ces deux événements comme effets. Il en irait ainsi de toutes les choses en général. Pouvant chacune avoir des effets différents, voire contraires, aucune ne peut entraîner de manière absolument nécessaire telle autre. La connexion entre la cause et l'effet n'est donc nullement nécessaire, mais seulement *contingente*. Et si la raison croit tout de même reconnaître une certaine généralité dans la succession entre la cause et l'effet, cette manière de voir serait

1. Cf. *Philosophisches Wörterbuch*, bearbeitet von G. Schischkoff, Verlag Kröner, Stuttgart 1982. Article : « Englische Philosophie ».

2. Kant s'explique à plusieurs reprises avec Hume. Nous nous basons avant tout sur deux passages des *Prolégomènes* : 1) AK IV, 257-262 ; OP II, 19-25 et 2) AK IV, 310-313 ; OP II, 81-89, ainsi que sur le passage CRP, A 764 *sq.*/B 792 *sq.-finis*, AK III 499-502 ; OP I, 1335 *sq.-finis*. La présentation de Kant de la doctrine huméenne correspond à l'ouvrage de Hume, *A Treatise of Human Nature* [1733/1740] (éd. par L. A. Seby-Bigge, Oxford, Clarendon Press, 1888, en part. p. 130 *sq.*). *Cf.* la note du traducteur, OP II, 1417.

3. *Prolégomènes*, AK IV 257 ; OP II, 20.

4. *Cf.* CRP, A 765 *sq.*/B 793 *sq.*, AK III 500 ; OP I, 1336.

redevable de notre *imagination*, soit de l'« association » de nos représentations par celle-ci. Association qu'elle entreprend quand « fécondée par l'expérience » (*empeiria*), elle comporte finalement *trop* de représentations, soit un cumul de représentations qui se suivent toujours de la même façon. Liant alors ces représentations selon ses propres *lois* (d'association) ainsi que selon son propre choix, elle produit certes des liaisons investies d'une certaine nécessité, mais qui est *purement subjective*, de l'ordre de l'« habitude », et nullement *objective*, déterminant les choses elles-mêmes et relevant *a priori* de la raison[1]. Nonobstant, notre raison tiendrait ces associations pour des liaisons objectives, bien qu'elles ne soient que des produits de notre imagination, soit des « *fictions* »[2].

Il en irait également ainsi de la liaison cause-effet visée par la loi de la causalité. Relevant de l'activité associative de notre imagination suivant ses propres lois, cette liaison ne comporterait qu'une nécessité *subjective*, d'ordre habituel, – tout en se présentant à notre raison comme absolument nécessaire. Etant d'une nécessité simplement subjective tout en faisant semblant d'être d'une nécessité objective, elle serait un « *bâtard de l'imagination* »[3].

Mais la loi de la causalité (ou la relation fondement-conséquence) est la loi la plus importante de la *métaphysique rationnelle tout entière*, y compris l'*ontologie générale* qui en est le « vestibule » ou la base. Si donc la loi de la causalité était une simple « fiction » de l'imagination, la métaphysique rationnelle tout entière, depuis l'ontologie générale ainsi que l'ontologie de la nature sensible jusqu'à la métaphysique proprement dite des Idées suprasensibles se dissiperait, parce qu'étant seulement de la fiction. Il en irait en particulier de la sorte de l'*Idée du monde* (entendue "dynamiquement") comme *totalité* de la série des causes (avec leurs effets), ainsi que de l'*Idée cosmologique de la liberté* qui en fait partie. Car cette Idée du monde est engendrée par notre raison suivant le syllogisme hypothétique et donc selon la loi de la causalité. Le choc qu'exerce la critique empiriste de Hume sur l'édifice entier de la métaphysique rationnelle est si fort que Kant confesse que « ce fut l'avertissement de Hume qui (...) interrompit (...) mon sommeil dogmatique (...) »[4].

Kant *complète* la démonstration de Hume en considérant également les deux autres *concepts catégoriaux* à la base d'autant d'Idées de la métaphysique rationnelle : le concept de la *relation substance-accident* et celui de la *relation réciproque entre conditionnant et conditionné* (celui de la « communauté »)[5].

1. *Cf.* aussi la variante de cette explication : CRP, B 127, AK III, 105 ; OP I, 849.

2. *Prolégomènes*, AK IV, 258; OP II, 20. *Cf.* aussi AK IV, 311; OP II, 85 et CRP, B *19 sq.*, AK III, 40; OP I, 772 *sq.* L'empirisme de Hume, présenté par Kant, comporte certes des traces de l'*empeiria* d'Aristote (*Métaphysique*, *op. cit.*, I, 1), mais s'inscrivant dans le cadre de la subjectivité moderne (cartésienne), il constitue une complète réinterprétation de celle-ci.

3. *Prolégomènes*, AK IV, 258 ; OP II, 20.

4. *Prolégomènes*, AK IV, 260 ; OP II, 23. Cf. *Progrès*, AK XX, 7, 266 ; OP III, 122.

5. Cf. *Prolégomènes*, AK IV, 310-311 ; OP II, 85 et CRP, A 767/B 795, AK III, 500 ; OP I, 1337. Lors de la genèse des Idées suprasensibles, Kant a utilisé le concept de la relation réciproque entre conditionnant et conditionné ou celui de leur « communauté » par rapport à la catégorie de la « *réalité* »

Il reprend d'abord la relation cause-effet en se faisant le porte-parole de la critique de Hume. Cette critique est *plus radicale* que la précédente. Car elle ne se réclame plus de l'expérience (*empeiria*) dont les faits demeurent toujours *contingents* (*zufällig*), mais bien de la *raison elle-même* qui pense les choses de manière *générale et nécessaire*. Loin donc que la seule expérience montre que la relation cause-effet soit exempte de nécessité, c'est maintenant la *raison elle-même* qui va remettre en doute la *nécessité* de cette relation. Mettant donc en œuvre notre raison tout en nous efforçant autant que possible de comprendre par elle cette relation, nous n'arrivons pas pour autant à saisir comment cette relation *peut* ni pourquoi elle *doit* être nécessaire [1]. Pourquoi une chose quand elle *existe* devrait-elle être la *cause* de quelque chose d'autre, en l'effectuant nécessairement comme son effet ? Elle pourrait très bien exister uniquement *en et pour soi* – sans se rapporter à quelque chose d'autre et sans le produire comme son effet. La raison ne comprenant pas la nécessité de cette relation cause-effet, il faut bien remettre celle-ci *en doute*.

Il en va de même de la relation *substance-accident*. Investissant ici également autant que possible notre raison, nous n'arrivons pas pour autant à comprendre pourquoi quelque chose, quand elle existe, devrait nécessairement être le « *prédicat* » ou *accident* de quelque chose d'autre qui en est le *subjectum* ou la *substance* (il semble en effet possible que quelque chose *existe sans* être le « prédicat » d'une substance) ; pas plus que nous ne comprenons comment un tel *subjectum* peut finalement être de l'ordre d'une *ultime substance* qui n'est plus le prédicat ou accident d'une autre, mais elle-même la substance la plus fondamentale. Tout cela est incompréhensible pour notre raison, tout comme la prétendue *nécessité* (l'impossibilité d'inverser l'ordre) du rapport entre la substance et l'accident est incompréhensible. La relation substance-accident demeure donc, elle aussi, incompréhensible pour la raison.

Et il n'en va pas autrement du concept de la *relation réciproque* des substances, soit de leur « causalité réciproque ». Cette relation demeure également incompréhensible pour la raison ; et davantage encore que les deux précédentes. Car de telles prétendues substances *excluent* précisément *en tant que substances* toute relation réciproque. Chaque substance existe en effet *séparément* (comme *chôriston*) *en et pour soi* (*kath' autó*, *per se*, *in se*), comme le veut le concept de « substance » depuis son institution chez Aristote [2]. Comment les substances pourraient-elles donc être en « communauté » et *dépendre* les unes des autres ?

(*realitas*) des choses. Conformément à son explication avec la critique huméenne de la loi de la causalité, il le considère maintenant par rapport à la catégorie de la *causalité réciproque* des substances. Concernant la « similitude » de ces deux genres de la « communauté », *cf.* CRP, B 111 *sq.*, AK III, 96-97 ; OP I, 838.

1. *Prolégomènes*, AK IV, 310 ; OP II, 85. Références valables pour ce qui suit.

2. *Cf.* Aristote, *Métaphysique*, *op. cit.*, VII, 3 ; 1029a28 et *Catégories*, chap. V.

Nos trois concepts de la relation (cause-effet, substance-accident, relation réciproque des substances) sont donc incompréhensibles pour la *raison*. Ils se refusent, voire s'opposent à sa compréhension. Ils ne sauraient donc nullement avoir *a priori* leur origine dans la *raison*, pas plus que les connexions visées par eux ne sauraient être absolument nécessaires. Au contraire, tous ces concepts – telle est au moins la conclusion qu'en tirera l'empiriste – ne peuvent avoir pour origine que l'expérience (*empeiria*). Empruntés à celle-ci, ils sont contingents. La prétendue *nécessité* des connexions visées par eux s'avère une « simple apparence sur laquelle une longue habitude nous illusionne (...) »[1].

Mais de même que la relation cause-effet était à l'origine de l'*Idée du monde* comme totalité de la série des causes ainsi que de l'Idée cosmologique de la liberté, de même le concept de la relation substance-accident était à l'origine de l'*Idée de l'âme comme « substance » immortelle*, tout comme le concept de la relation réciproque du conditionnant et du conditionné (considérée par rapport à catégorie de la "réalité") était à l'origine de l'*Idée de Dieu comme ens realissimum* et *ens originarium*. Si donc tous ces concepts catégoriaux – prétendument rationnels, *a priori* et absolument nécessaire – sont des illusions relevant de l'imagination, de l'habitude et de l'expérience, toute la métaphysique de ces Idées suprasensibles ainsi que l'*ontologie générale* qui est sa base, est alors de l'ordre de l'illusion. Bien davantage : les trois concepts catégoriaux de la relation ou ces relations elles-mêmes étant, chacune, une certaine modalité du *principium rationis* (*sufficientis*), ce dernier s'avère lui aussi – et lui d'abord – de l'ordre de l'illusion : dépourvu de nécessité rationnelle, il est de part en part *contingent*. Mais ce principe soutient et traverse l'édifice tout entier de la métaphysique. Si donc ce principe est de l'ordre de l'illusion, si toute la relation entre conditionnant et conditionné, fondement et fondé, allant jusqu'à l'*inconditionné* ou fondement suprême, est dépourvue de nécessité rationnelle, soit contingente, *l'édifice tout entier de la métaphysique onto-théologique* s'effondre. Ainsi, Kant peut bien affirmer que le scepticisme empiriste de Hume est une « philosophie destructrice (*zerstörende Philosophie*) »[2] :

> [Selon lui] (...) toutes les prétendues connaissances *a priori* [de la métaphysique] ne sont que des expériences communes faussement estampillées, ce qui s'énonce aussi bien ainsi : il n'y a point du tout de métaphysique et il ne saurait non plus y en avoir[3].

L'empirisme aboutit donc au même résultat que le rationalisme : l'anéantissement de toute *métaphysique*.

1. *Prolégomènes*, AK IV, 311 ; OP II, 85. *Cf.* CRP, B 19 *sq.*, AK III, 40 ; OP I, 772 *sq.*

2. *Prolégomènes*, AK IV 258 ; OP II, 20, note (trad. mod.). *Cf.* aussi CRP, B 19 *sq.*, AK III, 40 ; OP I, 772 *sq.*, où Kant affirme que Hume accomplit, par son scepticisme empiriste, la « destruction » de toute « philosophie pure » (*i.e.* de toute *métaphysique ontologico-théologique*). Pour John Stuart Mill, Hume est d'ailleurs « le plus grand penseur négatif de tous les temps ». Cf. *Philosophisches Wörterbuch*, *op. cit.*, article : « Englische Philosophie ».

3. *Prolégomènes*, AK IV, 258 ; OP II, 20.

Toutefois, la métaphysique demeure une « disposition naturelle » de l'homme. Il ne peut s'en passer. Il se rapportera toujours à *soi-même* pour se demander en quoi son « soi » (*Selbst, ipse*) réside et ce qu'il en advient après la mort. Toujours, il se demandera ce qu'il en est du *monde*, s'il s'étend à l'infini ou s'il est un *tout* sensé. Et toujours il se demandera s'il n'existe pas un *être suprême* de « toute réalité » dans lequel il pourrait trouver « repos et satisfaction » au sein de l'inquiétant conditionnement de la réalité effective [1].

Mais comment la métaphysique est-elle encore possible, vu son anéantissement tant par le *rationalisme* que par l'*empirisme* ? Anéantissement qui, à bien le penser, a pour conséquence que l'homme est exposé à l'affluence des phénomènes sensibles, voire aux im-pressions frappant ses sens, qu'il peut certes (selon Hume) associer par son *imagination*, mais produisant par là (selon Kant) une « *rhapsodie de perceptions* » [2] qui l'entoure partout et ne lui permet pas d'en sortir. Comment une métaphysique – qui dépasse le sensible pour s'élever au suprasensible – est-elle alors encore possible ?

Pourtant, la raison ne cesse de pousser l'homme à s'engager dans la métaphysique. Si l'homme est avec sa raison allé *trop loin* dans le rationalisme et *pas assez loin* dans l'empirisme, la première question qu'il convient de poser – avant même de s'engager dans la métaphysique – est de savoir quelles sont, somme toute, la *portée et les limites de la raison humaine* quant à sa connaissance *a priori* possible des choses métaphysiques. Il faut autrement dit d'abord *mensurer* (*ausmessen*) l'étendue de notre raison. Mensuration qui, compte tenu des défauts respectifs du rationalisme et de l'empirisme (d'aller respectivement *trop loin* et *pas assez loin*), limitera critiquement la prétention de l'un et de l'autre en les « *corrigeant* » réciproquement Aussi l'empirisme se trouvera-t-il corrigé en sa *dogmatique ontique* (ou méconnaissance des nécessités ontologiques) par le rationalisme (critiquement révisé), tout comme le rationalisme *pur et simple* se verra *modéré en son excessivité* par l'empirisme (la sensibilité) qui, dans son élément le plus empirique, en sera finalement une composante. C'est dans cette voie que Kant s'est engagé dans la *Critique de la raison pure*.

La question est de savoir comment procède cette critique. Selon ce qui précède, c'est finalement l'*attaque de l'empirisme* huméen qui a amené Kant à se lancer dans cette critique. Ainsi a-t-elle pour point de départ cette attaque empiriste elle-même, dans ce qu'elle a de problématique : son "point faible", qui permet à l'attaquer à son tour, voire l'abattre. Ce point faible réside – nous l'avons relevé – en ce que Hume ne prend pour cible qu'une *seule* relation rationnelle : celle entre la cause et l'effet, alors qu'il aurait pu – et dû – s'attaquer également aux deux autres, celle entre la substance et l'accident et celle de la « communauté » entre les substances ou entre conditionnant et conditionné, – si tant est que ces trois relations sont l'origine d'autant d'Idées suprasensibles (monde,

1. *Prolégomènes*, AK IV, 352 ; OP II, 135 *sq*.
2. CRP, A 156/B 195, AK III, 144 ; OP I, 897.

immortalité, Dieu). Si l'omission des deux autres relations *a priori* indique déjà un *manque de complétude* de l'empirisme (humien) dans son attaque contre la métaphysique, la négligence de bien d'autres concepts du même genre – eux aussi des concepts *a priori* ou *catégories* de la raison – manifeste un *manque fondamental de systématicité* de l'empirisme dans sa critique de la raison et de la métaphysique en général[1]. Tous ces concepts ou catégories forment en effet un *système*, comme Kant le montre déjà préalablement en les établissant – suivant le fil conducteur de la « table des jugements » – sous la forme d'une table complète et systématique : la « table des catégories ». Mais si les concepts *a priori* ou catégories forment ainsi un système, il faut qu'ils aient tous *une seule et même origine* qui – par son unité – les rassemble précisément dans l'unité du système. Naissant de cette seule et même origine, ils lui devront tant la *systématicité* que les *caractères essentiels* qui les distinguent : d'être *rationnels*, *a priori* et *nécessaires*. Il en ira également ainsi des trois concepts de la relation (causalité, substantialité et réciprocité). Naissant de cette origine, ils doivent à celle-ci la nécessité de la connexion visée par eux. C'est là ce que l'empirisme humien n'a pas vu – et n'a pu voir. Il ne dispose pas de *principe* lui permettant de discerner avec certitude si ces relations sont ou non nécessaires. Partout, il procède de manière *aléatoire*[2].

Quelle est donc cette seule et même origine dans laquelle s'enracinent tous les concepts catégoriaux ? Comme Kant l'a montré dans la « Déduction transcendantale des concepts purs de l'entendement », elle réside dans l'« unité synthétique de l'aperception transcendantale », soit l'unité de notre con-science comme *conscience de soi*. Pour ne rappeler ici que le plus essentiel : en se rapportant aux multiples phénomènes sensibles, en les saisissant et les rapportant à elle-même, notre conscience les rassemble tous en elle-même, soit en sa propre *unité* ; de sorte que, par là-même, elle les rassemble en même temps *entre eux* dans une pareille unité (sans quoi elle perdrait son unité dans la *diversité* des phénomènes)[3]. Cette unité des phénomènes, soit la *liaison* entre eux est alors à chaque fois *absolument nécessaire,* puisque l'unité de la conscience est en elle-même absolument nécessaire. Elle réside en effet dans l'*identité immédiate* de la conscience avec elle-même dans la conscience qu'elle a d'elle-même ou dans la « conscience de soi ». Dans celle-ci, la conscience qui est l'"objet", est absolument *identique* avec la conscience qui est le "sujet". L'unité de la conscience dans la conscience de soi est donc inévitablement *nécessaire*. Partant, les liaisons (ou connexions) *entre* les phénomènes sensibles – provenant de cette unité originelle de la conscience – sont, elles également, *nécessaires*. Ainsi sont-elles d'ordre *objectif*, voire constitutives de la *présence objective* (pour tous) des phénomènes qu'elles lient et rassemblent. Loin donc d'être seulement des associations subjectives et habituelles de l'imagination, ces liaisons sont au

1. Cf. *Prolégomènes*, AK IV, 257-*finis* ; OP II, 20-*finis*, en part. AK IV, 260 ; OP II, p. 23 *sq.*, AK IV, 263, OP II, 26 *sq. Cf.* aussi AK IV, 329 *sq.* ; OP II, 108 *sq.*

2. *Cf.* la note précédente.

3. CRP, A 108, AK IV, 82 ; OP I, 1412 *sq. Cf.* aussi B 134 *sq.*, AK III, 110 ; OP I, 854 *sq.*

contraire parfaitement *rationnelles, a priori, nécessaires et objectives*, de sorte qu'elles sont constitutives des phénomènes en tant qu'*objets*.

Cherchant donc à rassembler les multiples phénomènes sensibles dans sa propre unité tout en les rassemblant par là entre eux, la con-science procède alors de telle façon que, envisageant ces phénomènes à chaque fois sous l'aspect d'une certaine « classe » de catégories, elle les réunit entre eux selon les différents concepts catégoriaux qui en font partie[1] :

1) Sous l'aspect général de la *quantité*, elle les rassemble par les concepts d'unité, de pluralité et de totalité ;

2) Sous l'aspect général de la *qualité*, elle rassemble (ou fixe) *chaque* phénomène, pris en lui-même, par les concepts de "réalité" (*realitas*), de négation (absence de *realitas*) et de limitation (présence partielle de *realitas*) ;

3) Sous l'aspect général de la *relation*, elle les réunit par les concepts des relations de cause-effet, substance-accident, réciprocité de la causalité (ou communauté) ;

4) Sous l'aspect général de la *modalité*, elle rapporte ces phénomènes – déjà rassemblés entre eux en tant qu'*objet* selon les concepts précédents – *à elle-même* et les représente alors comme possibles, effectifs ou nécessaires.

La *conscience* fait donc surgir à chaque fois – à partir d'elle-même, à partir de sa propre unité – le concept catégorial permettant d'unir les multiples phénomènes entre eux et de les rendre présents objectivement. Ainsi Kant peut-il affirmer :

> L'unité synthétique de l'aperception est (…) le point suprême auquel on doit rattacher tout l'usage de l'entendement, voire la logique tout entière et, après elle, la philosophie transcendantale ; cette faculté (*Vermögen*, « pouvoir ») est bien l'entendement même[2].

Ramenant ainsi les concepts purs de l'entendement à l'*unité synthétique* de l'aperception transcendantale comme leur source, la *philosophie critique* rétablit donc les concepts purs de l'entendement en leur *nécessité objective*. Et ce *à l'encontre tant de l'empirisme* (huméen) qui néglige cette aperception comme leur principe et ne leur accorde qu'une nécessité subjective d'habitude, *que du rationalisme* qui néglige le caractère *synthétique* de l'aperception, soit la réceptivité de l'entendement humain.

Toutefois, l'entendement, bien que disposant *a priori* de ces concepts purs et les faisant surgir devant lui pour unir par eux les multiples phénomènes sensibles, ne peut pour autant les *appliquer sans autre* à ceux-ci. Car ils sont complètement

1. Concernant ce procédé, *cf.* le « Système de tous les principes de l'entendement pur ».
2. CRP, B 134, AK III, 110 ; OP I, 854, note. *Cf.* A 67/B 92, AK III, 84 *sq.* ; OP I, 824.

différents de ces concepts purs. Perdu dans la « foule » (*Gewühl*)[1] des phénomènes, il ne sait *comment* les appliquer à ceux-ci. Il faut donc un terme *tiers* qui *médiatise* les phénomènes sensibles et les concepts purs. Ce terme tiers est – on le sait – le « schème » (*Schema*) temporel *a priori* des phénomènes sensibles; schème qui correspond à chaque fois au concept pur concerné[2]. Ce schème est produit *a priori* par l'imagination; et ce non pas par simple association (subjective), mais – en un accord secret avec l'entendement – suivant la règle d'unité (objective) que celui-ci indique à chaque fois par son concept pur. Cette « imagination transcendantale » configure alors les phénomènes sensibles comme suit :

1) Comme série d'unités homogènes (dénombrables) apparaissant dans une pareille série de "maintenants" homogènes, – pour permettre à l'entendement de les saisir *mathématiquement* par les concepts purs de la « quantité » (unité, pluralité, totalité);

2) Comme s'accroissant et diminuant quant à leur contenu (*Sachgehalt*), apparaissant à chaque fois dans un seul et même "maintenant" essentiellement passager, – pour permettre à l'entendement de les saisir par les concepts purs de la « qualité » ("réalité", négation, limitation);

3) a) Comme modes *changeants* d'un substrat persistant correspondant au temps en tant qu'il *demeure* (au sein du changement des "maintenants"), – pour lui permettre de les saisir par le concept pur de la relation substance-accident;

b) Comme mode de ce substrat persistant, auquel succède – quand il est posé (*gesetzt*) – *toujours* (*jederzeit*) quelque chose d'autre, succession qui correspond à la succession nécessaire des "maintenants", – pour permettre à l'entendement de les saisir par le concept de la relation cause-effet

c) Comme modes de ce substrat ou de différents substrats *simultanément présents* dans un seul et même "maintenant", – pour permettre de les saisir par le concept de la causalité réciproque (ou communauté) des substances;

4) a) Comme pouvant exister à *un certain temps*, *in-déterminé* (*zu irgend einer Zeit*) – pour permettre à notre entendement de représenter l'*objet* (constitué par les multiples phénomènes selon les concepts précédents) comme *possible*;

b) Comme existant *à un temps déterminé* (*zu einer bestimmten Zeit*), – pour lui permettre de le représenter comme *effectivement* réel (*wirklich*);

c) Comme existant *en tout temps* (*zu aller Zeit*), – pour lui permettre de le représenter comme nécessaire.

1. CRP, A 111, IV 84; OP I, 1414.

2. CRP, A 137-147/B 176-187, AK III, 134-891; OP I, 884-891. Référence valable pour ce qui suit.

Il y a donc autant de schèmes temporels *a priori* des phénomènes sensibles qu'il y a de concepts purs de l'entendement, de telle sorte que les premiers correspondent, en leurs configurations temporelles, exactement aux rapports intellectuels propres à chacun de ces derniers. Car le temps, en tant qu'intuition pure (*reine Anschauung*) *a priori*, est le *corrélat intuitif* (*das anschauliche Korrelat*) *constant* de l'entendement (voire de son origine, l'aperception transcendantale) qui ne cesse de le présenter devant lui tout en s'y rapportant avec tous ses concepts purs *a priori*. Ainsi, les configurations que comportent ces schèmes temporels sont-ils aussi *nécessaires* que les rapports (ou connexions) que comportent en eux les concepts purs de l'entendement. Et ce non seulement parce qu'ils correspondent à chaque fois au concept respectif de l'entendement, mais également – et surtout – parce que *le temps* (en tant qu'intuition pure) est *absolument nécessaire* en tous les éléments et rapports qu'il comporte. En ce sens, la nécessité des schèmes temporels relève du *temps comme tel*. Ainsi, la schématisation des concepts purs de l'entendement par les schèmes intuitifs (*anschauliche Schemata*) du temps montre elle également qu'ils possèdent bien une nécessité objective. Cela de nouveau *à l'encontre de l'empirisme* (huméen).

Leur nécessité doublement attestée, ces concepts purs *a priori* sont-ils habilités à servir de base et moyen pour ériger, en toute fermeté, l'édifice de la métaphysique ? Sont-ils habilités à nous permettre de nous élever, par leur truchement, à partir de la nature sensible jusqu'aux Idées suprasensibles? La nécessité *a priori*, doublement attestée, semble bien le permettre. Toutefois, le fait de n'être *applicables* aux phénomènes sensibles que par les *schèmes temporels* indique déjà que cela est impossible. Bien davantage, ces concepts purs de l'entendement n'ont pour nous – pour notre entendement – un *contenu* (*Inhalt*) et une véritable « *signification* » (*Bedeutung*)[1] que dans la mesure où ils se présentent – de manière *intuitive* (*anschaulich*), "visible" – sous la forme de ces schèmes temporels. Pris en eux-mêmes, ils sont *vides*, – notre entendement étant *fini et discursif*, bien différent d'un *intellectus intuitivus* infini. Mais si ces concepts ne reçoivent leur *contenu* et *signification* que par leur schématisation temporelle, alors il est *impossible* de connaître par eux les *Idées suprasensibles* qui sont *hors du temps*. Aussi, le procédé de rétablir la rationalité, l'*apriorisme* et la nécessité des concepts purs de l'entendement aboutit-il à un *échec*. D'autant que c'est finalement la « *perception* » (*Wahrnehmung*) sensible – et seulement elle – qui garantit que l'objet, constitué comme tel par les concepts purs et par les schèmes temporels, est *effectivement réel* (*wirklich*). Car c'est bien la perception qui est selon Kant « *le seul caractère de l'effectivité* »[2]. Comportant en elle la *sensation* qui est de l'ordre de l'« *im-pression* »[3], elle atteste en toute certitude par l'*impressivité* de celle-ci que l'objet en question est *effectivement réel*. L'élément le

1. *Cf.* CRP, A 146/B 185, AK III, 138 *sq.*; OP I, 890 et A 238-244/B 297-302, AK III, 204-207; OP I, 972-976.

2. CRP, A 225/B 273, AK III, 189; OP I, 953.

3. *Progrès*, AK XX, 7, 266; OP II, 1221.

plus propre de l'empirisme (surtout moderne), soit *l'impressivité de l'impression* entre donc ici en jeu pour réfuter le rationalisme excessif et constituer lui-même un moment essentiel d'un rationalisme modéré, soit critiquement limité. Ainsi, Kant conclut : « *noumenorum non datur scientia* »[1].

L'*ontologie générale* ne saurait donc plus être la base de la métaphysique. Les concepts purs de l'entendement (les catégories) demeurent *vides* à penser par eux les purs *noumènes*, *i.e.* les choses « en soi » purement intelligibles. Ce n'est qu'à condition de *restreindre* leur usage aux choses telles qu'elles « apparaissent » (*erscheinen*) à et pour nous dans l'espace et le temps, qu'ils ont une *signification* pour nous.

Faut-il donc abandonner toute tentative de connaître les choses suprasensibles ? Faut-il abandonner toute métaphysique et s'engager uniquement dans le *savoir scientifique* avec ses *lois propres*, constituées précisément par les concepts purs appliqués aux phénomènes sensibles spatio-temporels, pour l'*étendre à l'infini ?* Comme le permettent – et requièrent – justement l'espace et le temps en tant que « grandeurs infinies »[2], qui sont les paramètres des sciences ? Dans ce cas, nous nous retrouverons dans une situation analogue à celle déjà rencontrée : de même en effet que – suite à l'effondrement de la métaphysique *rationaliste* – nous nous sommes trouvés entourés de toutes parts par la « rhapsodie des perceptions » sensibles ou celle des « im-pressions » frappant nos sens, de même nous nous trouvons maintenant entourés de toutes parts par les *lois et règles* des sciences qui, d'ordre mathématico-empirique, ne permettent pas non plus d'en sortir et de s'engager dans la métaphysique.

Mais à y regarder de plus près, il s'avère qu'il n'en est pas ainsi. Certes, la schématisation des concepts purs de l'entendement – indispensable pour nous – *restreint* leur usage aux choses comme phénomènes ou choses *pour nous*. Mais cette *restriction* ouvre précisément la différence entre les choses comme *phénomènes* ou choses *pour nous* et ces mêmes choses comme *noumènes* ou choses *en soi*. Car là où il y a restriction, il y a aussi – et même d'abord – une *portée plus ample*. La *restriction critique* implique que les concepts purs de l'entendement (les catégories) portent plus loin que sur les seules choses comme phénomènes pour nous : ils portent aussi – et même d'abord – sur les choses en soi. C'est précisément la *restriction critique* qui ouvre le « champ des choses en soi »[3]. Champ qui, bien que pensable, demeure pourtant *inconnaissable* pour nous, – notre entendement ayant besoin, pour connaître les choses, de se les faire *donner* dans l'intuition spatio-temporelle.

Toutefois, c'est justement ce champ des choses en soi qui permet à notre raison d'y domicilier (*ansiedeln*) "ontologiquement" ses Idées suprasensibles (immortalité, monde, Dieu). Ainsi ces Idées sont-elles préservées du risque d'être de simples *fictions*. Car elles ne sont alors au moins pas *impossibles* du point de vue

1. *Progrès*, AK XX, 7, 277 ; OP II, 1231.
2. *Cf.* n. 1, p. 99.
3. CRP, A 146 *sq.*/B 186, AK III, 139 ; OP I, 890 *sq.*

ontologique. Mais vu qu'elles demeurent toujours inconnaissables pour notre raison, elles n'y figurent pas comme « principes constitutifs », mais seulement comme « principes régulateurs » de notre *raison théorique*, lui prescrivant comme « règle » d'atteindre autant que possible, dans toute sa connaissance, la *totalité complète* des conditions de la chose qui est à connaître[1]. Pour ce qui est de leur réalité objective, ces mêmes Idées attendent de la recevoir d'ailleurs, à savoir du seul *datum intelligible* : la loi morale inconditionnelle[2] qui demande à notre volonté de se la donner par un acte inconditionnel, absolument libre, celui de l'auto-législation morale. Acte qui s'accomplit certes dans l'intelligible (dans le champ des choses en soi : il présuppose la liberté cosmologique comme auto-commencement), mais qui se manifeste immédiatement dans l'expérience sensible pour autant que cette dernière soit d'ordre pratico-morale[3]. C'est à partir de cette liberté pratico-morale – la seule Idée qui est connaissable pour nous dans l'*expérience* (pratico-morale) – que les deux autres Idées, celle de l'immortalité du « soi » et celle de Dieu, reçoivent elles aussi leur *réalité pratique*, ne serait-ce qu'à titre de *postulat*, soit de *principes pratico-régulateurs de notre raison pratique* préservant notre volonté de *désespérer* dans son engagement pratico-moral.

Menacée d'anéantissement aussi bien par un rationalisme excessif (qui va trop loin dans les prétentions de la raison) que par un empirisme ontico-dogmatique (qui ne va pas assez loin quant à celle-ci), la métaphysique se voit donc *rétablie* chez Kant par sa *refondation dans notre raison pratico-morale*[4].

Ingeborg SCHÜSSLER
Université de Lausanne (Suisse)

1. CRP, A 642-668/B 670-696, AK III, 426-442 ; OP I, 1246-1266.

2. *Progrès*, AK XX, 7, 22 ; OP III, 1246. *Cf.* aussi notre article, « Critique et refondation de la métaphysique », art. cit., p. 578.

3. *Cf.* notre article intitulé « Der Wahrheitscharakter der Metaphysik in Kants Kritik der Urteilskraft », *in* R. Berlinger (éd.), *Perspektiven der Philosophie, Neues Jahrbuch*, Amsterdam-Atlanta, Rodopi, 1989, p. 51-87, en part. p. 77 *sq*.

4. Nous remercions le docteur Michel Herren d'avoir relu notre texte au point de vue de la formulation française.

KANT ET HUME SUR LE TEMPS ET LA CAUSALITÉ
LA « DEUXIÈME ANALOGIE »

AVANT-PROPOS

On a l'habitude de présenter Kant comme adversaire de Hume. Mais on oublie que Kant est tout d'abord humien. Il suffit de se rappeler le fameux aveu dans la « Préface » des *Prolégomènes à toute métaphysique future* pour s'en convaincre. Kant écrit :

> C'était le souvenir de David Hume qui a, il y a beaucoup d'années, pour la première fois interrompu mon sommeil dogmatique et a donné une direction toute différente à ma recherche dans le domaine de la philosophie spéculative[1].

En effet, Kant souscrit tout d'abord à la quasi-totalité des critiques formulées par Hume. Il ne se sépare de Hume que dans la solution apportée aux problèmes soulevés par ce dernier. Hume a éveillé Kant surtout par son scepticisme eu égard au concept de causalité. Dans la *Critique de la raison pure* et dans les *Prolégomènes*, Kant va essayer de lever ce scepticisme et de donner une réponse à la critique humienne. Mais Kant se confronte à Hume également en ce qui concerne le concept du temps. Il occupe ici une position intermédiaire entre Newton et Hume. Ces deux concepts – causalité et temps – entrent dans une relation surprenante dans la « Deuxième Analogie de l'expérience ». Car ici Kant essaie de justifier son « principe de causalité » par un argument concernant la connaissance objective des suites temporelles empiriques. C'est cet argument qui fera l'objet de mon analyse et de ma critique dans cet article. Mais auparavant je vais tout d'abord montrer sur quels points la théorie de Hume concernant le temps et la causalité lance un défi à Kant.

1. *Prolégomènes*, AK IV, 260. Toutes les traductions ici proposées sont celles de l'auteur de l'article.

LE DÉFI DE HUME

Comme on le sait, Hume est doublement empiriste. Il l'est tout d'abord sur le plan de la connaissance des faits. Toute connaissance des faits est due à l'expérience. Il n'y a pas de connaissance de fait métaphysique. Sur ce point Kant est d'accord. Mais Kant reconnaît néanmoins des principes du monde sensible, comme le « principe de causalité universelle » [1], qui selon lui sont des jugements synthétiques *a priori* et donc connaissables par l'entendement pur.

Hume est également empiriste sur le plan de la formation des concepts. Selon lui, il n'y a pas de concept – ce que Hume appelle « *idea* » – qui ne soit pas la copie d'une sensation – ce que Hume appelle « impression ». Ici Kant n'est pas d'accord, puisqu'il admet au-delà des concepts empiriques des concepts purs de l'entendement.

Ces mêmes principes empiristes s'appliquent également aux phénomènes qui nous intéressent particulièrement ici, à savoir la causalité et le temps. Dans le cas de la causalité, ils ont des conséquences sceptiques. Hume reconnaît que dans les jugements affirmant qu'un évènement est la cause d'un autre évènement nous pensons que le dernier suit nécessairement le premier. Mais cette nécessité n'est jamais justifiée, puisque nous ne pouvons constater empiriquement qu'une série limitée de suites d'évènements semblables. Hume est donc obligé d'expliquer comment cette idée d'une relation nécessaire s'installe dans notre esprit. La réponse qu'il trouve est que cette idée est due à notre habitude. Elle est donc purement subjective et n'a aucune valeur objective. Kant est d'accord que l'idée de nécessité dans la relation cause-effet est un produit de notre esprit. Mais il pense qu'il s'agit d'un concept dont notre esprit dispose *a priori* et dont l'usage a une valeur objective. En effet, l'application du concept de causalité à des données empiriques est due à un schématisme qui assure son objectivité : si nous observons qu'une suite d'évènements semblables se répète sans exception, nous avons le droit – selon le schéma de la causalité – de conclure que l'un suit l'autre nécessairement[2].

On oublie souvent que Hume a également développé une théorie du temps qui a influencé Kant. Cette théorie ne se trouve pas dans l'*Enquiry,* mais dans le *Treatise*[3]. Pour Hume, l'idée du temps est, comme toutes les idées, une copie de sensations. Toutefois il ne s'agit pas d'une sensation simple et directe, mais d'une suite de sensations en tant que suite. C'est pourquoi Hume caractérise le temps également comme mode (*manner*) sous lequel nos perceptions sont produites : « C'est à la base de la succession d'idées et d'impressions que nous formons

1. J'appelle ainsi le principe du déterminisme universel soutenu par Hume et par Kant.

2. Voir CRP, B 138. *Cf.* G. Seel, *Die Einleitung in die Analytik der Grundsätze, der Schematismus und die obersten Grundsätze, in* G. Mohr et M. Willaschek (éd.), *Kritik der reinen Vernunft Klassiker Auslegen*, Bd. 17/18, Berlin, Akademie Verlag, 1998, p. 217-246.

3. D. Hume, *A Treatise of Human Nature being an Attempt to Introduce the Experimental Method of Reasoning into Moral Subjects* (1886), vol. I, Aalen, Scientia Verlag, 1964 (reprinted).

l'idée du temps »[1]. Bien que Hume parle également de la succession d'objets dans le temps, il semble que ce soit premièrement la succession d'actes de l'esprit que sont sensations et impressions de réflexion, qui donne l'idée du temps. Ceci annonce la théorie de Kant, selon laquelle le temps est la « forme du sens interne ». Mais pour Kant le temps n'est pas seulement une forme de l'intuition. Kant qualifie également le temps d'« intuition formelle ». Avec cette dernière conception, il contredit Hume et se rapproche de Newton, qui défend également une conception du temps comme absolu contenant tous les évènements qui se succèdent en lui, mais qui lui-même ne change pas. La différence entre les conceptions de Kant et de Newton est que pour ce dernier le temps absolu est une réalité, tandis pour Kant il est le produit de notre esprit. La conception du temps comme intuition formelle implique que le temps soit continu. Pour Hume au contraire, le temps n'est pas divisible infiniment. Si Hume a raison sur le plan phénoménologique, Kant a raison sur le plan de la physique pure.

Ce qui doit nous intéresser particulièrement dans le contexte de notre investigation est le fait que Hume – tout comme Kant – voit une relation d'implication mutuelle entre le temps et la causalité. Mais cette implication mutuelle a d'autres raisons chez lui.

Ce qui correspond chez Hume au principe kantien de la « succession dans le temps suivant la loi de la causalité » est la loi suivante – qualifiée par Hume de « maxime générale en philosophie »[2] : « Tout ce qui commence à exister a nécessairement une cause de son existence »[3]. Hume souscrit à ce principe[4], mais il nie qu'il soit certain, que ce soit de façon intuitive ou par démonstration. Il consacre toute la section III de la troisième partie du *Treatise* à établir ce point. Il ne se rend pas compte que, malgré ses arguments contre la possibilité d'une telle démonstration, il en avait déjà établie lui-même une démonstration. Et cette démonstration est structurellement semblable à l'argumentation que Kant avance dans la « Deuxième Analogie de l'expérience ». C'est pourquoi nous la regarderons plus en détail.

La démonstration en question se trouve dans la section II de la troisième partie du livre I du *Treatise*. Hume y écrit :

> C'est une maxime établie et en philosophie naturelle et en philosophie morale qu'un objet qui existe pendant un certain temps dans sa pleine perfection sans qu'il produise un autre objet n'est pas la seule cause de ce dernier, mais est assisté par un autre principe qui le sort de son état d'inactivité et le fait exercer cette énergie qu'il possédait secrètement[5].

1. « From the succession of ideas and impressions we form the idea of time » (*ibid.*, p. 342).

2. *Treatise*, 1.3.3, p. 380 : « general maxime in philosophy ».

3. *Ibid.* : « Whatever begins to exist, must have a cause of existence ».

4. *Cf.* la lettre au Dr. John Stewart (Professor of Natural Philosophy at the University of Edinburgh) de 1754.

5. « This is un established maxim both in natural and moral philosophy, that an object, which exists for any time in its full perfection without producing another, is not its sole cause ; but is assisted

Il faut tout d'abord remarquer que Hume n'est pas autorisé d'employer ce principe sans exception. Car ce principe ne s'applique pas aux objets qui existent pendant le plus court laps de temps ontologiquement possible. Il faut rappeler que pour Hume le temps n'est pas continu ; il y a donc des laps de temps qui ne sont plus divisibles, mais qui ont tout de même une certaine extension temporelle. Ces objets n'exercent leur force causale qu'à la fin de la durée de leur existence et n'ont pas besoin d'aide pour cela.

Hume continue son argument de la façon suivante :

> S'il y a une cause qui puisse être parfaitement contemporaine de son effet, il est certain – selon cette maxime – que toutes les causes doivent être de cette nature. Car si une de ces causes retardait son opération d'un seul moment, elle n'exercerait pas elle-même sa force causale à ce moment singulier; dans lequel elle aurait pu être opérationnelle. C'est pourquoi elle n'est pas une vraie cause. La conséquence de cela ne serait rien de moins que la destruction de cette succession de causes que nous observons dans le monde et, en effet, la complète abolition du temps [1].

Il est vrai que par cet argument Hume veut prouver que toutes les causes doivent être temporellement antérieures à leurs effets. Mais – comme nous le verrons – il y donne en même temps une démonstration du principe de causalité. La ressemblance avec l'argument de Kant saute aux yeux. Mais Hume est plus radical que Kant. Ce dernier argumente que sans le principe de causalité nous ne pouvons pas distinguer le temps objectif du temps subjectif. Hume argumente que sans la validité de ce principe le temps lui-même disparaîtrait.

Regardons plus en détail la seconde partie de l'argument, dont les prémisses sont les suivantes :

1. Si une cause peut être contemporaine de son effet, toutes les causes doivent l'être.
2. Si toutes les causes sont contemporaines de leurs effets, il n'y a pas de succession de causes.
3. S'il n'y a pas de succession de causes, il n'y a pas de succession temporelle.
4. Or nous observons une succession temporelle dans le monde.
5. Conclusion : aucune cause ne peut être contemporaine de son effet.

by some other principle, which pushes it from its state of inactivity, and makes it exert that energy, of which it was secretly possest" (*Treatise*, 1.3.2, p. 378).

1. « Now if any cause may be perfectly co-temporary with its effect, tis certain, according to this maxim, that they must all of them be so; since anyone of them, which retards its operation for a single moment, exerts not itself at that very individual time, in which it might have operated; and therefore is no proper cause. The consequence of this wou'd be no less than the destruction of that succession of causes, which we observe in the world; and indeed, the utter annihilation of time » (*ibid.*).

La validité de l'argument de Hume est fort discutable et a été mise en doute par de nombreux érudits[1]. Il semble tout d'abord que la première prémisse ne soit pas acceptable et que l'argument qui est censé la soutenir n'y parvienne pas. Car une cause qui est contemporaine de son effet ne retarde justement pas son opération causale dans un certain laps de temps et n'a donc pas besoin d'une autre cause pour la déclencher. En outre et de manière générale, il n'est pas vrai que si un x peut être y, tous les x peuvent l'être et encore moins doivent l'être. Un nombre naturel, par exemple, peut bien être impair. Mais cela ne veut pas dire que tous soient impairs.

La deuxième prémisse est acceptable si et seulement si on entend par « succession de causes » une suite de causes et d'effets où les effets sont à leur tour des causes. C'est probablement cela que Hume veut dire.

La troisième prémisse est à nouveau plus que douteuse. On peut l'accepter si et seulement si le principe de causalité est valable. La thèse de Hume que toutes les causes sont antérieures à leurs effets présuppose donc la validité du principe de causalité. Cela veut dire que – selon Hume – le temps lui-même disparaîtrait complètement si le principe de causalité n'était pas valable. C'est en cela que consiste la preuve dont j'ai parlé ci-dessus.

Mais en réalité rien n'empêche qu'il y ait dans le monde des suites d'évènements qui ne soient pas produites par des causes qui les rendent nécessaires. C'est donc au moins pensable qu'il y ait des suites temporelles qui ne soient pas dues à un enchaînement de causes.

Il semble que la théorie de Hume se retrouve dans un cercle vicieux. D'un côté, comme nous l'avons vu, sa conception de la causalité, selon laquelle une cause est toujours temporellement antérieure à son effet, présuppose l'existence du temps. Mais de l'autre côté, l'existence du temps présuppose la validité du principe de causalité universelle. L'argument de Hume est donc fallacieux et circulaire. Regardons maintenant si l'argument de Kant se tire mieux d'affaire.

LA PREUVE DE LA « DEUXIÈME ANALOGIE »

Dans la « Deuxième Analogie de l'expérience », Kant se propose de prouver le principe de causalité universelle. Comme selon lui ce principe est une loi *a priori*, sa démonstration ne peut pas être de nature empirique. Nous devons donc nous attendre à une argumentation transcendantale.

Kant formule ce principe qu'il appelle « Principe de la succession dans le temps suivant la loi de la causalité » de la façon suivante : « Tous les changements

1. Pour plus de détails, voir D. Esposito, *Hume's Conception of Time and its Implications for his Theories of Causation and Induction*, Dissertation Marquette University, 2009 ; consultable en ligne : http: //www.e-Publications@Marquette.

arrivent suivant la loi de la liaison des effets et des causes »[1]. Ce principe affirme que dans le monde empirique règne sans exception un déterminisme strict, c'est-à-dire que dans ce monde il n'y a aucun évènement qui ne soit pas la conséquence nécessaire et inéluctable d'un évènement précédent. Ce principe est très fort. Il vaut à Kant la problématique de la « Troisième Antinomie de la raison pure », dite « antinomie de la liberté », pour laquelle Kant ne trouve pas de solution convaincante. Mais – comme nous le verrons plus tard – le principe est inutilement fort. En le formulant d'une façon un peu plus faible, Kant aurait pu s'éviter bien des soucis. En plus, les preuves que Kant avance pour défendre ce principe sont discutables.

On peut tout d'abord reprocher à Kant une circularité argumentative, similaire à celle de Hume. En effet, dans le schématisme en général et donc dans le schématisme de la catégorie de causalité en particulier, la possibilité d'une expérience objective de relations temporelles entre des phénomènes est présupposée[2]. Or, selon l'argumentation de la « Deuxième Analogie », l'expérience objective de relations temporelles présuppose l'application de la catégorie de causalité. Cette implication mutuelle a l'air d'un cercle vicieux. Mais la théorie de Kant ne souffre pas seulement d'une circularité vicieuse, elle est en outre – comme nous le verrons – fallacieuse dans son argumentation.

La preuve selon l'édition B

Dans l'édition B de la *Critique*, Kant a ajouté une nouvelle preuve qui précède ici l'ancienne preuve de l'édition A (1781). On peut penser que Kant a formulé cette nouvelle preuve parce que l'ancienne ne lui semblait pas assez claire ou pas assez concluante. Nous analyserons donc tout d'abord cette nouvelle preuve et ne considérerons que les parties de l'ancienne qui apportent des lumières supplémentaires à l'argumentation de Kant. Regardons d'abord la structure de la preuve[3]. Elle procède en deux temps :

1. Après avoir rappelé que c'est la faculté de l'imagination qui « détermine le sens interne relativement au rapport de temps » (B 233), Kant essaie de prouver la thèse suivante :

1. CRP, B 232/A 166, « Grundsatz der Zeitfolge nach dem Gesetze der Causalität ». Dans l'édition A (1781), Kant parle du « principe de la production » et il le formule ainsi : « Tout ce qui arrive (commence à être) suppose quelque chose à quoi il succède suivant une règle » (A 189). Cette version rappelle la formule utilisée par Hume.

2. *Cf.* CRP, B 138 : « Die Schemate sind daher nichts als Zeitbestimmungen a priori nach Regeln, und diese gehen nach der Ordnung der Kategorien auf die Zeitreihe, den Zeitinhalt, die Zeitordnung, endlich den Zeitbegriff in Ansehung aller möglichen Gegenstände ».

3. *Cf.* B. Thöle, « Die Analogien der Erfahrung », *in* G. Mohr et M. Willaschek, *Kritik der reinen Vernunft*, « Klassiker Auslegen » Bd. 17/18, Berlin, Akademie Verlag, 1998, p. 281-291.

> Je ne suis donc conscient que du fait que mon imagination place l'un avant et l'autre après, mais non pas que dans l'objet un état précède l'autre ; en d'autres termes, la simple perception laisse indéterminé le rapport objectif des phénomènes qui se succèdent (B 233-234).

2. Dans un second temps, Kant argumente que :

> l'expérience même, c'est-à-dire la connaissance empirique de ces phénomènes (de succession) n'est possible que par le fait que nous soumettons la série des phénomènes, par conséquent tout changement, à la loi de causalité (B 234).

Dans la partie commune aux deux éditions Kant va illustrer la différence entre une suite subjective de phénomènes, à laquelle aucune suite objective ne correspond, et une suite de phénomènes à laquelle une telle suite correspond, par l'exemple de la maison et par l'exemple du navire. Comme ces deux exemples seront très importants pour notre analyse nous les expliquerons tout d'abord.

Au sujet du premier exemple Kant dit ceci :

> Ainsi, par exemple, l'appréhension de ce qu'il y a de divers dans le phénomène d'une maison placée devant moi est successive. Or, demande-t-on si les diverses parties de cette maison sont aussi successives en soi, personne assurément ne s'avisera de répondre oui (A 190/B 235).

Kant explique ce point plus loin :

> Dans le précédent exemple d'une maison, mes perceptions pouvaient, dans l'appréhension, commencer par le faîte de la maison et finir par les fondements, ou bien commencer par le bas et finir par le haut, et de même, elles pouvaient appréhender par la droite ou par la gauche les éléments divers de l'intuition empirique. Dans la série de ces perceptions, il n'y avait donc pas d'ordre déterminé qui me forçât à commencer par ici ou par là pour lier empiriquement les éléments divers de mon appréhension (A 192-193/B 237-238).

Par contraste avec l'exemple de la maison, Kant cite celui d'un navire descendant un fleuve :

> Je vois, par exemple, un bateau descendre le cours d'un fleuve. Ma perception du lieu où ce bateau se trouve, en aval du fleuve, succède à celle du lieu, où il se trouvait en amont, et il est impossible que, dans l'appréhension de ce phénomène, le bateau soit perçu d'abord en aval, et ensuite en amont. L'ordre de la série des perceptions qui se succèdent dans l'appréhension est donc ici déterminé et la dernière (à savoir la série des perceptions) est liée à celle-ci (à savoir l'ordre des évènements) (A 192/ B 237).

Kant explique que dans le cas du bateau la suite de mes perceptions est déterminée par la suite objective des déplacements du navire et partant correspond aux relations temporelles objectives, tandis que dans le cas de la maison la suite des perceptions est indéterminée, voire arbitraire, et ne correspond pas à une relation temporelle objective. Il s'avère plutôt que les parties de la maison sont objectivement simultanées.

CONCERNANT LE PREMIER TEMPS DE LA PREUVE

Il faut d'abord remarquer que Kant ne dispose pas de la distinction husserlienne entre «conscience thétique» et «conscience non thétique». C'est seulement dans ce dernier sens qu'on peut dire que nous sommes conscients des actes de notre imagination. Une autre précision est encore nécessaire. Kant devrait dire que notre imagination pose un phénomène *comme* avant et l'autre *comme* après.

Dans sa preuve, Kant part du phénomène incontestable, à savoir que nous percevons qu'«un certain état des choses existe à un moment, tandis que le contraire existait dans l'état précédent». Cette perception est selon Kant le résultat d'une opération du «pouvoir synthétique de l'imagination». Parce que le temps lui-même (comme forme de l'intuition) ne peut pas être perçu, Kant présuppose que l'imagination est libre de choisir l'ordre temporel dans lequel il pose les phénomènes. En d'autres termes, la succession temporelle des phénomènes n'est pas seulement «purement subjecti[ve]» (A 194/B 239), mais «totalement arbitraire» (A 193/B 238). De là il conclut à la thèse qu'il voulait prouver: l'objectivité d'une suite temporelle ne peut être assurée que par l'application de la catégorie de causalité.

Un grand nombre d'interprètes ont mis en doute la présupposition de Kant selon laquelle l'imagination est libre dans la détermination de l'ordre temporel des phénomènes. On pourrait peut-être soutenir cette thèse par rapport à la faculté d'imagination productive, mais non pas par rapport à la faculté d'imagination reproductive. Or, comme Kant l'affirme dans la section «De la synthèse de la reproduction dans l'imagination» («Von der Synthèses der Reproduction in der Einbildung», A 100-101) de la «Déduction» A, c'est cette dernière qui est responsable de la conscience empirique de la suite temporelle des perceptions. En effet, Kant souligne dans cette section que pour représenter une succession temporelle l'imagination doit pouvoir reproduire une représentation passée (A 102). Il s'agit donc de l'imagination reproductive, et non pas de l'imagination productive, qui détermine la suite temporelle des perceptions. Seulement, si on confond l'imagination reproductive et l'imagination productive, peut-on affirmer que l'imagination produit arbitrairement la suite des perceptions?

Il faut bien sûr reconnaître que Kant soutient également dans cette section que la détermination de la suite temporelle des phénomènes présuppose que ceux-ci soient soumis «à une certaine règle». Mais son argument selon lequel sans une telle règle les phénomènes «ne seraient qu'un simple jeu de nos représentations, qui en fin de compte s'avèrent être des déterminations du sens interne» (A 101), ne tient pas. En effet, comme nous le verrons plus tard, l'imagination reproductive ne peut en aucun cas changer arbitrairement la suite des perceptions qu'elle reproduit. Et cela n'est pas dû à l'application de la catégorie de causalité. Au contraire, cette application présuppose que l'ordre temporel des perceptions soit établi auparavant.

Certains interprètes (par exemple L. W. Beck)[1] ont essayé de défendre Kant, en disant que sa thèse est inutilement forte et qu'il suffirait de dire que la suite subjective des représentations, même non arbitraire, ne permet pas de conclure à une suite objective. En effet, comme l'exemple de la maison le montre, une suite subjective de représentations est compatible avec une simultanéité objective des phénomènes. Dans son commentaire, B. Thöle[2] accepte cette défense. Mais, même si l'on interprète Kant de cette façon, en lui accordant l'avantage du « principle of charity », il n'est pas encore sorti de l'auberge. Car le second temps de sa démonstration est également critiquable.

CONCERNANT LE SECOND TEMPS DE L'ARGUMENT

Admettons – *argumenti gratia* – que la conclusion du premier temps de l'argument soit correcte. Pouvons-nous déduire de là que pour établir la représentation objective d'une suite temporelle de phénomènes, nous avons besoin de faire intervenir la loi de la causalité ? Kant argumente que :

> pour que ce rapport [le rapport objectif des phénomènes qui se succèdent] puisse être connue d'une manière déterminée, il faut que la relation entre les deux états soit conçue de telle sorte que l'ordre dans lequel il doivent être placés se trouve par-là déterminé comme nécessaire, celui-ci avant et celui-là après, et non dans l'ordre inverse (B 234).

Rappelons que le terme « nécessaire » peut signifier deux choses différentes dans ce contexte. Il peut signifier, d'un côté, que l'ordre temporel des phénomènes ne peut plus être renversé une fois le temps écoulé. Il peut signifier, de l'autre côté, que l'ordre temporel est déjà fixé avant que le temps soit écoulé. Dans le premier sens, nous pouvons accepter l'argument de Kant. Mais cette acceptation ne permet pas de conclure à la validité de la loi causale. Pour cela, Kant a besoin du second sens. Mais dans ce second sens, l'affirmation de Kant est fausse. C'est le noyau de la critique que Strawson[3] a adressée à Kant.

D'autres (Beck, Dryer, Guyer)[4] ont proposé une interprétation épistémologique de l'argument de Kant pour le sortir de l'impasse. Ils argumentent que nous pouvons en effet être surs que la suite des phénomènes est objective si nous savons que l'un suit l'autre selon une loi causale connue. Cela n'est pas douteux.

1. Voir L. W. Beck, *Essays on Kant and Hume*, New Haven, Yale University Press, 1978, p. 144.

2. B. Thöle, « Die Analogien der Erfahrung », art. cit., p. 283.

3. P. Strawson, *The Bounds of Sense. An Essay on Kant's* Critique of Pure Reason, London, Routledge, 1966, p. 137 *sq.*

4. *Cf.* L. W. Beck, *Essays on Kant and Hume*, *op. cit.*, p. 130-155 ; D. P. Dryer, *Kant's Solution for Verification in Metaphysics*, Toronto, University of Toronto Press, 1966, chap. IX ; *id.*, « *The Second Analogy* », *in* W. Harper et R. Meerbote (éd.), *Kant on Causality, Freedom and Objectivity*, Minneapolis, University of Minnesota Press, 1984, p. 58-65 ; P. Guyer, *Kant and the Claims of Knowledge*, Cambridge, CUP, 1987, chap. X.

Mais peut-on déduire la loi causale universelle de ce fait, comme le veut Kant? Premièrement, il faut admettre que dans beaucoup de cas nous ne connaissons pas de loi causale concrète qui régisse la suite des phénomènes que nous observons, sans pour autant douter que cette suite est objective. Deuxièmement, on doit poser la question de savoir comment on peut justifier l'hypothèse que dans ce dernier cas les phénomènes sont régis par une loi causale inconnue[1]. Cette hypothèse n'est qu'un postulat. On commet donc une « *captatio principii* » en l'admettant.

CE QUE KANT AURAIT DÛ DIRE

Dans ce qui suit, je tenterai d'introduire une nouvelle théorie, qui ne se heurte pas aux obstacles que celle de Kant a rencontrés. Je reste ainsi fidèle à un principe herméneutique que j'ai défendu ailleurs et observé dans mes travaux: *pour honorer un grand philosophe comme Kant, il faut d'abord sévèrement critiquer ses erreurs, et ensuite les corriger, tout en conservant et appliquant les principes fondamentaux de sa philosophie*.

Regardons donc comment on peut éviter les erreurs évidentes de Kant, sans pour autant sortir du cadre de sa philosophie transcendantale. La première chose que nous devons admettre est qu'une catégorie indispensable est absente de la théorie kantienne. C'est la catégorie objectivité/subjectivité[2]. Kant mobilise bien la différence entre une représentation subjective et une représentation objective. Comme nous l'avons vu, cette différence joue un rôle central dans son argumentation. Elle est également de la plus grande importance quand Kant, dans les *Prolégomènes*, introduit la différence entre les jugements de perception et les jugements d'expérience, disant que les premiers sont subjectifs, tandis que les seconds sont objectifs. Toutefois Kant n'élève pas cette différence au rang d'une catégorie et partant n'introduit pas un schématisme qui permette son application aux données sensibles.

Cela s'explique par le fait qu'il s'est fait piéger par sa déduction métaphysique des catégories, laquelle a pour conséquence qu'aucun concept qui n'a pas de correspondant dans la table des jugements n'aura le statut de catégorie. Une autre raison expliquant l'absence de cette catégorie de la théorie de Kant pourrait être le fait que Kant pensait que l'ensemble des autres catégories et de leurs schèmes relatifs permettait d'établir la différence entre les représentations purement subjectives et les représentations objectives. En effet, dans notre passage, Kant pense que les catégories de causalité et de substance jouent ce rôle. Mais à mon avis, ces catégories ne peuvent pas avoir cette fonction. Elles présupposent plutôt dans leur véritable fonction que la différence entre une représentation subjective

1. *Cf.* B. Thöle, « Die Analogien der Erfahrung », art. cit., p. 285.

2. *Cf.* G. Seel, « Was sind und wozu braucht man Kategorien? », *in* D. Koch et Kl. Bort (éd.), *Kategorie und Kategorialität, Historisch-systematische Untersuchungen zum Begriff der Kategorie im philosophischen Denken*, Würzburg, Königshausen und Neumann, 1990, p. 421-437.

et une représentation objective soit déjà établie. Cela présuppose que nous puissions introduire un schématisme qui permette l'application de cette catégorie. Quelle procédure transcendantale peut remplir cette fonction?

Dans l'un de mes articles[1], j'ai essayé de développer un tel schématisme. Selon cette conception, une représentation est objective si elle résiste à toute tentative pour la modifier arbitrairement; et elle est purement subjective si le libre arbitre en coopération avec la faculté d'imagination productive a une influence sur elle et peut la déterminer. Ainsi, nous pouvons arbitrairement imaginer que le ciel soit vert plutôt que bleu, mais quand nous avons une perception de la couleur du ciel, nous sommes incapables de changer sa qualité, même si nous y engageons toute la force de notre volonté.

Voyons maintenant dans quelle mesure l'application de cette catégorie va changer l'analyse des exemples utilisés par Kant dans notre chapitre. Dans le cas de la maison, mon libre arbitre peut déterminer dans quel ordre je vais percevoir les parties de la maison. Cette suite est donc subjective et n'entre pas dans la détermination objective de la maison. En revanche, mon libre arbitre n'a aucune influence ni sur les caractéristiques de ces parties, ni sur leurs relations spatiales. Je ne peux pas faire en sorte que je perçoive les volets des fenêtres comme rouges, et non pas comme bleus, et je ne peux pas non plus percevoir que la porte soit placée au deuxième étage, et non pas au rez-de-chaussée. Ces représentations sont donc objectives selon le schématisme de la catégorie d'objectivité. Cette objectivité permet dans un deuxième temps d'appliquer la catégorie de la substance également, puisque les caractéristiques et les relations spatiales des parties de la maison ne résistent pas seulement à toute tentative de les remplacer par d'autres, elles restent en outre inchangées pendant la période où elles sont perçues. Je suis donc autorisé et même tenu d'y appliquer la catégorie de la substance.

Cependant il faut rectifier encore un point qui n'a pas été correctement analysé par Kant. Quand il souligne que la suite de mes perceptions des parties de la maison est purement subjective, il oublie qu'une fois accomplie, cette suite devient une détermination objective de ma vie interne. En effet, après avoir perçu les parties de la maison de bas en haut, je ne peux pas faire en sorte que je les aïe perçues dans l'ordre inverse. Je peux seulement me déterminer à suivre l'ordre inverse dans une future suite de perceptions. Les données du sens interne, qui sont selon Kant placées dans un ordre temporel, sont aussi objectives que les données du sens externe. La seule différence entre elles consiste dans le fait que les dernières servent à déterminer un objet externe, tandis que les premières sont employées pour déterminer l'objet interne, qui n'est rien d'autre que le moi empirique. Ici encore Kant a manqué d'introduire une catégorie, puisque le concept du

1. Cf. *ibid.*

moi empirique doit bel et bien jouer le rôle d'une catégorie qui a son propre schématisme[1].

Voyons maintenant quelles conséquences notre élargissement de la théorie des catégories aura pour l'analyse de l'exemple du navire. Comme nous l'avons vu, Kant pense que seule l'application de la catégorie de la causalité peut nous permettre de déterminer la suite objective des déplacements du navire. Nous pouvons facilement nous convaincre que cela n'est pas le cas par l'hypothèse suivante. Imaginons que sur le navire il y ait un capitaine ivre qui dirige son navire tantôt à gauche, tantôt à droite, tantôt vers l'aval (dans le sens du courant), tantôt vers l'amont (à contrecourant). La trajectoire du navire qui en résultera sera bien irrégulière et n'obéira à aucune loi causale qu'on puisse concevoir. Pourtant, elle n'est pas moins objective, puisque notre libre arbitre n'a aucune influence sur elle. Je ne peux pas faire en sorte d'avoir observé que le navire ait poursuivi son chemin en ligne droite vers l'aval si en réalité j'ai observé qu'il a rebroussé chemin pour passer à nouveau sous le pont. Cette fois, cette suite de mes perceptions n'est pas seulement – comme dans le cas de la maison – le résultat d'une détermination objective de mon vécu (du moi empirique), mais concerne également la propriété temporelle d'un objet extérieur. Car, à la différence du cas de la maison, où je pouvais arbitrairement déterminer la future suite de mes observations, dans le cas du navire, je n'ai aucune influence sur la position que celui-ci occupera sur le fleuve par la suite et dans laquelle je vais alors l'observer. Ceci n'est pas dû à une quelconque loi causale que le navire observerait dans son déplacement, mais au simple fait que son déplacement futur, aussi chaotique qu'il soit, reste absolument indépendant de ma volonté. Je peux facilement m'en convaincre en essayent de prédire mes futures perceptions du navire. Tandis que dans le cas de la maison je peux avec certitude prédire dans quel ordre je vais percevoir les parties de la maison la prochaine fois, il n'en va pas de même concernant mes futures perceptions des positions du navire sur le fleuve, surtout s'il y a un capitaine ivre à bord. Kant a raison : je ne peux prédire les futures positions du navire sur le fleuve que si ce dernier se déplace selon une loi causale et si je connais cette loi. Mais si nous devions attendre la découverte d'une telle loi pour nous convaincre que le navire se déplace objectivement dans une certaine suite de positions, nous serions condamnés – au moins dans certains cas – à en douter éternellement.

1. *Cf.* G. Seel, « Husserls Problem mit dem Zeitbewusstsein und warum er sie nicht löste », *in* M. Frank et N. Weidtmann (éd.), *Husserl und die Philosophie des Geistes*, Frankfurt a. M., Suhrkamp, 2010, p. 43-88; *id.*, « Pre-reflective and reflective time-consciousness. The shortcomings of Sartre and Husserl and a possible way out », *in* S. Miguens, G. Preyer et B. Morando (éd.), *Pre-reflective Consciousness, Sartre and contemporary philosophy of mind*, New York, Routledge, 2016.

QUELLES CONSÉQUENCES POUVONS-NOUS TIRER DE CETTE ANALYSE ?

1. La thèse de la « Deuxième Analogie » est trop forte. Elle prétend que le monde empirique est soumis à la loi du déterminisme universel comme règle constitutive. Cela a pour conséquence la problématique non résolue et irrésoluble de l'antinomie de la liberté. Kant aurait pu l'éviter en donnant au principe de la « Deuxième Analogie » le statut d'un principe non pas constitutif, mais seulement régulateur, en le formulant ainsi :

Dans l'explication de la suite temporelle des phénomènes que nous observons, nous devons toujours chercher à découvrir une loi causale qui les détermine.

Ce principe ne dit pas que dans tous les cas il y a une telle loi causale à découvrir et laisse ouverte la possibilité d'une libre détermination de la suite temporelle des phénomènes.

2. La preuve que Kant apporte pour défendre le principe de la « Deuxième Analogie » est fausse. Nous constatons d'abord que la première prémisse est fausse. Ensuite force est d'admettre que même si cette prémisse était correcte, la conclusion que Kant en tire ne s'en suivrait pas. Sur ce plan, Kant ne fait donc pas mieux que Hume.

3. Pour sortir de l'impasse, il faut introduire une nouvelle conception de la différence subjectif/objectif que Kant emploie dans sa démonstration. Cette différence doit recevoir le statut d'une catégorie, dont le schématisme concerne la question de savoir si nous pouvons, oui ou non, arbitrairement déterminer une représentation par notre imagination productive. Si tel est le cas, la représentation est subjective. En revanche, si cela s'avère impossible, elle est objective. Pour la représentation d'une suite temporelle de phénomènes, cela signifie qu'elle est subjective si et seulement si je peux la prédire avant qu'elle soit produite. En revanche, elle est objective si et seulement si une telle prédiction est impossible.

Gerhard SEEL
Bern

KANT ET POPE

Alexander Pope (1688-1744), le « poète philosophe » fut, à côté d'Albrecht von Haller, l'un des poètes favoris de Kant[1]. L'œuvre majeure de Pope, l'*Essay on Man*, parut respectivement en 1733 (épîtres 1 à 3) et 1734 (épître 4) et devint l'un des poèmes doctrinaux les plus lus de l'époque. C'est grâce à la traduction de Barthold Hinrich Brockes (*Versuch vom Menschen*), parue à Hambourg en 1740 que l'œuvre fit son entrée en terre allemande[2].

Manfred Kühn suggère que ce fut Carl Heinrich Rappolt (1702-1753), professeur extraordinaire de physique à l'Université de Königsberg, qui fit connaître le poète au jeune Kant. Rappolt avait fait cours sur Pope en 1741 et en avait même annoncé deux pour l'année 1742[3].

Werner Stark pour sa part montre que Kant a lu le poème de Pope, non point dans la version originale, mais dans la traduction de Brockes[4]. Mais l'*Essay* n'a pas été le seul texte de Pope que Kant ait connu. Dans ses cours sur l'Anthropologie professés à l'université de Königsberg à partir du semestre d'hiver 1772/73, il cite, à côté de l'*Essay*[5], encore plusieurs autres œuvres de Pope, *The Dunciad*, un poème satirique (traduit en 1747), ainsi que la traduction allemande de *January and May*[6] parue en 1754. Il est vrai toutefois que dans ces cours les renvois à Pope sont très allusifs, ne servent que d'illustration et ne

1. *Cf.* K. Vorländer, *Immanuel Kant. Der Men und das Werk* [1924], Hamburg, Meiner, 1992 (3ᵉ éd.), p. 146.

2. Brockes, pour sa part, a eu recours, non seulement à l'original anglais, mais s'est également laissé inspirer par les traductions françaises de Jean-François Du Resnel (traduction en vers parue en 1737) et d'Étienne de Silhouettes (en prose) datant de 1736. *Cf.* H. Keipert, « Ist Popes Essay on Man bei Brockes wirklich nur aus dem Englischen übeersetzt ? », *Das achtzehnte Jahrhundert*, 30, 2006, p. 79-88.

3. *Cf.* M. Kühn, *Kant. Eine Biographie*, München, Beck, 2003, p. 97 et p. 521, n. 67.

4. *Cf.* W. Stark, « Kant's Lectures on anthropology. Some orienting remarks », *in* A. Cohen (coord.), *Kant's lectures on anthropology*, Cambridge, CUP, 2014, p. 10-17, ici p. 14.

5. Voir AK XXV.1, 121 où Pope est cité quasi littéralement (*cf.* Ép. I 73 *sq.*); AK XXV.1., 527. AK XXV.2, 1232 (*cf.* Ép. II *passim*).

6. Voir AK XXV.1, 455.

présentent guère d'intérêt pour ce qu'il en est de ses propres conceptions en matière d'anthropologie pragmatique. Le seul traitement plus directement doctrinal de Kant porte sur l'*Essay* et se situe aux débuts de son parcours philosophique.

Avant de nous tourner vers cette interprétation et son contexte, nous allons reconstruire succinctement – sans ingérences herméneutiques – les principales thèses de l'*Essay on Man*.

L'*ESSAY ON MAN*

Dans la présentation du « Design », Pope précise qu'il entend traiter d'une manière générale *de la vie et des mœurs de l'homme,* « on Human Life and Manners »[1], donc d'établir une sorte de cartographie anthropologique, « a general Map of Man »[2], ceci toutefois dans la perspective d'une éthique normative que l'auteur va même qualifier de « System of Ethics »[3] voire de « not imperfect System of Ethics »[4]. Dans ce sens, le poème peut se lire à partir de ce que Pope écrit au début de la seconde épître : « The proper study of Mankind is Man » (Ép. II 2)

Le poème se divise en quatre épîtres dont le *première* traite de l'homme « in the Abstract »[5], en l'occurrence, de sa nature et de sa place dans l'univers – celui-ci étant à comprendre comme « création », la connotation théologique étant centrale.

En effet, dès le début, l'auteur invite le lecteur à porter son regard sur le monde qui est le sien, le monde dans lequel est inscrite l'existence de l'homme. Un prodigieux labyrinthe, note Pope, mais pour ajouter tout de suite : « not without a plan » (Ép. I 6). Par là-même, le champ de la problématique est circonscrit : il s'agit de découvrir dans ce labyrinthe, dans ce qui se présente comme un labyrinthe, *l'ordre caché*, plan d'un Dieu. Ainsi s'élargit le propos de Pope en direction d'une véritable théodicée : à l'homme il est enjoint de justifier ce plan divin – « vindicate the ways of God to Man » (Ép. I 16).

Pour cela, il s'agit en premier lieu de se saisir dans ce qui constitue fondamentalement l'être-au-monde. Or, l'homme est un être fini, ce qui veut dire qu'il n'a qu'une capacité cognitive limitée : « Tis but a part we see and not a whole » (Ép. I 60). Il demeure dans l'ignorance aussi bien en ce qui concerne les profondeurs de l'univers que les événements futurs ; l'homme est ignorant quant aux relations existant entre les choses, aux « Relations of Systems and Things »[6] ;

1. A. Pope, *An Essay on Man,* « Prefaces : Design », ligne 25 *sq.*
2. *Ibid.*, lignes 64 *sq.*
3. *Ibid.*, ligne 48.
4. *Ibid.*
5. *Ibid.*, « The Contents », ligne 5.
6. *Ibid.*, ligne 7.

quant au Livre du Destin, il demeure caché aux créatures, excepté la page qui leur est nécessaire, celle de leur état présent (Ép. I 77 *sq.*).

Leçon imposante de modestie, en somme, donnée afin que l'homme perçoive son orgueil et l'erreur qui en découle s'il tente de ramener le tout à l'échelle de son propre point de vue. Ce dont il importe de de se rendre compte c'est la grande chaîne des êtres qui va de l'infini à l'homme et de l'homme au néant (Ép. I 240)[1].

Chez Pope, cette idée comporte un certain nombre de facettes convergentes :

– La chaîne des êtres doit s'entendre en un sens hiérarchique et repose sur une ontologie des qualités : il y a du plus et du moins « être » dans la création : de l'étant suprême, pleinement étant et source de tout jusqu'à l'étant qui jouxte le néant ;

– Le lieu qu'occupe un étant dans cette chaîne est *nécessaire*. Ceci signifie aussi que chaque étant est parfait dans la mesure où il correspond au lieu qui lui est assigné dans la chaîne. Concernant l'homme, Pope dira : « Man's perfect as he ought » (Ép. I 70). La création entière doit se lire à partir de cette *positivité ontologique*. Il n'y a pas d'imperfection ontologique, donc pas de mal métaphysique au sens leibnizien non plus. Ceci amène Pope à dire, en faisant allusion au verset de la Genèse : « Whatever is, is right » (Ép. I 294), une formule qui se retrouve à trois fois dans le poème[2].

– La chaîne des êtres renvoie à la *Providence* qui l'a instituée. Celle-ci conçoit l'ensemble des choses selon des lois.

– Ce qui prévaut ainsi dans cette considération sur la chaîne des êtres, c'est la priorité du point de vue de l'universel du côté de la Cause première : « ... the first almighty Cause, Acts not by partial but by general laws » (Ép. I 145 *sq.*).

De là s'ensuit que ce que le regard limité de l'homme est amené à considérer dans l'univers comme un *désordre* ou un mal relève de sa finitude. Il n'y a pas lieu de parler de mal : « All partial evil, universal good » (Ép. I 292). Si l'être humain désire, sur la base de son point de vue limité, un autre ordre, il pèche par orgueil (*cf.* Ép. I 257 *sq.*).

1. Cette idée de la chaîne des êtres est, comme on le sait, un thème récurrent dans l'histoire des idées. Arthur O. Lovejoy note dans sa grande étude *The Great Chain of Being* que la conception du cosmos compris comme une chaîne des êtres ainsi que les principes y relatifs, trouvait au dix-huitième siècle son plus grand rayonnement (A. O. Lovejoy, *The Great Chain of Being. A Study of the History of an Idea*, Cambridge (Mass.) & London (England), Harvard UPP, 1936 (repr. 2005), chap. VI).

2. *Cf.* Ép. I 294 ; IV 145 ; IV 394, auxquels on pourra encore ajouter Ép. III 232.

On a fait remarquer que Pope ne dit pas « Whatever is, is good » (*cf.* M. Hellwig, « "Alles ist gut". Zur Bedeutung einer Theodizee-Formel bei Pope, Voltaire und Hölderlin », *in* G. Lauer et Th. Unger (éd.), *Das Erdbeben von Lissabon und der Katastrophendiskurs im 18. Jahrhundert*, Göttingen, Wallstein Verlag, 2008, p. 218). Le « right » de Pope semble renvoyer dans le contexte de son argumentation à *l'intellect divin* qui a institué les choses selon l'idée de l'ordre le plus parfait. Que cet ordre soit alors « good » résulte du fait que Dieu l'a voulu et lui a conféré l'existence. « Right » et « good » sont dès lors plus proches que ne le pense Hellwig.

Si la première épître portait sur la place de l'homme au sein de la création, la *seconde* comporte une sorte de réflexion anthropologique : elle traite de la nature et de l'état de l'homme par rapport à lui-même – « Argument from the Nature and the state of Man with respect to Himself as an Individual ».

La thèse de Pope est de dire – et en cela il rejoint évidemment un Pascal – que l'homme est un être mixte, mélange de lumière et d'obscurité, de grandeur et de bassesse – « a being darkly wise and rudely great » Ép. II 4). Deux principes règnent en lui, l'amour-propre (self-love) et la raison (reason) (Ép. II 54), l'un pour exciter, l'autre pour retenir (*ibid.*). Ils sont moralement indifférents, du moins tant que chacun d'eux œuvre en vue d'une fin spécifique, même si en principe il existe une fin unique : éviter la peine et rechercher le plaisir. Détournés toutefois de leurs fins spécifiques, ces principes se pervertissent (*cf.* Ép. II 58).

Pope décrit longuement l'un et l'autre : l'amour-propre fait agir l'âme – « self-love, the spring of motion, acts the soul » (Ép. II 69); la raison compare et gouverne le tout. Notre auteur est toutefois suffisamment lucide pour se rendre compte que l'homme est habité par la vertu *et* par le vice dont la face cachée est qu'ils se confondent sur les bords. Il les compare à un tableau où lumière et ombre se jouxtent de façon si subtile qu'il devient presque impossible d'identifier la différence. Nous lisons : « the difference is too nice / where ends the virtue, or begins the vice » (Ép. II 209 *sq.*). Il appartient au Dieu en nous – the God within the mind – de discerner (Ép. II 204). Une remarque difficile à comprendre : ce Dieu en nous, serait-ce la raison ou quelque instance surnaturelle[1] ?

Il nous faut toutefois replacer le jeu du vice et de la vertu dans le cadre des finalités que poursuit la Providence. Chacun ne voit que sa propre fin, mais la grande vue des Cieux est une, à savoir le tout (Ép. II 238).

Avec la *troisième* épître, nous avançons d'un pas important dans la mesure où l'idée de la chaîne des êtres où tout et chacun a sa place, est interprétée dans le sens d'un « system of Society » unique[2] où rien n'existe exclusivement pour lui-même ni exclusivement pour autrui. C'est dans cette épître que nous trouvons l'esquisse d'une philosophie de l'histoire en trois temps reposant sur le principe de l'amour-propre (self-love). La chaîne des êtres, ontologiquement constituée d'entités configurées dans une totalité, revêt maintenant un nouvel éclairage : elle est qualifiée de « chain of love, combining all below and all above » (Ép. III 7 *sq.*). Tout ce qui vit est animé par l'amour-propre (self-love), mais non pas exclusivement. Dans une expression qui frôle le pan-psychisme, Pope parle d'une « all-extending, all-preserving soul » (Ép. III 22) qui relie les êtres les uns aux autres avec, comme forces motrices, la raison et l'instinct qui sont à l'origine des arts, des techniques ainsi que des différentes formes de société.

1. *Cf.* « The Content », ligne 59 *sq.*

2. *Ibid.*, ligne 71.

Dans ce que Pope appelle État de nature ou « règne de Dieu » (Ép. III 148), l'amour-propre et l'amour social ont leur origine. C'est en des termes arcadiens et idylliques – tels qu'on va les retrouver quelques années plus tard chez Rousseau – que Pope décrit ce *premier état* marqué par la concorde et l'amitié. L'homme en obéissant à cette nature et, en l'imitant, se mit à construire des cités et à affiner les techniques.

Les liens de l'amour et du commerce suffisaient pour unir fortement le genre humain tant que l'amour était libre et que la nature elle-même était la loi (Ép. III 207 *sq.*).

Ce fut aussi sur la base de cet amour que naquirent les états. ; les gouvernants y étaient considérés comme une « seconde Providence » (Ép. III 217) et révérés comme des Dieux. Pope entreprend à partir de là de reconstruire l'origine naturelle des religions : une des raisons consistant dans la déchéance physique des rois qui conduit à rechercher un premier père ; une autre étant plus métaphysique et reposant sur la croyance rationnelle en un créateur unique de l'univers, croyance transmise à travers les générations.

Si, dans un premier temps, Pope brosse le tableau d'un monde social irénique, il développe dans un *second temps* l'image du monde résultant de la *perversion* de l'amour-propre. Il reste sans explication quant à l'apparition de cette perversion et s'interroge : qui fut le premier à enseigner à des âmes esclaves et à des royaumes ruinés la créance monstrueuse que plusieurs ont été faits pour un seul, origine de la tyrannie et de la superstition (*cf.* Ép. III 241 *sq.*) ?

Mais ce moment ne constitue pas le terme ultime de l'histoire des hommes. Dans un *troisième temps*, l'auteur s'engage dans une description du rétablissement de la justice et de la bienveillance dans un État de droit reposant sur l'harmonie, l'ordre et le consentement (*cf.* Ép. III 295 *sq.*). Quelle que soit la forme de gouvernement, le principe en doit être que « le mieux administré est le meilleur » (wahte'er is best administrat'd is best) (Ép. III 304). Ainsi l'amour-propre trouve finalement le bien particulier dans le bien public.

La *quatrième épître* développe le thème de la nature et de l'état de l'homme eu égard au bonheur. C'est dans cette partie du poème que l'on rencontre les principales thèses de son projet « éthique ».

S'il est vrai que le bonheur est notre « end and aim » (Ép. IV 1), le tout est de savoir ce qu'il faut entendre par ce terme. Les réponses sont légion : « Good, Pleasure, Ease, Content ! What'er thy name » (Ép IV 2), mais Pope avertit ses lecteurs qu'il importe de ne pas perdre de vue la thèse métaphysique d'après laquelle la Cause universelle agit « not by partial, but by gen'ral laws » (Ép. IV 36). Il s'ensuit que ce que nous appelons bonheur « subsist not in the good of one, but all » (Ép. IV 38). Si le monde sociétal est structuré, tout comme le cosmos, d'après le principe de la chaîne des êtres, en d'autres termes, s'il y a des différences de classes et une répartition inégale des biens terrestres, il ne faut pas en conclure à une sorte de gradation en ce qui concerne le bonheur, gradation d'après laquelle celui-ci croîtrait ou décroîtrait en fonction de la position sociale du sujet. « Bliss is the same, in subject or in King » (Ép. IV 58), même s'il n'est pas visible.

Pope plaide en conséquence pour un *discernement des esprits* : même si le hasard (*fortune*) est à l'origine des différences, ce qui importe c'est que la *vertu* est notre bonheur ici-bas : « Virtue alone is Happiness below » (Ép. IV 310).

L'*Essay on Man* se présente comme une œuvre à plusieurs facettes : cosmologique, anthropologique et éthique, toutes ancrées dans l'axiome métaphysico-théologique que « tout est bien » dans lequel se résume la philosophie de l'optimisme de Pope. Ce fut en tant que telle que le poème fut « reçu » en Allemagne.

QU'EST-CE QUE KANT A LU DANS POPE ?

La lecture kantienne de l'*Essay on Man* est sélective et est entreprise essentiellement dans l'optique de ses propres préoccupations théoriques du début des années 50[1].

C'est dans le cadre de la discussion de la question de l'optimisme telle que proposée au concours par l'Académie des Sciences de Berlin pour l'année 1755 que nous retrouvons les traces les plus visibles de la réception de l'*Essay* chez Kant.

Cette question était libellée de la manière suivante :

> On demande l'examen du système de Pope, contenu dans la proposition : Tout est bien. Il s'agit : (1) de déterminer le vrai sens de cette proposition conformément à l'hypothèse de son auteur. (2) De la comparer avec le système de l'optimisme, ou du choix du meilleur, pour en marquer les rapports et les différences. (3) Enfin d'alléguer les raisons qu'on croira les plus propres à établir ou à détruire ce système[2].

Adolf von Harnack à qui nous devons la monumentale *Geschichte der Königlich Preußischen Akademie der Wissenschaften zu Berlin* pense que sous le couvert d'une critique du système d'Alexander Pope, ce fut en vérité une critique de la doctrine leibnizienne du meilleur des mondes possibles et plus particulièrement de la conception leibnizienne de Dieu que l'on visait ; une hypothèse non invraisemblable si l'on pense que Pierre Louis Moreau de Maupertuis, qui fut président de l'Académie depuis 1745, n'était point connu pour ses sympathies à l'égard de la philosophie de Leibniz.

1. Les mentions de Pope dans d'autres écrits (par ex. *Unique argument possible pour une démonstration de l'existence de Dieu, Paix perpétuelle, Anthropologie du point de vue pragmatique*) ne comportent guère d'intérêt d'un point de vue philosophique.

2. *Cf.* A. von Harnack, *Geschichte der Königlich Preußischen Akademie der Wissenschaften zu Berlin*, Berlin, Verlag von Georg Stilke, 1901, p. 310.

Nous disposons d'esquisses de la part de Kant qui s'intéressait à cette problématique, même si finalement, il n'a pas présenté de mémoire. Mais pourquoi s'y intéresse-t-il vers le milieu des années 50 ? Nous pensons que c'est à travers la question de l'optimisme et de l'exercice critique à l'égard de Leibniz qu'il entend mettre à l'épreuve certaines des hypothèses ontologiques, métaphysiques, cosmologiques et théologiques qui s'inscrivent dans son propre programme d'une réforme de la métaphysique tel qu'il se l'est proposée dans le courant des années 50.

Nous procéderons donc dans ce qui suit en deux temps : 1. nous reconstruirons la discussion kantienne des positions de Pope et de Leibniz dans les esquisses préparatoires de la question de 1753 ; 2. nous montrerons ensuite, en nous fondant sur les résultats de l'analyse précédente, quels sont les déplacements métaphysiques sur lesquels repose cette discussion.

1. On sait que Lessing et Mendelssohn avaient traité en commun le sujet du concours et qu'ils avaient publié, en 1755, sous couvert d'anonymat, leur travail *Pope ein Metaphysiker!* un travail dans lequel ils montraient que tel n'était pas le cas. Kant, en revanche, entend précisément montrer le contraire, à savoir que Pope est le métaphysicien supérieur, mais avec cette thèse, il reste à l'écart des discussions berlinoises.

Il s'agira de montrer, à travers l'analyse des esquisses de Kant, non point la vérité de cette affirmation, mais sa *signification*, en l'occurrence que, à travers l'interprétation de la pensée de Pope (et donc de Leibniz), il entend montrer qu'il est, lui, le métaphysicien supérieur.

Essayons donc de comprendre l'argumentation de Kant telle que nous la trouvons dans les esquisses préparatoires[1]. À cette fin, il importe de trouver un concept fondamental susceptible de thématiser la thèse de Pope «*All is right*» aussi bien en direction de Leibniz que de Pope. Dans une première approche, ce concept a une signification cosmologique et désigne la *perfection du monde*. Kant qualifie à ce titre la position de Leibniz d'optimisme. Il dira : l'optimisme est la

> doctrine (*Lehrverfassung*) qui légitime le mal dans le monde en supposant un Être premier, infiniment parfait, bon et puissant; on se convainc ainsi que, malgré toutes les contradictions apparentes, ce qui a été choisi par cet Être infiniment parfait, doit cependant être le meilleur de tout le possible[2].

Ici, la perfection du monde est déduite, non point à partir du monde, mais à partir de Dieu : le meilleur des mondes possibles est le *résultat* ou plutôt la résultante d'un champ de forces, compris comme lieu de tensions, en Dieu même : «Leibniz représente les règles de la perfection comme étant en conflit mutuel dans leur exercice»[3].

1. Ce seront les Réfl. 3704 et 3705 (AK XVII, 230-239) qui nous intéresseront en premier lieu.
2. Réfl. 3704, AK XVII, 231.
3. Réfl. 3705, AK XVII, 236.

En effet, les forces en question sont en premier lieu *l'entendement* et la *volonté* : l'entendement est le lieu de « la nature éternelle des choses »[1] ; la volonté sous la double modalité de l'antécédence et de la conséquence : la volonté antécédente ou anticipante étant celle qui tend vers chaque bien considéré en lui-même et, dans ce sens, « Dieu tend à tout bien en tant que bien, ad *perfectionem simpliciter simplicem* »[2] ; la volonté conséquente étant celle qui naît du « conflit de toutes les volontés antécédentes (...) et c'est du concours de toutes les volontés particulières que vient la volonté totale »[3]. De cela résulte, « malgré toutes les contradictions apparentes »[4] que le choix qui émane de l'être originaire est le meilleur possible et que la présence du mal ne repose pas sur le bon plaisir de Dieu, mais sur une nécessité inévitable résultant des *manques* essentiels des choses finies dans l'entendement divin. Considérée du point de vue de Dieu, la réalité existante dans sa défectuosité repose sur un manque de nature ontologique.

En ce qui concerne la position de Pope, il n'existe pas, dans les *Réflexions* dont il est question ici d'exposé plus ou moins systématique des thèses de l'épître 1 de l'*Essay* à partir desquelles se laisserait reconstruire l'opposition avec Leibniz.

D'après Kant, Pope développe l'idée de la perfection à partir du *monde*, celui-ci étant évidemment compris comme *création*. Or, la perfection signifie ici : *plénitude* ou *complétude*. À ce propos, Kant allègue l'idée de la *chaîne des êtres* :

> La première règle de la perfection du monde est qu'il est complet au plus haut degré, que tout ce qui est possible existe, et que rien, du moment qu'il a la capacité d'exister, ne fait défaut ni dans la chaîne des êtres, ni dans la diversité produite par leur changement[5].

En d'autres termes, il n'y a pas de saut dans la nature en passant des degrés les plus élevés de la perfection jusqu'au néant.

Considéré de ce point de vue, même le manque est à comprendre comme une *richesse*, et cela parce que dans le manque, ce n'est pas la privation ontologique qui est décisive, mais la positivité même de la réalité (*Realität*) de chaque étant inscrit dans la chaîne des êtres. On dira que la différence par rapport à Leibniz est minime et que ce dernier envisage également la création du point de vue de sa richesse – l'idée de l'harmonie universelle, comprise comme perfection n'est-elle pas là pour en témoigner[6] ?

1. Réfl. 3704, AK XVII, 231.

2. G. W. Leibniz, *Essais de théodicée*, I 22, *in* G. W. Leibniz, *Die philosophischen Schriften* [1885], éd. C. I. Gerhardt, t. 6, p. 116 (réimpr. : Hildesheim, Olms, 1978).

3. G. W. Leibniz, *Essais de théodicée*, I 22, éd. C. I. Gerhardt, t. 6, p. 116

4. Réfl. 3704, AK XVII, 231.

5. Réfl. 3704, AK XVII, 235. Il est intéressant que dans les *Réflexions* en question, Kant ne fait aucune mention de Leibniz à propos de la chaîne des êtres, à l'opposé de ce qui sera le cas dans la *Critique de la raison pure* (*cf.* B 696).

6. *Cf.* W. Schneiders, « Gottes Garten. Zu Leibniz' Idee einer Seinsharmonie », *in* R. Theis et C. Weber (éd.), *De Christian Wolff à Louis Lavelle. Métaphysique et histoire de la philosophie*, Hildesheim, Olms, 1995, p. 3.

Paul Menzer a rendu attentif dans son étude sur la doctrine kantienne de l'évolution dans la nature et l'histoire [1] que la position de Pope est moins influencée par Leibniz que par Shaftesbury pour qui l'idée de la beauté de l'univers et d'une sympathie universelle est dominante, et qui considère par conséquent le monde essentiellement d'un point de vue esthétique – « just design, harmony and proportion » [2].

Kant semble avoir perçu la nuance dans les approches de Pope et de Leibniz – du moins du Leibniz qu'il connaît. Pour lui, elle réside dans le fait que Leibniz considère la question de l'optimisme du seul point de vue du choix de Dieu, ce qui signifie que le monde existant est le meilleur *possible* – ce qui permet de rendre compte du manque et du mal, alors que Pope considère le monde comme étant ce qu'il y a de plus *complet*, ce qui lui permet alors de développer, à partir de là, une preuve de l'existence d'un être originaire omnisuffisant (*allgenugsam*). Remarquons que Leibniz conclut, lui aussi, dans un texte que Kant n'a pas connu, que « l'analyse complète des lois mécaniques et la nature des substances nous contraint de recourir à des principes actifs indivisibles et que l'ordre admirable qui y règne nous donne à connaître un principe universel (*allumfassnd*) d'une intelligence et d'une puissance suprêmes » [3].

Par là même, nous avons également déjà indiqué l'orientation de la critique que Kant adresse à l'égard de Leibniz. Il relève *deux erreurs* dans la doctrine leibnizienne : la *première* concerne ce qu'on pourrait appeler la logique « intra-divine », à savoir le fait que le plan du meilleur des mondes possibles est placé d'une part dans une *dépendance* et d'autre part dans une *indépendance* par rapport à la volonté divine. Dans une *dépendance* dans la mesure où la volonté divine tend vers le meilleur *sub respectu toti* et qu'elle impose en quelque sorte cette vue totale comme ce vers quoi elle est orientée de par sa nature. Dans une *indépendance* dans la mesure où les possibles sont *Deo coaeternae* et que le choix divin se trouve en quelque sorte contraint ou du moins nécessité. Or, ce qui se présente dès lors à l'avant-plan, c'est l'imperfection dans les parties dans la mesure où les possibles demeurent originairement imparfaits [4]. D'une façon quelque peu exagérée, Kant dira : « Pourquoi faut-il que tout, dans les parties, soit désagréable, et que le plaisir soit éveillé seulement dans le tout ? » [5].

Ce conflit en Dieu même est la raison pour laquelle la doctrine leibnizienne de l'optimisme doit prendre la forme d'une théodicée :

> Leibniz avait raison d'appeler sa doctrine une théodicée ou défense de la bonne cause de Dieu. Car en effet, ce n'est rien d'autre qu'une justification de Dieu présumé pouvoir être l'auteur du mal, justification assurant que, pour autant qu'il

1. P. Menzer, *Kants Lehre von der Entwicklung in Natur und Geschichte*, Berlin, Verlag Georg Reimer, 1911.

2. Cf. *ibid.*, p. 32 ; 34.

3. Cité d'après Menzer, *Kants Lehre*, *op. cit.*, p. 20.

4. *Cf.* G. W. Leibniz, *Essais de théodicée* I, 20 ; éd. C. I. Gerhardt, t. 6, p. 115.

5. Réfl. 3705, AK XVII, 237.

> est de lui, tout est bon, et que du moins, ce n'est pas sa faute, si chaque chose ne prend pas un tour aussi parfait qu'elle le devrait d'après le souhait des hommes sincères [1].

La *seconde* erreur que Kant relève dans le système leibnizien concerne l'ordre des raisons quant à la démonstration de l'existence de Dieu. Le meilleur des mondes possibles, c'est-à-dire le monde actuel avec les maux qui lui sont nécessairement inhérents requiert l'existence de Dieu. Or, celle-ci doit être démontrée à partir d'autre chose que de ce monde même. Dans la *Réflexion* 3705, Kant note qu'il faut présupposer l'existence de Dieu et

> d'abord croire qu'il y a un Être infiniment bon et infiniment parfait avant de pouvoir s'assurer que le monde, qui est accepté comme son œuvre, présente beauté et régularité [2].

En définitive, le projet métaphysico-théologique de Leibniz manque d'unité.

Dans la *Réflexion* 3704, Kant avait déjà relevé que la justification de Dieu face au fait qu'il permet le mal n'est plausible que pour celui qui est prêt à approuver les preuves métaphysiques de l'existence divine [3]. En l'occurrence, Kant fait allusion, de toute évidence, aux preuves de l'existence de Dieu que Leibniz expose dans la *Monadologie* : la preuve *a posteriori* à partir de l'existence d'êtres contingents dont la raison dernière ou suffisante se trouve dans l'être nécessaire [4] ; la preuve *a priori* à partir de l'idée même de l'être nécessaire qui existe nécessairement si son existence est possible [5]. Mais ces preuves – voilà la signification de la critique kantienne – demeurent déconnectées de la thèse du meilleur des mondes possibles.

Cette intention de la critique de Leibniz devient plus claire si on la met en relation avec l'interprétation qui est donnée de la position de Pope. On y a déjà fait allusion : dans la *Réflexion* 3704, Kant note : « Pope choisissait un autre chemin qui, parmi tous ceux qui sont possibles, est le plus adapté pour rendre perceptible à tous les hommes la belle preuve de Dieu (...) » [6]. La belle preuve de Dieu ! Qui ne songe pas à la preuve physico-théologique dont l'*Histoire générale de la nature et théorie du ciel* dira également qu'elle est la « plus belle preuve de l'existence de Dieu » [7] ? Il ne fait aucune doute que la pointe de la remarque de Kant va dans ce sens : dans la création, même ce qui peut être considéré comme négatif est, considéré en lui-même, bon et ne l'est surtout pas en raison « d'un préjugé avantageux de la sagesse de l'Être ordonnateur » [8]. En d'autres termes, en raison de leur

1. Réfl. 3705, AK XVII, 236.
2. Réfl. 3705, AK XVII, 238.
3. *Cf.* Réfl. 3704, AK XVII, 233.
4. *Cf.* G.W. Leibniz, *Monadologie*, § 36 *sq.*
5. Cf. *ibid.*, § 45.
6. Réfl. 3704, AK XVII, 233.
7. HGN, AK I, 239.
8. Réfl. 3704, AK XVII, 234.

constitution et donc de leur bonté ontologique, les choses sont telles qu'elles forment un tout bien ordonné, « un plan harmonieux »[1].

2. Même si Kant résume, dans la *Réflexion* 3703 le contenu de la quatrième épître de Pope[2], on ne retrouve guère, dans ses propres recherches sur l'éthique, de trace de cette conception de la vie bonne. Ce qui l'intéresse dans Pope, c'est, comme on l'a déjà fait remarquer, autre chose, à savoir l'articulation de ses propres positions métaphysiques et cosmologiques. Pope, de ce point de vue, constitue pour Kant un prétexte, comme il fut un prétexte pour Maupertuis à l'occasion de la formulation de la question de l'Académie ; ici, c'était Leibniz qui était visé.

C'est donc ce geste herméneutique qu'il convient de comprendre, c'est-à-dire de voir comment le texte popien est instrumentalisé par Kant pour mettre à jour ses propres présupposés métaphysiques – présupposés qu'à ses yeux le texte de Pope véhicule sans les expliciter de manière systématique – et qui lui permettent de se démarquer ... de Leibniz (et, ajoutons-le, de Wolff aussi !).

L'univers existant est considéré comme une totalité bien ordonnée, reposant sur des lois inscrites au cœur de la matière ; voilà une des thèses cosmologiques majeures développées sur la base de principes newtoniens, notamment dans l'*Histoire générale de la nature et théorie du ciel* de 1755 (mais dont certains présupposés ontologiques sont déjà formulés dans la *Nova dilucidatio* de la même année). Or, cette organisation de l'univers témoigne de son créateur omni-suffisant. L'adage popien « all is right » signifie de ce point de vue que l'enchaînement des êtres est parfait et n'a plus besoin de l'intervention de son créateur. Dans l'*Histoire générale de la nature* où le poème de Pope est cité à plusieurs reprises[3], Kant écrira qu'on ne peut pas regarder l'univers – « das Weltgebäude » – « sans reconnaître l'ordonnance excellente de son organisation, et les marques sûres de la main de Dieu dans la perfection de ses relations »[4].

Or, ce point de vue n'est possible que si le rapport entre les essences des choses (donc les possibles) et Dieu est compris autrement que cela n'est le cas chez Leibniz. Kant conçoit le possible comme ontologiquement *dépendant* de Dieu dans ce sens que Dieu inscrit, dans les essences mêmes des choses, des principes grâce auxquels celles-ci s'ordonnent en un tout harmonieux :

> (...) les propriétés essentielles ne peuvent avoir de nécessité indépendante, mais doivent trouver leur origine dans un entendement unique, comme fondement et source de tous les êtres, dans lequel en a été formé le projet en un réseau de relations communes[5].

1. *Ibid.*
2. *Cf.* Réfl. 3703, AK XVII, 229 *sq.*
3. Chacune des trois parties de l'œuvre commence par un adage tiré de l'*Essay on Man* (AK I, 241 ; 259 ; 349) ; deux autres citations de Pope se trouvent dans le texte courant en AK I, 360 et 365.
4. HGN, AK I, 331.
5. HGN, AK I, 333.

Si Dieu est source – remarquons que Leibniz (de même que Wolff) parle également de source des essences[1] – il est le fondement des possibles (ou des essences). S'il est le fondement, il y a en lui une supériorité sur l'être même des possibles. Or, cela signifie qu'il faut concevoir l'entendement divin comme faculté précédant ontologiquement toute actuation éternelle des possibles ou des essences. Une telle conception – remarquons-le en passant – contredit cependant au statut même de l'entendement divin qui, pour être parfait, doit être conçu comme *acte* et non point comme *faculté*. En voulant éviter l'impasse leibnizienne de la dépendance de Dieu vis-à-vis des possibles qui lui sont coéternels, Kant tombe dans une autre impasse, à savoir celle d'une imperfection en Dieu même.

En dépit de cette difficulté, la thèse d'un monde parfaitement ordonné sur la base d'essences complètes conduit à l'affirmation d'un Être souverainement sage, bon et puissant. À l'optimisme de la théodicée vient ainsi se substituer l'optimisme d'une nouvelle physico-théologie dont l'*Essay* de Pope présente la variante poétique.

Robert THEIS
Université du Luxembourg

1. *Cf.* Leibniz, *Monadologie*, § 43.

PHILOSOPHIE PRATIQUE

« UNE IMPOSSIBILITÉ EN OR »
LA LECTURE ÉMERSONIENNE DE KANT

I

Ralph Waldo Emerson, interlocuteur de Kant : voici une idée qui pourrait surprendre les philosophes. Depuis 1950, l'œuvre de Emerson a pourtant bénéficié d'une réhabilitation qui montre combien l'auteur était engagé dans les problèmes philosophiques de son temps [1]. Ses contributions éthiques et épistémologiques sont importantes, en particulier eu égard au dilemme entre scepticisme et idéalisme. À leur endroit, des commentateurs comme David Van Leer ont décelé une « orientation essentiellement kantienne » là où d'autres ont vu une approche aux thèmes plus généralement idéalistes [2]. Cette absence de consensus est due à l'argumentation elliptique de Emerson et à son manque de référence à Kant : toute tentative « de cerner précisément l'influence de l'idéalisme philosophique sur n'importe lequel de [ses] textes majeurs » [3] se trouve ainsi compliquée.

Ces complications n'empêchent pas Van Leer d'émettre l'hypothèse d'une relecture kantienne par Emerson, en « traitant les essais comme s'ils étaient à la fois philosophiques et organisés » et en « traduisant la langue propre à Emerson en celle plus accessible de la philosophie traditionnelle » [4]. Si Van Leer « tend à être

1. Stanley Cavell a joué un rôle essentiel dans ce processus de réhabilitation. *Cf.* S. Cavell, *Emerson's Transcendental Etudes*, Palo Alto (Californie), Stanford University Press, 2002.

2. D. Van Leer, *Emerson's Epistemology. The Argument of the Essays*, Cambridge/New York/ Melbourne, CUP, 1986, p. 29 (désormais cité *Epistemology*). À l'opposé, Kenneth Winkler soutient dans ses « Isaiah Berlin Lectures » que l'idéalisme de Emerson doit plus à Berkeley et à ses lecteurs écossais : Hume, Thomas Reid et Dugald Stewart. *Cf.* K. Winkler, « A New World : Philosophical Idealism in America, 1700 to 1950 : Lecture III » [pdf], URL : http://www.philosophy.ox.ac.uk/ __data/assets/pdf_file/0004/25087/Lecture_III_handout.pdf, 2012, p. 18-27 (désormais cité *Lectures*). Winkler doit ici être remercié pour avoir autorisé l'utilisation de son texte. Cavell, quant à lui, occupe une position intermédiaire : l'« accomplissement » kantien prépare le terrain pour le romantisme. *Cf.* « Emerson, Coleridge, Kant : Terms as Conditions », *in* S. Cavell, *Emerson's Transcendental Etudes*, *op. cit.*, p. 59-82 ; en particulier, p. 61-3.

3. Van Leer, *Epistemology*, *op. cit.*, p. X.

4. *Ibid.*, p. XIV, XII.

moins préoccupé que la plupart des commentateurs par l'identification des sources de la pensée de Emerson », c'est parce que son « interprétation hypothétique veut seulement réfuter l'idée selon laquelle Emerson ne peut pas être lu sérieusement en tant que philosophe »[1]. Pour évaluer si cette hypothèse tient, il est nécessaire de reconnaître que

> ce que nous voulons déterminer n'est pas la familiarité de Emerson vis-à-vis des concepts kantiens ou même sa « connaissance » de ces derniers, mais seulement sa « compréhension » de ces concepts.

Or, sous cette perspective,

> toute étude de la genèse de [sa] pensée s'avère non pertinente[2].

Si, d'après les propres lumières de Van Leer, son hypothèse est validée ou invalidée par la lecture émersonienne des concepts kantiens, alors il faut tout d'abord identifier cette lecture. À cette fin, notre étude doit accepter les termes posés par Van Leer, c'est-à-dire mettre entre parenthèses les considérations autour du style de Emerson et de ses sources et adopter charitablement à leurs propos, les positions de Van Leer[3]. Notre attention peut alors se porter sur la discussion engagée par Emerson à l'égard de deux innovations kantiennes mentionnées dans son œuvre : l'idéalisme transcendantal et les facultés.

Compte tenu de l'étendue des écrits de l'auteur, il est nécessaire de définir les limites de notre étude. Celle-ci se concentrera donc sur le traitement réservé par Emerson à l'idéalisme et aux facultés dans son écrit de 1836 : *Nature*[4]. Si notre étude estime que la compréhension émersonienne de l'idéalisme diffère parfois de l'idéalisme transcendantal de Kant – en particulier à propos du statut de la réalité objective –, elle trouve que sa lecture des facultés est plus étroitement en accord avec les fonctions kantiennes d'entendement, raison et intuition, quoiqu'avec une modification importante. Par conséquent, cette étude soutient avec Winkler que l'interprétation hypothétique de Van Leer est à la fois de manière interprétative, incomplète et de manière constitutive, invérifiable.

1. Van Leer, *Epistemology*, *op. cit.*, p. XII, XIV.

2. *Ibid.*, p. 6.

3. Sur ces considérations de style et de sources, *cf.* R. Goodman, « Transcendentalism », *The Stanford Encyclopedia of Philosophy* (Fall 2015 Edition), Edward N. Zalta (ed.), URL : http://plato.stanford.edu/archives/fall2015/entries/transcendentalism/) ; R. Wellek, « Emerson and German Philosophy », *The New England Quarterly*, 16/1, 1943, p. 41-62 ; S. Harvey, *Transatlantic Transcendentalism. Coleridge, Emerson, and Nature*, Edinburgh, Edinburgh University Press, 2013, p. 1-15 ; Winkler, *Lectures*, *op. cit.*, p. 1-8. Sur les réponses et les erreurs méthodologiques, *cf.* respectivement Van Leer, *Epistemology*, *op. cit.*, p. 3-5 et 6-8.

4. Étudié par Van Leer, *Epistemology*, *op. cit.*, p. 19-58. Pour une étude détaillée, *cf.* Winkler, *Lectures*, *op. cit.*, p. 8-32.

II

Un passage du *Transcendantaliste* (1842) esquisse la lecture émersonienne de l'idéalisme transcendantal :

> L'Idéalisme du temps présent a acquis le qualificatif de *transcendantal*, à partir de l'usage fait de ce terme par Emmanuel Kant (...) en montrant qu'il y a une classe très importante d'idées, ou impératifs, qui ne venaient pas de l'expérience, mais par lesquelles l'expérience était acquise ; qu'il s'agissait là des intuitions de l'esprit lui-même ; et il les avait appelées formes *transcendantales* [1].

Ici, on retrouve des notions familières : la primauté de l'esprit sur l'expérience, l'anti-scepticisme et les limites de l'expérience. Malgré cette familiarité, il est utile de rappeler les principales caractéristiques de l'idéalisme transcendantal développé dans la *Critique de la raison pure*, en particulier dans l'« Esthétique transcendantale » et la « Réfutation de l'idéalisme ». La première expose la manière dont les représentations sont rendues disponibles par l'intuition et sont des apparences qui sont inscrites dans l'espace et le temps, plutôt qu'une appréhension de la chose en soi. De plus, les êtres humains ne peuvent pas avoir d'appréhension indépendante de la constitution particulière de leur perception[2]. En résumé, la connaissance humaine du monde extérieur est intrinsèquement liée à un mode particulier de perception et les critères de la réalité objective découlent des conditions de l'expérience, posant ainsi les fondements de l'idéalisme transcendantal. Michael Rohlf en énumère ainsi les implications :

(1) En un certain sens, les êtres humains font seulement l'expérience d'apparences, et non de choses en soi.

(2) L'espace et le temps ne sont pas des choses en soi ou des déterminations des choses en soi qui demeureraient si on s'abstrayait de toutes les conditions subjectives de l'intuition humaine.

(3) L'espace et le temps ne sont rien d'autre que des formes subjectives de l'intuition sensible humaine.

1. R. W. Emerson, *Essais*, trad. fr. A. Wicke, Paris, Michel Houdiard Éditeur, 2010, p. 112-113. Goodman voit ici trois affirmations kantiennes chères à Emerson : « que l'esprit humain "forme" l'expérience ; que l'existence de telles opérations mentales soit une réplique au scepticisme ; et que "transcendantal" ne signifie pas "transcendant" ou au-delà complètement de l'expérience humaine, mais quelque chose à travers laquelle l'expérience est rendue possible. » (Goodman, « Transcendentalism », art. cit.).

2. CRP, B 59, AK III, 65.

(4) L'espace et le temps sont empiriquement réels ce qui signifie que « tout ce qui se présente à nous extérieurement comme objet » est à la fois dans l'espace et le temps et que nos intuitions internes de nous-mêmes sont dans le temps [1].

Les points (2) à (4) sont repris dans la « Réfutation », où Kant sépare l'idéalisme transcendantal de « l'idéalisme matériel » et de ses déclinaisons « problématique » et « dogmatique » [2]. L'idéalisme problématique de Descartes soutient que « l'existence des objets dans l'espace hors de nous est simplement douteuse et *indémontrable* » et donc, « allègue l'impuissance à démontrer par l'expérience immédiate, une existence en dehors de la nôtre » [3]. À l'inverse, l'idéalisme dogmatique de Berkeley tient l'existence extérieure des objets comme étant « fausse et *impossible* » ; en cela l'espace est « impossible en soi » et les objets dans l'espace, « des simples fictions » [4]. À l'encontre de ce dernier, Kant estime que l'idéalisme transcendantal est une réponse suffisante : l'espace n'est plus « une propriété qui doit revenir aux choses en soi », mais des cadres d'expérience des choses en tant qu'apparences [5]. Alors que l'idéalisme problématique « est rationnel et conforme à une manière de penser solide et philosophique » requérant des preuves, Kant trouve les preuves en tirant la certitude de l'expérience interne dans le temps de la détermination de l'existence par les choses extérieures dans l'espace [6].

Il en résulte un idéalisme distinctement transcendantal : le temps et l'espace sont les formes de l'intuition et non des propriétés des objets extérieurs ; la détermination de l'expérience par les objets dans l'espace fonde l'expérience interne dans le temps ; la combinaison de ces caractéristiques signifie que l'expérience des choses demeure à être déterminée par la connaissance humaine, cela sans pour autant retirer leur réalité empirique.

Mesurons maintenant la proximité de *Nature*. L'œuvre débute avec une question de téléologie :

> Il est hors de doute que nous n'avons pas de questions à poser qui n'aient pas de réponse. Nous devons avoir foi dans la perfection de la création au point de croire que, quelle que soit la curiosité que l'ordre des choses a éveillée en nos esprits, l'ordre des choses peut la satisfaire. La condition de chaque homme est la condition sous forme de hiéroglyphes de toute recherche qu'il voudrait mener (…). Demandons-nous à quelle fin la nature existe [7].

1. M. Rohlf, « Immanuel Kant », *The Stanford Encyclopedia of Philosophy* (Spring 2016 Edition), Edward N. Zalta (ed.), URL : http://plato.stanford.edu/archives/spr2016/entries/kant/). Le format a été modifié.

2. CRP, B 274-275, AK III, 190-191.

3. *Ibid.*

4. *Ibid.*

5. CRP, B 274, AK III, 191.

6. *Ibid. Cf.* CRP, B 275-279, AK III, 191-193.

7. R. W. Emerson, *La Nature* (désormais cité *Nature*), trad. fr. P. O. Loscos, Paris, Éditions Allia, 2004, p. 8.

Parce que l'expérience de la nature ne soulève aucune question sans réponse, Emerson se tourne vers les fins que la nature fournit à l'humanité comme les commodités (*commodity*), la beauté, le langage et la discipline. Dans chacune d'elles, est à l'œuvre une correspondance entre humanité et nature qui permet à l'humanité d'agir sur la nature conformément aux lois naturelles. De même, la nature peut produire des effets dans l'humanité, d'où une harmonie régnante :

> Le plus grand plaisir que procurent les champs et les bois est la secrète relation qu'ils suggèrent entre l'homme et les végétaux. Je ne suis pas seul et inconnu (...). Ses effets sont semblables au sentiment qui me submerge d'une pensée plus haute ou d'un sentiment meilleur lorsque j'estime que j'ai bien agi ou pensé avec justesse. Cependant, il est certain que la faculté de produire ce plaisir ne réside pas dans la nature, mais dans l'homme, ou dans une harmonie des deux [1].

La configuration du pouvoir de cette relation requiert une attention plus soutenue, car l'harmonie dérive du côté humain de la relation. Autrement dit, l'interaction de l'humanité et de la nature est due à la constitution de l'humanité plutôt qu'à l'existence indépendante des structures extérieures.

Si l'idéalisme survient dans la mesure où la légalité découle des structures proprement humaines, le mode d'existence de la nature mérite d'être scruté. Séparer l'humanité de la nature donne lieu à une double distinction :

> Considéré d'un point de vue philosophique, l'univers est composé de Nature et d'Âme. Par conséquent, tout ce qui, à strictement parler, est séparé de nous, tout ce que la philosophie distingue comme étant le NON-MOI, c'est-à-dire à la fois la nature et l'art, les autres hommes et mon propre corps, doit être rangé sous le nom de NATURE [2].

Ainsi Emerson sépare-t-il l'univers en conscience de soi et tout le reste ; de la sorte, il peut continuer à examiner ce avec quoi une conscience de soi donnée est en correspondance. Cependant, un vieux spectre demeure : la subsistance de la nature ou le « NON-MOI ». Ceci amène Emerson à entretenir un « noble doute » et à avancer une solution hautement non kantienne :

> Un noble doute s'insinue constamment en nous (...) : la nature existe-t-elle en dehors de nous (...)? Dans ma totale impuissance à vérifier l'authenticité du témoignage de mes sens, quelle différence cela fait-il de savoir si l'impression qu'ils font sur moi correspond aux objets extérieurs, si Orion se trouve bien tout là-haut dans le ciel ou si quelque dieu en peint seulement l'image au firmament de mon âme ? Les relations entre les parties et la fin du tout demeurant les mêmes, quelle différence de savoir si la terre et la mer s'influencent réciproquement (...) ou si, en dehors des relations d'espace et de temps, ces mêmes apparences sont inscrites dans la foi inébranlable de l'homme ? Que la nature bénéficie d'une existence concrète ou qu'elle ne soit qu'une vision de l'esprit, c'est tout aussi bon pour

1. *Ibid.*, p. 15.
2. *Ibid.*, p. 9.

> moi et tout aussi vénérable. Qu'elle soit ce qu'on veut : pour moi, elle est l'idéal aussi longtemps que je ne pourrai pas vérifier l'exactitude de mes sens [1].

Emerson formule un idéalisme problématique au sein duquel le « Moi » jouit du privilège d'une certitude auquel le « Non-moi » n'a pas droit[2]. En l'absence de conditions dans lesquelles l'existence absolue peut être appréhendée indépendamment de la sensibilité humaine, cette question ne peut pas être résolue. De manière frappante, Emerson estime cela peu important : la nature conserve une réalité effective et une conformité avec l'humanité dans les deux cas.

Ce passage est donc en opposition avec la « Réfutation ». Même si Kant estime que l'idéalisme problématique est une perspective rationnelle jusqu'à ce que le sens externe soit établi plus fermement par rapport au sens interne, ce sujet est clos pour lui dès que l'on reconnaît la nature ou les choses extérieures comme nécessairement réelles pour fonder l'esprit ou le sens interne. Par conséquent, considérer les deux solutions comme acceptables revient soit à soutenir un idéalisme problématique sans tenir compte de la preuve avancée par Kant, soit à en contester la formulation. En l'absence de preuve textuelle concernant cette dernière hypothèse, il convient d'admettre la première d'entre elles.

Dans la mesure où, à la fois le « noble doute » et sa résolution s'éloignent de la solution kantienne, ils s'accordent difficilement avec la lecture de Van Leer qui perçoit en eux, une « formulation kantienne sophistiquée »[3]. Plus encore, pour Van Leer, la « Réfutation » est cruciale pour établir une compréhension émersonienne de l'idéalisme transcendantal, comme Winkler le souligne :

> Kant nie avec emphase ces affirmations de disparité, de distance et d'imperturbabilité [entre l'évidence de notre être et l'être du monde] (...) dans un extrait de sa *Critique de la raison pure*, en fait mis en valeur par Van Leer, à savoir « La Réfutation de l'idéalisme ». À cet endroit, comme l'explique Van Leer, « Kant attaque (...) l'argument selon lequel l'existence des objets dans l'espace est indémontrable », contestant que « la conscience de soi empirique requiert l'existence des objets dans l'espace » (...). Si tel est le cas, Emerson est soit ignorant de l'argument de Kant, soit il n'est pas impressionné par lui. En estimant que l'esprit est mieux connu que le corps, Emerson ne se range pas du côté de Kant, mais de celui de Descartes et de Berkeley [4].

Par conséquent, soutenir un idéalisme transcendantal avec Emerson, basé sur sa lecture de Kant, semble problématique. Tandis que ceci ne suggère pas que

1. R. W. Emerson, *La Nature*, *op. cit.*, p. 57-58.

2. À propos du contenu et de la formulation, Winkler retrouve une influence de Berkeley (Winkler, *Lectures*, *op. cit.*, p. 18-19). Ceci étant dit, l'incertitude du doute et le manque d'affirmation quant à l'impossibilité de la matière suggère une proximité générale de l'idéalisme « problématique » plutôt que de celui « dogmatique ».

3. Van Leer, *Epistemology*, *op. cit.*, p. 46. *Cf.* sa discussion du scepticisme, p. 41-43.

4. Winkler, *Lectures*, *op. cit.*, p. 20. *Cf.* Van Leer, *Epistemology*, *op. cit.*, p. 27-32. La présente réflexion suit largement la critique que Winkler fait de Van Leer (Winkler, *Lectures*, *op. cit.*, p. 18-22).

l'œuvre de Emerson ne serait pas philosophique – simplement non kantienne, l'hypothèse et la traduction de Van Leer sont mises à mal.

Toutefois, deux voies d'interprétation demeurent ouvertes pour Van Leer. Tout d'abord, la formulation de l'idéalisme de Emerson change de passage en passage et semble favoriser une plus grande stabilité pour la nature :

> Les esprits frivoles se gaussent de la théorie de l'idéal (...), comme si elle affectait la stabilité de la nature. Ce qui n'est certainement pas le cas (...). Un quelconque doute concernant la permanence de ses lois paralyserait les facultés de l'homme. Leur constance est respectée de manière sacrée et sa foi en elles est parfaite. Les rouages et les ressorts de l'homme reposent entièrement sur l'hypothèse de la permanence de la nature (...); nous rejetons avec indignation toute insinuation selon laquelle la nature serait moins durable ou plus instable que l'esprit [1].

Cependant stabilité n'est pas réalité et cet extrait n'éteint pas le doute. Même si la nature existe comme phénomène plutôt que comme substance et jouit d'une permanence bien fondée, Emerson l'appelle plus tard « un accident et un effet » par rapport à l'esprit[2]. Ceci suggère non pas un idéalisme transcendantal, mais plutôt un idéalisme effectivement immatérialiste, si ce n'est un subjectivisme[3].

Avec cela, une voie interprétative demeure, à savoir : considérer l'assertion de Emerson comme une étape préliminaire de raisonnement qui commencerait par l'idéalisme matérialiste pour ensuite en montrer l'insuffisance théorique ou pratique et, qui finirait par un idéalisme transcendantal kantien. Dans un premier temps, Emerson pourrait relier un noble doute à un mouvement naturel de l'intellect :

> Il a été observé que le savoir intellectuel engendrait invariablement le doute sur l'existence de la matière (...) Elle fixe l'attention sur des catégories immortelles, nécessairement incréées, autrement dit les Idées ; et en leur présence, nous sentons que les circonstances externes ne sont que des rêves et des ombres [4].

Ce passage isolerait les tendances de l'intellect comme étant ce que l'idéalisme transcendantal doit corriger. Alors, une autre étape pourrait pointer vers les échecs de l'idéalisme matérialiste :

> La nature pose trois problèmes à l'esprit : Qu'est-ce que la matière ? D'où vient-elle ? Dans quel but existe-t-elle ? La théorie de l'idéal ne répond qu'à la première de ces questions seulement. L'idéalisme dit : la matière est un phénomène, non une

1. Emerson, *Nature*, *op. cit.*, p. 58-59. Winkler voit dans cet extrait une référence à Berkeley (Winkler, *Lectures*, *op. cit.*, p. 19).

2. Emerson, *Nature*, *op. cit.*, p. 59.

3. Van Leer défend néanmoins une lecture non spirituelle de Kant concernant les limites émersoniennes du soi et des conditions d'existence. *Cf.* Van Leer, *Epistemology*, *op. cit.*, p. 114-142, 168-184. Ceci dépasse les limites de la présente étude, mais pour une critique constructive, *cf.* la recension de Chr. Newfield : « Review : Emerson's Epistemology : The Argument of the Essays », *Nineteenth Century Literature*, 42/4, 1988, p. 512-515.

4. Emerson, *Nature*, *op. cit.*, p. 67-68.

> substance. L'idéalisme nous instruit de la différence absolue qu'il y a entre l'évidence de notre être propre et l'évidence de l'être du monde. L'un est parfait, l'autre incapable de la moindre certitude (...). Cependant, s'il ne fait que nier l'existence de la matière, il ne satisfait pas les besoins de l'esprit (...). La nature est à ce point imprégnée de vie humaine que l'on retrouve un peu d'humanité aussi bien dans le tout que dans chaque détail. Mais cette théorie me rend la nature étrangère et ne tient pas compte de cette parenté que nous lui reconnaissons [1].

En réalité, l'idéalisme matériel donne l'objet, le «que», mais il échoue sur deux plans. Tout d'abord, sa relégation de la nature à une simple apparence jette un doute sur la praxis humaine. D'autre part, l'idéalisme matériel laisse en suspens une téléologie capable de rendre compte de cette parenté ressentie avec la nature. Enfin, l'auteur trouve l'idéalisme matérialiste doublement insatisfaisant et ressent le besoin d'une explication globale. Sur ce point, il n'est pas exagéré d'imaginer Emerson en accord avec Kant. Cependant, une autre étape, qui n'est pas présente dans *Nature*, serait requise pour passer de l'insuffisance de l'idéalisme matériel à l'idéalisme transcendantal. L'idéalisme transcendantal de la première *Critique* ne parvient pas non plus à satisfaire ce besoin : c'est seulement avec la troisième *Critique* qu'émerge une telle explication.

L'analyse a désormais épuisé les voies argumentatives vers l'idéalisme transcendantal telles qu'elles sont déployées par la lecture émersonienne de Kant dans *Nature*[2]. Sans une exégèse soutenue, il s'avère difficile de distinguer la lecture émersonienne de Kant de sa propre invention et de soutenir une traduction émersonienne en langage kantien. Par conséquent, cette lecture doit être cherchée ailleurs.

III

Un essai datant de 1883 exprime l'admiration de Emerson pour les facultés kantiennes :

> En littérature, [l'introversion] apparaît dans la tendance ferme de critique. Les œuvres de littérature les plus remarquables de l'époque ont pour héros et sujets précisément cette introversion (...) [de manière emblématique] le poème de Faust.

1. Emerson, *Nature*, *op. cit.*, p. 74-75.

2. Winkler est d'accord : « Il n'y a aucune fondation dans le texte du sixième chapitre pour la distinction entre idéalisme transcendantal et réalisme empirique que Van Leer attribue à Emerson. Emerson peut accepter un "idéalisme transcendantal tout à fait spécifique" (...) seulement s'il accepte un réalisme empirique tout aussi spécifique. Pour Van Leer, Emerson est un réaliste empirique simplement parce qu'il affirme la stabilité de la nature et l'aime comme un enfant (...). Mais Berkeley ou Hume peuvent faire la même chose. » (Winkler, *Lectures*, *op. cit.*, p. 20).

> En philosophie, Emmanuel Kant a fourni le meilleur catalogue des facultés humaines et la meilleure analyse de l'esprit[1].

Trois facultés vont être étudiées : l'entendement, la raison et l'intuition.

a) Dans la connaissance empirique, Kant distingue deux facultés : l'intuition et l'entendement. Si l'appréhension humaine d'un objet passe par l'intuition, la pensée humaine de cet objet passe par l'entendement. La combinaison des représentations et des concepts résulte en un jugement ou en un exemple de connaissance empirique. De manière plus schématique, ces facultés consistent à représenter passivement des objets, mais à produire activement des jugements[2].

Plus encore, l'entendement a une fonction à un double niveau :

> La même fonction qui donne l'unité aux représentations diverses *dans un jugement*, donne aussi à la simple synthèse de représentations diverses *dans une intuition* l'unité, qui, exprimée généralement, s'appelle le concept pur de l'entendement[3].

Simplement, l'entendement intervient tout d'abord au niveau du rassemblement des diverses représentations en une intuition des objets ; seulement à partir de là, l'entendement déploie les concepts pour parvenir à un jugement. À sa racine, l'entendement consiste en l'organisation des diverses représentations en préparation de la connaissance empirique et de son exécution.

Sur ce simple sujet, Emerson et Kant sont d'accord comme le suggèrent trois extraits. Tout d'abord, l'entendement trahit une orientation empirique : « Sa relation avec la nature, son pouvoir sur elle passent par son [entendement] »[4]. Ensuite, il comprend une faculté d'organisation :

> La nature est une discipline de l'entendement dans le domaine des vérités intellectuelles (...), un exercice continuel pour le nécessaire apprentissage de la différence et de la similitude, de l'ordre, de l'être et du paraître, de l'adaptation progressive, de l'ascension qui mène du particulier au général, de l'alliance des forces multiples en vue d'une fin unique[5].

Ici, on voit l'œuvre de l'entendement en combinant les différentes représentations en jugements.

Enfin, *Nature* enseigne que les concepts de l'entendement sont déployés dans l'Espace et le Temps :

> La totalité du caractère et du destin d'un individu se ressent des moindres défauts dans la culture de son intelligence, par exemple dans la perception des différences.

1. R. W. Emerson, *The Works of Ralph Waldo Emerson, in 12 vols. Fireside Edition* (Boston and New York, Riverside Press, 1909), t. 10, p. 311. Consulté le 7/9/2016 en ligne : http://oll.libertyfund.org/titles/1962.
2. CRP, B 33, 75, AK III, 49, 75.
3. CRP, B 105, AK III, 92.
4. Emerson, *Nature*, *op. cit.*, p. 86 (trad. mod.).
5. *Ibid.*, p. 44-45.

> C'est pourquoi l'espace et le temps existent, afin que l'homme sache que les choses ne sont pas indifféremment entassées au hasard, mais qu'elles sont individuelles et distinctes[1].

Dans ses grandes lignes, l'entendement émersonien suit celui de Kant : il est une faculté organisant la réalité empirique à travers l'Espace et le Temps[2]. Si l'interaction avec la nature et la matière permet à l'entendement d'atteindre son plein développement, la raison est également en jeu ici :

> [La vie quotidienne éduque] à la fois l'entendement et la raison. Chaque propriété de la matière est une école pour l'entendement ; ainsi de sa solitude ou de sa résistance, de son inertie, de son étendue, de sa forme, de sa divisibilité. L'entendement ajoute, divise, combine, mesure, et trouve sur cette noble scène la nourriture et l'occasion nécessaires à son activité. En même temps, la raison fait passer tout cet enseignement dans la sphère propre de la pensée, par la perception qu'elle a de l'analogie grâce à laquelle l'esprit et la matière s'épousent[3].

b) De manière certaine, l'entendement a une primauté dans la connaissance empirique, mais, dans la mesure où il déploie des concepts, il tombe aussi dans le sillage de la raison. Kant remarque dans la « Préface B » :

> En tant qu'il doit y avoir de la raison [en mathématiques et physique], il faut que quelque chose y soit connu *a priori*, et la connaissance de la raison peut se rapporter à son objet de deux manières, soit simplement pour le *déterminer*, lui et son concept (qui doit être donné d'autre part), soit pour le *réaliser*. La première est la *connaissance théorique*, la seconde la *connaissance pratique* de la raison. La partie pure de l'une et de l'autre, si grand ou si petit qu'en soit le contenu, je veux dire la partie où la raison détermine son objet tout à fait *a priori*, doit être d'abord exposée seule et sans aucun mélange de ce qui vient d'autres sources (…)[4].

Trois traits essentiels découlent de cela. Tout d'abord, la raison fonctionne indépendamment de l'expérience, compte tenu de son statut *a priori*. Ensuite, elle admet une double distinction : théorique et pratique. Enfin, elle ne doit s'appuyer sur aucune autre faculté pour son exposition : sa justification dépend de quel contenu immanent elle fournit[5].

Le premier aspect ressort plus fortement en tant que faculté des principes :

> Si l'entendement peut être défini comme pouvoir de ramener les phénomènes à l'unité au moyen de règles, la raison est le pouvoir de ramener à l'unité les règles de

1. Emerson, *Nature*, *op. cit.*, p. 46.

2. Goodman, « Transcendentalism », art. cit., pose un héritage kantien concernant les facultés de Emerson, par l'utilisation de la terminologie de Kant et de Schelling, via Samuel Taylor Coleridge et James Marsh. Winkler attribue la lecture de Emerson à Coleridge, un lecteur de Kant (Winkler, *Lectures*, *op. cit.*, p. 15). Sur la relation de Emerson et de Coleridge, *cf.* Harvey, *Transatlantic Transcendentalism*, *op. cit.*, p. 1-15.

3. Emerson, *Nature*, *op. cit.*, p. 44.

4. CRP, B IX-X, AK III, 8.

5. CRP, B XIII, AK III, 10.

l'entendement sous des principes. Elle ne se rapporte donc jamais immédiatement à l'expérience ou à quelque objet que ce soit, mais à l'entendement, pour donner au divers des connaissances de celui-ci une unité *a priori* grâce à des concepts (...) [1].

Bien que nécessaire pour compléter les lois de l'entendement, la raison ne communique pas directement avec les représentations, mais avec les connaissances en résultant[2].

Concernant la distinction théorique/pratique, Kant identifie cette dernière à « la condition permanente de tous les actes volontaires dans lesquels l'homme se manifeste », c'est-à-dire le libre-arbitre et la double position de l'humanité dans l'ordre naturel[3]. Cette condition trouve son achèvement dans l'extension positive de la raison pure pratique au-delà des limites empiriques de la raison théorique pure. En effet,

la raison est poussée par un penchant de sa nature à dépasser l'usage de l'expérience pour s'aventurer, dans un usage pur et au moyen de simples idées, jusqu'aux limites extrêmes de toute connaissance, et à ne trouver de repos que dans l'achèvement de son cercle, dans un tout systématique subsistant par lui-même[4].

Ainsi, la raison tend vers une explication générale, dans les limites qu'elle se donne à elle-même.

La raison kantienne trouve-t-elle un équivalent émersonien ? Comme Kant, Emerson estime que l'entendement est incomplet sans une faculté supérieure à laquelle il est subordonné. À propos des échecs de la connaissance empirique, il suggère que « des lueurs annonciatrices d'une plus grande lumière ne manquent pas – ces exemples çà et là de l'action de l'homme sur la nature à l'aide de toutes ses forces, avec sa raison aussi bien qu'avec son [entendement] »[5]. De même, il prévoit les parties spéculative et pratique de la raison.

[La théorie idéaliste] est en fait le point de vue que la raison à la fois spéculative et pratique, c'est-à-dire la philosophie et la vertu, adopte (...); le monde est toujours phénoménal, et la vertu le subordonne à l'esprit[6].

Plus encore, la raison n'a pas de communication directe avec l'espace et le temps : « la prise en main momentanée du sceptre par la raison » dans la réalisation de ses principes est « l'exercice d'une puissance qui n'existe pas dans le temps ou l'espace, mais qui est une force causale instantanée jaillissant intérieurement »[7]. Si les versions de Kant et de Emerson se rejoignent concernant le statut *a priori* de la raison, l'évocation d'une « force causale instantanée » laisse

1. CRP, B 359, AK III, 239.
2. CRP, B 357-358, AK III, 237-238.
3. CRP, B 581, AK III, 374.
4. CRP, B 825, AK III, 518.
5. Emerson, *Nature*, *op. cit.*, p. 86 (trad. mod.).
6. *Ibid.*, p. 71. Si la théorie idéaliste est un « idéalisme problématique », la distinction tient toujours.
7. *Ibid.*, p. 87.

songeur. Alors que Kant considérait la raison pratique pure comme condition de l'activité humaine, il paraît peu probable, compte tenu de l'exercice immanent de la raison, qu'il considère que ce pouvoir provienne d'autre part.

Ici, un fossé se creuse entre les deux auteurs auquel Van Leer fait allusion :

> [Le mauvais usage des idées de la Raison] est important pour Kant, et Emerson en fait un traitement plus enthousiaste que pertinent. Son échec à se restreindre à un usage négatif de la Raison comme limite – restriction sur laquelle insiste Kant – explique sa confusion du « transcendant » et du « transcendantal ». Plus encore, sa tendance à réifier la Raison en un Ego absolu apparaît dans l'erreur plus fondamentale contenue dans le *Transcendantaliste*, où il soutient que les catégories sont véritablement des « intuitions de l'esprit »[1].

En quoi cet Ego absolu pourrait-il consister dans *Nature* ? Emerson explique pourquoi la raison justifie de parler d'une force « instantanée » :

> L'homme a la conscience d'une âme universelle se tenant à l'intérieur ou derrière son existence individuelle, où, comme au firmament, se lèvent et resplendissent les catégories de la Justice, de la Vérité, de l'Amour et de la Liberté. Cette âme universelle, il l'appelle Raison : elle ne m'appartient pas, ni à toi, ni à lui, mais nous, nous lui appartenons (…). Ce que d'un point de vue intellectuel nous appelons raison, considéré en relation avec la nature, nous l'appelons Esprit. L'Esprit est le Créateur. L'Esprit contient en lui la vie[2].

Rappelons-nous de la correspondance que trace Emerson entre esprit et nature. À la distinction entre esprit (*mind*) et nature, il ajoute celle entre raison et esprit (*spirit*) : ces distinctions font écho l'une à l'autre et se tiennent au-dessus de l'esprit (*mind*) et la nature en tant que forces universelles qui animent. Par conséquent, la raison se tient au-dessus de l'esprit (*mind*) en tant que force qui anime. Que Kant puisse ou non accepter cette raison dépend de l'orientation de la « force instantanée », à savoir « à l'intérieur » ou « derrière ». Si elle se tient « à l'intérieur » et que la raison en tant que condition de l'activité libre se répand à travers l'économie mentale humaine, la différence semble sémantique. Si elle se situe « derrière » et que Emerson envisage un domaine au-dessus de l'économie mentale humaine au sein duquel son contenu se répand alors, Kant est susceptible de dénoncer cette position comme étant substantialiste[3].

Si l'étude en reste à la raison pure pratique, la raison avancée par Emerson pourrait s'accorder avec la fonction attribuée aux « connaissances positives » et au « [pressentiment] des objets qui ont pour la [raison pure] un grand intérêt »[4].

1. Van Leer, *Epistemology*, *op. cit.*, p. 5. S'il cite cette objection, il la nuance aussi (*ibid.*, p. 5-6). *Cf.* p. 37-38, 56-57.

2. Emerson, *Nature*, *op. cit.*, p. 33.

3. Pour Harvey, ceci dépasse les limites kantiennes de la raison, au-delà des expansions réalisées par Coleridge (*Transatlantic Transcendentalism*, *op. cit.*, p. 129). Winkler détecte un héritage provenant de Coleridge, mais est généralement d'accord avec la perspective mentionnée (*Lectures*, *op. cit.*, p. 15-16).

4. CRP, B 823-824, AK III, 517.

Tandis que les auteurs semblent s'accorder sur le besoin d'une connaissance positive au-delà des limites strictes posées à la connaissance empirique, Emerson prévoit également une réorganisation de l'intuition à cette fin.

c) Pour Kant, l'intuition joue un rôle limité bien qu'essentiel dans la connaissance empirique, à savoir celui de la représentation passive des objets. Cette limitation est due à l'incapacité humaine de penser par l'intuition, indépendamment de l'entendement; son essentialité provient de l'incapacité de l'entendement à se donner des représentations – parce que les objets doivent être donnés aux êtres humains par l'intuition[1].

La question se pose alors de savoir si les intuitions pourraient ne pas découler de la sensibilité, comme dans le cas de l'intuition intellectuelle. Même si Kant en permet la possibilité, une telle intuition se révèle être un cas limite, aux limites de l'économie mentale humaine, plutôt qu'une véritable faculté disponible, et elle pose une distinction entre noumènes positifs et noumènes négatifs. Les noumènes négatifs représentent des limites extérieures à la connaissance empirique dont l'économie mentale humaine ne peut se faire aucune représentation. Par opposition, les noumènes positifs ne posent pas de limites conceptuelles à la connaissance empirique, mais appartiennent à une classe d'entités dont l'économie mentale humaine ne peut ni appréhender ni comprendre une économie mentale qui pourrait le faire[2].

Pourtant, Emerson considère le « penchant de (...) s'aventurer » de la raison comme un besoin ressenti et une fonction cognitive que l'économie mentale humaine pourrait remplir par d'autres moyens. Parfois, il entrevoit la totalité :

> Debout sur le sol nu, la tête baignée par l'air joyeux et soulevée dans l'espace infini, tous nos petits égoïsmes s'évanouissent. Je deviens une pupille transparente ; je ne suis rien, je vois tout ; les courants de l'Être universel circulent à travers moi ; je suis une partie ou une parcelle de Dieu[3].

Ce passage esquisse une réceptivité intensifiée où l'économie mentale humaine appréhende quelque chose que Emerson appelle « Âme » : une force universelle qui anime. Plus loin, un geste similaire pourrait franchir les limites que Kant a posées à cette économie :

> En même temps que nous contemplons la nature de la vérité et de la justice dans sa nudité, nous apprenons la différence qui sépare l'absolu du contingent ou du relatif. Nous appréhendons l'absolu (...) ; nous apprenons que le temps et l'espace sont des relations de la matière, et qu'ils n'ont aucun rapport avec la perception de la vérité ou le désir de la vertu[4].

1. CRP, B 33, 74, AK III, 49, 74.
2. CRP, B 307, AK III, 209-210, 212-214. *Cf.* CRP, B 72, AK III, 72.
3. Emerson, *Nature*, *op. cit.*, p. 14.
4. *Ibid.*, p. 69.

En effet, Emerson parle d'une appréhension de l'absolu, indépendante de la connaissance empirique. De plus, cette appréhension pourrait dépasser ce qui découle du statut régulateur de certaines idées ou des postulats fondés par les structures immanentes de la raison. En d'autres termes, il semble que Emerson souhaite non seulement laisser la place à une appréhension des noumènes positifs, mais aussi assurer l'accès de l'économie mentale humaine à ces derniers, par l'intuition[1]. Pourquoi et par quels moyens effectue-t-il cela ?

À la question du « pourquoi », on pourrait répondre en supposant que Emerson trouve la description kantienne des aspirations mentales humaines, pertinente, mais les moyens de les assurer, inadéquats. En effet, accéder aux lois qui gouvernent « une totalité systématique subsistant par elle-même » est vital pour le progrès humain :

> De quelle façon calme et chaleureuse l'esprit découvre l'une après l'autre les lois de la physique ! Quelles nobles émotions s'emparent des mortels lorsqu'ils pénètrent dans les conseils secrets de la création et que cette connaissance leur fait éprouver le privilège d'ÊTRE ! Son [intuition (*insight*)] purifie l'homme. La beauté de la nature resplendit dans sa propre poitrine. Il est d'autant plus grand qu'il peut voir ça (…)[2].

Si l'« intuition » relie l'économie mentale humaine et la conformité aux lois naturelles avec l'unité du tout, les « moyens » s'avèrent doubles. À propos de l'entendement et de la raison, Emerson accepte une approche et des règles généralement kantiennes, bien qu'il les considère incomplètes. Cependant, on peut se demander quelle intuition n'est pas prise en compte. En réalité, Emerson avance une intuition *rationnelle*.

Faisant le rapprochement avec Coleridge, Winkler explique que :

> La raison (…) est un pouvoir d'intuition autosuffisant. Sa forme ou ses « idées » ne sont dérivées d'aucune autre faculté, et certainement pas des sens. Elles sont innées et les vérités qu'elles incarnent ne sont pas inférées, mais immédiatement connues. « Dans toutes ses décisions, [la raison] en appelle à elle-même comme fondement et substance de ses vérités », écrit Coleridge. La raison est un « Aspect direct de la Vérité, un Regard intérieur qui a une relation à l'Intelligible ou au Spirituel, similaire à celle que la Sensation a avec la Matière ou le Phénomène. » Lorsque Emerson écrit qu'une vraie théorie de la nature « sera sa propre preuve », il attend une certaine sorte de validation autosuffisante que seule la raison peut fournir[3].

Winkler ajoute que l'intuition est une perception « non volontaire et impersonnelle » de la vérité, et que les vérités intuitionnées sont « autocertifiées » (*self-*

1. Si le terme *intuition* n'apparaît pas dans *Nature*, celui d'*insight* est présent et assurerait la même fonction.

2. Emerson, *Nature*, *op. cit.*, p. 47 (trad. mod.).

3. Winkler, *Lectures*, *op. cit.*, p. 15-16.

certifying)[1]. Alors que l'intuition respecte certaines caractéristiques emblématiques de la raison kantienne – le fait qu'elle soit impersonnelle, autosuffisante, indépendante des sens et que certaines idées peuvent lui être innées –, si on appréhende ces idées immédiatement, la non-inférence devient douteuse. La raison peut-elle percevoir les vérités mathématiques ou le libre-arbitre sans glisser vers l'intuition intellectuelle ?

Dans tous les cas, Emerson prévoit un processus en deux étapes. Tout d'abord, la raison reconnaît que les mêmes lois lient nature et esprit : « l'analogie grâce à laquelle l'esprit et la matière s'épousent »[2]. L'intuition rationnelle jaillit en une « perception de l'unité [qui] est, dans son impersonnalité, une instance à la fois d'inspiration mathématique et poétique »[3]. Cette perception peut, à son tour, pousser l'économie mentale humaine à se reproduire comme perception en d'autres, économie pour laquelle seuls sont disponibles des moyens indirects, non discursifs :

> De cette essence ineffable que nous appelons esprit, celui qui pense le plus en dira le moins. Nous pouvons pressentir Dieu dans le grossier et pour ainsi dire lointain phénomène de la matière, mais quand nous essayons de le définir et de le décrire lui-même, à la fois la pensée et les mots se dérobent, et nous sommes aussi impuissants que les idiots et les sauvages. Cette essence se refuse à être enregistrée sous forme de propositions (...); le plus noble ministère de la nature est de se présenter comme la manifestation apparente de Dieu. Elle est l'organe à travers lequel l'esprit universel parle à l'individu et s'efforce de le ramener à lui[4].

En quoi consistent ces moyens indirects, non discursifs ? En pensant notamment au travail du poète avec les symboles, les métaphores et les analogies, une correspondance entre nature et esprit se laisse entrevoir :

> Le monde est symbolique. [Les catégories grammaticales sont métaphoriques], parce que la totalité de la nature est une métaphore de l'esprit humain (...). Les axiomes de la physique traduisent les lois de l'éthique (...). Ces propositions ont un sens beaucoup plus étendu et universel lorsqu'elles sont appliquées à la vie humaine que quand elles restent cantonnées à un usage technique[5].

Ainsi peut-on arriver indirectement à ce qui se tient en dehors de la connaissance empirique, tout en étant cependant en relation généralement avec la connaissance. Par conséquent, l'accès demeure à la fois possible et moins certain que la connaissance empirique, parce que Emerson ne peut que s'autoriser à faire des gestes en symboles et analogies vers les nouvelles appréhensions et relations :

1. *Ibid.*, p. 16, 28.
2. Emerson, *Nature*, *op. cit.*, p. 44.
3. Winkler, *Lectures*, *op. cit.*, p. 18. Il effectue, plus tard, le parallèle avec Schelling (p. 24).
4. Emerson, *Nature*, *op. cit.*, p. 73-74.
5. *Ibid.*, p. 40. Traduction modifiée. La question de savoir si, en transférant les déterminations d'un terme de l'analogie vers un autre, on ne transgresserait pas les restrictions de Kant, est laissée à une autre étude. *Cf.* CFJ, AK V, 464-465.

> Non seulement des ressemblances existent entre des choses dont le rapport est évident, comme quand nous découvrons le modèle de la main humaine dans la nageoire d'un saurien fossile, mais également entre des objets présentant une grande différence apparente. Ainsi Goethe et madame de Staël appellent-ils l'architecture une « musique de pierre »[1].

Ainsi, Emerson apporte-t-il sa propre résolution quant à la relation tendue entre connaissance humaine et noumènes positifs. Si l'auteur ne peut pas autoriser leur appréhension dans les limites kantiennes, avec les facultés kantiennes, alors il suffirait d'admettre une sélection des mécanismes des limites et facultés kantiennes, tout en intégrant de nouvelles fonctions. Si Kant résiste probablement à la reprise émersonienne de l'intuition, l'utilisation de l'analogie et celle des idées esthétiques semblent toutes deux s'accorder avec le traitement que Kant réalise dans la troisième *Critique*. Par analogie, on transfère la réflexion sur un objet de l'intuition, à un concept de la raison, duquel il ne peut y avoir aucune intuition sensible[2]. Par cette dernière, le libre jeu de l'imagination et l'entendement en idées esthétiques conduisent la connaissance aux limites au-delà desquelles, ni le langage ni le concept ne sont adéquats, et au-delà desquelles, aucune pensée déterminée ne peut survenir[3].

IV

Ceci explicite comment l'idéalisme transcendantal et les facultés kantiennes se font inégalement ressentir dans *Nature*. Si la lecture émersonienne de l'idéalisme partage peu avec celle de Kant, cela est dû à sa position constamment « problématique » : le monde extérieur n'admet pas la même certitude que celui interne. Par opposition, la lecture émersonienne des facultés de Kant résisterait mieux à l'examen, en ce sens que son entendement et sa raison s'accordent avec ceux de Kant. Ceci étant dit, l'intuition rationnelle entretient une relation ambiguë avec la prétendue lecture émersonienne des facultés kantiennes, et il s'avère difficile de déterminer si celle-ci ignore ou dépasse Kant. La présente étude est donc, de manière interprétative, incomplète.

Il semble donc que l'interprétation hypothétique et la traduction de Van Leer seraient mieux servies en abstrayant les facultés kantiennes du cadre prétendument idéaliste transcendantal, plutôt qu'en l'accentuant. Même en mettant entre parenthèses les considérations de composition, l'hypothèse de Van Leer ne peut qu'amener la lecture émersonienne de Kant aussi loin, car la question demeure de savoir avec quels éléments textuels on pourrait reconnaître et

1. Emerson, *Nature*, *op. cit.*, p. 52-53.

2. CFJ, AK V, 351-353 et P. Kauark-Leite *et al.*, « Introduction », *in* V. de Araujo Figueiredo, M. Ruffing et A. Serra, (éd.), *Kant and the Metaphors of Reason*, Hildesheim/Zürich/New York, Olms, 2015, p. 1-8.

3. CFJ, AK V, 314; *cf.* Kauark-Leite *et al.*, *Kant and the Metaphors of Reason*, *op. cit.*, p. 2-3.

analyser cette dite lecture en l'absence d'un idiome kantien cohérent ou d'une exégèse soutenue. L'interprétation de Van Leer peut-elle être vérifiée sans recourir à la familiarité ou la connaissance que Emerson a de Kant? Autrement dit, cette hypothèse est-elle falsifiable?

Winkler soulève des inquiétudes méthodologiques similaires :

> Nous nous interrogeons sur un Kant qui est à l'œuvre entre les lignes de Emerson, mais s'agit-il du Kant historique, d'un Kant qui est d'abord passé entre les mains de Coleridge ou d'une invention du propre esprit de Emerson ? (...) Mon inquiétude dans chacun des cas n'est pas simplement que Kant échoue à dire ces choses, mais qu'il travaille longuement et durement à établir précisément l'opposé. Est-ce à dire que Emerson utilise simplement Kant comme il l'a compris ? Cela nous ramène à la même sorte de question que j'ai soulevée précédemment. Si Van Leer ne dit rien du Kant historique, je ne sais pas comment évaluer ses affirmations (...) [1].

Même en acceptant les restrictions de Van Leer concernant les sources de la pensée de Emerson, une lecture attentive de *Nature* échoue à distinguer la lecture émersonienne de Kant d'un dépassement, d'une invention ou d'une omission. Même si Van Leer réussit à montrer l'importance philosophique de Emerson, cette étude se doit de conclure que sa méthode est, de manière constitutive, invérifiable.

Deven BURKS
Université du Luxembourg
(Traduction Élisabeth LEFORT)

1. Winkler, *Lectures*, *op. cit.*, p. 20.

LA CITOYENNETÉ EN EUROPE : LOCKE OU KANT ?

INTRODUCTION

Kant pense d'emblée la citoyenneté moderne comme européenne dans sa dimension cosmopolitique. C'est également à la fondation moderne de la citoyenneté que s'attache Locke. Pour Kant, comme pour Locke, citoyenneté signifie liberté, liberté civile, liberté publique, liberté de conscience. Si la liberté est la qualité spécifique du citoyen, c'est que, pour l'un comme pour l'autre, elle est raisonnée, autolimitée et ouverte sur un monde qui est encore à construire.

Toutefois, une différence sépare les deux philosophes fondateurs. Locke conçoit la liberté comme indépendance. Kant la comprend comme autonomie. Une telle différence n'est pas seulement conceptuelle et philosophique, elle correspond à deux cultures de la citoyenneté dont les effets sont encore visibles aujourd'hui en Europe, dans ce qui sépare, par exemple, la conception multiculturelle de la conception universelle de la citoyenneté.

Le rappel de ce qui les distingue, mais aussi de ce qui les rapproche dans l'héritage européen de l'idée (et même de l'idéal) de citoyenneté permettra, peut-être, de mieux comprendre les hybridations qui marquent les temps contemporains, à la fois moralistes et hyper-individualistes, en quête d'autosuffisance autant que de sécurité, adeptes du partage autant qu'indifférents aux inégalités… Bref, si souvent contradictoires dans ce qu'il est convenu d'appeler des revendications « citoyennes ».

INDÉPENDANCE ET AUTONOMIE

Partons de la différence entre indépendance et autonomie pour en rappeler la force conceptuelle respectivement donnée par Locke et par Kant.

C'est le voeu d'indépendance personnelle, si l'on en croit Benjamin Constant, qui marque l'entrée dans la citoyenneté moderne. L'analyse de Constant met justement l'accent sur ce qui change : le refus d'un lien fusionnel entre le citoyen et l'État. La vie réussie, la vie bonne, ne saurait être entièrement ni exclusivement politique. La liberté ne vient pas de la société, elle commence dans l'homme, dans chaque homme, elle est une qualité originellement humaine. De cela, tous les philosophes modernes sont convaincus ; mais la question est de savoir comment penser la liberté individuelle pour en faire une institution publique.

Indépendance et bonheur du citoyen lockien

La conception lockienne fait de l'indépendance l'état naturel de l'homme, par quoi il ne faut pas entendre un état de sauvagerie ou de violence (on n'est pas dans un état de guerre), mais la pleine jouissance de ses droits naturels. N'être pas asservi, vivre de ses dons, se tenir en paix avec autrui, faire prospérer ses biens, transmettre son héritage, se défendre contre les attaques au besoin par la force, autant d'actions que chaque homme approuve dans son bon sens et par où il reconnaît des lois de la nature dont la finalité est la plus simple et la plus facile à concevoir puisqu'il s'agit de la préservation, par chacun, de sa vie et de ses biens.

L'état de nature est donc tout simplement l'état « normal » des hommes quand ils sont libres, se reconnaissent égaux, ne cherchent pas à se nuire par le vol ou le crime ou bien qu'ils ripostent par la violence à de telles agressions : autant de manières, pour chacun, d'exprimer et sauvegarder son indépendance naturelle. La conception lockienne de la loi naturelle contient l'idée d'un ordre du monde qui associe l'action, la raison et la religion, puisque Dieu a donné la terre aux hommes en même temps que la raison « pour faire de l'une et de l'autre l'usage le plus avantageux à la vie la plus commode. La terre, avec tout ce qui y est contenu, est donnée aux hommes pour leur subsistance et leur satisfaction »[1]. Ainsi, l'usage des forces naturelles par les moyens de la raison en vue de la plus grande utilité et du plus grand bien-être est une loi naturelle en tant que loi divine. Tout homme, quand il agit dans son propre intérêt sans chercher à nuire à autrui, s'inscrit dans un ordre du monde qui le justifie puisqu'il ne fait qu'accomplir le droit du genre humain à sa conservation : en me préservant et en me protégeant des agressions, j'exerce le droit à la conservation du genre humain[2].

« Si l'assertion selon laquelle chacun, dans l'état de nature, est en droit de tuer un meurtrier afin de détourner les autres de faire une semblable offense, que rien ne peut réparer »[3], fait irrésistiblement penser au droit du port d'armes chez les citoyens américains, il suffit de la remettre à sa place dans le contexte européen pour apprécier l'originalité lockienne qui fait du droit au bonheur personnel un rempart contre la possessivité bureaucratique et l'emprise idéologique du pouvoir politique. Le droit au « souci de soi », pour emprunter à un tout autre registre, n'est-il pas ce qui reste, quand la domination, policière et fiscale autant que mentale et morale, devient l'unique forme de l'action du pouvoir politique ? Préserver son indépendance de jugement et d'action n'est-il pas la condition indispensable à une humaine estime de soi face aux déviances, abus et détournements de pouvoir qui changent les bureaucrates en bourreaux, soit en version violente soit en version harcelante ? L'indépendance et, avec elle le fait que chaque homme reste seul juge de ce qui fait bonheur, semble bien être la part de vie personnelle qui doit échapper au pouvoir dans un état de droit.

1. Locke, *Traité du gouvernement civil*, trad. fr. D. Mazel, Paris, GF, 1984, § 26, p. 194.
2. *Ibid.*, § 11, p. 179.
3. « L'homme étant obligé de se conserver lui-même autant qu'il est possible », *ibid.*, § 16, p. 185.

Autonomie et responsabilité du citoyen kantien

On trouve donc bien chez Locke ce qu'on pourrait appeler un « esprit » de la citoyenneté libérale, et non pas seulement un art de consacrer la citoyenneté au simple culte de la propriété privée.

Avec Kant, c'est un autre esprit de la citoyenneté qui est découvert et promu.

Si la qualification de la liberté comme construction personnelle de l'accès au bonheur est retenue par Kant, c'est pour sa signification négative et critique. « Personne ne peut me contraindre à être heureux d'une certaine manière »[1] : une telle formule condamne le paternalisme politique comme la figure la plus séduisante et donc la plus dangereuse du despotisme : faire le bien des sujets pour les dominer au point de leur faire perdre le goût et le sens de la liberté. Tocqueville a dépeint en traits inoubliables ce paternalisme possessif[2], et H. Arendt a su dénoncer ce qu'il y avait de dissonant dans l'idéal socialiste d'un bonheur qui transforme un peuple libre en une masse asservie[3].

Une même défiance s'exprime dans ces trois analyses, et Arendt en a sans doute le plus clairement exprimé l'enjeu : la dépolitisation de la fonction politique. On ne trouvera pas une telle formulation chez Kant, mais l'idée de l'irrationalité du critère du bonheur en politique. L'argument est paradoxal et subtil, il s'applique tant au souverain qu'au citoyen, et il peut résumer ainsi : loin de préserver la paix civile, le principe du bonheur instaure une sorte d'état de guerre permanent et durable. Faire du bonheur un fondement naturel du droit positif est une erreur juridique qui revient à justifier toute action par la satisfaction qu'elle donne aux désirs ; insidieusement, la quête de bonheur sacralise l'efficacité et, à travers elle, la force et la violence quand elles sont des moyens de succès :

> le souverain veut rendre son peuple heureux selon l'idée qu'il s'en fait, et il devient despote ; le peuple veut ne pas se laisser frustrer de la prétention au bonheur commune à tous les hommes, et il devient rebelle[4].

Le critère du bonheur faisant de chacun l'unique juge de sa propre cause envers et contre tous, l'état de nature des désirs est inévitablement un état de guerre. La situation internationale en est l'illustration la plus visible, et la distinction lockienne entre état de nature et état de guerre se trouve abolie :

1. Kant, TP, AK VIII, 290, lignes 27-28 ; trad. fr. L. Guillermit, Paris, Vrin, 1972, p. 31.

2. Le pouvoir « travaille volontiers à leur bonheur ; mais il veut en être l'unique agent et le seul arbitre ; il pourvoit à leur sécurité, prévoit et assure leurs besoins, facilite leurs plaisirs, conduit leurs principales affaires, dirige leur industrie, règle leurs successions, divise leurs héritages ; que ne peut-il leur ôter entièrement le trouble de penser et la peine de vivre ? », Tocqueville, *De la démocratie en Amérique*, t. II, chap. VI : « Quelle espèce de despotisme les nations démocratiques ont à craindre », Paris, Garnier Flammarion, 1981, t. II, p. 385.

3. Les révolutionnaires n'ont pas regardé les hommes comme des citoyens visant la liberté, mais comme des malheureux, lesquels se sont mobilisés contre les riches, explique Hannah Arendt dans son *Essai sur la révolution*, chap. II : « La question sociale », trad. fr. M. Chrétien, Paris, Gallimard, 1967.

4. Kant, TP, AK VIII, 302, lignes 10 à 13 ; trad. cit., p. 45.

> l'état de paix entre des hommes vivant côte à côte n'est pas un état de nature (*status naturalis*); celui-ci est bien plutôt un état de guerre; sinon toujours une ouverture d'hostilités, cependant une menace permanente d'hostilités [1].

Or ce qui perpétue cet état de guerre entre les nations est bien le souci d'*indépendance* des États, qui s'arment pour conserver ou augmenter leur puissance, dont ils font la garante majeure de cette indépendance. La condition pour que s'*institue* un état de paix à l'intérieur comme à l'extérieur des États, est de comprendre la liberté comme autonomie du vouloir.

« Le concept d'un droit extérieur en général découle entièrement du concept de la liberté dans les rapports extérieurs des hommes entre eux et n'a absolument rien à voir avec la fin qui est de façon naturelle celle de tous les hommes (l'intention de parvenir au bonheur) »[2] : ce n'est donc pas le bonheur mais le devoir qui définit en propre la citoyenneté. La citoyenneté en effet n'est pas un droit privé, mais un droit public, un droit qui relève de la constitution d'un État; on n'est pas citoyen tout seul mais en relation avec d'autres, de sorte que le citoyen est une volonté publique d'une situation de paix publique, en accord avec les autres et avec l'État. Son aptitude à déterminer sa volonté par une loi qui vaut pour tous et pour le Bien de la communauté politique fait de lui une volonté autonome au sens politique : c'est-à-dire responsable de la cohésion durable de la vie publique.

TRAVAIL ET VIE SOCIALE

La citoyenneté moderne se caractérise également par le travail, et elle comporte une dimension économique intégrée à la vie sociale; ce n'est plus le loisir, mais le travail qui distingue l'homme libre. Le travail fait partie de la dynamique de l'égalité des conditions, au sens tocquevillien, et il marque, à ce titre, la différence avec les sociétés aristocratiques, en tant que facteur de libération. La quête de la prospérité est un trait de l'esprit de progrès et donne naissance à un nouveau type d'homme, entrepreneur et commerçant, caractères que Voltaire retient du modèle anglais :

> le commerce, qui a enrichi les citoyens en Angleterre, a contribué à les rendre libres... je ne sais lequel est le plus utile à un État, ou un Seigneur bien poudré (...) qui se donne des airs de Grandeur en jouant le rôle d'esclave dans l'antichambre d'un Ministre, ou un Négociant qui enrichit son Pays, donne de son Cabinet des ordres à Surate et au Caire, et contribue au bonheur du monde [3].

1. Kant, PPP, « Deuxième section », AK VIII, 348, lignes 3 et 4 et AK VIII, 349, lignes 1 et 2; trad. fr. J. Gibelin, Paris, Vrin, 1975, p. 13.
2. Kant, TP, AK VIII, 289, lignes 29 à 32; trad. cit., p. 30.
3. Voltaire, *Lettres Philosophiques*, Neuvième Lettre, Paris, Garnier-Flammarion, 1987, p. 40.

La citoyenneté économique chez Locke

Les hommes concrets ne sont pas uniquement mus par des raisonnements, mais par des intérêts autant que par des habitudes et des préjugés. Et c'est très concrètement que l'appétit du bien-être peut être prisé et cultivé comme un moteur favorable à la liberté : se construire une vie agréable, acquérir une propriété, être honoré, transmettre du bien à ses enfants etc. L'appétit de bien-être alimente l'esprit d'entreprise.

Or la fondation lockienne de la propriété, si celle-ci a bien pour but d'augmenter les commodités de la vie, a pour unique légitimité le travail. Si la Terre est, pour le Créateur du monde, la propriété commune *donnée* au genre humain pour sa subsistance, la propriété devient privée quand elle est *acquise* par le labeur, la peine et le souci que chacun apporte en la cultivant et en la protégeant. Revient en *propre*, à chaque travailleur, la part qu'il ajoute à la nature en la transformant, en la fertilisant, en augmentant ses possibilités :

> son travail distingue et sépare alors ces fruits des autres biens qui sont en commun ; il y ajoute quelque chose de plus que la *nature*, la mère commune de tous, n'y a mis ; et, par ce moyen, ils deviennent son bien particulier[1].

Le travail est ainsi créateur d'une valeur ajoutée qui fait du champ labouré, des fruits préservés de la pourriture, des animaux soignés et nourris... des biens dont l'utilité, dans la société civile, est sociale et collective.

Le mérite et l'effort sont donc la composante morale qui justifie la privatisation des fruits du travail. Le citoyen est, par le travail, l'acteur de sa propre liberté, et son utilité sociale lui fait obtenir la reconnaissance de ses semblables, reconnaissance qu'on appelle aujourd'hui l'estime de soi. Le citoyen est un acteur de la vie sociale parce qu'il est un acteur de la vie économique. C'est un propriétaire en un sens large (propriétaire de soi autant que de ses possessions, de ses droits, de ses chances et des opportunités d'action qu'il crée), le caractère spécifiquement libéral de la citoyenneté lockienne se reconnaît au privilège accordé à la réussite économique et à son identification à une réussite morale. Certes, la valeur ajoutée aux biens naturels est un bénéfice pour la collectivité, elle accroît la prospérité et combat (idéalement) la pauvreté, mais la finalité providentielle de la dynamique du travail reste la même : la satisfaction privée de l'individu, qui sera toujours le témoin privilégié de la qualité de la vie sociale. Certes, le travail et l'enrichissement sont entièrement justifiés par le droit du genre humain tout entier à sa propre conservation, toutefois, c'est l'individu qui incarne par sa réussite personnelle ce droit primordial du genre humain. L'individualisme libéral est à la fois le moteur et le but de l'effort et du mérite.

1. Locke, *Traité du gouvernement civil*, *op. cit.*, § 28, p. 195.

La citoyenneté sociale chez Kant

Les présuppositions anthropologiques de Kant sont différentes. La nature n'a pas fait de l'homme son favori, écrit-il par litote, car le mérite ne s'ajoute pas au bonheur, il s'y substitue. L'activité économique en porte la marque autant que l'activité pédagogique, judiciaire ou philosophique. Si le manque est, vitalement, à l'origine de l'action, il n'est pas uniquement psychologique (désirer ce qu'on n'a pas), mais, plus profondément, ontologique (être contraint d'inventer les moyens mêmes de la vie).

L'ontologie empiriste se trompe donc en croyant pouvoir proportionner le bonheur à l'existence corporelle et matérielle. Elle fait davantage une lecture magique ou merveilleuse de l'accord entre l'homme et la nature. Elle croit que la nature a prévu généreusement l'adaptation des moyens aux fins, alors qu'il existe une totale disproportion entre les moyens et les fins,entre l'existence matérielle de l'homme et sa destination à sa propre réalisation. Kant emprunte à Rousseau l'idée d'un déchirement ou d'une contrariété anthropologique entre nos dispositions naturelles. Mais quand celui-ci incrimine la civilisation, la rendant coupable d'avoir créé une hypertrophie des facultés rationnelles au détriment des facultés sensibles, Kant va chercher *dans la civilisation les remèdes possibles à cette contrariété innée.* C'est pourquoi il examine le travail comme une réalité la fois économique et culturelle, qui contribue à la civilisation forcée des facultés humaines. Dans la compétition économique, l'usage conflictuel des tendances naturelles renverse les buts mêmes que se proposent les individus : c'est pour être heureux et en repos qu'ils s'affrontent, mais en s'affrontant ils se cultivent et perdent le repos mécanique auquel ils aspirent. Ils entrent dans un processus qui révèle et développe les talents en octroyant aux citoyens une véritable valeur sociale [1].

Il y a donc chez Kant une citoyenneté sociale, la sociabilité humaine étant paradoxalement mue par un penchant irrésistible à l'insociabilité : chacun veut se sentir protégé par la société dont il et membre, mais il souhaite aussi profiter pour son propre compte des avantages collectifs qu'elle procure. La citoyenneté ne fait pas que préserver les individus de la violence, elle socialise les penchants en en faisant des aptitudes à une productivité collective, dont la récompense se mesure en estime sociale plutôt qu'en intérêts matériels et égoïstes; il y a ainsi une « valeur sociale » du fait de travailler à la perfection de soi et de ses dons (un devoir envers soi d'après l'éthique développée dans la « Doctrine de la vertu »).

Kant n'apporte-t-il pas, d'une certaine façon, une réponse à l'objection faite à la citoyenneté économique lockienne ? On lui reproche en effet le caractère cumulatif et indéfini de la tension vers toujours plus de biens et toujours plus de satisfactions. Léo Strauss traduit ainsi la vanité de la quête sans fin de prospérité dans

1. Kant, IHU, « Quatrième proposition », AK VIII, 20-22; trad. fr. G. Leroy, *Emmanuel Kant, Histoire et politique*, Paris, Vrin, 1999, p. 90 et 91.

le libéralisme lockien en une formule saisissante : « une quête de joie sans joie »[1]. Si, chez Locke, l'individu peut se tenir pour un exemplaire réussi de la destination du genre humain au bonheur, il ne peut, chez Kant, travailler qu'à l'avancement du genre humain vers le mérite. Voilà qui ajoute au mérite la grandeur métaphysique et la sublimité morale de la destination du genre humain.

RATIONALITÉ ET NORMATIVITÉ

La modernité, en matière de citoyenneté, tient évidemment au caractère « révolutionnaire » d'une légitimation du pouvoir qui se tient désormais dans le peuple. La volonté du peuple est une fondation juridique pour la validation des lois positives, mais elle forme aussi une solidarité collective qui s'exprime dans les mœurs, dans les convictions partagées et dans le sentiment de construire en commun un destin politiquement durable.

Cependant la volonté populaire ne saurait être un simple déchaînement de réactions viscérales, contradictoires et évanescentes, sauf à signifier une perturbation permanente de la vie sociale et la simple impossibilité de construire un État ; à l'évidence, il ne saurait être question que la volonté populaire installe une situation de guerre permanente dans l'État et contre l'État. Par suite, le génie de la modernité (faire de la liberté personnelle une institution publique) est en même temps le plus redoutable de ses problèmes : éviter les dérives de l'abus de liberté autant que de l'abus de répression. L'accord de la liberté (dont l'imaginaire est d'abolir toute contrainte) avec le pouvoir (dont la suppression de la liberté garantirait une totale efficacité) est la croix des philosophes politiques...

Le citoyen lockien contre les pouvoirs

Le but du pouvoir n'est pas le pouvoir : on pourrait résumer ainsi l'intelligence lockienne de la politique moderne. Le bon sens aide à comprendre ce qui peut passer pour un paradoxe. Il rejettera spontanément l'image d'un pouvoir occupé à s'accroître par la guerre, à s'emparer du bien des citoyens et à prendre un contrôle absolu sur leur vie et leur postérité. Si augmenter le pouvoir, c'est augmenter la domination sur les hommes, sur les choses, sur l'action et sur l'avenir, alors le danger politique majeur est l'autonomisation du pouvoir par rapport à la société :

> il y a toujours à craindre que cette assemblée ou ce monarque ne veuille avoir des intérêts à part et séparés de ceux du reste de la communauté ; et qu'ainsi il ne soit disposé à augmenter ses richesses et son pouvoir, en prenant au peuple ce qu'il trouvera bon[2].

1. L. Strauss, *Droit naturel et histoire*, trad. fr. M. Nathan et E. de Dampierre, Paris, Champs-Flammarion, 1986, p. 219.

2. Locke, *Traité du gouvernement civil*, *op. cit.*, § 138, p. 285-286.

Or le pouvoir ne manque ni d'occasions ni de prétextes pour se désolidariser de son peuple : les conquêtes pour la puissance et le prestige à l'âge de la monarchie absolue, l'accomplissement d'un certain sens de l'histoire dans ses versions totalitaires, l'installation d'une bureaucratie qui élargit indéfiniment le domaine des services publics dans la démocratie dite *providentielle* [1]..., dans tous les cas, le « salut du peuple » se trouve annexé et sacrifié à l'extension de la puissance de l'État.

La question qui se pose est donc est celle-ci : *comment limiter le pouvoir aux seules raisons de sa légitimité ?* C'est ici que la citoyenneté intervient dans son rôle de rationalisation de l'exercice du pouvoir. Chez Locke, la juste limitation du pouvoir est donnée par sa véritable et authentique finalité : la société, c'est-à-dire ceux qui la font vivre et prospérer, est l'unique et ultime finalité qui autorise le pouvoir politique à faire et appliquer des lois de contrainte. Le pouvoir est fait pour l'homme, et non l'inverse ; le Prince est fait pour le peuple, et l'État est fait pour que vive la société. Il est donc légitime de défendre la société contre l'État s'il outrepasse son domaine de légitimité. Est libéral, au sens moral, juridique et politique, le refus absolu d'identifier la politique à un état de servitude.

Dans la vie ordinaire, l'individualisme libéral est le rempart qui préserve de toute velléité d'institutionnaliser un abus de pouvoir, quelle qu'en soit la forme, financière, militaire ou idéologique. Autrement dit, la préservation des intérêts individuels est la garantie d'une société collectivement libre. Une telle idée est absurde si on comprend les intérêts individuels comme des intérêts égoïstes et asociaux ; mais le citoyen lockien est un citoyen engagé à obéir aux lois qui garantissent une société libre ; préserver ses possessions et sa créativité individuelle n'est pas une activité sauvage, cela a pour condition juridique et morale le respect et la défense des possessions et de la créativité des autres. Entre l'État et les citoyens, la préservation de la liberté repose donc sur la confiance, confiance en ce que les mêmes principes, les mêmes valeurs et les mêmes convictions sont partagés.

Peut-être cette importance du besoin de confiance entre le peuple et le gouvernement ainsi que dans l'opinion publique explique-t-elle la méfiance permanente du citoyen libéral à l'égard de l'État[2]. On sait que Locke a conçu le droit de résister au pouvoir comme l'expression-limite de la sauvegarde de la liberté[3]. Mais on se représente cette résistance comme un pouvoir de riposte qui serait plus légitime que le pouvoir oppressif en place, comme un usage de la violence qui pourrait s'autojustifier. Or cette représentation ignore l'acuité du problème,

1. *Cf.* D. Schnapper, *La démocratie providentielle. Essai sur l'égalité contemporaine*, Paris, Gallimard, 2002.

2. M. Friedmann en témoigne abruptement en affirmant que « pour l'homme libre, la nation ne se propose aucun but propre, sinon celui qui résulte de l'addition des buts que les citoyens, chacun de leur côté, cherchent à atteindre ; et il ne reconnaît d'autre dessein national que la somme des desseins individuels », *Capitalisme et liberté*, trad. fr. A. M. Charno, Paris, Robert Laffond, 1971, p. 10.

3. Sur ce point, voir J. Dunn, *La pensée politique de Locke*, trad. fr. J.-F. Baillon, Paris, Léviathan, 1991, chap. XIII.

notamment dans les temps contemporains : qu'un employé tue son employeur ou qu'un étudiant agresse son professeur sont des actes sans légitimité politique[1] ; isolés, ils ne font qu'instaurer *un état de guerre* entre le citoyen et l'institution. L'État ne peut manquer de réprimer ces violences qui ne le délégitiment en rien puisqu'il reste le garant de la sécurité publique. L'unique condition pour qu'une résistance au pouvoir central ait une véritable portée politique est posée par Locke : il lui faut manifester publiquement *une signification normative* qui puisse être au fondement d'une société politique régie par le droit. Résister, ce n'est pas donner libre cours aux pulsions insatisfaites, c'est opposer la volonté de construire un État de droit aux dérives et aux crimes d'un État déchu. Ce n'est pas détruire l'État, c'est se montrer digne et capable de fonder un État véritable.

La personnalité publique du citoyen kantien

La complexité du droit de résistance engagera, peut-être, à aborder le kantisme avec moins de prévention envers son célèbre refus du droit de résistance au pouvoir, ce pouvoir fût-il injuste. En prenant les armes, le citoyen se place dans la même état d'illégitimité que le gouvernement qu'il combat : l'un et l'autre détruisent ce qui fait le propre d'un État de droit pour s'installer dans un état de guerre où la violence met au pouvoir le plus fort, le plus rusé ou le plus cynique. Non seulement toute légitimité disparaît, mais le pouvoir accroît généralement sa domination avec le triomphe des vainqueurs.

La citoyenneté protestataire doit donc elle-même être pourvue d'une légitimité normative qui prouve que sa critique du gouvernement ne vise *pas la domination, mais la justice*. À ce titre, elle est une citoyenneté républicaine. La manière kantienne de regarder la Révolution française dans le *Conflit des facultés* (deuxième Section) en témoigne exemplairement ; celle-ci ne peut être légitimée par la force des armes ni par les débordements de violence, mais par sa seule finalité, qui a pour témoins les spectateurs européens plus que les acteurs français : un peuple entend se gouverner par des lois qui expriment sa volonté générale. La justice est la raison du pouvoir, et non l'inverse.

La citoyenneté est pourvue d'une force normative autorisée à s'imposer au souverain, mais sa légitimité se borne à son expression publique exclusivement, par l'adresse de doléances au pouvoir central : le recours à la parole est l'unique moyen juridique de lutter juridiquement en faveur de la justice. Du côté du souverain, la publicité des maximes permet de discriminer le cas où le pouvoir s'exerce en conformité avec la légitimité républicaine et celui où le pouvoir se couvre d'une idéologie républicaine. On sait que K.O Apel et Jürgen Habermas ont donné une postérité communicationnelle à la conception kantienne d'une citoyenneté délibérante et instruite, capable de construire par la discussion la rationalité de la volonté des lois.

1. Le langage médiatique accentue les risques de dérapage en exaspérant les perceptions (« colère », « flambée » « réveil » « attaque »…).

Peut-on aller jusqu'à donner un rôle moteur mondial à la normativité républicaine de la citoyenneté ? Tel était, en tout cas, le souhait de Kant. L'audace conceptuelle d'une telle vision prophétique est considérable, mais cohérente. Elle signifie, en effet, que la citoyenneté républicaine est cosmopolitique en son principe, porteuse de l'unique légitimité d'une Alliance planétaire des Nations, à savoir une paix mondiale instituant le genre humain comme l'unique bénéficiaire de la politique internationale de tous les peuples. Idée délirante du point de vue des intérêts privés des États, mais idée irremplaçable pour donner aux réformes une légitimité qui ne vient ni d'un peuple ni d'une culture ni d'une région du monde en particulier, mais du droit du genre humain à un entier développement. La citoyenneté cosmopolitique est citoyenneté du genre humain ; chacun, comme membre solidaire de la destination commune de l'espèce au perfectionnement indéfini de soi peut raisonnablement espérer être à la fois membre d'un État et membre de la communauté humaine en formation.

CONCLUSION

Une condition, semble-t-il, est nécessaire à l'universalité normative d'une citoyenneté cosmopolitique : ce ne sont pas les droits de l'homme, mais bien plutôt *les droits de l'humanité* qui peuvent orienter une volonté générale ouverte à des réformes progressives. Les droits de l'homme restent des droits occidentaux quand ils traduisent un désir de bien-être social, familial, sexuel ou professionnel pour des individus encore portés par un rêve d'enrichissement continu, matériel et culturel. Mais la coexistence de communautés séparées par leurs croyances, coutumes, convictions, modes de vie impose de penser à nouveaux frais les réserves de sens qui peuvent et doivent nourrir la perception de la citoyenneté comme institution publique.

La version libérale tend à reconnaître aux revendications privées, traditionalistes, religieuses, ethniques et autres le même droit de faire partie des « propriétés » (ce qu'il a en propre) qu'un citoyen peut défendre au titre de l'expression de sa liberté. La thèse trouve sa limite dans l'extrême difficulté d'empêcher les différences de s'affirmer les unes contre les autres et de provoquer ainsi un état de guerre au sens lockien, social et culturel, à l'intérieur des peuples. La version cosmopolitique propose un universalisme instauré à l'intérieur de chaque nation, mais reposant sur des droits de l'humanité (ne pas se vendre, ne pas se louer, ne pas marchandiser une partie de son corps, rendre les usages conformes à la dignité de tout être humain...) que les nations peuvent décider de définir en commun, avec la possibilité de mettre aussi un frein à la privatisation indéfinie des droits de l'homme en version occidentale. Les droits de l'humanité, plus que les droits de l'homme, sont des droits à vocation cosmopolitique.

Monique CASTILLO
Université Paris-Est

CONSIDÉRATIONS SUR LA MAXIME DE LA PENSÉE ÉLARGIE : CONVERGENCES ET DIFFÉRENCES AVEC LE SCHÉMA SPÉCULAIRE CHEZ ADAM SMITH

Si la présence de Smith est bien attestée dans la philosophie morale contemporaine, à travers notamment toutes les références, implicites ou explicites, à la figure du « spectateur impartial », il reste en revanche téméraire ou à tout le moins problématique de vouloir chercher des traces de ce schéma dans la réflexion pratique kantienne, et ce, pour au moins deux bonnes raisons : la première est que Kant a énoncé, dans les *Fondements de la métaphysique des mœurs*, un critère de validité éthique auquel toute sa philosophie pratique restera fidèle : le test d'universalisation de la maxime de mon action. Puis-je universaliser la maxime de mon action sans contradiction? La deuxième raison est que Kant défend une conception déontologique de l'éthique qui ne laisse aucune place pour la sensibilité et les phénomènes affectifs, alors que Smith soutient que le jugement moral s'enracine dans les passions et les sentiments. La critique sévère des doctrines du sentiment moral, dans les *Fondements*[1], même si elle vise nommément Hutcheson, atteint également Smith, dans la mesure même où elle réfute tout projet de fondation de la moralité sur des principes empiriques et pathologiques.

Pour autant, il y a, dans le système critique, des schèmes de raisonnement et des problématiques qui témoignent, sinon d'une influence directe, du moins d'une rencontre de pensée étonnante avec Smith. On pourrait évoquer la parenté d'inspiration entre le motif d'une ruse de la Nature dans *Idée d'une histoire universelle au point de vue cosmopolitique* et la théorie smithienne de la "main invisible" ou encore la distinction opérée par Kant dans la seconde section du *Conflit des facultés,* à propos de la signification morale de la Révolution française, entre le point de vue désintéressé du spectateur et celui nécessairement partisan de l'acteur; distinction qui rappelle fortement les analyses de Smith sur la position d'extériorité comme condition de possibilité d'un jugement moral droit. Faute de pouvoir suivre ici toutes ces pistes, dont certaines ont, de toute façon, été déjà explorées, je me bornerai à examiner un point précis qui n'a pas, à ma

1. *Cf.* FMM, AK IV, 442; OP II, 311.

connaissance, reçu l'attention qu'il mérite : la remarquable similitude d'intuition qui sert de point de départ à la philosophie de Smith et la seconde maxime du « sensus communis » énoncée par Kant dans le § 40 de la *Critique de la faculté de juger*. Après avoir rappelé que l'on doit essayer de penser par soi-même (maxime de la pensée autonome), contre toute forme d'hétéronomie de la pensée, Kant déclare, de façon paradoxale de prime abord, que chacun doit « penser en se mettant à la place de tout autre être humain » [1] (maxime de la pensée élargie). Or le principe d'une réversibilité des positions comme procédé d'ajustement rationnel se trouve, on le sait, au centre de la théorie des sentiments moraux dans l'ouvrage éponyme de Smith. Pour le philosophe écossais, se mettre, en pensée, à la place de l'autre est non seulement un mécanisme psychologique au cœur des relations humaines, mécanisme que Smith décrit, à la suite de Hume, sous le nom de « sympathie », mais aussi le principe au fondement de la conscience morale. S'agit-il ici d'une simple coïncidence dans l'usage d'une formule, ou l'indice d'une convergence des deux auteurs sur toute une série de questions importantes, comme celles du rôle de l'altérité dans la constitution d'un monde commun ou celle des effets de notre subjectivité empirique dans l'évaluation de nos propres jugements, ainsi que nous le croyons ?

Dans l'une des rares études exhaustives consacrées aux rapports entre la philosophie pratique de Kant et celle de Smith [2], Samuel Fleischaker relevait, dans le corpus kantien, plusieurs expressions qui trahissent une influence de Smith, par exemple celle, connue, de « spectateur impartial et rationnel » (*vernünftiger unparteiischer Zuschaeur*) au tout début des *Fondements de la métaphysique des mœurs*, ou encore, celle de « raison impartiale » dans la *Critique de la raison pratique*. Il ne fait plus aucun doute aujourd'hui, grâce en particulier à l'examen des *Reflexionen* [3], que Kant a lu les deux œuvres maîtresses du philosophe écossais : les *Recherches sur la nature et les cause de la richesse des nations,* qu'il mentionne dans la *Doctrine du droit*, et la *Théorie des sentiments moraux* [4]. Il est également établi, grâce aux mêmes sources, que Kant a médité la théorie du « spectateur impartial ». Est-ce à dire qu'il faille voir dans

1. CFJ, AK V, 294; OP II, 1073. Nous conserverons la traduction courante, au lieu de maxime « de la pensée *ouverte* » (selon la trad. cit.). La troisième maxime du sens commun est, évidemment, la « maxime de la pensée conséquente ».

2. *Cf.* S. Fleischaker, « Philosophy in Moral Practice : Kant and Adam Smith », *Kant-Studien*, 82/3, 1991, p. 249-270. L'auteur a le mérite de montrer, grâce à l'étude minutieuse du corpus kantien et des *Reflexionen* en particulier, que l'idée selon laquelle Kant a ignoré Smith n'est plus recevable. On rappellera que A. Oncken, *Adam Smith und Immanuel Kant*, Leipzig, 1877, n'avait pas eu connaissance des *Reflexionen*. Il ne connaissait que la lettre de Marcus Herz du 9 juillet 1771 adressée à Kant, et mentionnant Smith comme étant son philosophe « préféré », *Kants Briefwechsel*, AK X, 121; trad. fr. M.-C. Challiol, *Correspondance par Emmanuel Kant*, Paris, Gallimard, 1991, p. 92.

3. Les Réfl. 6864 et 6628 évoquent expressément le concept smithien de spectateur impartial, *Reflexionen zur Moralphilosophie*, AK XIX, 185.

4. DD, AK VI, 289; OP III, 550-551. Pour plus d'indications sur les passages qui mettent en évidence la connaissance de Smith par Kant, voir S. Fleischaker, « Philosophy in Moral Practice », art. cit. Pour plus de commodité, la *Théorie des sentiments moraux* est désormais abrégée *TSM*.

la maxime de la pensée élargie un écho des lectures smithiennes de Kant ? N'est-il pas tentant en effet de se demander si le philosophe de Königsberg n'a pas repris l'idée smithienne d'un jeu mental de regards pour l'adapter à son idéalisme transcendantal ; en transposant, sur le plan « logique », les vertus universalisantes repérées par Smith dans l'ordre moral ? Cette hypothèse de lecture n'est sans doute pas la plus probante [1], il n'en demeure pas moins que Kant a vu tout l'intérêt philosophique que présente l'idée d'une projection imaginaire de soi dans la situation de l'autre : c'est un formidable procédé heuristique pour garantir à ses jugements le maximum d'objectivité, et l'on concevra sans peine que, dans le cadre d'une philosophie qui a remplacé le concept de vérité par celui d'objectivité, un tel procédé s'harmonise parfaitement avec les réquisits critiques.

Disons-le d'emblée : dans ce qui suit, je ne chercherai pas à reprendre la question des sources smithiennes de la pensée kantienne, question qui nous condamne largement aux conjectures ; mon dessein sera plutôt de mettre en évidence certaines homologies théoriques saisissantes entre la maxime de la pensée élargie et le système smithien de la sympathie. J'essaierai, plus particulièrement, de montrer comment, malgré les différences abyssales qui séparent les deux philosophes, Kant et Smith ont suivi des démarches assez comparables sur la question de l'« objectivité » de nos jugements.

LA MAXIME DE LA PENSÉE ÉLARGIE : UN ESSAI DE DÉPSYCHOLOGISATION DU MÉCANISME SYMPATHIQUE DE SMITH ?

Dans la *TSM*, Smith a décrit le phénomène de la sympathie comme un mécanisme psychologique inscrit dans la nature humaine. Dès le début de l'ouvrage, l'auteur se donne comme un continuateur de la tradition empiriste et sentimentaliste, et les perspectives dans lesquelles il développe sa réflexion sont essentiellement anthropologiques et même naturalistes. On pourrait s'étonner, alors, de retrouver chez un penseur comme Kant exactement le même procédé mental de la psychologie smithienne (se mettre à la place de l'autre) dans le prolongement de l'analyse transcendantale du « sensus communis », analyse devenue célèbre par sa conclusion identifiant le goût à « une sorte de "sensus communis" » [2]. En faisant dépendre la santé du juger de l'exercice mental consistant à se transporter fictivement dans la pensée de l'autre, la philosophie critique ne risquait-

1. Sur les sources possibles des maximes du sens commun, voir C. Berner, « Le "climat kantien" de l'herméneutique », *in* C. Berner et F. Capeilleres, *Kant et les kantismes dans la philosophie contemporaine. 1804-2004*, Villeneuve d'Ascq, Presses Universitaires du Septentrion, 2007, p. 262. L'auteur évoque l'influence des travaux herméneutiques de Georg Friedrich Meier, mais il rappelle aussi que les maximes « se trouvent clairement préfigurées par Locke », *cf.* « Comprendre et communiquer Kant à l'horizon du paradigme herméneutique », *in* A. Lask et A. Neschke-Hentschke, « La Naissance du paradigme herméneutique », in *De Kant et Schleiermacher à Dilthey*, Villeneuve d'Ascq, Presses Universitaires du Septention, 2008 (2e éd.), n. 31 p. 33.

2. CFJ, AK V, 293-296 ; OP II, 1072 *sq*.

elle pas de se laisser contaminer par un psychologisme larvé que son orientation résolument transcendantale dénonçait comme un péché mortel ?

On sait le destin exemplaire qu'a connu la notion de sympathie au XVIIIe siècle : comment de catégorie physique, dans le stoïcisme ancien, elle est devenue, dans la philosophie moderne, une catégorie psychologique; puis comment la sympathie a été considérée comme le ressort fondamental de toute la vie mentale des hommes, et comment, de là, elle fut finalement érigée en véritable paradigme, capable d'expliquer à peu près tout et n'importe quoi, de l'« union amoureuse » des métaux à l'affinité des âmes. Partant de prémisses foncièrement anti-psychologistes et anti-empiristes, Kant n'a jamais été séduit par le pouvoir explicatif du « principe de sympathie » – peut-être n'en a-t-il jamais saisi toute la richesse et la profondeur. En reprenant à son compte l'idée clef de la pathétique smithienne, Kant n'avait pas l'intention d'élaborer une nouvelle « chimie des cœurs » ou d'expliquer les mécanismes de « transfusion » des sentiments d'un individu à un autre. Son but était de dégager une règle d'universalisation pour la faculté de juger dans le cadre d'une reconstruction des conditions de validité de la connaissance. La différence de contexte avec la notion smithienne est manifeste. Chez Kant, le champ opératoire de la seconde maxime du sens commun n'est pas la sphère de la sensibilité, des émotions et des sentiments, mais celle des représentations et de l'activité judicative. Pour autant, nous allons le voir, Smith aussi cherche à déterminer, à travers la fiction théorique du « spectateur impartial », un moyen d'élever nos réactions affectives à la dimension universelle.

Pour mesurer les transformations que la philosophie critique fait subir à l'idée d'un « changement imaginaire de positions », sous le titre de maxime de la pensée élargie, sans doute faut-il commencer par rappeler comment Adam Smith comprenait ce processus : comme l'opération sur laquelle s'appuie le « principe de sympathie ». On le sait, sous la plume de Smith comme sous celle de Hume, le mot « sympathie » ne désigne pas une émotion particulière (la compassion ou la pitié), mais un principe de communication des sentiments et des émotions. C'est, dit Smith, au tout début de la *TSM*, « notre affinité avec toute passion, quelle qu'elle soit »[1]. Cette affinité, conçue comme une coïncidence de mes sentiments avec ceux d'autrui, repose toute entière sur la faculté qu'a l'homme de se mettre en pensée à la place de l'autre. En un sens, la sympathie n'est qu'une modalité de l'imagination.

Les prémisses empiristes de la conception smithienne de la connaissance éclairent en grande partie la problématique et la direction des analyses de la *TSM*, principalement axées sur l'enfermement de l'homme dans l'enceinte mentale de ses sens, et les ressources « imaginaires » de l'homme pour sortir de ce solipsisme cognitif. Comme l'univers de l'homme s'arrête aux données fournies par ses sens, il est impossible de connaître autrui directement. Pour surmonter cette

1. A. Smith, *Théorie des sentiments moraux*, trad. fr. M. Biziou, C. Gautier et J.-F. Pradeau, Paris, P.U.F., 2003, p. 27.

séparation première, l'homme n'a pas d'autre issue que d'essayer de s'identifier à autrui, en se représentant quels seraient ses sentiments, s'il occupait sa position. D'où l'importance de l'imagination dans la conception smithienne des relations interindividuelles :

> Ce n'est que par l'imagination que nous pouvons former une conception de ce que sont ses [de notre frère] sensations [1].

À beaucoup d'égards, les longs développements sur les modalités de la sympathie ne font que répéter la solitude originelle de l'individu[2], tout en soulignant, paradoxalement – nous y reviendrons, la structure intersubjective de son être.

À ce niveau de l'analyse, Smith n'a décrit qu'une opération mentale qui n'a encore pas d'autre dimension que psychologique et sociale, fût-elle la loi fondamentale des rapports humains. Mais à ce processus psychique, Smith entend faire jouer un rôle normatif à travers ce que la postérité retiendra comme « la théorie du spectateur impartial ». Il faut, à cet égard, rappeler que l'intention fondamentale de Smith dans la *TSM* fut de rendre compte de notre capacité à porter des jugements moraux, à expliquer en particulier leurs caractères d'universalité, d'objectivité et d'obligation. Avec tous les représentants de la tradition sentimentaliste, Smith rejette la tendance rationaliste qui fait de la raison la source des appréciations morales[3]. Toutefois, il n'accepte pas la doctrine du « sens moral » (*moral sense*) défendue par Hutcheson, qui attribuait à l'homme une sorte de pouvoir de perception analogue à nos sens externes, et capable de saisir les qualités morales de nos actes. Ayant pris pour modèle la méthode anatomique suivie par Hume dans le *Traité de la nature humaine*, comme lui, il propose une analyse génétique de la conscience morale, à partir du principe de sympathie.

Quelle que soit la richesse et la subtilité de certaines descriptions du mécanisme de la sympathie dans la *TSM*, l'idée directrice des analyses morales de Smith est simple : pour juger les actes d'un individu, il est nécessaire de se représenter quels seraient nos sentiments si nous étions à sa place. C'est la capacité que nous avons, en tant qu'observateur, de sympathiser avec la « personne principalement concernée » qui peut servir de mesure de la convenance de ses actes. Toute sympathie avec les sentiments d'autrui vaut approbation de sa conduite; l'absence de sympathie, en revanche, vaut désapprobation, voire blâme. Cela étant dit, il est important de faire remarquer que Smith apporte deux compléments d'informations essentiels, sans lesquels toute sa théorie morale risquerait de sombrer dans l'inconsistance et l'arbitraire des émotions et des sentiments. Il précise d'abord que le spectateur ne juge pas les actes d'un individu sans avoir

1. *Ibid.*, p. 24.

2. Sur l'impuissance des hommes à rejoindre autrui autrement qu' « imaginairement », voir les analyses pénétrantes de J.-P. Dupuy, *Le libéralisme et justice sociale*, Paris, Hachette Littératures, 1997, p. 84.

3. Cf. *TSM*, p. 426.

considéré au préalable les circonstances dans lesquelles l'agent a agi et les effets de son action sur le patient[1]. La référence à la « situation » dans laquelle se trouve l'agent au moment de son action est comme la caution d'objectivité de nos jugements, la preuve de leur ancrage dans la réalité des choses. La deuxième précision concerne le moyen d'échapper à l'imperfection de notre sympathie. Celle-ci, en effet, peut toujours être inspirée par des préférences, biaisée par notre ignorance. Nous avons donc besoin d'un étalon de mesure supérieur par rapport auquel déterminer la «justice» de nos réactions sympathiques. Ayant pris conscience de l'insuffisance de la morale de la «convenance», et de son incapacité à énoncer par elle-même des règles morales universelles, Smith se trouve donc obligé d'introduire un deuxième principe normatif. C'est la fameuse doctrine du « spectateur impartial ». L'idée centrale se résume ainsi : la norme qui garantit la justesse du jugement moral est fournie par la fiction d'un « spectateur désintéressé » dont la situation d'extériorité est gage d'impartialité.

Pour toute la postérité, l'intérêt majeur des analyses de Smith réside dans cette progression de la psychologie des relations interindividuelles à l'émergence d'un monde moral. Aux yeux de Smith lui-même, ce qui faisait la force du « système de la sympathie », c'était sa capacité à expliquer la vie morale à partir d'un seul et unique principe naturel.

LA MAXIME DE LA PENSÉE ÉLARGIE COMME PRINCIPE D'UNIVERSALISATION

Le lecteur qui, laissant de côté la *TSM* de Smith, retrouve le passage[2] de la troisième *Critique* où est évoquée la pensée élargie, ne peut manquer d'être frappé par la manière dont Kant ramène le mécanisme imaginaire qui sous-tend le phénomène sympathique à une simple maxime du jugement. Ce que vise la seconde maxime du « sensus communis », c'est, on l'a dit, proposer un procédé permettant au sujet pensant de s'assurer de la validité intersubjective de son jugement. Étant donné la part de subjectivité que tout jugement recèle en lui, comment puis-je savoir si je ne suis pas victime d'une illusion, lorsque je revendique pour mon jugement une valeur universelle? Nous connaissons la réponse de Kant, elle s'organise autour de l'opposition entre l'homme « ouvert d'esprit » et l'homme aux vues bornées: seul l'élargissement de ma pensée par la prise en compte du point de vue de l'autre peut me donner les moyens d'échapper au

1. *TSM*, p. 28 : « Par conséquent, la sympathie ne naît pas tant de la vue de la passion que de celle de la situation qui l'excite ».

2. Sur les différentes présentations des maximes du sens commun, voir aussi *Logique*, trad. fr. L. Guillermit, Paris, Vrin, 2007, p. 63; *Anthropologie*, § 43, AK VII, 200; OP III ,1018; § 59, AK VII, 228; OP III, 1046. On notera que, dans la *Logique*, les maximes sont présentées différemment : comme des « règles et conditions universelles pour éviter l'erreur ».

provincialisme ordinaire des esprits. Comme l'explique Kant, on peut parler d'« *ouverture d'esprit* d'un homme », dès lors qu'il témoigne du désir de

> s'élever au-delà des conditions subjectives, d'ordre privé, du jugement, dont restent prisonniers tant d'autres, et lorsqu'il réfléchit sur son propre jugement à partir d'*un point de vue universel* (qu'il ne peut déterminer qu'en se mettant à la place des autres[1].

Une telle ouverture d'esprit n'a rien à voir avec l'étendue des talents ou des connaissances d'un homme, c'est avant tout une certaine façon de faire usage de sa raison, de se situer par rapport à ses propres jugements et à ceux d'autrui, et c'est pourquoi la seconde maxime est fondamentalement la maxime de la faculté de juger :

> Il n'est pas question ici de la faculté de connaissance, mais de la *manière de penser* et de faire de la pensée un usage conforme à une fin[2].

La précision a son importance. Dans la connaissance objective, celle des sciences de la nature en général et de la science newtonienne en particulier, dont les conditions de possibilité ont été décrites dans la *Critique de la raison pure*, les jugements – les « jugements d'expérience » – sont déterminants, et leur validité absolue. Cette validité repose sur des liaisons objectives et nécessaires. Le recours au jugement d'autrui est donc inutile. En revanche, quand il s'agit d'exercer notre faculté de juger réfléchissante, il est besoin de savoir quelles sont les règles pour espérer énoncer des jugements nécessaires et universels. C'est donc dans le cadre d'un travail de réécriture criticiste du « discours de la méthode », que Kant réfléchit sur l'utilité des échanges entre les esprits. En se mettant à la place de l'autre, le sujet pensant perçoit les choses sous un angle différent, pour ainsi dire, et, à partir des perspectives inédites que lui ouvre sa nouvelle position, se donne les moyens de corriger tout ce qu'il y a de borné et d'incomplet dans son jugement. Ce faisant, il s'élève progressivement, par le jeu de la confrontation imaginaire de son jugement avec celui des autres, à « *un point de vue universel* ».

Ainsi conçue, la seconde maxime du sens commun est un exercice consistant à vérifier la rectitude de notre jugement en le comparant avec les jugements d'autrui, regardés comme une norme du vrai. Bien entendu, Kant sait très bien que la validité d'un jugement ne dépend pas du suffrage qu'il recueille, l'accord des esprits n'est jamais qu'un critère extérieur de la vérité. Mais, faute d'un critère matériel de la vérité, et dans l'exacte mesure où, par sa théorie de l'objectivité, la « révolution copernicienne » accomplie par la *Critique de la raison pure* a rendu obsolète l'idée d'une confrontation directe de nos énoncés avec la réalité « en soi », une pierre de touche de la rectitude des jugements qui ne reprenne pas les

1. CFJ, AK V, 295 ; OP II, 1074.
2. *Ibid.*

concepts périmés de la métaphysique traditionnelle, est requise. C'est ce que rappelle utilement un passage de l'*Anthropologie* :

> C'est bien un critère subjectivement nécessaire de la justesse de nos jugements en général et donc de la santé de notre entendement que nous confrontions aussi ce dernier à l'*entendement des autres*, au lieu de nous isoler avec le nôtre, et qu'avec nos représentations particulières nous n'en formulions pas moins, en quelque sorte, des jugements publics [1].

Paradoxalement, nous sommes à la fois très près et très loin de Smith. Très proche, parce que la manière dont Kant pose le problème de la rectitude des jugements le conduit à formuler des critères de validité en termes d'intersubjectivité. C'est dans la confrontation avec le regard de l'autre que réside la clef d'une universalisation possible du jugement. Pour juger des choses, l'homme kantien a tout autant besoin de ses semblables que l'homme smithien. Il doit s'ouvrir à l'autre pour ne pas briser le fil qui le relie au « sens commun ».

Très éloigné, parce que la doctrine du spectateur impartial est encapsulée dans une anthropologie, elle reste dans l'orbite de la pensée sentimentaliste; au lieu que la maxime de la mentalité élargie se déploie dans un horizon transcendantal censé conférer à cette dernière une valeur rationnelle indépendante de toute psychologie des affects. Elle se rattache à l'idéal kantien d'une raison publique et autocritique. Au demeurant, tandis que Smith voyait dans l'exercice de changement imaginaire de positions à la fois et uniment un principe psycho-affectif et le fondement des normes éthiques, Kant ne voit plus en lui qu'un procédé d'universalisation rationnelle. Ce qui déplace la gravité des analyses de la question de fait de la genèse naturelle des jugements moraux (*quid facti*)[2] vers la question de droit des conditions de possibilité de validation des jugements (*quid juris*).

Sur la base de ces considérations, et relisant la maxime de la mentalité élargie avec Smith en arrière-plan, on serait tenté de dire que Kant a coupé le jeu de transposition imaginaire des places de ses racines affectives[3], l'a extrait, du même coup, de sa gangue empiriste, pour n'en garder que le noyau heuristique et normatif. De ce point de vue, Kant a certainement rendu à cette expérience de pensée sa signification rationnelle[4].

1. *Anthropologie*, AK VII, 219; OP III, 1036; voir aussi CRP, A 820/B 849, AK III, 532; OP I, 1376-1377; *Logique*, trad. cit., p. 63.

2. Là-dessus, la déclaration sans ambiguïté de Smith : « La présente enquête ne porte pas sur une question de droit mais, si je peux dire, sur une question de fait », *TSM*, p. 126 n.

3. Sur ce point, les remarques de Hannah Arendt contre toute tentation lire les passages de Kant sur la mentalité élargie à la lumière d'une psychologie de l'empathie : *cf.* H. Arendt, *Juger. Sur la philosophie politique de Kant*, trad. fr. M. Revault d'Allones, Paris, Seuil, 1991, p. 71.

4. Notons ici que c'est cette signification rationnelle qu'un philosophe comme John Rawls retiendra dans sa théorie éthique. Le « voile d'ignorance » ne désigne pas autre chose, chez le philosophe américain, qu'un dispositif permettant d'atteindre une norme universelle (par neutralisation des sources de partialité). *Cf.* J. Rawls, *Théorie de la justice*, Paris, P.U.F., 1987.

SOLIPSISME PASSIONNEL ET LIMITATIONS SUBJECTIVES DE NOTRE HORIZON DE PENSÉE

Ce qui doit maintenant nous intéresser, c'est la question de savoir à quel besoin théorique répond une recommandation comme celle de se mettre à la place de l'autre, quand il s'agit d'énoncer un jugement. Cette question nous servira de fil conducteur tout au long du travail de comparaison mené par cette étude. D'ores et déjà, l'on peut faire remarquer que les deux philosophes sont préoccupés par les limitations subjectives que la condition humaine impose à nos jugements; tous deux essaient d'élaborer des moyens de rectifier ce qui, dans notre façon de penser, est l'effet indésirable de notre subjectivité empirique. En considérant les choses d'un peu plus près, l'on découvrira aussi que l'élément subjectif que Kant constate dans toute pensée est le pendant de la composante passionnelle que Smith déplore dans les jugements moraux ordinaires. Certes, les effets négatifs de notre subjectivité sont pensés différemment par l'un et l'autre : comme partialité de nos évaluations et sentiments moraux chez Smith, comme limitation de notre horizon mental par Kant. Mais, par-delà les différences, c'est une compréhension assez similaire de la subjectivité comme obstacle à l'objectivité et à l'universalité de nos jugements qui sous-tend leurs analyses.

Précisons tous ces points, en commençant par rappeler le rôle des passions dans la *TSM*. Il faut sans doute le répéter : si la figure du spectateur impartial occupe, dans le « système de la sympathie », une place centrale, c'est bien parce que Smith décèle en l'homme une spontanéité corruptrice qui risque à tout moment d'affecter nos jugements moraux. On peut à cet égard interpréter la théorie du « spectateur impartial » comme une tentative pour échapper à un solipsisme affectif ou passionnel. Chez Smith, en effet, le personnage conceptuel du spectateur impartial est inséparable de l'idée que nos jugements sont constamment menacés par la partialité de notre sympathie. Chacun est naturellement porté à accorder plus d'importance à son sort qu'à celui de ses semblables, plus à celui de ses proches qu'à celui d'un étranger. L'anéantissement du peuple de la Chine, déclare Smith dans un passage souvent cité, me préoccupe moins que la blessure de mon doigt[1]. La raison en est que :

> La perte ou le gain d'un très petit avantage, admet encore Smith, semblent beaucoup plus importants, excitent en nous un chagrin ou une joie beaucoup plus passionnés et une aversion ou un désir beaucoup plus ardents, que le plus grand souci d'une personne avec qui nous n'avons pas de rapport particulier[2].

Sans que l'on puisse trop s'étendre sur ce point, notons que même la célèbre thèse de Hume sur la sympathie à l'égard des riches[3] retrouve sa place dans la *TSM* où

1. *TSM*, p. 198-199.
2. *Ibid.*, p. 198.
3. *Cf.* D. Hume, *Traité de la nature humaine*, trad. fr. A. Leroy, Paris, Aubier, 1973, II, deuxième partie, section V.

Smith évoque notre inclination à nous laisser impressionner par les « riches et les puissants » (*the rich and the great*)[1]. La réfutation de la théorie hobbesienne selon laquelle l'égoïsme est la source primaire et fondamentale de nos comportements fut bien l'un des objectifs stratégiques de la *TSM*. Pour autant, cela ne veut pas dire que Smith ait méconnu l'influence des passions sur nos jugements moraux. Tout se passe au contraire comme si l'homme smithien était enfermé dans une prison passionnelle qui l'empêchait de percevoir clairement où se situe le juste, et que le seul moyen, pour l'individu, d'énoncer un jugement moral droit était de parvenir à mettre entre parenthèses ses intérêts et ses préférences particulières. Ce qui ne peut se faire sans qu'il quitte sa « position naturelle », pour examiner ses actions (comme celles d'autrui) du point de vue d'un spectateur extérieur (*bystander*)[2].

> Nous ne pouvons jamais examiner nos sentiments et nos motifs, nous ne pouvons jamais former un jugement les concernant, à moins de quitter, pour ainsi dire, notre position naturelle, et de nous efforcer de les voir comme s'ils étaient à une certaine distance de nous-mêmes. Or, nous ne pouvons le faire d'aucune autre façon qu'en nous efforçant d'observer ces motifs et sentiments avec les yeux des autres, ou comme les autres les observeraient[3].

Il ressort de cette citation que la rectitude du jugement dépend avant tout de la position que le spectateur occupe dans l'espace imaginaire des relations affectives que les hommes tissent entre eux et par rapport à eux-mêmes. C'est la distance (à soi et aux autres) qui définit l'attribut essentiel du spectateur impartial, ce qui le prouve, c'est que l'altérité toute immanente par laquelle se constitue son être, peut être traduite en termes de coordonnées spatiales. Ainsi ne serait-il pas excessif d'estimer que, dans cette compréhension « topologique » et « spectaculaire » de la morale, l'attitude vertueuse est plus affaire de place, de perspective et finalement de perception, que de bonne volonté. Le personnage conceptuel du « spectateur désintéressé », qui domine toute la réflexion pratique de la *TSM*, est celui qui, fort de sa position d'extériorité, énonce un verdict auquel chacun d'entre nous donne son approbation, quel que soit par ailleurs le point d'où il considère les choses.

Quant à la source exacte de distorsion de nos jugements moraux, Smith a expressément désigné l'amour de soi (*self-love*) comme la cause principale de notre partialité. C'est à lui qu'il faut également rattacher toutes les illusions psychologiques et morales dont les hommes sont si souvent victimes. Les spécialistes de Smith ont discuté à perte de vue de la question de savoir si cet amour de

1. Cf. *Cf.* D. Hume, *Traité de la nature humaine*, *op. cit.*, chap. III. Smith parle, en écho aux idées de Hume, de notre disposition à « admirer les riches et les grands et à mépriser les personnes pauvres et d'une condition obscure », p. 65-71.

2. On rappellera que Adam Smith utilise, comme synonyme de « spectator », le terme « bystander », autrement plus parlant, puisque, comme le rappelle J.-P. Dupuy, il signifie littéralement : celui qui se tient « à côté », *Le libéralisme et justice sociale*, *op. cit.*, p. 91.

3. *TSM*, p. 171-172.

soi est l'égoïsme décrit dans la *Richesses des nations*. Nous ne pouvons pas ici entrer dans le difficile – mais sans doute dépassé – débat sur la cohérence globale de l'œuvre de Smith (le fameux « Adam Smith Problem » posé autrefois par A. Oncken)[1], mais faisons remarquer que, contrairement à ce que l'on lit parfois, le thème de la toute-puissance de l'amour de soi n'est pas un thème découvert tardivement par Smith, dans *De la richesse des nations*, et qui viendrait assombrir la pensée « optimiste » du jeune Smith centrée sur une prétendue bienveillance universelle, il est omniprésent dans la *TSM*[2]. Nous dirions volontiers que c'est parce que la puissance de l'amour de soi est reconnue dans toute son ampleur, dès l'ouvrage de 1759, que la figure du « spectateur impartial » y joue un rôle si central. Une lecture attentive des textes montre que, dès la rédaction de la *TSM*, Smith avait pleinement conscience de l'imperfection de nos réactions passionnelles. À sa manière, et paradoxalement, l'auteur qui affirmait, au tout début de son ouvrage, qu'il y a, dans la nature de l'homme, certains principes « qui le conduisent à s'intéresser à la fortune des autres et qui lui rendent nécessaire leur bonheur »[3], retrouvait, au fil de sa réflexion, l'idée chère au camp des cyniques, d'une force d'insinuation de l'amour de soi dans nos sentiments. J'en veux pour preuve la thèse de l'aveuglement (*self-delusion*) et de la cécité volontaire (*self-deceit*) de la conscience, par rapport aux motivations intéressées de nos jugements. Qu'on relise, à cet égard, les pages consacrées à la duperie de soi, elles rappellent plus Mandeville, Pascal ou la Rochefoucauld, que Hutcheson et l'école sentimentaliste[4]. On aurait également tort de croire que Smith pensait, comme son maître Hutcheson, que la « bienveillance universelle » pût constituer une parade efficace contre l'amour de soi. Au plan psychologique comme au plan éthique, il n'y a que la distanciation du spectateur « within » qui puisse redresser les erreurs du jugement moral gauchi par notre partialité innée :

> Ce n'est pas le doux pouvoir de l'humanité, ce n'est pas cette faible étincelle de bienveillance que la Nature a allumée dans le cœur humain, qui est ainsi capable de contrecarrer les plus fortes impulsions de l'amour de soi. C'est un pouvoir plus fort, un motif plus puissant, qui s'exerce en de telles occasions. Il s'agit de la

1. A. Oncken, « Das Adam Smith Problem », *Zeitschrift für Sozialwissenschaft*, 1898.

2. Smith évoque expressément l'influence et la force « des passions égoïstes et originelles de la nature humaine », *TSM*, p. 198. L'anthropologie qui se déploie dans la *TSM* n'est pas une anthropologie de la bienveillance, opposée à l'hypothèse cynique de l'égoïsme, selon laquelle tout acte, même quand on le croit altruiste, serait, en réalité, inspiré par des motifs intéressés ; c'est une anthropologie de la sympathie, laquelle sympathie comme structure morphogénétique de notre vie psychique, est capable d'engendrer toute la gamme indéfinie des émotions et des passions. L'une d'elles est l'amour de soi. *Cf.* J.-P. Dupuy, *Le libéralisme et justice sociale*, *op. cit.*, p. 82 *sq*.

3. *Ibid.*, p. 23.

4. *Ibid.* Sur « l'illusion sur soi » et le « mensonge à soi-même », lire le chap. IV de la troisième partie. Précisons toutefois que le chapitre (I, III. 3) où Smith paraît le plus désabusé, ne sera ajouté que dans la sixième et dernière édition de 1790.

> raison, des principes, de la conscience, de celui qui réside au-dedans du cœur, de l'homme intérieur, du grand juge et arbitre de notre conduite [1].

Et un peu plus loin :

> Les illusions naturelles de l'amour de soi ne peuvent être corrigées que par l'œil de ce spectateur impartial [2].

Voilà qui doit faire réfléchir [3] ceux qui ont cru découvrir dans la *TSM* une œuvre dans le droit fil des écrits des philosophes de la bienveillance – les fameux « benevolists », un moment en vogue au XVIIIe siècle.

Ce bref rappel nous a permis de voir comment, chez Smith, la violence des passions exerce continuellement un pouvoir de déformation de notre perception morale. Est-il maintenant complètement incongru de chercher, dans le registre de la pensée et du jugement, l'équivalent du motif smithien de la partialité que nous venons d'observer dans l'ordre moral ? C'est principalement dans les remarques dispersées de Kant sur la suffisance de l'« égoïste logique » – mais pas seulement – que l'on trouvera la possibilité de pousser le plus loin la comparaison entre le modèle smithien du spectateur et la conception critique de la mentalité ouverte.

La seconde maxime du sens commun tient sa raison d'être du fait des limitations subjectives dont toute pensée est nécessairement prisonnière. Dans la définition que Kant donne du « sensus communis » au paragraphe 40 de la *Critique de la faculté de juger*, il est déjà question de la finitude de notre point de vue et des pièges qu'elle tend au sujet pensant imprudent :

> (...) Sous l'expression de *sensus communis*, il faut entendre l'idée d'un sens *commun à tous*, c'est-à-dire l'idée d'une faculté de juger qui dans sa réflexion tient compte, lorsqu'elle pense (*a priori*), du mode de représentation de tous les autres êtres humains afin d'étayer son jugement *pour ainsi dire* de la raison humaine dans son entier, et ainsi échapper à l'illusion qui, produite, par des conditions subjectives de l'ordre du particulier, exercerait sur le jugement une influence néfaste [4].

1. Il convient ici de noter que, dans le système moral de Smith, le « spectateur impartial » lui-même n'est pas un spectateur idéal et infaillible, comme dans la théorie de R. Firth, *cf.* « Ethical Absolutism and the Ideal Observer », *Philosophy and Phenomenological Research*, 12/3, 1952, p. 317-345. Il est sujet à toutes les limitations liées à sa condition humaine (manque d'informations, influence des sentiments et des passions). Sur ce point, lire aussi : T. D. Campbell, *Adam Smith's Science of Morals*, London, George Allen Unwin, 1971, p. 127 *sq.*

2. T. D. Campbell, *Adam Smith's Science of Morals*, *op. cit.*, p. 200.

3. Le titre du chapitre (I. III. 3) de la *TSM* en dit long sur la partialité de nos sentiments : « De la corruption de nos sentiments moraux occasionnée par cette disposition à admirer les riches et les grands, et à mépriser ou négliger les personnes pauvres et d'humble condition », *op. cit.*

4. CFJ, AK V, 293 ; OP II, 1072.

La préoccupation majeure de Kant, celle de définir une pierre de touche de la rectitude du jugement, est donc d'autant plus nécessaire que chacun, dès lors qu'il juge, risque d'être victime d'une illusion sur la valeur de son jugement. Dans le mouvement qui porte l'homme kantien à surestimer la puissance de son entendement, il y a le même genre d'illusion (*self-deceit* et *self-delusion*) que celui qui pousse l'homme smithien à croire que sa sympathie à l'égard d'autrui est désintéressée et méritée. Un opérateur de correction est nécessaire. Mais le principe correcteur ne peut se situer en nous, puisque précisément la racine et le foyer même de l'illusion sont dans la subjectivité du sujet pensant. Il ne s'agit plus ici, comme dans la première maxime du jugement, de lutter contre la force des préjugés, de maintenir ou de reconquérir une autonomie perdue de la pensée, ou encore de se délivrer d'une tutelle intellectuelle, mais de briser la clôture théorique de notre propre subjectivité. C'est à sortir le sujet de son propre lieu d'observation que s'emploie la maxime de la pensée élargie, comme c'est à décentrer le sujet qu'invite la fiction conceptuelle du « spectateur impartial ». Bien sûr, la théorie de l'élargissement de la pensée n'est pas la théorie de l'impartialité, mais le parallèle est saisissant. Il n'est pas fortuit : l'un des présupposés majeurs qui sous-tend les deux doctrines est que la bonne méthode à suivre pour énoncer des jugements universels, consiste avant tout à se débarrasser de certains obstacles anthropologiques, comme s'il était admis qu'un jugement libéré de toutes les scories subjectives ou influences des passions, devrait être nécessairement droit.

Cela précisé, la conception de la maxime de la pensée élargie semble mettre aussi en jeu toute une réflexion implicite sur notre position dans le monde, ainsi que l'atteste l'usage des expressions de « point de vue » (*Standpunkt*) et de « place » (*Stelle*)[1]. Les concepts centraux seraient alors ceux de position (qu'il faudrait changer), de perspective (qu'il faudrait multiplier) et d'horizon (qu'il faudrait élargir). Par là, Kant se rapprocherait du modèle smithien du spectateur situé décrit plus haut. De fait, l'idée sous-jacente à notre maxime, c'est que, comme nous ne pouvons observer les choses qu'à partir du lieu où nous nous trouvons, tout point de vue est irrémédiablement biaisé ou limité. En même temps, si autrui peut m'éclairer, c'est, justement, parce que, occupant une place différente de la mienne, il est capable de voir ce que ma position m'interdit de considérer. L'exercice mental que propose la maxime de la mentalité élargie serait alors une façon, pour le sujet, de contourner la finitude qui pèse sur la pensée humaine, en s'ouvrant, par l'imagination, à des perspectives qui sont hors de portée de son point de vue borné. Dans sa lecture originale de la pensée de Kant à partir du fil conducteur de la notion de « raison étrangère »[2], Josef Simon a

1. CFJ, AK V, 295 ; OP II, 1074. Voir, sur cette question, les analyses perspicaces de S. Chavel, *Se mettre à la place d'autrui. L'imagination morale*, Rennes, Presses Universitaires de Rennes, 2011, p. 79-80.

2. *Cf.* J. Simon, *Die Fremde Vernunft und die Sprache der Philosophie*, Berlin/New-York, De Gruyter, 2003. L'analyse de J. Simon, malgré une évidente originalité, nous semble partir d'un

montré de manière convaincante que Kant comprend l'insuffisance de notre point de vue selon un modèle perspectiviste, qui n'est ni celui de Leibniz, ni celui de Nietzsche, mais qui essaie de transformer le fait de la pluralité des points de vue, de problème en principe de solution, grâce à l'appel à l'ouverture à autrui.

Seulement, on l'oublie, l'expression de «point de vue» (*Standpunkt*) que Kant utilise, est tout à fait métaphorique, il s'agit même d'une catachrèse, puisqu'on transpose dans le champ de l'activité judicative un vocable qui relève du domaine de la perception sensible. Or, que la perception soit nécessairement limitée, qu'elle ne saisisse les choses qu'«en esquisses», on l'admettra. En reprenant la terminologie de la phénoménologie husserlienne, nous dirons que c'est une structure eidétique de la donation des choses perçues. Mais si l'on ne se laisse pas abuser par le prestige de l'expression «point de vue», pourquoi, après tout, le jugement de l'homme particulier devrait-il être borné? Comment expliquer qu'un homme, participant à la raison, ne peut jamais être sûr de la validité de son jugement? La réponse nous paraît donnée dans la définition du «sensus communis», où Kant évoque «des conditions subjectives de l'ordre du particulier», qui exerce «sur le jugement une influence néfaste»[1]. Quelque vague que soit l'indication, il faut comprendre que le «perspectivisme» théorique auquel l'homme semble voué, découle originairement de la forme phénoménale de notre être. Exister comme sujet pensant en situation de finitude, même si l'on appartient aussi, en qualité d'être raisonnable et libre, au «règne des fins» ou au «monde intelligible moral», c'est être nécessairement situé et borné par une subjectivité empirique qui transforme tout effort de pensée en «point de vue». Qu'est-ce à dire, sinon que l'homme ne peut échapper à la finitude son point de vue qu'en faisant appel à des points de vue extérieurs et, en principe, tout aussi limités que le sien.

C'est sur ce point qu'éclate avec le plus d'évidence le pluralisme de Kant: l'idée selon laquelle la prétention à l'universalité qu'élève tout jugement implique nécessairement l'autre. Il faut bien préciser la portée de la thèse kantienne: la promotion du problème de l'intersubjectivité au rang de problème philosophique fondamental, l'élévation de la notion de communication au rang de catégorie cardinale. Il a beaucoup été question, depuis les écrits d'Apel et d'Habermas, des limites des philosophies de la conscience, et de la nécessité d'opérer un dépassement du solipsisme méthodique des philosophies du sujet, par le programme d'une «éthique de la discussion» ou d'une «pragmatique transcendantale». La philosophie transcendantale de Kant fut et continue d'être, on le sait, l'une des cibles favorites des penseurs qui se réclament du «tournant

présupposé contestable: l'idée qu'il n'y a pas vraiment de «point de vue absolue», chez Kant. Si l'expression est en elle-même contradictoire, Kant parle expressément d'un «*point de vue universel*», CFJ, AK V, 295; OP II, 1074. C'est depuis ce «point de vue universel», qui ne fait que répéter l'existence d'une raison commune aux êtres humains, qu'il faut penser l'invitation à former avec les autres une communauté de pensée.

1. CFJ, AK V, 293; OP II, 1072.

linguistique » de la philosophie contemporaine : le système critique est accusé de rester prisonnier du paradigme de la conscience, lequel interdirait, aux yeux des partisans de la révolution « sémiotique », toute vraie prise en compte de l'intersubjectivité[1]. Pourtant, il faut bien le reconnaître : la seconde maxime du sens commun, sans parler évidemment de toute l'« esthétique » kantienne ou de la théorie du « règne des fins » et de la *Civitas Dei*, tend à montrer exactement le contraire, à savoir que, dans l'idéalisme critique, le motif de l'intersubjectivité joue un rôle de première importance : l'intersubjectivité constitue la structure même de la validité qu'élèvent nos jugements.

LE PLURALISME DE LA PHILOSOPHIE CRITIQUE ET L'« ÉGOÏSME LOGIQUE »

À la différence de l'interprétation de Karl Otto Apel, des lecteurs de Kant aussi avisés que Alexis Philonenko ou Hannah Arendt ont volontiers célébré dans les analyses de la troisième *Critique* sur le « sensus communis » une philosophie du pluralisme qui, rompant avec le monologisme traditionnel de la raison, ouvrait la voie à une conception intersubjective de la rationalité. Rien n'exprime plus fortement le pluralisme de Kant que le plaidoyer en faveur de l'instauration d'un espace public de parole prononcé dans *Qu'est-ce que s'orienter dans la pensée ?* :

> On dit bien que la liberté de parler ou d'écrire peut assurément nous être enlevée par une autorité supérieure, mais non point la liberté de penser. Quels seraient toutefois le champ et la rectitude de notre pensée si nous ne pensions pas pour ainsi dire en communauté avec d'autres, dans une communication réciproque de nos pensées ![2].

Dans une formule brillante, Alexis Philonenko résumait la nouvelle direction « communicationnelle » que Kant imprimait à la philosophie moderne, comme suit : « le cogito est plural »[3]. On ne peut vraiment penser sans penser en communauté; pas plus qu'on ne peut juger moralement un acte, sans admettre des principes éthiques universels. Dans le domaine du goût, il ne peut y avoir de jugement sur le beau qui soit valide pour moi sans l'être pour tous. Il est inutile de s'attarder sur ces points bien connus. En affirmant le caractère nécessairement universel de la vérité, Kant posait clairement la question de savoir quelle était la place d'autrui dans la constitution de la vérité. Comment une conscience solitaire peut-elle énoncer un jugement possédant une valeur intersubjective ? Comment, autrement dit, fonder une communauté universelle d'individus ? C'est à la

1. Sur cette question, voir A. Renaut, *Kant aujourd'hui*, Paris, Aubier, 1997, p. 115 *sq*.

2. QOP, AK VIII, 144; OP II, 542.

3. *Cf.* A. Philonenko, « Introduction » à *Qu'est-ce que s'orienter dans la pensée ?*, Paris, Vrin, 1988, p. 43. C'est là, déclare encore Philonenko, « la découverte la plus révolutionnaire – et peut-être la moins comprise du criticisme – le cogito est plural. Je pense = penser en commun : Ich denke = "in-Gemeinschaft-mit-anderen-denken" », *ibid.*, p 43.

lumière de ces questions, comme l'avaient bien vu Hannah Arendt et Lucien Goldmann[1], qu'il faut évidemment relire toutes les remarques d'une valeur en apparence secondaire de l'*Anthropologie* sur les trois formes d'égoïsme : logique, esthétique, pratique. Les trois formes d'égoïsme partagent le fait de refuser la mise à l'épreuve de la validité de leur prétention par un point de vue extérieur. Par rapport à la maxime de la mentalité élargie, l'égoïsme logique présente un intérêt tout particulier, précisément parce qu'il définit l'attitude exactement opposée. C'est celle d'un homme qui absolutise son point de vue au point de se prendre pour la raison universelle. Voici ce que Kant écrit à ce propos :

> L'*égoïste logique* tient pour inutile de mettre son jugement à l'épreuve de l'entendement d'autrui, tout comme s'il n'avait nul besoin de cette pierre de touche (*criterium veritatis externum*). Or ce moyen de nous assurer de la vérité de notre jugement nous est si certainement indispensable que c'est là peut-être la raison primordiale pour laquelle le monde savant réclame à grands cris et avec tant d'insistance la *liberté de plume* : le refus de celle-là nous ôte du même coup un moyen considérable de vérifier la justesse de nos propres jugements et nous livre à l'erreur[2].

Il faut peu de réflexion pour saisir le motif profond de l'attention que Kant porte à ce défaut psychologique qu'il nomme ailleurs le « préjugé d'amour-propre »[3] : il illustre la légèreté d'une raison qui, dans sa suffisance, écarte les conditions de sa propre évaluation critique. Or, au refus de mettre son jugement à l'épreuve d'un entendement étranger, on peut faire correspondre, en philosophie, l'orientation erronée et même désastreuse de toute doctrine qui en vient à nier les fondements de la rationalité, conçue comme possibilité pour les consciences raisonnables de communiquer et de s'accorder. La dénonciation de l'égoïsme logique ne prend tout son sens que si elle rapprochée de la critique par Kant de toute philosophie qui rend impossible, par ses prémisses, un monde partagé, et qui proclame qu'il peut y avoir des vérités solitaires. Mais que veut dire « une vérité solitaire » ? Une vérité qu'il serait impossible de communiquer et de partager ? N'est-ce pas justement une non-vérité ? La négation même de l'idée de raison ? Quand on parcourt l'œuvre de Kant, on s'aperçoit qu'un spectre hante sa pensée, c'est celui de la communication brisée, de la prison de la subjectivité, la perte du « sens commun » ou « sensus privatus »[4]. Décrite aussi comme un symptôme

1. *Cf.* H. Arendt, *Juger. Sur la philosophie politique de Kant*, *op. cit.* ; L. Goldmann, *La communauté humaine et l'univers chez Kant*, Paris, P.U.F., 1948, p. 162 *sq*. Évidemment, la manière dont l'auteur entend expliquer les limites de la philosophie criticiste par la situation historico-économique de la société à l'époque de Kant laisse sceptique. On sait comment Hannah Arendt cherchera à donner une interprétation politique du pluralisme kantien en décrivant la pluralité humaine comme la condition de possibilité de la politique.

2. *Anthropologie*, AK VII, 128-129 ; OP III, 946-947.

3. C'est ainsi que Kant appelle, en dénomination synonyme, l' « égoïsme logique », cf. *Logique*, trad. cit., p. 90.

4. *Anthropologie*, AK VII, 219 ; OP III, 1036.

d'aliénation mentale, cette « singularité logique », dès lors, qu'elle se prolonge en philosophie, comporte pour l'homme les plus graves dangers, tant sur le plan spéculatif que pratique : la condamnation de l'humanité à vivre dans la malédiction du silence, du dissensus et de la guerre. C'est pour conjurer la perspective philosophique d'un monde éclaté, d'une humanité plurielle, que le rationalisme critique s'est construit. On retrouve ici la foi primordiale qui irrigue de bout en bout la philosophie de Kant et, l'on pourrait dire, de toute les Lumières : la foi en l'unité fondamentale de l'humanité et l'universalité de la raison.

De façon conséquente, Kant oppose à l' « égoïsme logique » (et à ses variantes pratique et esthétique) la position inverse : « le *pluralisme*, c'est-à-dire la manière de penser déterminant à se concevoir et à se conduire non comme le dépositaire du monde entier en son moi, mais comme un simple citoyen du monde »[1]. Ainsi, à l'opposition de l'ouvert et du fermé qui structurait l'analyse kantienne de la seconde maxime du sens élargi fait écho celle du « citoyen du monde » et de l' « égoïste logique ». À partir de ces remarques, il est clair que la question de l'intersubjectivité, ou autrement dit la question de la possibilité pour les consciences de s'accorder dans leurs jugements, s'articule à la seconde maxime aussi intimement qu'elle se relie, dans le système critique, à la thèse d'une raison publique soucieuse d'atteindre l'universel par le biais d'un processus d'entrecroisement des perspectives. C'est, en effet, dans la mesure où l'entendement de l'autre n'est pas dans une relation de pure identité au mien et que nos « points de vue » ne se confondent pas, que la maxime de la pensée élargie a un sens et une fécondité comme règle opératoire pour le jugement. Parlera-t-on d'une « raison étrangère »[2], comme le fait Josef Simon, en reprenant d'ailleurs une expression de Kant ? Il faut aussitôt préciser que cette « raison étrangère » est moins l'autre de la raison que la raison d'un autre. On ne pluralise pas la raison sans la faire éclater. La manière dont le pluralisme criticiste envisage les désaccords et le fait de la pluralité des vues, est indissociable d'un universalisme de la raison. Loin de glorifier l'altérité conçue comme diversité ou différence absolue, comme le font aujourd'hui certaines philosophies postmodernistes, Kant inscrit toute altérité dans une rationalité unitaire qui exclut tout désaccord d'idées autre que provisoire et surmontable.

1. *Anthropologie*, AK VII, 130 ; OP III, 948.
2. J. Simon, *Die Fremde Vernunft und die Sprache der Philosophie*, *op. cit.*

SCHÉMA SPÉCULAIRE, SOLITUDE ET PLURALISME CHEZ SMITH

Le rôle que joue la notion de l'autre dans le schéma spéculaire de Smith est évidemment tout aussi capital que dans la conception kantienne de l'usage de la raison. En mettant en évidence en particulier que l'on ne peut former le moindre jugement moral sans procéder au jeu de changements imaginaire de positions, la science morale de Smith fait de l'autre la référence indépassable dans la genèse des normes éthiques.

> Nous nous supposons spectateurs de notre comportement, et nous nous efforçons d'imaginer, de ce point de vue, quel effet il produirait sur nous. Tel est le seul miroir par lequel nous puissions, dans une certaine mesure, avec les yeux des autres, scruter la convenance de notre propre conduite [1].

Il s'ensuit qu'en l'absence de tout autre, et à défaut de « sens moral », celui que Hutcheson et ses partisans croyaient pouvoir observer en nous, l'homme serait incapable de se prononcer sur la valeur morale de ses actes, bien plus : de son être en général.

> S'il était possible qu'une créature humaine puisse parvenir à l'âge d'homme en un lieu isolé, sans aucune communication avec ceux de son espèce, elle ne pourrait pas plus se faire une idée de son propre caractère, de la convenance ou du démérite de ses sentiments et de sa conduite, de la beauté ou de la difformité de son esprit, que de la beauté ou de la difformité de son visage [2].

On le voit, dans la conceptualisation paradoxale que constitue le phénomène sympathique, puisqu'elle conjugue identification et distanciation, le regard de l'autre, réel ou imaginaire, apparaît comme un moment essentiel dans la formation de la réalité morale. En termes modernes, on pourrait dire qu'autrui est une structure constitutive de l'expérience morale. On ne saurait trop souligner le caractère déconcertant de cette conclusion, étant donné les prémisses « individualistes » de la philosophie de Smith. Le point de départ de la *TSM*, nous l'avons vu, est l'enfermement de l'individu dans la prison de ses sens. La sympathie vient ensuite. Ce qui invite à considérer les individus comme des monades sensitives reliées entre elles extérieurement par l'imagination. Mais, en réalité, en démontrant que l'individu ne peut construire sa représentation de soi et du monde sans imaginer ce que l'autre imagine à son sujet, Smith modifie en profondeur le statut de l'être de l'homme. L'individu apparaît comme l'« effet » d'une interaction sympathique au niveau le plus profond de son être. Etrange renversement de situation, puisque nous aboutissons à un résultat exactement opposé à l'idée que l'on se fait traditionnellement d'un individu ontologiquement suffisant : l'homme ne se définit qu'en relation à l'autre.

1. *TSM*, p. 174.
2. *Ibid.*, p. 172.

L'IMMANENTISATION DE L'AUTRE CHEZ KANT ET SMITH

Tout au long de cette étude, il a été beaucoup question de l'autre en raison de la mise en avant du thème de l'intersubjectivité. Mais quel est son statut? Et comment faut-il le concevoir? Il faut poser expressément la question : quel est cet autre dont je dois épouser les vues, au moins de manière provisoire et toute méthodologique, pour déterminer la valeur de ma pensée? Est-ce un autre réel? ou imaginaire? Et, dans ce dernier cas, l'autre réel ne devient-il pas superflu, excédentaire par rapport à un autre que la raison imagine?

Les spécialistes de Kant ont largement souligné la continuité entre la défense de « la liberté (...) de faire un *usage public* de sa raison dans tous les domaines »[1] et la seconde maxime du sens commun, qui ne ferait que prolonger et compléter la conception intersubjective de la rationalité de Kant. Il reste que, si l'on prend en compte la teneur même de la seconde maxime, l'accent est différent. Dans le plaidoyer de Kant en faveur de « la liberté de penser », les autres avec lesquels nous sommes invités à penser en communauté, sont des autres réels, « en chair et en os », avec tout ce que cela peut signifier dans la perspective d'une relation dialogique : interaction, désaccords, objections, réponses, contre-réponses, etc. Or la maxime de la pensée élargie consiste à recréer une sorte de confrontation des idées mais seulement *in foro interno*. En des termes qui se démarquent de ceux de l'opuscule de 1786 – puisqu'il ne s'agit plus ici de défendre la liberté de communiquer publiquement ses pensées, Kant explique que l'homme désireux d'échapper aux bornes de sa subjectivité empirique doit étayer « son jugement grâce aux jugements des autres – en s'appuyant moins sur leurs jugements réels que sur leurs jugements simplement virtuels »[2]. Que signifie ce passage du réel au virtuel? N'est-il pas le signe d'une tentative d'internalisation de la « raison étrangère » dans l'entendement du sujet, et l'amorce, du même coup, d'un retour à une conception internaliste de la pensée conçue comme soliloque de l'âme avec elle-même[3]?

Il est indéniable d'abord que toute la procédure de la seconde maxime du sens commun revient à conférer à l'imagination un rôle décisif : tout le mouvement d'ascension du particulier à l'universel visée par la seconde maxime est suspendu à la capacité de l'imagination de se représenter la pensée de l'autre. Sur ce point, Hannah Arendt avait déjà montré, dans ses conférences sur « la philosophie politique de Kant », que l'imagination est la maîtresse d'œuvre de la seconde maxime. Commentant la manière dont l'imagination et le pluralisme de la pensée s'articulent, elle écrit :

> par la force de l'imagination, il (le penser critique) rend les autres présents et se meut ainsi dans un espace public potentiel, ouvert à tous les points de vue;

1. *Lumières*, AK VIII, 36 : OP II, 211.
2. CFJ, AK V, 294; OP II, 1072-1073.
3. *Cf.* Platon, *Théétète*, 189 e-190 a ; le *Sophiste*, 263 e.

> en d'autres termes, il adopte la position du citoyen du monde kantien. Penser avec une mentalité élargie veut dire qu'on exerce son imagination à aller en visite[1].

«Aller en visite», l'expression est imagée, mais elle est, au fond, juste. Kant invite le sujet à voyager, à sortir de l'enclos de sa subjectivité, à se transporter dans l'esprit étranger, afin d'explorer d'autres options théoriques possibles. Dans ce contexte, l'imagination apparaît comme la faculté de la liberté, et la représentation du point de vue «étranger» le *modus operandi* par lequel s'édifiera une communauté de pensée.

Mais l'on peut interpréter aussi les choses autrement, et se demander si l'altérité telle qu'elle s'exprime à travers la seconde maxime du sens commun, reçoit la place et le traitement qu'elle mérite. D'abord, l'introduction des «jugements virtuels» n'est-elle pas une manière de se détourner de l'autre réel au profit d'un autre simplement imaginaire et convenu? C'est avec ce soupçon que Solange Chavel relit la maxime de la mentalité élargie :

> Cet « autre » ne semble pas être un autre empirique, mais au contraire un objet de pensée, le représentant idéal de la raison humaine. Ce n'est pas une personne individuelle mais « la raison humaine », et nous ne comparions pas notre jugement aux jugements concrets que portent les autres, mais à des jugements seulement «possibles». Cela signifie que nous n'avons pas vraiment besoin de nous confronter à une altérité véritable[2].

Chose insigne : on observe le même phénomène de minoration de l'autre réel dans la pensée de Smith. On se souvient, en effet, comment la conception smithienne de la morale, tout en s'organisant autour du phénomène de l'interaction sympathique, finit, à la faveur du principe normatif de l'impartialité, par détrôner l'autre extérieur au profit d'un autre immanent et désincarné. L'individu smithien essaie de se juger en essayant de se représenter comment « ses frères » l'imagineraient. Les autres sont littéralement institués en juges de nos actions. Smith voit, à cet égard, dans le fait que l'homme soit sensible au jugement d'autrui un effet de la volonté divine :

> (...) le très sage Auteur de la Nature a enseigné à l'homme à respecter les sentiments et les jugements de ses frères (...). Il a fait, l'homme, si je peux dire, le juge immédiat du genre humain[3].

Et un peu plus loin :

> La nature a appris aux hommes à reconnaître ce pouvoir et cette juridiction qui lui ont été ainsi conférés, à être plus ou moins humiliés et mortifiés quand ils ont subi sa censure, et à être plus ou moins exaltés quand ils ont obtenu son applaudissement[4].

1. H. Arendt, *Juger. Sur la philosophie politique de Kant*, *op. cit.*, p. 72.
2. *Ibid.*, p. 78-79.
3. *TSM*, p. 191.
4. *Ibid.*

C'est dire l'importance du rôle de régulation sociale que le regard des hommes joue dans le développement de nos sentiments et de nos relations interindividuelles. Toutefois, le jugement de nos frères en matière morale n'est jamais, pour Smith, on l'a vu, un jugement absolument sûr et fiable. Mû par le « désir d'éloge », et non, comme il le faudrait, par le « désir de se rendre digne d'éloge », l'homme de la rue ne s'élève que rarement au niveau proprement moral. C'est pourquoi on ne saurait se régler uniquement sur lui, il faut se rapporter au spectateur « désintéressé » en nous pour dégager une mesure exacte de la rectitude de nos jugements. Décrit comme un « tribunal bien plus élevé », « l'homme du dedans »[1] (*the man within the breast*) prime sur l'homme du dehors (*the man without*). La signification de cette immanentisation du spectateur n'échappe à personne. Elle équivaut à une dévalorisation de l'autre réel, empirique, dont les jugements peuvent toujours être soupçonnés de partialité. Sans doute convient-il de ne pas parler trop vite d'éviction ou de disqualification, puisque Smith explique que la « juridiction » de l'homme extérieur vaut « en première instance ». Mais, force est d'avouer que la promotion du juge intérieur que nous appelons notre conscience, entraîne une secondarisation de l'autre extérieur.

Revenons à la seconde maxime du sens commun. Que constate-t-on ? On s'aperçoit finalement que l'appel à l'autre ne vise pas à faire découvrir au sujet d'autres façons de considérer la réalité – ce qu'on appelle communément : élargir l'horizon de sa pensée, mais seulement à corriger sa pensée, en la dépouillant de ses composantes subjectives[2]. L'altérité n'est que le point de comparaison par rapport auquel chacun rectifie son jugement. Et cela veut dire que s'il faut toujours aller vers l'autre, considéré ici comme une figure de la raison ou l'expression du « point de vue universel » que nous recherchons, c'est toujours pour revenir à soi. Il appert de là que la maxime de la pensée élargie, nonobstant son nom, ne constitue pas la forme la plus aboutie et la plus radicale d'une théorie intersubjective de la raison.

Une autre objection pourrait être ici élevée : Kant ne surévalue-t-il pas le pouvoir de l'imagination en lui prêtant implicitement la possibilité de représenter adéquatement et fidèlement la pensée de l'autre en son absence. S'il suffisait d'avoir de l'imagination pour sortir des limites de son point de vue, l'instauration d'un espace de parole public, si fortement revendiqué par Kant, ne serait-elle pas en fait inutile ? Il nous suffirait, en effet, de multiplier les perspectives en pensée, de confronter nos arguments de manière toute virtuelle avec des autres « fictifs ». L'homme « ouvert d'esprit » kantien serait alors semblable au « joueur d'échecs » de Stefan Zweig capable de jouer contre lui-même. En réalité, si le détour par l'altérité est requis dans l'élaboration d'une pensée, c'est précisément parce que nous ne pouvons pas complètement anticiper les répliques et les objections de l'autre. On ne saurait, même à la faveur de l'imagination la plus débridée, rendre superflue l'écoute *réelle* du jugement des autres. Cela admis, la question se pose

1. La conscience est-elle, chez Smith, le divin en nous ? Sur cette question, voir D. D. Raphael, *The Impartial Spectator*, Oxford, Clarendon Press, 2007, p. 37, mais également A. Jaulin, « Le spectateur impartial : un stoïcien moderne », *in* Adam Smith, *Kairos*, 20, 2002, p. 17.

2. C'est ce qu'a bien vu S. Chavel, *Se mettre à la place d'autrui*, *op. cit.*, p. 79-80.

de savoir si, avec la seconde maxime du sens commun, la position de Kant n'est pas en deçà du paradigme d'une rationalité dialogique qui inspire sa conception d'une raison publique, dans *Qu'est-ce que s'orienter dans la pensée ?*

CONCLUSION

Je l'ai dit, dans cette étude, mon intention première n'a pas été de fournir des matériaux supplémentaires pour une réévaluation de la place de Smith dans la pensée kantienne, mais, davantage, de contribuer à une relecture d'un problème de philosophie, et aussi, très indirectement, de l'héritage de Kant dans les débats contemporains sur la modernité et la rationalité publique. Concernant le premier point, il m'a apparu intéressant de mettre en évidence comment en adoptant une procédure d'universalisation rationnelle fondée sur un jeu de changements imaginaires de positions, Kant a retrouvé l'idée directrice de la science morale de Smith, à savoir qu'on ne peut résoudre le problème majeur d'un « monde commun », sans reconnaître à autrui un rôle constitutif dans l'« objectivité » de nos jugements. Le simple fait de juger requiert d'autres esprits que le nôtre. D'ordinaire, pour l'historien de la philosophie, cette idée souligne l'évidente filiation de Smith avec Hume : Smith ne ferait que réélaborer le schéma spéculaire déjà présent dans le *Traité de la nature humaine,* schéma décrivant un monde où les hommes ne peuvent juger leurs sentiments et leurs actions qu'aux miroirs des autres. Cette filiation est incontestable. Il ne s'agit pas d'en discuter le bien-fondé[1]. Mais, à répéter la séquence philosophique : Smith, continuateur de Hume, et, à mettre systématiquement en avant le primat accordé par les deux philosophes au phénomène du miroir, on risque de passer à côté des convergences non moins insignes, mais beaucoup plus inattendues, entre Smith et Kant.

Le deuxième point qui se dégage de cette étude, c'est la prégnance de concepts relevant du paradigme du spectateur, dans la conception kantienne de la raison et de l'activité judicative. Ce n'est pas seulement la présence du vocabulaire de la vision et de la perception, mais toute la problématique de la perspective que l'on retrouve dans la seconde maxime du sens commun. La centralité des notions de pluralisme de la vision, d'altérité et de point de vue fini comme catégories de la pensée judicative pose, à cet égard, la question de savoir si l'on peut ultimement décrire les divergences de vue autrement qu'en termes de différences de place dans le monde, d'horizon perceptif et mental, et si cela n'est pas possible, qu'est-ce que cela signifie pour celui qui défend une position universaliste.

Dimitri LANG
Athènes

1. Hume souligne surtout la force « contagieuse » des sentiments et le caractère mimétique des affects de l'homme : « Les esprits humains sont les miroirs les uns des les autres », comme le montre la suite du texte, *Traité de la nature humaine*, (II, II, 5), *op. cit.*, p. 469.

KANT ET PRIESTLEY : À PROPOS DE DEUX PASSAGES DE LA PREMIÈRE ET DE LA SECONDE *CRITIQUE*

Mélange paradoxal de conservatisme scientifique (comme l'illustre sa fidélité au phlogistique) et de progressisme réformateur, voire révolutionnaire, de radicalisme et de libéralisme en matière politique et religieuse, Priestley a été relativement peu étudié, sans doute du fait de l'éclatement de sa pensée et de la multiplicité de ses centres d'intérêt. En outre, la quasi-totalité des études qui lui ont été consacrées sont issues de l'ère anglo-saxonne. Ces études de langue anglaise portent tout d'abord et majoritairement sur sa vie et son œuvre en tant qu'elles illustrent les Lumières anglaises (*Enlightenment*)[1]. Elles portent ensuite principalement sur tel ou tel secteur de sa riche production : sur son *œuvre scientifique* et en particulier sur ses découvertes de *chimiste* relatives aux différents types d'air et à l'oxygène; sur sa pensée *théologique* et *religieuse* dissidente; sur sa théorie *sociale et politique* libérale, radicale et révolutionnaire; ou plus marginalement sur sa pensée de l'histoire et de l'éducation. Mais la plupart de ces études donnent l'image d'une œuvre morcelée, dépourvue de cœur et de colonne vertébrale. En effet, curieusement peu de chercheurs, anglo-saxons ou autres, se sont penchés sur la pensée proprement *philosophique* de Priestley et peu y ont recherché un facteur de *systématicité* et *d'unification cohérente* pour l'ensemble de ses quelque 150 écrits. Par exemple, l'articulation architectonique chez Priestley entre théologie, physique, psychologie, religion et morale a peu été interrogée en

1. Voir R. E. Schofield, *The Enlightenment of Joseph Priestley : A Study of his Life and Work from 1733 to 1773*, University Park, Pennsylvania State University Press, 1997; *The Enlightened Joseph Priestley : A Study of His Life and Work from 1773 to 1804*, University Park, Pennsylvania State University Press, 2004; J. Uglow, *The Lunar Men : Five Friends Whose Curiosity Changed the World*, New York, Farrar, Straus and Giroux, 2002; T. E. Thorpe, *Joseph Priestley*, Londres/New York, J. M. Dent & Co./E. P. Dutton & Co., 1906; A. Holt, *A Life of Joseph Priestley*, Londres, Oxford University Press, 1931; A. Tapper, « Joseph Priestley », in *Dictionary of Literary Biography, British Philosophers 1500-1799*, Detroit, Eds. Philip B. Dematteis and Peter S. Fosl. Gale Group, 2002; L. Kieft, *Joseph Priestley and the Priestley House*, Northumberland, PA, The Friends of the Joseph Priestley House, 2006; A. Duncan Hirsch, *Joseph Priestley House : Pennsylvania Trail of History Guide*, Mechanicsburg, PA, Stackpole Books, 2003.

tant que telle, comme si son matérialisme et son fatalisme n'avaient rien d'original. Si Priestley philosophe se rattache à deux grands courants classiques (déterminisme matérialiste et nécessitarisme moral, voire fatalisme, dénonçant l'illusion du libre-arbitre), la synthèse qu'il en propose, sous l'égide d'une théologie naturelle (théisme rationaliste) combinant matérialisme déterministe, psychologie matérialiste, fatalisme moral et apologétique chrétienne (providentialiste), reste originale et témoigne surtout d'une remarquable *cohérence* et *conséquence*. Et c'est précisément *sous cet angle* qu'elle a retenu l'attention de Kant et suscité sa constante admiration, en dépit de leurs divergences de points de vue par ailleurs. C'est donc à ce Priestley philosophe, relativement peu connu même des chercheurs anglo-saxons, métaphysicien d'un genre nouveau, non dogmatique (au sens de Kant), articulant en une synthèse originale théologie naturelle, physique déterministe et réflexion morale sur l'essence de la liberté humaine et sur son insertion dans un monde entièrement matériel et totalement déterminé par les lois de causalité nécessaire, qu'on s'intéressera ici, adoptant l'angle de lecture qui fut celui de Kant même dans les deux principales allusions, plutôt élogieuses, qu'il fait à Priestley dans sa première *Critique* et dans sa deuxième *Critique*, le lien de Kant à Priestley ayant été tout aussi peu étudié par les commentateurs de Kant lui-même.

Si les commentateurs anglo-saxons de Priestley ne se sont guère intéressés au caractère *systématique car philosophique* de sa pensée, en tant que tout philosophiquement cohérent ou tirant sa cohérence de sa dimension philosophique (métaphysique ou plus exactement ontologique)[1], Kant peut précisément, contre toute attente, nous inviter à relire Priestley sous ce jour et nous inciter à découvrir en lui un philosophe authentiquement systématique, bien qu'en un sens très différent de celui que Kant lui-même donne à la systématicité philosophique. Telle est notre hypothèse : en dépit de leurs divergences, *la systématicité philosophique kantienne* et la manière proprement kantienne de lire Priestley en philosophe systématique nous fourniraient aujourd'hui une piste de lecture possible de la *systématicité philosophique de Priestley* lui-même, dont la pensée a été trop souvent parcellisée, voire atomisée par ses commentateurs, chacun y puisant le Priestley dont il a besoin : scientifique, théologien, politique, historien, grammairien, éducateur, etc. En opposition à cette hypothèse kantienne de lecture de Priestley philosophe systématique et cohérent, l'historien des sciences Dan Eshet a récemment fait valoir (dans un ouvrage de 2001) que les tentatives de « vision synoptique » appliquées à Priestley n'ont réussi qu'à rationaliser les contradictions de sa pensée, en les organisant de façon artificielle, forcée et *a posteriori* autour de catégories philosophiques. Selon D. Eshet, les tentatives de reconstitution systématique de la pensée de Priestley ont en outre pâti du fait

1. Comme le déplore Simon Schaffer dans *History of Science* (vol. 22.2, Bucks, Science History Publications, 1984, « Priestley Questions : An Historiographic Survey »), aucune synthèse convaincante de l'œuvre de Priestley n'a encore été proposée.

de considérer en général ses doctrines et en particulier ses apports scientifiques[1] « en-dehors du conflit social »[2] et du contexte culturel et historique, dans lequel pourtant Priestley s'est trouvé plongé. Il reste que le rapport de Kant à Priestley a été peu étudié même par les chercheurs anglo-saxons et souvent dans la perspective de la réception du kantisme tardif en Angleterre au tournant des XVIIIe et XIXe siècles. On peut citer à cet égard l'ouvrage déjà ancien de René Wellek, *Immanuel Kant in England (1793-1838)*[3] et plus récemment de Joel Madore, *Difficult Freedom and radical Evil in Kant : Deceiving Reason*[4].

Les références de Kant à Priestley sont de fait fort peu nombreuses, mais significatives tant de la manière dont il lit cet auteur - qu'il loue pour sa cohérence et sa sincérité, tout en se désolidarisant de certaines de ses conclusions les plus radicales - que de la manière dont Kant puise chez Priestley, souvent sans le dire, de précieux éléments pour l'élaboration de sa propre philosophie. Si les allusions de Kant aux travaux de Priestley en tant que chimiste néo-phlogisticien (alors très réputé en Allemagne) et néanmoins découvreur historique de l'oxygène, dans ses écrits scientifiques publiés, ainsi que dans ses *Reflexionen zur Physik und Chemie* (du volume XIV de l'édition de l'Académie royale de Prusse) sont souvent implicites, les deux principales références explicites de Kant à Priestley philosophe de la causalité nécessaire (anti-humien) se situent dans la *Critique de la raison pure* et dans la *Critique de la raison pratique*. Et ce n'est pas un hasard si ce sont dans deux de ses œuvres hautement *systématiques* que Kant évoque Priestley, et plus précisément Priestley en tant qu'il est lui-même l'auteur d'un *système* philosophique, sinon au sens kantien du terme, du moins au sens d'un tout doctrinal cohérent et unifié par un fil conducteur sous-jacent.

On rappellera 1) tout d'abord qui est *Priestley*, en soulignant dans *sa vie et son œuvre* les éléments qui ont pu attirer l'attention de Kant, puis 2) en quoi la philosophie de Priestley s'organise en un *système cohérent* à partir d'un *nécessitarisme intégral* et enfin 3) comment Kant interprète ce Priestley philosophe fataliste et anti-humien, à l'aune de ses propres questionnements philosophiques, quoiqu'il ne l'ait pas lu de première main, mais seulement à travers, au mieux, les premières traductions allemandes récemment parues de certains de ses écrits ou, au pire, à travers des manuels de philosophie et des recensions de ses écrits : on analysera alors les deux principales références de Kant à Priestley dans les deux premières *Critiques* et le rôle qu'elles y jouent tant du point de vue de la systématicité

1. Qui sont aujourd'hui encore célébrés. Par exemple depuis 1952, le Dickinson College remet le *Priestley Award* à un scientifique ayant fait « une découverte contribuant au bien-être de l'humanité », et c'est dans la dernière maison qu'il a occupée en Pennsylvanie, devenue un musée, la Joseph Priestley House, que se réunit l'American Chemical Society, dont la récompense la plus convoitée, depuis 1923, parmi les chimistes américains, est la Médaille Priestley.

2. Voir D. Eshet, « Rereading Priestley », in *History of Science*, vol. 39.2, *op. cit.*, 2001.

3. Princeton, Princeton University Press, 1931 (reprint).

4. Bloomsbury Academic Publishing, Continuum, « Continuum Studies in Philosophy », 2011-2013.

kantienne en cours de construction, que de la systématicité à construire ou à inventer de la philosophie de Priestley.

VIE ET ŒUVRE DE PRIESTLEY AU PRISME DU KANTISME

Joseph Priestley (1732 West Yorkshire, Angleterre - 1804 Pennsylvanie, États-Unis) est l'exact contemporain de Kant, né huit ans après lui et décédé la même année que lui. Théologien, pasteur dissident, pédagogue, théoricien du politique, physicien, chimiste, grammairien, historien, Priestley est dans son temps un penseur original et singulier, qui a pu intéresser Kant à plusieurs titres : 1) en tant que *philosophe de la nature*, fervent défenseur d'un matérialisme strictement déterministe issu de la physique de Newton, en tant que *savant* dans les sciences naturelles, chercheur, naturaliste et plus précisément en tant que *chimiste*, à la fois et paradoxalement découvreur de l'oxygène et théoricien resté toute sa vie (tout comme Kant) fidèle à la théorie phlogistique de Stahl, 2) en tant que *théologien éclairé*, défenseur des *dissidents calvinistes anglais en matière de foi religieuse*, 3) en tant que *théoricien politique, défenseur des idéaux de liberté et d'égalité des Lumières*, plus révolutionnaire que réformiste (à la différence de Kant), mais, tout comme Kant, chaud partisan de la Révolution française de 1789 et surtout 4) en tant que théoricien du *nécessitarisme*, voire du « fatalisme » érigé en système philosophique cohérent, permettant d'unifier théologie naturelle, physique et psychologie.

Priestley chimiste paradoxal, phlogisticien et néanmoins découvreur de l'oxygène[1]

Connu pour ses travaux de physicien et de chimiste, Priestley est le premier à découvrir l'oxygène, qu'il isole dans son état gazeux en 1774, initiant une série de travaux décisifs, qui dans les trois dernières décennies du siècle conduiront à *révolutionner* radicalement (et non seulement à *réformer* superficiellement, selon

1. Sur Priestley scientifique, voir J. G. McEvoy, « Enlightenment and Dissent in Science : Joseph Priestley and the Limits of Theoretical Reasoning », *Enlightenment and dissent*, vol. 2, Aberystwyth, M. Fitzpatrick and D.O. Thomas, 1983 ; J. G. McEvoy et J. E. McGuire, « God and Nature : Priestley's Way of Rational Dissent », in *Historical Studies in the Physical Sciences*, vol. 6, Berkeley, University of California Press, 1975 ; J. Jackson, *A World on Fire : A Heretic, an Aristocrat and the Race to Discover Oxygen*, New York, Viking, 2005 ; F. W. Gibbs, *Joseph Priestley : Adventurer in Science and Champion of Truth*, Londres, Thomas Nelson and Sons, 1965 ; J. McLachlan, *Joseph Priestley Man of Science 1733-1804 : An Iconography of a Great Yorkshireman*, Braunton and Devon, Merlin Books, 1983 ; « Joseph Priestley and the Study of History », in *Transactions of the Unitarian Historical Society*, vol. 19, Londres, Lindsey Press, 1987-1990 ; J. S. Fruton, *Methods and Styles in the Development of Chemistry*, Philadelphie, American Philosophical Society, 2002 ; C. Suplee, *Joseph Priestley : Discoverer of Oxygen*, American Chemical Society, 2007 ; K. MacDermott, « Celebrating Chemistry History », in *Chemistry and Engineering News*, *79.45*, 2001 ; S. Johnson, *The invention of air : a story of science, faith, revolution, and the birth of America*, New York, Riverhead Books, 2008 ;

la distinction chère à Kant) et de manière irréversible la chimie, en faisant passer celle-ci définitivement du rang d'art empirique incertain dans le « chemin sûr d'une science » (selon l'expression de la Seconde Préface de 1787 à la *Critique de la raison pure*)[1]. Mais cette découverte de l'oxygène reste inaboutie chez Priestley, dans la mesure où elle n'est encore qu'expérimentale, et non théorisée, comme elle le sera de façon définitive par Lavoisier. Priestley ne théorise pas le rôle chimique essentiel de l'oxygène dans les réactions d'oxydo-réduction. Paradoxalement il restera jusqu'à la fin de sa vie fidèle à la théorie du phlogistique de Stahl, tout comme Kant[2]. Lorsque Kant évoque dans ses *Réflexions de physique et de chimie* pour la faire sienne la synthèse des néo-phlogisticiens (dominant alors l'Allemagne de la seconde moitié du XVIIIᵉ siècle), il peut se souvenir de Priestley, quoique sans se référer à ses écrits précis. Et lorsque Kant timidement à la fin de sa vie, à défaut de se convertir à la nouvelle chimie de l'oxygène de Lavoisier, du moins reconnaîtra en Lavoisier le père de la chimie moderne (par exemple dans la *Doctrine de la vertu*[3], à l'égal de Brown, père de la médecine), en rendant hommage à Lavoisier, il rendra un hommage indirect à son prédécesseur, Priestley, en tant que premier découvreur de l'oxygène. En termes kantiens, si Lavoisier est l'inventeur (*Erfinder*) de la théorie de l'oxygène et des réactions d'oxydo-réduction, Priestley reste le premier *découvreur* (*Entdecker*) de l'oxygène, qu'il nomme encore « air déphlogistiqué », fidèle au cadre théorique légué par Stahl. A la même époque, Scheele revendique lui aussi la découverte de l'oxygène et Cavendish la décomposition de l'eau en oxygène et hydrogène, mais il revient au français Lavoisier, père de la chimie moderne et démystificateur de la théorie phlogistique, d'identifier le nouveau gaz par son poids spécifique, de lui donner son *nom*[4] et de lui attribuer, au moins en partie, sa fonction.

Comme la plupart des savants et philosophes de l'Europe d'alors, Kant connaît d'abord Priestley comme physicien-chimiste, découvreur, entre autres, de l' « air déphlogistiqué » (*i.e.* dont l'action est inverse de celle du phlogistique), bientôt nommé oxygène par Lavoisier, même si Priestley est aussi connu au XVIIIᵉ siècle pour ses travaux en optique[5], sur l'eau gazeuse, sur l'électricité et

S. Schaffer, « Priestley Questions : An Historiographic Survey », in *History of Science*, vol. 22.2, *op. cit.*

1. CRP, B 8, AK III, 7 ; OP I, 734.

2. Voir M. Lequan, *La chimie selon Kant*, Paris, P.U.F., 2000 et « Les nouveautés de Stahl et Lavoisier vues par Kant », *in* S. Roux et S. Carvallo (dir.), *Du nouveau dans les sciences*, Grenoble, Recherches sur la philosophie et le langage, 2006, p. 369-415.

3. « Il n'y a qu'*une* chimie (celle de *Lavoisier*) » (DD, « Préface », AK VI, 207 ; OP III, 451).

4. Voir A. L. Lavoisier, *Réflexions sur le phlogistique, pour servir de développement à la théorie de la combustion & de la calcination, publiée en 1777*, Paris, Académie des sciences, 1783. Le texte de 1783 ne sera publié dans les *Mémoires de l'Académie royale des sciences* qu'en 1786. Sur cette querelle de paternité autour de l'oxygène, voir T. Kuhn, *La structure des révolutions scientifiques*, Paris, Champs, 2008.

5. Il publie notamment en 1762 le premier tome de son projet d'*Histoire de la philosophie expérimentale*, intitulé « The History and Present State of Discoveries Relating to Vision, Light and Colours » (Histoire et état actuel des découvertes relatives à la vision, à la lumière et aux couleurs),

plus généralement en pneumatologie (chimie des gaz ou « sortes d'airs »). Kant partage surtout avec Priestley une étonnante fidélité à la théorie phlogistique de Stahl, qui contribuera à leur faire manquer à tous deux l'innovation révolutionnaire que représente la théorie de Lavoisier. Sa fidélité au phlogistique vaudra à Priestley un relatif isolement au sein de la communauté scientifique. Kant comme Priestley se rattachent au courant néo-phlogisticien, qui, refusant d'abandonner le phlogistique de Stahl au profit de l'oxygène de Lavoisier, tente de penser une synthèse de ces deux paradigmes explicatifs de la combustion. Le premier ouvrage majeur de Priestley chimiste, dont Kant connaissait vraisemblablement l'existence, les *Experiments and Observations on Different Kinds of Air* (1770-1774), précède de peu sa découverte de l'oxygène (1774).

Alors qu'il réside à Warrington, Priestley réalise des expériences sur la chaleur avec son ami John Seddon, ainsi que sur l'électricité, qui aboutiront à la publication en 1767 de son *History and Present State of Electricity* (*Histoire et état actuel de l'électricité*). Cet ouvrage, dont la traduction allemande par J. G. Krünitz paraît à Berlin en 1772, retrace l'histoire de l'étude scientifique de l'électricité et rend compte des principales théories contemporaines, tout en esquissant de nouvelles pistes de recherche, inspirées des expériences que Priestley réalise lui-même en laboratoire sur la conductivité du charbon de bois et sur la corrélation entre conducteurs et isolants électriques. Priestley rencontre les principaux physiciens travaillant alors sur l'électricité : les britanniques John Canton, William Watson, Richard Price, ainsi que l'américain Benjamin Franklin, grâce auxquels il obtient en 1766 une bourse de la Royal Society des sciences de Londres. Ses expériences sur les propriétés électriques des matériaux et les effets électriques des transformations chimiques le conduisent à poser une relation entre substances chimiques et électricité, ouvrant ainsi la voie à la future électro-chimie de Berzélius. Sur la base d'expériences réalisées avec des sphères chargées électriquement, Priestley avance le premier l'hypothèse que la force électrique suit une loi en carré inverse, mais sans encore la formuler précisément (cette loi sera formulée dans les années 1780 par le français Coulomb, qui lui donnera son nom). De même, ses travaux sur le courant d'air engendré entre deux points chargés électriquement seront repris par Faraday et Maxwell dans leurs recherches sur l'électromagnétisme. Son *Histoire de l'électricité* sera durant un siècle l'ouvrage de référence en la matière : Volta, Herschel, Cavendish s'en réclameront. En 1768, Priestley en publie une version vulgarisée sous le titre *A Familiar Introduction to the Study of Electricity*.

À Leeds, il poursuit ses expériences sur l'électricité et sur les gaz, et présente entre 1767 et 1770 cinq compte-rendus à la Royal Society de Londres sur l'effet corona et d'autres phénomènes liés aux décharges électriques, sur la conductivité du charbon, sur la chimie des gaz et l'énergie pneumatique. Il participe aux

traité d'optique, qui, écrit à la hâte et souffrant de carences mathématiques, se vend mal. Suite à cet échec, Priestley renonce à rédiger les tomes suivants de son *Histoire de la philosophie expérimentale*.

préparatifs de la seconde expédition de James Cook dans la mer du Sud[1], en formant l'équipage à la fabrication d'eau gazeuse, qu'il pense, à tort, être un remède contre le scorbut, et publie en 1772 ses *Directions for Impregnating Water with Fixed Air*, où il expose sa méthode pour gazéifier l'eau avec de l'air fixe[2]. En 1773, la Royal Society récompense ses travaux en lui décernant la Médaille Copley.

Installé à Calne, il approfondit ses expériences de chimie sur les différentes sortes d'airs et publie ses textes scientifiques majeurs : les 6 volumes de ses *Experiments and Observations on Different Kinds of Air* (1774-1786), où il propose sa propre lecture de la théorie phlogistique. Les *Expériences et observations sur les différentes sortes d'air* sont traduites en allemand en 1778 à Leipzig. Le volume I présente ses multiples découvertes de gaz : le *nitrous air* (monoxyde d'azote, NO), le *vapor of spirit of salt*, baptisé plus tard « air acide » (chlorure d'hydrogène, HCl), l'*alkaline air* (ammoniac, NH_3), le *diminished* ou *dephlogisticated nitrous air* (protoxyde d'azote, N_2O), le *vitriolic acid air* (dioxyde de soufre, SO_2), le monoxyde de carbone (CO) et surtout le *dephlogisticated air* (oxygène, O_2). Rejetant la chimie de l'oxygène, pourtant en plein essor, Priestley privilégie l'étude des gaz en général et les modifications de leurs propriétés sensibles. Toutefois, son apport principal à la chimie de son temps reste sa découverte de l'oxygène, même si Scheele, Cavendish et Lavoisier contribueront à théoriser cette découverte. En effet, en août 1774, il isole à l'aide d'un verre ardent un gaz inconnu. Une de ses lettres relatives à ce « nouvel air » est lue en séance à la Royal Society, et il y consacre un article « *An Account of further Discoveries in Air* » dans les *Philosophical Transactions*, où il explique comment il a isolé ce *dephlogisticated air*, en concentrant les rayons du soleil sur de l'oxyde de mercure et comment il l'a testé sur une souris, puis sur lui-même. Il note que ce gaz est cinq ou six fois plus propice que l'air atmosphérique ordinaire à la respiration des corps vivants et à la combustion accompagnée de flamme. Il réunit ses articles sur l'oxygène dans le volume II de ses *Experiments and Observations* (1776), mais sans souligner l'importance de sa découverte. Il est aussi l'un des premiers à établir une relation entre le sang et l'air, malgré sa fidélité à la théorie phlogistique, dans ses *Observations on Respiration and the Use of the Blood*, contribuant ainsi à lancer un débat sur la respiration, dont Lavoisier s'emparera bientôt pour mettre quant à lui en lumière le rôle de l'oxygène dans la respiration.

En 1780, alors installé à Birmingham, Priestley entre à la Lunar Society, groupe scientifique rassemblant industriels (tel Matthew Boulton), ingénieurs (tel James Watt), philosophes, savants (tels les chimistes et géologues James Keir ou William Withering), et publie dans ce cadre plusieurs articles, dont « *Experiments relating to Phlogiston* » (1783), où il réfute les arguments de

1. Kant dans ses cours de *Géographie physique* fait état des expéditions de Cook dans l'Océan Austral et se passionne pour la découverte du continent austral.

2. Si Priestley n'exploite pas le potentiel commercial de son invention, Johann Jacob Schweppe (1740-1821), avec son célèbre *Schweppes*, fera fortune avec ce procédé.

Lavoisier concernant l'oxygène. La même année Lavoisier communique à l'Académie royale des sciences de Paris ses célèbres *Réflexions sur le phlogistique, pour servir de suite à la théorie de la combustion et de la calcination*, première attaque contre la théorie phlogistique. Si Priestley admet une partie des arguments de Lavoisier, il refuse la double révolution méthodologique que Lavoisier entend en tirer, celle d'une chimie des éléments et de leurs composés, et celle d'une nouvelle nomenclature chimique désignant les substances à partir de leurs éléments constitutifs. Paradoxalement, alors qu'il est le découvreur de l'air déphlogistiqué et que ses expériences sur l'oxygène, la combustion et la décomposition de l'eau ont fourni les données nécessaires à Lavoisier pour développer sa propre théorie anti-phlogistique, Priestley reste fidèle au phlogistique. À l'argument quantitatif de Lavoisier (principe de conservation de la masse lors des réactions chimiques), il oppose l'argument de changements qualitatifs touchant la chaleur, la couleur ou le volume des corps. Tout comme Kant dans la « Remarque générale sur la dynamique » des *Premiers principes métaphysiques de la science de la nature* (1786), Priestley défend en général l'idée d'une *chimie qualitative*, qui trouvera écho dans la philosophie idéaliste allemande au-delà de Kant, chez Schelling et Eschenmayer par exemple. Il distingue par exemple les différents types d' « airs » par leur solubilité dans l'eau, leur pouvoir d'entretenir ou d'éteindre la flamme, selon qu'ils sont respirables ou non, selon leur comportement en présence d'airs acides ou alcalins, ou selon la manière dont ils sont affectés par une étincelle. Son refus de la nouvelle chimie et son soutien obstiné à la théorie phlogistique l'isolent au sein de la communauté scientifique anglaise, mais le rapprochent des néophlogisticiens allemands, auquel Kant adhère[1].

Priestley théologien éclairé et partisan des Dissidents religieux

En Angleterre et au-delà, Priestley fait figure de *théologien éclairé*, auteur d'une synthèse audacieuse et originale entre *théisme* et *rationalisme des Lumières*, proposant d'en revenir à un christianisme primitif, épuré des corruptions qu'il a pu subir au cours de son histoire. Kant dès la *Théorie du ciel* de 1755 partage avec Priestley, lecteur de Newton, l'idée selon laquelle une certaine *théologie naturelle* (théisme providentialiste) et un certain *matérialisme déterministe*, loin d'être incompatibles, peuvent coexister sans contradiction. Toutefois Kant se sépare du *fatalisme moral*, qui chez Priestley résulte logiquement de son matérialisme déterministe *intégral*, englobant y compris l'âme et les actions humaines, ainsi que de son *millénarisme* (croyance en l'avènement d'un règne ou royaume nouveau opérant un retour aux origines). Si Priestley

1. Le naturaliste français Georges Cuvier, dans l'éloge funèbre qu'il rédigera en sa mémoire en 1861, vantera les nombreuses découvertes de substances dont Priestley est l'auteur, mais déplorera sa fidélité au phlogistique, le qualifiant de « père de la chimie moderne [qui] n'a jamais voulu reconnaître sa fille » (G. Cuvier, *Recueil des éloges historiques lus dans les séances publiques de l'Institut de France*, Paris, Firmin-Didot, 1861 ; « Joseph Priestley », p. 132).

croit en l'avènement du millénarisme, Kant dénonce fermement le *chiliasme philosophique,* en tant que vain espoir en une paix éternelle, idéal utopique à bon droit universellement moqué, notamment dans la *Religion dans les limites de la simple raison* [1], en lien avec sa critique des modalités despotiques d'une paix perpétuelle mondiale par l'empire ou par la suprématie d'un unique super-État mondial (calquée sur le modèle de la *pax romana* et qui instaurerait de fait une monarchie mondiale). Mais en quoi le théologien éclairé et dissident Priestley pouvait-il intéresser Kant ?

Issu d'une famille calviniste dissidente de l'Église d'Angleterre, Priestley se destine tôt à une carrière ecclésiastique. Son originalité en matière de théologie se manifeste par son rejet de la thèse de la prédestination au profit d'une doctrine du salut universel. Après des études de théologie, il s'inscrit en 1752 à l'Académie dissidente de Daventry et devient alors en matière de théologie et de religion un des porte-paroles des Dissidents rationalistes. Il combat les dogmes de la théologie métaphysique (dogmatique au sens de Kant), ainsi que toute forme de mysticisme religieux et de superstition, favorable, comme Kant et ses disciples Fichte, Reuss ou Staeudlin en Allemagne [2], à un examen critique rationnel libre de la Bible. Kant rejoint Priestley dans sa dénonciation de l'*athéisme*, d'une part, comme du *mysticisme* et de la *superstition* d'autre part [3].

Profondément influencé par l'ouvrage de David Hartley *Observations on Man* (1749), Priestley reprend à son compte le projet de Hartley : bâtir une philosophie chrétienne qui soit scientifiquement prouvable. C'est à Daventry qu'il décide de se consacrer, après des hésitations, au ministère, qu'il considère comme étant la plus noble de toutes les professions [4], mais tout en participant activement aux débats théologiques, quitte à heurter les mentalités conservatrices et traditionalistes de la congrégation de Needham Market à laquelle il est alors rattaché en tant que pasteur. Son hétérodoxie par rapport à la foi calviniste choque. En 1761, alors qu'il s'installe à Warrington comme professeur de langue et de rhétorique à l'*Academy*, il donne ses premières conférences sur l'histoire, qu'il interprète, avec des similitudes avec Kant, d'un double point de vue, à la fois *providentialiste* (théiste) et *naturaliste* (déterminisme des lois naturelles). Certes, dans l'*Idée d'une histoire au point de vue cosmopolitique* (1784) Kant ne retient pas la dimension providentialiste chère à Priestley et fait du « plan caché de la Nature » une hypothèse régulatrice plus qu'une thèse sur l'histoire, ni ne retient son millénarisme optimiste postulant un triple progrès scientifique, juridico-politique et moral du genre humain. Dans le *Conflit*

1. Voir Rel., I, 3, AK VI, 35 ; OP III, 47-48.

2. Voir M. Lequan, « Raison pure pratique et foi historique doctrinale dans trois lettres de 1792-1793 : vers une définition criticiste de l'Université », in *Éthique, Politiques, Religions*, n° 8 « La religion philosophique des Lumières », Paris, Classiques Garnier, 2016.

3. « Par la critique seulement peuvent être coupés à la racine même le *matérialisme*, le *fatalisme* [d'un Priestley], l'*athéisme*, l'*incrédulité* des esprits forts, l'*exaltation* et la *superstition* (...), enfin aussi l'*idéalisme* et *le scepticisme* » (Kant, Seconde Préface à la CRP, AK III, 21 ; OP I, 751). Voir aussi CRPr, « Typique du jugement pur pratique », AK V, 70-71 ; OP II, 693-694.

4. Voir J. Jackson, *A World on Fire*, *op. cit.*, p. 33.

des Facultés (1798), Kant refuse de trancher entre eudémonisme, terrorisme et abdéritisme historiques, mais dissocie pour sa part nettement progrès scientifique et technique (de l'ordre de la civilisation), progrès juridique (externe) et progrès moral (interne) dans l'*Idée d'une histoire* et dans les *Conjectures sur les débuts de l'histoire humaine* (1786). Pourtant tous deux partagent un certain optimisme, clair surtout chez le Kant précritique (des *Considérations sur l'optimisme* de 1759 par exemple). Si pour Kant le progrès moral de l'humanité reste une possibilité invérifiable de l'histoire, un horizon régulateur plus postulé que constaté, un fil directeur (*Leitfaden*) pour lire et comprendre l'histoire (comme développement de la culture en vue du *telos* de la paix cosmopolitique), pour Priestley, c'est un fait avéré (et non seulement l'objet d'une croyance) que les générations se succèdent en s'améliorant par rapport aux précédentes tant moralement, juridiquement que scientifiquement, de sorte que chez lui l'étude de l'histoire permet à la fois de prendre conscience de ce progrès et d'y participer. Pour Priestley, le savant joue d'ailleurs un rôle capital dans ce processus, dans la mesure où, par le progrès des savoirs auquel il contribue, il nourrit et légitime l'optimisme historique et la foi dans le progrès matériel, intellectuel et moral de l'humanité, que garantit au plan théologique la sage et bienveillante Providence divine. Dès son *History of Electricity*, Priestley voit dans le savant le promoteur du bonheur humain. Ses propres écrits scientifiques ont souvent *aussi* une portée politique et historique : il y affirme en effet que la science peut faire vaciller l'autorité politique ou religieuse, quand elle est usurpée et excessive, et que le gouvernement peut trembler avec raison devant une pompe à air ou une machine électrique. Mais seul, au fond, le mode épistémique de discours sur le progrès historique diffère entre Kant et Priestley. Kant se souvient sans doute de Priestley, quoique sans le nommer, lorsqu'il décrit, pour s'en dissocier quant au statut épistémique qu'il convient de lui conférer, « l'eudémonisme » historique dans le *Conflit des Facultés*.

En 1767 Priestley s'installe à Leeds comme ministre du culte de la *Mill Hill Chapel*, l'une des plus anciennes congrégations dissidentes d'Angleterre. Afin de diffuser ses idées en matière de théologie et de religion, il crée en 1768 un journal indépendant, ouvert à toutes tendances, le *Theological Repository*, qui, faute de contributeurs et de moyens financiers, périclitera malgré une brève renaissance en 1784. Priestley passe pour un hérétique et dérange par sa dissidence théologico-religieuse non seulement du fait de son activité pamphlétaire soutenue, mais surtout du fait de la publication de son second ouvrage majeur, les *Institutes of Natural and Revealed Religion* (1772-1774) en 3 tomes[1], dont Kant connaît les thèses centrales et dont les deux premières *Critiques* se feront l'écho. Priestley y expose sa conception de l'enseignement religieux et sa proximité avec le socinianisme. Cet ouvrage, qui constitue le manifeste théorique du mouvement des Unitariens britanniques, marque l'infléchissement de sa pensée théologique, dans la mesure où il ouvre la voie aux écrits philosophiques futurs en professant un *matérialisme*

1. Londres, J. Johnson, vol. I, 1772, vol. II, 1773, vol. III, 1774.

déterministe intégral, voire un nécessitarisme ou fatalisme, dont Kant louera la cohérence, à défaut de les faire siens, en raison de leur incompatibilité avec sa propre définition de la liberté morale. Les *Institutes* vont très loin en soutenant que seules sont acceptables les vérités religieuses correspondant à l'expérience que chacun a de la nature. Priestley y lie étroitement théisme et déterminisme, et réduit la nature intégralement à la matière perceptible. Il y remet surtout en question des piliers de l'orthodoxie et de la dogmatique chrétiennes : la divinité du Christ, l'Eucharistie, le miracle de la conception virginale, ce qui lui vaut l'inimitié des méthodistes. Tout comme Kant loue le christianisme moral comme religion naturelle dans la *Religion* de 1794, Priestley appelle de ses vœux le retour à un christianisme primitif, purifié de ses « corruptions » (dévoiements) historiques. Il publie à part la quatrième partie des *Institutes* sous le titre « An History of the Corruptions of Christianity » en 1782, qu'il tient lui-même pour son maître ouvrage. Mais en proposant d'appliquer la logique, les sciences et l'histoire comparée aux Saintes Ecritures, il s'aliène et les lecteurs religieux et les lecteurs scientifiques, les premiers refusant que la science s'applique à la religion, les seconds refusant d'instrumentaliser la science au service de la défense de la religion.

Enfin, Priestley, en théologien éclairé et ami des Dissidents religieux anglais, adhère au mouvement chrétien unitarien lancé en 1774 par son ami Theophilus Lindsey, qui s'efforce de n'imposer aucune restriction à la foi de ses membres. La même année, il défend Lindsey dans un pamphlet intitulé *Letter to a Layman, on the Subject of the Rev. Mr. Lindsey's Proposal for a Reformed English Church*, où il affirme que seule la forme, et non le contenu du culte, se trouve modifiée par la nouvelle liturgie unitarienne. Sa vie durant il continuera à soutenir l'unitarisme, rédigeant en sa faveur plusieurs *Defenses* et encourageant la création de nouvelles églises unitariennes en Grande-Bretagne et aux États-Unis[1].

Priestley, le politique libéral, radical et pro révolutionnaire[2]

Si Kant partage avec Priestley certains idéaux des Lumières (tolérance religieuse, liberté de penser, égalité des droits, par exemple à l'éducation)[3], il se montre cependant beaucoup plus nuancé que le politique radical Priestley, lequel

1. Il participera par exemple à la fin de sa vie à la création de l'Eglise unitarienne de Philadelphie.

2. Voir C. Garrett, « Joseph Priestley, the Millennium, and the French Revolution », *Journal of the History of Ideas*, Baltimore, Johns Hopkins University Press, vol. 34.1, 1973; I. Kramnick, « Eighteenth-Century Science and Radical Social Theory : The Case of Joseph Priestley's Scientific Liberalism », *Journal of British Studies*, Chicago, Univ. of Chicago Press, 1986,; P. N. Miller, *Priestley : Political Writings*, Cambridge, CUP, 1993; R. B. Rose, « The Priestley Riots of 1791 », in *Past and Present*, vol. 18, Oxford, Oxford University Press for the Past and Present Society, 1960; J. Graham, *Revolutionary in Exile : The Emigration of Joseph Priestley to America, 1794-1804*, Philadelphie, American Philosophical Society, 1995; R. Fagge, *The Vision of J. B. Priestley*, Londres/New York, Continuum International Publishing Group, 2012.

3. Voir A. Sheps, « Joseph Priestley's Time *Charts* : The Use and Teaching of History by Rational Dissent in late Eighteenth-Century England », *Lumen*, vol. 18, 1999, p. 135-154; R. Watts, « Joseph Priestley and Education », *Enlightenment and Dissent*, vol. 2, 1983.

appelle ouvertement de ses vœux, au-delà du réformisme prudent prôné officiellement par Kant (dans *Théorie et pratique* et dans la *Doctrine du droit*), une *révolution juridico-politique*. Priestley milite aussi en faveur de l'éducation des femmes, alors que Kant, dans ces deux mêmes textes, ne leur reconnaît encore qu'un statut « naturel » de citoyennes « passives » dans l'État, ne pouvant participer ni aux élections des parlementaires, ni au vote des lois. Kant et Priestley partagent toutefois une même admiration, seulement plus ou moins explicite chez l'un et l'autre, pour la Révolution française, Kant se montrant plus prudent et plus enclin au compromis[1] que Priestley, qui n'a de cesse d'afficher son radicalisme juridico-politique, son zèle pro révolutionnaire et sa solidarité avec les révolutionnaires français et américains (tel Thomas Paine)[2]. Ses positions politiques pro révolutionnaires ainsi que sa défense des Dissidents religieux lui valent la méfiance du public et du gouvernement anglais, au point de se voir finalement contraint de se réfugier aux États-Unis après l'incendie de sa maison de Birmingham par des émeutiers en 1791.

La pensée politique de Priestley a pu retenir l'attention de Kant, même si Kant n'épouse pas son radicalisme révolutionnaire. Priestley publie en 1768 son *Essay on the First Principles of Government*. Il y prône l'abrogation des *Test* et *Corporation Acts* qui limitent les droits des Dissidents religieux, leur interdisant notamment l'exercice de certaines fonctions politiques, militaires, ainsi que l'accès à certaines Universités (Oxford ou Cambridge) et qui les relèguent *de facto* à une citoyenneté de second rang. L'*Essai* de 1768 jette les fondements théoriques du *libéralisme politique moderne*, en dissociant droits politiques et droits civils, sphère privée et sphère publique. Priestley y affirme en particulier que l'éducation et la religion, relevant de la conscience privée et des libertés individuelles, ne sont du ressort ni de l'État, ni du domaine public. Contre le théoricien du droit William Blackstone, qui, dans ses *Commentaries on the Laws of England* (1765-1769), accuse l'Église dissidente d'Angleterre de crime contre l'État et soupçonne ses adeptes d'être des citoyens déloyaux, Priestley défend les droits des Dissidents dans ses *Remarks on Dr. Blackstone's Commentaries* (1769).

En 1772 il entame une brève carrière politique en devenant le conseiller personnel de Lord Shelburne, qui sera dix ans plus tard Premier ministre du Royaume-Uni et qu'il accompagne en 1774 dans son tour d'Europe. Comme conseiller politique, Priestley a accès aux travaux parlementaires et assure le lien entre Shelburne et les Dissidents religieux. Une caricature de l'époque le représente en « Docteur Phlogistique, le politicien Priestley ou le prêtre politique »[3]

1. Selon l'expression de Domenico Losurdo, dans *Autocensure et compromis dans la pensée politique de Kant*, Lille, Presses Universitaires de Lille, 1993.

2. Voir M. Lequan, « Préface », *Éthique, Politiques, Religion*, n°8, *La religion philosophique des Lumières*, *op. cit.*

3. Le jeu de mots en anglais joue sur la proximité entre le nom *Priestley* et son statut de prêtre ou pasteur, *priest*.

pro révolutionnaire, piétinant la Bible et arborant, à demi sorti de sa poche, l'ouvrage controversé *Essays on Matter and Spirit*, *Gunpowder* et *Revolution Toasts*. Puis installé à Birmingham, il publie en 1782 le tome IV de ses *Institutes* «*An History of the Corruptions of Christianity*», qui dénonce l'altération des enseignements du premier christianisme et rejette la Trinité ou l'Eucharistie. Nouveau titre provocateur, il fait paraître en 1786 *An History of Early Opinions concerning Jesus Christ, compiled from Original Writers, proving that the Christian Church was at first Unitarian*[1].

En 1785, dans *The Importance and Extent of Free Enquiry*, Priestley va jusqu'à affirmer que la Réforme n'a pas véritablement réformé l'Église en profondeur et en appelle à des changements beaucoup plus radicaux, à une lutte redoublée contre les superstitions, à multiplier les églises unitariennes, usant lui-même d'un vocabulaire incendiaire pour mieux mettre le feu aux poudres, ce qui lui vaudra d'être surnommé « *Gunpowder Joe* ». L'appel que lance Priestley à la révolution, en pleine Révolution française, suscite de violentes ripostes de la part des pamphlétaires. L'église unitarienne et lui-même se voient menacés de poursuites judiciaires. Alors que les Dissidents tentent de faire abroger les *Test* et *Corporation Acts*, le Parlement, redoutant une révolution imminente en Angleterre, renonce en 1790 à proclamer l'égalité des droits qu'ils réclament depuis des années. Au Parlement, William Pitt et Edmund Burke s'opposent à l'abrogation. Priestley dans une série de lettres tente en vain de les convaincre tous deux de changer d'avis. Les Dissidents qui, comme Priestley, soutiennent la Révolution française deviennent de plus en plus suspects. Pour faire barrage aux radicaux, au premier rang desquels Priestley figure, le gouvernement de Pitt agite l'épouvantail de la « poudre à canon », accusant Priestley et ses amis Dissidents de vouloir renverser l'État. Burke, dans ses célèbres *Reflections on the Revolution in France* (1790), associe le chimiste Priestley à la Révolution française. Selon lui, les radicaux soutiennent le développement des sciences de la nature en Grande-Bretagne. Burke lie les principes républicains français aux travaux de Priestley et des chimistes français (pourtant diamétralement opposés). Il fustige ainsi tous les visages de la révolution : politique, religieux, scientifique (visant aussi bien la révolution lavoisienne de l'oxygène que la contre-révolution néo-phlogistique de Priestley). Burke accuse le chimiste et révolutionnaire Lavoisier tout comme le *Gunpowder Joe* Priestley de fournir les révolutionnaires français en poudre et de tourner les canons de la Révolution française contre la Grande-Bretagne. Paradoxalement, le laïque Burke[2] critique la science et entend placer

1. Thomas Jefferson dira plus tard l'influence qu'eut sur lui ce livre subversif. Priestley correspond avec Jefferson sur l'Université idéale, et ses conseils seront mis en œuvre lors de la fondation de l'Université de Virginie. Priestley dédie à Jefferson sa *General History of the Christian Church*.

2. Sur la polémique Priestley – Burke, voir M. de Crosland, « The Image of Science as a Threat : Burke versus Priestley and the "Philosophic Revolution" », *The British Journal for the History of Science*, vol. 20, Londres, British Society for the History of Science, 1987.

la religion au service de la société civile, alors que Priestley, ministre du culte, prône une religion et une liberté de conscience strictement privées [1].

En juillet 1791, Priestley organise avec des Dissidents un dîner pour célébrer la prise de la Bastille, ce qui est perçu comme une provocation en Angleterre, où nombreux sont les opposants à la Révolution française qui redoutent qu'elle ne s'étende à leur pays. Avec l'aval probable des magistrats de Birmingham, des émeutiers assaillent les participants à leur sortie du dîner, brûlent les églises de New Meeting et Old Meeting, ainsi que la maison et le laboratoire de Priestley, qui se trouve contraint de fuir. Georges III envoie des troupes et dit « se réjouir de ce que Priestley soit la victime des doctrines que lui-même et son parti ont instillées »[2]. Contraint de déménager à Clapton, Priestley y publie en 1791 un pamphlet « *An Appeal to the Public on the Subject of the Riots in Birmingham* », qui accuse les habitants de Birmingham d'avoir prêté main forte aux émeutiers, en violation des principes du gouvernement anglais. Dans ses deux *Fast Sermons* prononcés devant la congrégation de Gravel Pit Meeting, il réaffirme son millénarisme et son attachement à la Révolution française, en laquelle il voit un présage du retour du Christ. L'Angleterre brûle des effigies de Priestley et de Paine. Des caricatures politiques l'accablent, et même ses collègues et amis prennent leur distance. Face aux sanctions prises par le gouvernement anglais à l'encontre des opposants, et malgré son élection à la Convention nationale française par deux départements (l'Orne et Rhône-et-Loire)[3], il décide d'émigrer en Amérique, où il passera les dix dernières années de sa vie (de 1794 à 1804) en exil en Pennsylvanie.

Enfin, dernier acte d'une vie politique mouvementée, en 1795, quand le journaliste britannique William Cobbett dans ses *Observations on the Emigration of Dr. Joseph Priestley*, accuse Priestley d'avoir trahi la Grande-Bretagne et de fomenter une révolution avec le soutien de ses amis réfugiés en France, Priestley se défend avec virulence en publiant ses *Letters to the inhabitants of Northumberland and its neighbourhood* (Lettres aux habitants de Northumberland et de ses environs).

1. Voir Priestley, *A letter to the Right Honourable William Pitt, on the subjects of toleration and church establishments; occasioned by his speech against the repeal of the Test and Corporation Acts, on Wednesday the 28th of March, 1787*, Londres, J. Johnson and J. Debrett, 1787 et *Letters to the Right Honourable Edmund Burke, occasioned by his Reflections on the Revolution in France*, Birmingham, Thomas Pearson, 1791.

2. Voir citation *in* F. W. Gibbs, *Joseph Priestley : Adventurer in Science and Champion of Truth*, *op. cit.*, p. 204.

3. Priestley est proclamé citoyen français par l'Assemblée nationale législative par décret le 26 août 1792.

PRIESTLEY OU LA NÉCESSITÉ ABSOLUE : LA CAUSALITÉ EFFICIENTE ÉRIGÉE EN SYSTÈME PHILOSOPHIQUE

C'est surtout le visage de Priestley philosophe et qui plus est *philosophe de la nécessité absolue* qui suscite l'intérêt de Kant. Durant ses années au service de Shelburne (entre 1774 et 1780) Priestley rédige ses cinq écrits *philosophiques* majeurs, qui, selon Kant, fournissent le fil directeur assurant l'unité et la cohérence de l'ensemble de son système. Ces cinq écrits forment pour ainsi dire la « clé de voûte »[1] qui permet de rassembler *après coup* (par le haut) ses quelque 150 écrits publiés, en proposant une *ontologie* et une *épistémologie de la causalité efficiente*. Chez Priestley, c'est en effet la notion de *causalité déterministe* ou *nécessaire* qui permet d'unifier de façon harmonieuse sa théologie naturelle, sa physique et sa psychologie matérialistes, ainsi que son fatalisme moral (niant la liberté humaine). Il en résulte une philosophie fondamentalement et intégralement nécessitariste, érigeant la nécessité en système et tirant sa systématicité de l'idée même de nécessité. Ces cinq ouvrages auxquels Kant se réfère implicitement lorsqu'il évoque Priestley en 1781 et 1788 sont 1) l'*Examination of Dr. Reid's Inquiry into the Human Mind* (1774, *Examen de l'enquête du Dr Reid sur l'esprit humain*), 2) *Hartley's Theory of the Human Mind on the Principle of the Association of Ideas* (1775, La théorie de l'esprit humain de Hartley sur le principe d'association des idées), 3) les *Disquisitions relating to Matter and Spirit* (1777, Recherches sur la matière et l'esprit) et surtout 4) la *Doctrine of Philosophical Necessity Illustrated* (1777, La doctrine du nécessitarisme philosophique) et 5) les *Letters to a Philosophical Unbeliever* (1780, Lettres à un philosophe incroyant). Priestley y nomme le centre de gravité de sa philosophie cohérente, unifiée, voire formant système : la *causalité efficiente*. Bannissant toute causalité finale d'ordre métaphysique, Priestley y décline la notion centrale de causalité efficiente en trois autres concepts cardinaux : le *déterminisme*, le *matérialisme* auquel il est indissociablement lié, et le *nécessitarisme*, qui en est le fruit radicalisé, systématisé, étendu à tous les domaines de la philosophie (théologie, physique, psychologie, morale). Kant résume cette constellation de concepts propres aux écrits philosophiques de Priestley, en les subsumant sous le titre générique de « fatalisme », autre nom de la causalité efficiente nécessaire chez Priestley. Le déterminisme matérialiste, qui prend son point d'appui dans la considération scientifique et physicaliste newtonienne de la nature, devient chez Priestley un *nécessitarisme*, *i.e.* un déterminisme, voire un fatalisme généralisé, auquel rien ne fait exception, et néanmoins conforme à la volonté bienveillante de

1. Selon la métaphore du *Schlussstein* qu'utilise Kant dans la Préface à la deuxième *Critique* (CRPr, AK V, 3) pour désigner la liberté pratico-transcendantale unifiant les deux grandes branches de son système philosophique : théorique et pratique. Si la clé de voûte du système kantien réside dans la liberté, la clé de voûte du système de Priestley réside *a contrario* dans une causalité nécessaire absolue (théoriquement déterministe eu égard à la nature phénoménale, moralement et théologiquement fataliste, niant la liberté humaine).

Dieu. Grâce à ce fil directeur, unificateur et polysémique de la causalité efficiente (déterministe, nécessaire, fataliste) Priestley rassemble en un système les trois principaux pans de sa philosophie (théologie, physique, psychologie) dans une même foi optimiste dans le progrès de l'humanité passant par le développement des sciences de la nature. Animé d'une foi scientiste, Priestley voit dans l'étude de la nature et de ses lois déterministes, voire nécessaires[1], le moyen de rendre l'humanité plus heureuse. Rejetant tout dualisme du corps et de l'esprit, il propose une philosophie matérialiste intégrale, fondée sur le postulat que tout dans l'univers est matière perceptible, y compris l'âme humaine, que nous ne pouvons connaître qu'au moyen d'une psychologie empiriste. Priestley, comme Kant à partir de 1781, quoique pour d'autres raisons, renonce à toute connaissance métaphysique de l'âme. Si ces cinq écrits philosophiques sont accueillis avec froideur par le lectorat anglais, ce sont eux pourtant qui frapperont le plus Kant, lui fournissant l'argument de la cohérence et de l'unité systématique qui lui permettront de nommer la racine commune originaire de tous les écrits de Priestley : une *ontologie* (doublée d'une épistémologie) *de la causalité efficiente*.

Surtout, le fatalisme conséquent de Priestley, auquel Kant rend hommage, quoiqu'il ne le fasse pas sien, est, pour Priestley lui-même comme pour son lecteur Kant, le meilleur rempart *et contre le scepticisme de Hume et contre l'athéisme de d'Holbach* (autre version du matérialisme), dans la mesure où ce nécessitarisme est compatible à la fois avec la foi religieuse (quoiqu'incompatible avec une morale de la liberté pratico-transcendantale comme autonomie et indépendance) et avec le matérialisme physicaliste issu de Newton, réfutant deux extrêmes opposés : l'athéisme, d'une part, le mysticisme et la superstition d'autre part, dans lesquels Kant voit les pires ennemis de la philosophie. Pour Kant donc, le nécessitarisme de Priestley est éminemment cohérent. Son seul point faible réside dans son fatalisme, c'est-à-dire dans sa dimension morale tronquée, voire inexistante, dans la mesure où Priestley est contraint, par la nécessité même de son système, de nier la liberté humaine (prise au sens fort où la définit Kant en 1788, *i.e.* en son sens à la fois transcendantal et pratique). A l'instar de Spinoza, Priestley se trouve forcé de réduire la liberté à une illusion due à notre ignorance des causes efficientes véritables déterminant notre agir.

Répondant au *Système de la nature* (1770) du Baron d'Holbach et aux *Dialogues Concerning Natural Religion* (1779) de Hume ainsi qu'aux philosophes matérialistes athées français (comme La Mettrie), Priestley entend concilier matérialisme et déterminisme *grâce à la foi en Dieu*, et non *contre* elle. Il parvient ainsi à éviter la tentation (selon Kant moralement ruineuse) de l'athéisme, en maintenant une parfaite cohérence de son système autour de la notion de cause nécessaire, fût-ce au prix du sacrifice de la morale. Kant s'emploiera *dans les marges du fatalisme de Priestley*, bien plus que *contre* celui-

1. Priestley ne fait pas la distinction fine que Leibniz introduit entre simple « détermination » et « nécessité », synonyme de « fatalisme mahométan » selon le « Discours préliminaire » aux *Essais de théodicée*.

ci, à réhabiliter, dans une veine en partie leibnizienne, la liberté humaine, en démontrant sa compatibilité ou compossibilité avec la causalité naturelle nécessaire, ainsi qu'avec une certaine lecture de la Providence divine comme sage Nature (en-dehors de toute théodicée dogmatique). Bien que la synthèse systématique de Priestley entée sur la notion cardinale de causalité efficiente nécessaire mérite le plus grand respect pour sa cohérence, elle reste toutefois selon Kant insoutenable *du point de vue moral*. Kant ne combat pas tant le nécessitarisme de Priestley que son fatalisme moral. Il s'efforce de *compléter* le premier en *corrigeant* le second par l'ajout d'une morale de la liberté, prise désormais en son sens fort (et non plus au sens empirico-psychologique faible où Spinoza, Leibniz et Priestley l'ont prise, réduisant celle-ci tantôt à la fausse et illusoire liberté d'un tourne-broche, tantôt à celle d'un *automaton spirituale*, tantôt à un fatalisme des causes matérielles, tantôt à un « automate de Vaucanson », selon la quadruple énumération de la deuxième *Critique*)[1]. Pour Kant, si l'erreur de Priestley est de priver l'homme d'une volonté libre effective, la force philosophique de son système, sa cohérence, réside dans le primat unilatéral et intégral de la causalité efficiente, déclinée comme déterminisme absolu, nécessitarisme et fatalisme. En outre, le mérite du système philosophique de la nécessité absolue est d'être parfaitement compatible avec le christianisme, pris comme religion naturelle ou rationnelle, et d'éviter l'écueil (moralement ruineux) de l'athéisme, tout en permettant une compréhension scientifique de la nature. Le nécessitarisme de Priestley est radical (au point d'engloutir toute liberté humaine, point sur lequel Kant ne pourra plus le suivre) : il s'étend non seulement à la morale (ce que Kant déplore), mais encore à la psychologie (ce que Kant admet en revanche, ne reconnaissant lui-même pour seule psychologie qu'une psychologie empirique et rejetant dès 1781 toute psychologie métaphysique, transcendantale ou rationnelle pure). Pour le nécessitarisme de Priestley comme pour celui de Spinoza, l'âme humaine, loin de faire exception ou de constituer un empire dans un empire, est soumise aux lois de causalité naturelle. Si Kant récuse le fatalisme de Priestley en morale et affirme la liberté pratico-transcendantale, il concède en revanche au nécessitarisme de Priestley une validité en psychologie, puisque, pour Kant comme pour Priestley, la liberté empirico-psychologique (qui certes n'est pour Kant que le plus bas degré de la liberté, une fausse et illusoire liberté) n'est qu'un phénomène parmi d'autres, soumis aux lois de causalité nécessaire de la nature, à l'instar des phénomènes physiques.

Si Kant dénature le fatalisme conséquent et radical de Priestley en lui adjoignant un volet *moral*, qui fait droit à une liberté au sens éminent (pratico-transcendantale, et non empirico-psychologique), Priestley, de son côté, tout aussi conscient du caractère potentiellement désespérant de son fatalisme (tout comme le « fatalisme mahométan » semble désespérant à Leibniz dans son

1. Voir CRPr, AK V, 97-99 ; OP II, 725-728.

« Discours préliminaire » des *Essais de théodicée*), y ajoute une nuance, qui consiste chez lui dans un *théisme optimiste* compatible avec une foi historique en une religion révélée (un christianisme primitif purifié) : Dieu étant infiniment bon crée un monde et des lois perfectibles et choisit avec bienveillance les maillons de la chaîne déterministe causale. Répondant au problème central de la théodicée leibnizienne, Priestley tient le mal pour un effet d'optique, lié à la finitude et à l'imperfection de notre compréhension du monde, plus que pour une réalité métaphysique inhérente à la nature du monde créé. Sa philosophie s'inscrit dans la longue tradition du *déterminisme matérialiste*, ainsi que dans celle de la critique de l'illusion du libre-arbitre, issue de la doctrine calviniste du serf arbitre et dont on trouve écho chez Leibniz ou Spinoza, qui, l'un et l'autre, quoiqu'avec des variantes, prônent un déterminisme strict, le premier limité aux seuls phénomènes naturels matériels, le second étendu à tous les phénomènes naturels, y compris de l'âme[1]. L'originalité de Priestley réside donc, d'un point de vue kantien, non pas tant dans son matérialisme absolu, ni dans son nécessitarisme fataliste concernant l'action humaine libre, que dans l'alliance (relativement inattendue pour un Allemand du XVIIIe siècle, mais couramment admise parmi les théistes anglais) d'une foi théiste (théologie naturelle) et religieuse (chrétienne), d'un déterminisme physique et psychique, culminant dans une physiologie mécaniste de l'entendement, et d'un fatalisme moral, alliance dont l'unité s'enracine dans la notion de *causalité efficiente*.

L'un des rares commentateurs français de Kant à avoir souligné l'apport du nécessitarisme philosophique de Priestley à la construction du criticisme kantien, Michel Puech, dans *Kant et la causalité : étude sur la formation du système critique*[2], déplore que l'influence du fatalisme de Priestley sur Kant ait été négligée par la plupart des chercheurs.

> L'échec de la métaphysique [dogmatique] laisse place à un système général des causes efficientes : physique, psychologie matérialiste, théologie naturelle. Ce matérialisme *théologien* reçoit l'appui de l'un des hommes de science les plus respectés en Allemagne, l'Anglais Joseph Priestley. *La philosophie de Priestley est le modèle de ces systèmes d'après l'échec de la métaphysique, qui s'appuient sur une théorie des causes efficientes. On ne peut négliger l'influence de ce type de doctrine sur Kant.* Les gros ouvrages scientifiques de Priestley, en particulier ceux sur l'électricité et sur l'air, exercent une grande influence sur la physique du continent. Priestley offre à l'Allemagne l'image la plus convaincante du Newton des temps nouveaux, et ceci d'autant plus qu'il accompagne, comme Newton, son œuvre scientifique, d'une réflexion théologique. Kant, qui rend hommage à son nécessitarisme conséquent (AK V, 98) et l'oppose directement à Hume (AK III, 488), adhère sans réserve à cette admiration commune pour l'homme de

1. Voir M. Stewart, *The Courtier and the Heretic : Leibniz, Spinoza, and the Fate of God in the Modern World*, New York, W. W. Norton, 2006, p. 171 ; R. M. Adams, *Leibniz : Determinist, Theist, Idealist*, New York, Oxford University Press, 1998, p. 1-44 ; D. Rutherford, *Leibniz and the Rational Order of Nature*, Cambridge, CUP, 1995.

2. Paris, Vrin, 1990.

> science. Priestley est un homme de science de premier plan, et qui est utile pour combattre le sophiste Hume et le mécréant d'Holbach, puisque cet homme de science est aussi un théologien[1] (...). L'essentiel de l'intérêt [de sa méthode scientifique qu'il met aussi en œuvre en théologie pour y remplacer la méthode métaphysique] (...) tient à l'harmonie entre un matérialisme strictement déterministe et les vérités religieuses, soutenues par d'innombrables références bibliques. La philosophie de Priestley est l'application d'un strict déterminisme, qu'il appelle doctrine de la nécessité philosophique (...). [Pour Priestley][2] l'âme humaine est un être matériel, un effet de l'existence du corps humain, et l'étude de l'âme humaine est une partie de la physique[3]. L'étude des corps physiques simples permet l'étude des corps matériels organisés, qui permet l'étude de l'âme humaine ou psychologie. Priestley ne manque jamais l'occasion de rendre à la psychologie matérialiste de Hartley le plus vibrant hommage[4].

Si selon M. Puech toutefois « la synthèse de Priestley n'offre pas de véritable systématicité, sinon celle de ses intentions pieuses, et certainement pas la systématicité rationnelle que recherche la philosophie allemande »[5], il reste que Kant y a vu une cohérence systématique, à laquelle il rend un hommage appuyé et sincère en 1788, dans la mesure sans doute où Kant projette sa propre exigence de systématicité rationnelle sur les écrits philosophiques de Priestley, en particulier sur ceux d'entre eux qui exposent son nécessitarisme : à savoir les *Institutes* (Section 2), les *Letters* (Sections 2, 9 et 14), la *Doctrine of Philosophical Necessity* (Section 2) et les *Disquisitions* (Sections 5 et 8). Dans ces textes, Priestley étend le déterminisme matérialiste à la psychologie, s'inspirant de la psychologie matérialiste de Hartley et passant outre l'interdit cartésien et malebranchiste (ne jamais identifier l'âme à une substance matérielle). À la suite de Hartley, Priestley pense la synthèse du matérialisme déterministe de Newton et de la psychologie empirique de Locke, excluant toute connaissance métaphysique de l'âme humaine en son essence divine et immatérielle. Kant épouse un argument similaire dans la *Critique de la raison pure*, au chapitre des

1. Comme souvent dans la mouvance du théisme anglais. Voir M. Lequan, « Préface », *Éthique, Politiques, Religion*, n°8, *La religion philosophique des Lumières*, *op. cit.*

2. Qui rompt ici délibérément avec l'interdit cartésien qu'on trouve par exemple dans la correspondance avec la Princesse Élisabeth. Pour Descartes, bien que l'âme ne soit *pas* matérielle, on peut néanmoins se la représenter temporairement, *par analogie*, et à des fins pédagogiques, *comme si* elle était une extension du corps et donc *comme* une substance matérielle étendue.

3. Bien que Kant n'aille pas jusqu'à faire de l'âme une substance matérielle, charnelle et terrestre, comme le fait par exemple l'abbé Meslier, en se réclamant paradoxalement de Malebranche dans le contexte du matérialisme français du XVIIIe siècle (voir D. Antoine-Mahut, « L'apport paradoxal de Malebranche aux matérialismes du XVIIIe siècle : l'exemple de *L'Âme des bêtes* (1728) de l'abbé Meslier », Conférence prononcée à la Société Rhodanienne de Philosophie, Université Lyon III, mars 2016), Kant dans ses *Réflexions de physique et de chimie* et dans ses *Premiers principes métaphysiques de la science de la nature*, englobe dans l'étude de la nature au sens large aussi bien les corps que les âmes, la physique proprement dite aussi bien que la psychologie, toutes deux considérées comme sciences empiriques.

4. M. Puech, *Kant et la causalité*, *op. cit.*, p. 152 ; nous soulignons.

5. *Ibid.*, chap. « La physiologie matérialiste de l'entendement : Hartley, Priestley », p. 152-153.

« Paralogismes de la raison pure », fustigeant les erreurs de la psychologie rationnelle pure, transcendantale, *i.e.* transcendante, dérivée, à titre de branche spéciale, de la métaphysique dogmatique de Descartes[1].

Pour Kant en tout cas – contre l'avis des commentateurs anglo-saxons de Priestley et contre les commentateurs français de Kant – Priestley incarne la cohérence d'une doctrine philosophique où le *déterminisme* se mue en *nécessitarisme*, s'élargissant de la sphère physique strictement matérielle à la sphère psychique, de telle manière que ce passage du déterminisme matériel physique à une psychologie matérialiste nécessitariste ne soit plus seulement de l'ordre de la pensée *par analogie*, sur le mode du *comme si* (que Descartes autorisait à la limite à la Princesse Elisabeth), mais bien de l'ordre de l'*identification réelle*. Le nivellement chez Priestley du corps et de l'âme, de la physique et de la psychologie au sein d'un matérialisme déterministe-nécessitariste fait que l'enchaînement implacable des causes et des effets ne trouve aucune exception ni dans le monde, ni hors du monde. La cosmologie de Priestley, tout entière gouvernée par le règne universel de la nécessité, renouant avec l'*ananké* des Grecs mais en contexte chrétien, se veut la *radicalisation* et l'*élargissement* du déterminisme physique newtonien (dont Kant, tout comme Priestley, loue l'efficacité en physique comme en cosmologie dès sa *Théorie du ciel* de 1755, même si Kant loue en Newton l'efficacité du *mécanisme* plus que l'universalité uniforme de la *matérialité* de l'univers). Chez Priestley, le déterminisme ne vaut plus de façon sectorielle ou limitée à la seule nature physique. Il vaut aussi pour la nature psychique, dans la mesure où celle-ci est de l'ordre de la matière perceptible et, ajoutera Kant, n'est connaissable pour l'homme que précisément dans cette dimension phénoménale. Priestley se montre plus radical que Kant, dans la mesure où il adosse l'universalité de son déterminisme-nécessitarisme à *l'universalité uniforme et continue de la matérialité*, laquelle fonde proprement chez lui l'unité et la cognoscibilité de la nature entière (physique et psychique), là où Kant se contente d'uniformiser la nature *phénoménale* en soumettant l'ensemble des phénomènes (définition *materialiter* de la nature) à des lois universelles et nécessaires (définition *formaliter* de la nature selon les *Prolégomènes à toute métaphysique future*)[2]. Le déterminisme de Priestley est plus radical et plus intégral que ne le sera même celui de Laplace au XIXe siècle, car il vaut pour tout type de réalité et dans la mesure où toute réalité (y compris psychique ou morale) est ici matière.

Comme le note M. Puech, Priestley tire « les conséquences dernières du déterminisme absolu »[3] et en infère une *ontologie de la causalité efficiente nécessaire*, qui permet d'unifier les divers champs du savoir et les diverses branches de la philosophie. Pour Priestley, « tout événement dans le monde est le résultat

1. Voir L. Guillermit, *Leçons sur la* Critique de la raison pure *de Kant* [1972], Paris, Vrin, 2008, chap. « Les paralogismes de la raison pure », p. 135-269.

2. Voir *Prolégomènes*, § 14-17, AK IV, 294-297 ; OP II, 65-69.

3. M. Puech, *Kant et la causalité*, *op. cit.*, p. 153.

de causes efficientes matérielles, nécessairement et univoquement déterminantes (...), bien que cette détermination dans la plupart des cas ne soit pas connue »[1]. Priestley mêle habilement matérialisme déterminisme (psycho-physique) et apologétique chrétienne. Selon M. Puech, son audace est d'unir (« tout uniment ») les *avantages dus au système matérialiste* aux *doctrines de la religion révélée*, mais, selon Kant, cette synthèse systématique s'opère chez lui au prix d'un désavantage immense, dans la mesure où son fatalisme abolit *de facto* toute *morale*, en sapant la liberté humaine au profit des sages décrets d'une Providence divine bienveillante.

En outre chez Priestley, cette causalité efficiente en sa nécessité implacable fait l'objet de l'*évidence* la plus immédiate et la plus vraie que l'homme puisse rencontrer. Nous faisons l'expérience en nous-mêmes, dit Priestley, du pouvoir causal de produire un objet et nous en tirons une compréhension, tout aussi immédiatement évidente, de la causalité comme enchaînement réglé des causes et des effets dans le monde et hors du monde (puisque le monde lui-même n'échappe pas à cette concaténation de causes et d'effets, étant lui-même l'effet d'une cause première et parfaite, Dieu). Kant dans la 3e « Antinomie de la raison pure » s'inspire certes positivement de la définition leibnizienne de la liberté cosmologique comme « spontanéité » (*i.e.* pouvoir d'engendrer une série nouvelle de phénomènes dans le monde, sans y être déterminé par une cause sensible antérieure). Mais il n'est pas exclu qu'il cherche aussi, négativement ou en creux, à se séparer du nécessitarisme de Priestley, pour qui l'expérience des enchaînements causaux, étant la plus évidente et immédiate, doit conduire à exclure précisément tout type de causalité *autre que matérielle ou perceptible*. La causalité intelligible d'ordre nouménal, qui définit pour Kant la liberté cosmologique ou transcendantale (sur laquelle vient s'ériger la liberté pratique comme autonomie morale de la volonté) est autant de la part de Kant une reprise transposée, dédogmatisée, de la spontanéité leibnizienne qu'une prise de distance vis-à-vis du nécessitarisme intégral de Priestley, que Kant admet dans tous les domaines, *sauf précisément en morale*, où le fatalisme doit être réfuté pour faire droit à une liberté en son sens le plus aigu.

À cette différence (de taille) près que la morale ne saurait être pour Kant résorbée, c'est-à-dire annihilée dans un quelconque fatalisme, comme le fait Priestley, il reste qu'aux yeux de Kant le nécessitarisme de Priestley, par sa cohérence exemplaire et admirable, *fait système*. Plus précisément, comme le montre M. Puech, la cohérence systématique de la pensée de Priestley puise son fondement dans une « ontologie naturelle de la causalité »[2]. D'un point de vue kantien ou du moins allemand, l'originalité de Priestley consiste à marier apologétique chrétienne (religion révélée s'appuyant sur la Bible) et matérialisme

1. *Disquisitions*, section 9, p. 104.
2. M. Puech, *Kant et la causalité*, *op. cit.*, p. 157.

déterministe hérité de la physique newtonienne *au moyen d'une théologie naturelle*. Son théisme réconcilie science positive et religion révélée, ce qui est assez courant dans le contexte du théisme anglais de l'*Enlightenment*. À l'échelle du système de Priestley, le lien entre physique, psychologie et théologie est assuré par la causalité efficiente, érigée en dogme universel. Priestley, en cela proche du nécessitarisme spinoziste, considère que tout est strictement déterminé par des causes efficientes, bien que peut-être nous les ignorions, ce qui explique notre commune illusion de liberté.

> Il est possible que nous ne puissions pas déterminer *a priori* comment un homme agira dans tous les cas particuliers, mais c'est parce que nous n'avons pas de connaissance particulière de la disposition de son esprit, de sa situation précise et de sa vision des choses. Mais nous ne pouvons pas non plus dire dans quel sens le vent soufflera demain, bien que l'air ne soit soumis qu'aux seules lois nécessaires du mouvement[1].

Pour Priestley, les actes humains, dits à tort libres, ne sont pas plus indéterminés que ne le sont les phénomènes naturels, par exemple météorologiques : les uns comme les autres sont strictement déterminés par des causes efficientes qui entrent dans le plan de la sage et bienveillante Providence divine, bien que nous ne les connaissions pas nécessairement. Le même parallèle entre agir humain libre et phénomènes météorologiques ou démographiques se retrouve chez Kant dans l'Introduction à *l'Idée d'une histoire universelle*[2].

L'ontologie de la causalité (selon l'expression de M. Puech) qui forme la clé de voûte – *inversée par rapport à celle de Kant* – du système de Priestley trouvera chez Kant un écho dans le principe de la 2e « Analogie de l'expérience » dans l'Analytique des principes de la *Critique de la raison pure*, sauf que dans le contexte du criticisme kantien, la causalité devient une catégorie de l'entendement pur, certes applicable à l'expérience, mais qui ne dérive pas de l'expérience, alors que chez Priestley, la causalité tire son évidence immédiate de l'expérience première. À cette différence de statut près, pour tous deux la causalité implique soit l'antériorité, soit la simultanéité de la cause par rapport à son effet (comme dans les exemples kantiens de la chaleur du poêle ou de la déformation créée sur le coussin par la boule, sa cause contemporaine[3]). Pour Priestley, « l'idée de cause de quelque chose implique non seulement quelque chose d'antérieur à cette chose causée ou au moins de contemporain, mais aussi quelque être capable tout au moins de comprendre ce qu'il produit »[4]. Le monde même, comme série infinie des phénomènes, aussi doit avoir sa cause première possédant un « pouvoir et une intelligence infinie »[5], à savoir Dieu. A l'instar de

1. *Doctrine of Philosophical Necessity* [1777], Section II, p. 13, cité par M. Puech, *Kant et la causalité, op. cit.*, p. 153-154 n.

2. Voir IHU, AK VIII, 17-18 ; OP II, 187-189.

3. Voir CRP, AK III, 175-176 ; OP I, 936.

4. *Letters (Lettres à un philosophe incroyant*, 1780), 2, p. 7.

5. *Doctrine of Philosophical Necessity* [1777], *op. cit.*, Section II, p. 13.

Leibniz, Priestley remonte de la réalité du monde créé (effet) à celle de sa cause créatrice première (Dieu). Kant conservera en partie le ressort de cette preuve physico-théologique, du moins dans ses écrits précritiques (*Théorie du ciel*, *Considérations sur l'optimisme*, *Unique fondement de la preuve de l'existence de Dieu*).

C'est surtout dans les *Institutes* de 1772 et dans les *Letters* de 1780 que cette ontologie de la causalité apparaît comme le cœur du système nécessitariste de Priestley. Car de cette ontologie causale résultent une théologie naturelle (science de Dieu comme cause première, déclinant ses divers attributs : infinie perfection, omnipuissance, sagesse, bienveillance) ainsi qu'une physique déterministe (inspirée de Newton) et une psychologie matérialiste (inspirée de Hartley). Désormais privées de fondement métaphysique, théologie, religion, psychologie et dans une moindre mesure morale (parent pauvre du système de Priestley) ne reposent plus que sur cette ontologie de la causalité efficiente. Si on lui ôte la causalité, le système de Priestley s'effondre. Ces deux textes de Priestley visent un double ennemi : d'une part, le scepticisme humien (que Kant fustigera de nouveau en 1781, y voyant la source de l'athéisme, de l'impiété, de l'immoralité, nomadisme adolescent, errance insatisfaisante pour la raison) et le matérialisme athée des Français La Mettrie ou d'Holbach. Selon Priestley,

> M. Hume subvertit le fondement même de tous nos raisonnements sur les causes et les effets de sorte que de ce que nous voyons autour de nous nous ne pouvons pas avec certitude conclure à un auteur intelligent[1].

Si pour Kant, le scepticisme humien a du moins la vertu d'être une étape nécessaire dans le développement de la raison sur le chemin de la maturité critique, étape permettant de nous arracher au « sommeil dogmatique » de la raison (selon la célèbre formule de la « Préface » des *Prolégomènes à toute métaphysique future*)[2], pour Priestley, le scepticisme humien est intégralement nocif, car il détruit, sans rien reconstruire : le scepticisme de Hume, niant l'évidence vraie et certaine de notre expérience de la causalité efficiente, dissout tout (théologie, physique, psychologie, religion, morale).

Selon M. Puech, une preuve de la lecture (au moins partielle) que Kant fit des ouvrages de philosophie de Priestley est qu'il cite dans les *Prolégomènes* trois théoriciens écossais du sens commun – Reid, Beattie et Oswald – qu'il n'a vraisemblablement pas lus lui-même, mais que Priestley, lui, a lus et qu'il critique dans la 3e Partie de ses *Institutes*, que Kant connaît sans doute à partir de la traduction allemande de 1782 parue à Francfort sous le titre *Anleitung zur Religion nach der Vernunft und Schrift aus dem Englischen*[3]. Dans ces textes

1. *Institutes*, Londres, J. Johnson, 1772-1774, Partie I, Section 1, p. 208.

2. Voir *Prolégomènes*, AK IV, 260 ; OP II, 23.

3. Priestley s'en prend aussi au *common sense* de ces trois Ecossais dans son *Examination* (1774), mais il est moins vraisemblable que Kant ait connu ce texte de jeunesse de Priestley, qui plus est non traduit en allemand à l'époque.

philosophiques nécessitaristes, Priestley joue donc Hartley contre le scepticisme dissolvant et sophistique de Hume, et fonde dans l'expérience la vérité de la notion de causalité. « Il n'y a rien dans l'idée (...) de causalité (...) – écrit-il – qui ne soit pas dérivé des impressions auxquelles nous avons été soumis »[1]. Pour Priestley, c'est dans l'expérience que la notion de causalité puise sa vérité. Si Kant considère aussi en un sens que l'intuition sensible et partant l'expérience sont vectrices d'une vérité objective et testimoniale, que nul scepticisme ne saurait atteindre, il rattache en revanche à l'entendement pur et à sa spontanéité propre la catégorie de cause ainsi que le principe de causalité successive. L'ontologie de la causalité efficiente et nécessaire donne lieu chez Priestley à une *épistémologie de la causalité*, qui alimente et sous-tend tous ses écrits scientifiques de physique et de chimie. Par exemple, dans son *History and present State of Electricity* de 1767 (traduite en allemand en 1772), il fait de la causalité le fondement de toute notre connaissance du réel. Selon lui, la connaissance physique s'épuise dans la recherche d'une « chaîne de causes et d'effets »[2]. « Jugeant à partir des phénomènes que la nature est uniforme avec elle-même, nous sommes amenés par l'analogie, à attendre que la même chose se reproduise dans tous les cas »[3]. Il n'est pas impossible que le terme même d' « analogie », que Kant réinvestit en 1781 dans le cadre des « Analogies de l'expérience » et notamment de l'analogie de la causalité successive, soit un écho non seulement des méthodes analogiques de Newton, Leibniz et Hume[4], mais encore de l'*History* de Priestley, texte scientifique indissociable d'un arrière-plan philosophique et épistémologique. Il y a en tout cas une grande proximité entre les épistémologies causales de Priestley et de Kant, en dépit de la différence de statut que l'un et l'autre confèrent à la notion de causalité (notion expérimentale chez l'un, notion pure chez l'autre) et en dépit de la méthode que l'un et l'autre appliquent à l'élucidation du caractère principiel de la causalité pour l'élaboration de la connaissance. En effet, chez Kant, la causalité est enchassée dans une méthode philosophique de « déduction transcendantale », qui, au sens juridique du terme, consiste à remonter du fait au droit, de la question du *quid facti* à celle du *quid juris* (sur quel fondement légitime notre connaissance repose-t-elle ?). Chez Priestley en revanche, la question du droit ne se pose pas[5] ; elle est éclipsée par l'évidence d'un fait : notre expérience de la causalité, laquelle légitime une ontologie et une épistémologie correspondantes. Pour Priestley, on croit en vertu d'une analogie ou on suppose selon toute vraisemblance que le futur ressemblera aux chaînes de causes et d'effets du passé, mais sans avoir à s'interroger sur le bien-fondé d'une telle croyance ou supposition (ce que font Hume et Kant,

1. *Letters*, 9, p. 181-182.
2. *History*, *op. cit.*, 3ᵉ Partie, Section 1, p. 408.
3. *Ibid.*
4. Voir F. Marty, *La naissance de la métaphysique. Une étude sur la notion kantienne d'analogie*, Paris, Beauchesne, 1980, première partie, chap. I et II, p. 25-156.
5. Voir M. Puech, *Kant et la causalité*, *op. cit.*, p. 157-158.

chacun à leur façon). Chez Priestley, le *nexus* causal est un, universel, intégral, sans exception, sans reste et immédiatement vrai et évident : il fonde toutes nos connaissances, ainsi que l'existence même d'une nature ordonnée, alors que chez Kant, ce *nexus effectivus* de la causalité nécessaire se double dès les deux premières *Critiques* d'un « caractère » (loi de causalité) intelligible, ou *causalité par liberté*, intéressant directement la morale, et en outre d'un *nexus finalis*, dont le statut est purement régulateur et renvoie à un jugement de type réfléchissant (non déterminant) dans la troisième *Critique* eu égard aux êtres vivants organisés dans la nature.

Chez Kant aussi le principe de causalité (2e « Analogie de l'expérience »), en tant qu'il constitue l'un des principes de l'entendement pur, conditionne toute notre connaissance objective des phénomènes naturels, qu'ils soient physiques ou psychiques. L' « Analytique des principes » voit dans ce principe de causalité (fragilisé par le scepticisme de Hume et réhabilité par le nécessitarisme de Priestley) autant une loi de constitution de la *nature* elle-même qu'une loi *a priori* du fonctionnement légitime (immanent) de notre *entendement*. Et Schopenhauer en accordant dans *Le monde comme volonté et comme représentation* à côté de l'espace et du temps une place centrale au principe de causalité (ou de raison suffisante) dans le processus d'élaboration de la connaissance héritera sur ce point et de Kant et de Priestley[1]. Il y va de la régularité légale et de l'uniforme continuité des phénomènes naturels et donc à la fois de *l'existence et de la cognoscibilité de la nature*. Sans la causalité efficiente nécessaire (qu'elle soit érigée en principe pur de l'entendement chez Kant ou en couronnement ontologique et clé de voûte du système chez Priestley), le monde nous demeurerait inconnaissable et perdrait tout ordre et toute régularité : il serait un chaos, voire moins qu'un rêve, selon l'expression de Kant dans la première *Critique*.

Les deux références de Kant à Priestley

La Critique de la raison pure : *Priestley ou l'arme anti-Hume; la synthèse efficace du matérialisme déterministe et de la théologie naturelle contre le scepticisme dissolvant*

Si Kant ne possédait dans sa bibliothèque personnelle aucun ouvrage original en anglais de Priestley, ni aucune traduction, comme en atteste l'inventaire dressé par A. Warda en 1924, il connaît *via* les recensions données dans des revues et les manuels de philosophie de l'histoire alors utilisés dans les Universités allemandes les thèses philosophiques majeures de Priestley, et notamment son fameux « fatalisme », auquel se réfèrent les deux premières *Critiques*.

1. Sur le rapprochement de ces trois auteurs, voir M. Durner, « Immateriality of Matter : Theorien der Materie bei Priestley, Kant und Schopenhauer », *Philosophisches Jahrbuch*, 103/2, 1996, p. 294-322.

Dans la première *Critique*, c'est dans la « Théorie transcendantale de la méthode », et plus précisément, dans la « Discipline de la raison pure par rapport à son usage polémique » que se trouve la référence la plus longue et la plus nourrie à Priestley, en forme d'hommage et de critique. Priestley y est cité en vis-à-vis de Hume, que Kant loue et critique également et symétriquement. Dans ce passage, Kant rappelle en général les bénéfices de l' « Antithétique de la raison pure » et l'intérêt qu'a la raison, dans une perspective critique, à s'examiner elle-même et à observer, assise à distance, en haut des gradins, les empirico-sceptiques et les métaphysiciens dogmatiques s'affronter dans l'arène en des combats sanglants, bien qu'illusoires en tant que simples jeux. La raison a intérêt et tire même du plaisir à regarder en son propre sein s'opposer le *scepticisme* radical et dissolvant d'un *Hume* et l'*empirisme* matérialiste et nécessitariste d'un *Priestley*, tous deux également bien intentionnés (*i.e.* soucieux de réfuter la métaphysique dogmatique). Sans trancher ni en faveur de Hume, ni en faveur de Priestley, Kant voit dans leur conflit un intérêt supérieur pour la raison critique, soucieuse de déterminer, en dehors de tout esprit partisan en faveur de telle ou telle chapelle ou école, son domaine légitime d'usage et de fixer les limites de son propre pouvoir de connaître. Kant oppose ici Hume à Priestley quant à l'existence de Dieu.

> Si l'on eût demandé à l'impassible *David Hume* (...) ce qui le poussa à saper par des doutes laborieusement soupesés, cette persuasion si consolante et si salutaire aux hommes, que les lumières de leur raison suffisent pour affirmer l'existence d'un être suprême et s'en faire un concept déterminé : rien, aurait-il répondu, que le dessein d'avancer la raison dans la connaissance d'elle-même et (...) un certain dépit que j'éprouve à voir la violence qu'on veut lui faire, lorsqu'on l'exalte outre mesure [comme dans la métaphysique dogmatique] et qu'on l'empêche en même temps d'avouer loyalement les faiblesses qui se révèlent à elle lorsqu'elle s'examine elle-même. D'un autre côté, demandez à un homme dévoué aux seuls principes de l'usage *empirique* de la raison, et hostile à toute spéculation transcendantale, demandez à *Priestley* quels motifs l'ont engagé, lui, le pieux et zélé ministre de la religion, à renverser ces deux maîtresses colonnes de toute religion : la liberté et l'immortalité de l'âme (l'espérance de la vie future n'est chez lui que l'espoir d'un miracle de la résurrection); il ne pourrait rien vous répondre, sinon que c'est uniquement l'intérêt de la raison qui souffre toutes les fois que l'on veut soustraire certains objets aux lois de la nature matérielle, les seules que nous puissions connaître et déterminer exactement. Il paraîtrait injuste de décrier *Priestley*, qui sait concilier son affirmation paradoxale [matérialisme déterministe] avec le but de la religion, et d'en vouloir à un homme bien-pensant, parce qu'il ne peut s'orienter dès qu'il s'est égaré hors du champ de la science de la nature [1],

lequel reste, selon Kant, le champ de compétence premier de Priestley. Face à l'antinomie de premier degré opposant le sceptique Hume à l'empiriste

1. CRP, A 745/B 773, AK III, 488; OP I, 1321-1322 (trad. mod.). Sur ce passage opposant le pieux Priestley au sceptique Hume, voir F.-X. Chenet, *La métaphysique de la métaphysique*, chap. VIII, Philopsis (éditions en ligne F. Chenet), 2008, p. 20-33.

matérialiste Priestley eu égard à l'existence de Dieu, Kant en appelle donc à se montrer également indulgent envers l'un comme envers l'autre, *dans la mesure où tous deux cherchent seulement, et avec sincérité, à délimiter le pouvoir de notre raison*. On ne doit opter ni pour Hume, ni pour Priestley, mais respecter également leurs tentatives, lorsqu'on est soucieux uniquement de savoir, comme l'est Kant, « jusqu'où la raison peut s'avancer dans sa spéculation » métaphysique, par exemple au sujet de Dieu, de la liberté ou de l'âme. Le respect de Kant et pour Hume et pour Priestley reste entier, et le fait qu'il les place ici au même plan montre à quel point il estimait Priestley à égalité avec son rival. Dans ce premier texte, Kant loue ainsi en *Priestley* d'abord et avant tout le *scientifique matérialiste*, qui n'accorde de réalité qu'aux objets de la nature matérielle et qui magnifie l'*empirisme rationnel*, tout en le plaçant paradoxalement au service d'une foi religieuse, dont on ne peut douter ni de la vivacité, ni de la sincérité.

La Critique de la raison pratique *ou l'éloge du fatalisme cohérent de Priestley*

C'est au chapitre de l'« Examen critique de l'Analytique de la raison pure pratique » que Kant rend hommage à la cohérence du fatalisme de Priestley avec l'ensemble de son système philosophique. Kant loue d'abord la conscience morale comme une « faculté merveilleuse » capable de nous faire entendre la voix d'airain de sa loi, quand bien même nous cédons aux habitudes, aux désirs, aux passions et finalement aux vices, lorsqu'elle nous fait regretter notre action mauvaise et nous inspire le repentir :

> L'avocat qui parle en faveur [du vice] ne peut réduire au silence la voix intérieure qui l'accuse [la loi morale] (...), s'il a conscience d'avoir eu l'usage de sa liberté au moment où il a commis cette action injuste ; et quoiqu'il s'explique sa faute par une mauvaise habitude, qu'il a insensiblement contractée en négligeant de veiller sur lui-même (...), il ne peut pourtant se mettre à l'abri contre les reproches et le blâme qu'il s'adresse à lui-même. C'est là aussi le fondement du repentir (...), sensation douloureuse produite par l'intention morale et qui est pratiquement vide, en ce sens qu'elle ne peut servir à empêcher ce qui a été fait de l'avoir été ; elle pourrait même paraître absurde (comme l'a du reste décrété *Priestley*, en véritable et conséquent *fataliste*, et en raison de cette franchise, il mérite plus d'approbation que ceux qui, admettant en fait le mécanisme de la volonté et sa liberté seulement en parole, veulent encore paraître la conserver dans leur système syncrétique) [1].

Kant ici à la fois loue la cohérence du fatalisme moral prôné par Priestley en accord total avec son matérialisme déterministe et avec sa théologie naturelle *et* s'oppose à ce fatalisme incarné par Priestley, en ce qu'il abolit la seule vraie liberté entendue en son sens fort, *i.e.* à la fois pratique (autonomie) et transcendantale (spontanéité et indépendance vis-à-vis des causes naturelles sensibles). Kant dénonce en effet ici aussi l'effet pervers de ce fatalisme, qui est de nier la

1. CRPr, AK V, 98-99 ; OP II, 728 (trad. mod.).

seule vraie liberté au sens fort (pratique et transcendantale). Il est certain que Kant a eu accès, directement ou indirectement, aux thèses nécessitaristes de Priestley, par exemple, dans ses *Institutes of Natural and Revealed Religion* (1772-1774), dans ses *Disquisitions relating to Matter and Spirit* ou encore dans sa *Doctrine of Philosophical Necessity Illustrated* (tous deux publiés en 1777).

En conclusion, alors que peu de commentateurs, et de façon relativement récente et principalement, voire exclusivement, dans l'ère anglo-saxonne, se sont intéressés à la dimension *systématique*, *cohérente* et *unitaire* de la philosophie de Priestley, privilégiant pour la plupart l'étude de tel ou tel aspect de sa pensée, Kant, qui fut son exact contemporain et partagea avec lui un grand nombre de préoccupations tant en matière de philosophie théorique que pratique, aurait été, contre toute attente, l'un des premiers, quoiqu'il ne l'ait lu que de seconde main et qu'il le cite fort peu, à percevoir le centre de gravité de l'œuvre de Priestley et à mettre en lumière, à l'occasion de l'exposition de sa propre philosophie, le fil directeur assurant l'unité et la cohérence du système de Priestley. Kant serait ainsi et malgré le peu de références qu'il fait à Priestley, l'un des premiers à entrevoir chez lui un système courageux dans sa cohérence et préférable à bien d'autres, qui sauvent la morale certes, mais au prix d'une liberté illusoire, de pure façade, d'un libre-arbitre empirico-psychologique, bien que ce système ne soit pas revendiqué comme tel par son auteur. Kant attribue au philosopher de Priestley une systématicité non pas fondatrice ou principielle, première, qui viendrait d'abord, mais une systématicité seconde ou *a posteriori*, résidant dans l'affirmation d'une *ontologie de la causalité efficiente* (selon les termes de M. Puech), laquelle innerve ensuite et tient ensemble après coup – telle la « clé de voûte » de la liberté pratico-transcendantale chez Kant –, *via* une épistémologie des causes nécessaires, les trois grandes parties de sa philosophie : la physique (déterministe matérialiste), la théologie théiste et la religion chrétienne naturelle, la psychologie et la morale (fatalisme doublé d'une affirmation de la bienveillance providentielle divine). Alors même qu'il l'a lu de façon très superficielle et indirecte, Kant serait en fait l'un de ses lecteurs contemporains les plus perspicaces, un lecteur aussi sans doute qui lui emprunte bien plus que ce qu'il ne veut bien reconnaître, tant les passerelles et proximités entre leurs deux philosophies sont nombreuses. Kant serait en un sens, et en forçant quelque peu le trait, l'un des premiers inventeurs du « système » philosophique de Priestley.

Mai LEQUAN
Université Lyon 3

LA PHYSIOLOGIE DU MASSAGE ORIENTAL : KANT ET LE SUBLIME BURKIEN

Le seul auteur qui ait l'honneur d'une mention et de citations de plusieurs lignes dans la « Critique de la faculté de juger esthétique » est Edmund Burke. Il n'y a aucun lieu de s'étonner de voir apparaître ce nom à propos du sublime, ni que cette référence soit autre chose qu'une mention sans réelle portée argumentative. Non seulement on sait l'importance des Anglo-Saxons dans les lectures de Kant, précritiques, mais aussi critiques : de l'éveil du sommeil dogmatique par Hume au débat avec Locke dans la première *Critique*, et aux mentions des théoriciens du sens moral, Shaftesbury et Hutcheson, dans les *Fondements de la métaphysique des moeurs* et dans la deuxième *Critique*. Ce sont des interlocuteurs dont les thèses méritent examen, même si leur traitement des questions est rejeté fermement.

Burke est manifestement une source non négligeable de Kant pour la description du sentiment du sublime, et c'est d'autant moins surprenant que le texte du jeune Burke intitulé *A Philosophical Enquiry into the Origin of our Ideas of the Sublime and Beautiful*, publié en 1757, eut un retentissement considérable. Il fut dès sa parution abondamment discuté dans son pays d'origine (les amendements de la seconde édition deux ans plus tard seulement témoignent des critiques auxquelles l'auteur entend répondre) et nombreuses furent les rééditions dans les décennies suivantes du siècle, ainsi que les traductions dans toute l'Europe. Celles-ci ne tardèrent guère, l'allemande, de Christian Garve, publiée en 1773, et que cite Kant, n'est pas la première. C'est qu'avec Burke commence à être distinctement tracée la différence des sentiments – Burke s'exprime en termes de passions – du beau et du sublime, laquelle se frayait un chemin dans la pensée européenne depuis au moins la traduction de (Pseudo-)Longin par Boileau en 1674, et ce toujours davantage en dehors de la sphère de la rhétorique et des arts poétiques, de sorte que c'est Burke (précédé de quelques avant-courriers) qui franchit résolument le pas vers un sublime « spectatorial » de la nature [1].

1. *Cf.* l'avant-propos de Baldine Saint-Girons à sa traduction (Paris, Vrin, 1990). Pour plus de détails sur l'histoire du sublime, *cf.* ses ouvrages *Fiat Lux. Une philosophie du sublime* (Paris, Quai Voltaire, 1993) et *Le sublime de l'Antiquité à nos jours* (Paris, Desjonquères, 2005).

La partition même de l'Analytique de la « Critique de la faculté de juger esthétique » dépend de Burke si l'on considère que celui-ci

> fut, en effet, le premier dans l'histoire des idées à montrer que l'esthétique recouvrait deux types d'expérience mutuellement incompatibles : une expérience du sublime, dans laquelle le plaisir était moins patent que l'intensité d'une passion marquée du sceau de la terreur, et une expérience du beau qui se fondait sur l'amour, la communication et l'aisance relationnelle [1].

Il serait fastidieux et inutile de compiler ici les points de convergence des descriptifs respectifs du sublime par les deux auteurs, ou de comparer systématiquement leurs oppositions respectives du beau et du sublime : recoupements et divergences ont frappé tous les lecteurs tant sur le plan de l'intensité et de la dualité (ou de l'ambiguïté) de la satisfaction du sublime (*delight,* dit Burke), et sur la tranquillité et la simplicité du beau, qu'au point de vue du rapport à autrui dans les deux sentiments, ou de la relation différenciée à la vie : « le sublime, dit Burke, va immédiatement dans un sens opposé à celui de la vie, alors que le beau épouse son cours »[2]. Mais il me paraît intéressant de revenir sur l'insuffisance que Kant dénonce chez Burke, afin justement de préciser le sentiment esthétique, et en particulier le sublime, comme sentiment de vie dans le texte kantien.

À cet égard, il est très significatif qu'au moment où il lui rend hommage tout en prenant ses distances pour souligner la nécessité de sa propre approche, Kant associe au nom de Burke celui d'Épicure. Certes, le sublime mêle au plaisir quelque chose de son contraire. C'est, explique Burke, parce que « la terreur est dans tous les cas possibles, d'une façon plus ou moins manifeste ou implicite, le principe essentiel du sublime »[3], Et s'il est possible d'y trouver quelque satisfaction en dépit de cela, c'est que notre sécurité propre n'est pas en cause. Si Kant pourrait s'accorder assez largement avec cette description empirique, il doit pourtant soutenir que « l'exposition physiologique » ou « psychologique »[4] que Burke propose du sublime et du beau, pour cette raison même qu'elle est « purement empirique », ne peut aucunement justifier des prétentions à la validité (subjective) universelle et nécessaire des jugements esthétiques dans leur pureté. En quoi cette exposition est insuffisante : le plaisir du beau et le sentiment du

1. B. Saint Girons, « Avant-propos » à Edmund Burke, *Recherche philosophique sur l'origine de nos idées du sublime et du beau, op. cit.*, p. 36.

2. *Ibid.*

3. E. Burke, *Recherche*, II, 2, trad. cit.

4. Cette (dis)qualification est une correction de 1793. En 1790 Kant écrivait « psychologique ». « On peut maintenant comparer », écrit-il, à cette exposition (transcendantale) « désormais menée à bien » l'exposition « physiologique » (1793). Kant choisit Burke parmi « beaucoup d'hommes à l'esprit pénétrant » qui ont élaboré ce type d'approche. *Cf.* CFJ, AK V, 277, soit la fin de la « Remarque générale sur l'exposition des jugements esthétiques réfléchissants » (AK V, 266-279); ces deux dernières pages (où il est question de Burke et d'Épicure) étant séparées de ce qui précède par un procédé typographique. Je cite la traduction d'Alain Renaut (Paris, Aubier, 1995; rééd. GF-Flammarion n°1088), mais je me permets, sans autre mention que celle-ci, de l'amender et/ou d'y ajouter les termes allemands, en particulier en ce qui concerne le lexique des types de satisfaction.

sublime ne peuvent être que strictement privés l'un comme l'autre si l'on s'en tient à ce point de vue. Kant, on l'a dit, cite Burke; je retiens ici les lignes qui concernent le sublime, précédées de cet hommage : si Burke mérite mention, c'est comme « l'auteur le plus remarquable pour cette manière de traiter la question ». Il s'agit d'illustrer ce à quoi « on en arrive selon cette méthode » :

> Le sentiment du sublime se fonde sur l'instinct de l'autoconservation et sur la peur, c'est-à-dire sur une douleur (*Schmerz*) qui, parce qu'elle ne va pas jusqu'à la destruction effective des parties du corps, provoque des mouvements qui, en purifiant les vaisseaux délicats ou ceux d'une certaine grosseur des engorgements dangereux et pénibles, sont à même de susciter d'agréables sensations (*angenehme Empfindungen*), non pas certes du plaisir (*Lust*), mais une sorte de frisson délicieux, un certain calme qui vient se mêler à la terreur[1].

Après une plus brève évocation du beau « fondé sur l'amour », et associé au relâchement du corps, à un épuisement, ou un « alanguissement par plaisir », Kant poursuit son éloge en indiquant :

> Comme observations psychologiques, ces analyses des phénomènes de notre esprit (*Gemüt*) sont extrêmement belles et elles fournissent une riche matière aux recherches les plus appréciées de l'anthropologie empirique.

Dès l'abord, on le voit, la pertinence de la recherche de Burke est strictement limitée au descriptif empirique, en deçà duquel l'exposition transcendantale a d'ores et déjà pu remonter.

Viennent alors deux considérations qui ont pu faire croire que Kant lui-même rejoignait non seulement Burke mais Épicure dans leur conception du plaisir[2] et dont il me paraît dès lors important de mesurer exactement la portée. C'est qu'immédiatement après avoir dit quelle riche matière l'exposition physiologique procure à l'anthropologie empirique, Kant écrit :

> il est en outre incontestable que toutes les représentations en nous, qu'elles soient, dans leur relation à l'objet, simplement sensibles ou entièrement intellectuelles, peuvent pourtant, subjectivement, être associées au *Vergnügen* (la jouissance de l'agréable) ou à la douleur (*Schmerz*), si imperceptibles qu'ils soient l'un et l'autre (parce qu'elles affectent toutes le sentiment vital (*Lebensgefühl*) et qu'aucune d'entre elles ne peut en tant que modification du sujet, être indifférente) ; de même ne saurait-on nier que, comme le soutenait Épicure, le *Vergnügen* et la douleur soient en fin de compte toujours corporels, cela qu'ils partent de l'imagination ou même de représentations de l'entendement, parce que la vie sans le sentiment de l'organe corporel est uniquement conscience de son existence, mais non pas

1. CFJ, AK V, 277. Ceci correspond (approximativement) à ce que l'on trouve Partie IV, section VII de la *Recherche*.

2. Récemment encore : J. Pollock, « La relève moderne du sublime lucrétien », *Comparative Studies in Modernism*, 8 (Spring), 2016, p. 27-39 dans un numéro consacré à « Il sublime e le arti ». : « À l'instar des atomistes, [Kant] n'hésite pas à donner un fondement corporel aux sentiments », et de citer le passage (*cf.* ci-après) où il est question d'Épicure (p. 33).

> sentiment du bien-être ou de son contraire, (*Gefühl des Wohl- oder Übelbefindes*) c'est-à-dire de la stimulation (*Beförderung*) ou de l'inhibition (*Hemmung*) des forces vitales (*Lebenskräfte*) ; car l'esprit est en soi-même uniquement et entièrement vie (il est le principe vital lui-même (*das Lebensprinzip selbst*)), et c'est en dehors de lui, mais pourtant dans l'homme lui-même, par conséquent dans la relation avec son corps, qu'il faut chercher obstacles aussi bien que stimulations [1].

Le lecteur attentif au lexique kantien ne manquera pas de relever que dans cette page comme ailleurs Kant met précisément en œuvre les distinctions opérées dès le premier moment (§ 5). Dans la réplique à Burke et à Épicure, il n'est question en fait de plaisir que de *Vergnügen*, terme dont Kant a délimité la portée à la désignation du plaisir d'agrément, c'est-à-dire à la jouissance de ce qui « plaît aux sens dans la sensation »[2]. Quand donc il faut donner raison à Épicure, c'est qu'il s'est montré expert en ce qui concerne le plaisir corporel, lequel évidemment peut aussi avoir son origine dans une représentation, même toute intellectuelle, ce dont Kant lui-même donnera des exemples plus loin, revenant à la même thèse d'Épicure au § 54.

Mais, poursuit-il ici, « si l'on situe toute entière et pleinement la satisfaction (*Wohlgefallen*) prise à un objet en ceci que cet objet, soit par son attrait (*Reiz*), soit par l'émotion (*Rührung*) qu'il suscite, apporte une jouissance (*vergnüt*) », alors il faut renoncer à ce qu'un tel plaisir exprimé dans un jugement puisse de quelque façon que ce soit réclamer l'adhésion d'autrui : « sur ce point, c'est en toute légitimité que chacun ne consulte que son sentiment privé »[3], puisqu'on est alors dans le registre d'un jugement qui « repose sur le sentiment immédiat que chacun a de son propre bien-être (*auf dem unmittelbaren Gefühle des Eigenen Wohlbefindes beruht*) ». Un tel bien-être s'entend donc physiquement, dans le corps ; il est associé au sentiment de la santé, comme Kant le souligne à plusieurs reprises, et en particulier à propos d'Épicure à nouveau, en parlant d'un « sentiment d'intensification du bien-être physique, c'est-à-dire de la santé : *Gefühl der Beförderung (…) des körperlichen Wohlbefindens, d. i. der Gesundheit* »[4].

1. CFJ, AK V, 277-278.

2. *Cf.* CFJ, § 3, AK V, 205. Cf. aussi § 5, AK V, 209 et début de la Remarque générale en question ici (AK V, 266) : le plaisir d'agrément est dit « pathologiquement conditionné », et il est traité des différences d'agrément en termes quantitatifs : « nombre des excitations », « masse de la sensation agréable » ; au § 39, Kant y revient pour insister sur le caractère *passif* de cette jouissance qui « vient à l'esprit par l'intermédiaire du sens » (AK V, 291-92). Encore, § 44, à propos des arts d'agrément et des arts du beau, renvoyant à la sensation des sens, d'une part, à la réflexion, de l'autre. Et *passim.* Attrait (*Reiz*) et *Genuss/geniessen* sont aussi toujours associés au plaisir d'agrément exclusivement, qui dépend de l'appareil sensoriel.

3. CFJ, AK V, 278.

4. CFJ, § 54, AK V, 331. On ne peut nier une certaine ambiguïté dans le texte de Kant du fait que le sublime a été lui-même évoqué dans un vocabulaire très semblable comme provoquant une intensification des forces vitales d'autant plus considérable qu'elle suivrait un arrêt mis aux mêmes forces. Du plaisir du sublime il est dit qu'il « ne surgit qu'indirectement, c'est-à-dire qu'il est produit par le sentiment d'un arrêt (*Hemmung*) momentané des forces vitales, immédiatement suivi par une *effusion* d'autant plus forte de celles-ci (*stärkern Ergiessung derselben*) » (§ 23, AK V, 245 ; pour l'association

Bref, Épicure a raison en ce qui concerne ce qu'il peut dire du plaisir corporel, en ce compris sur la diversité de ses sources possibles, donc de son lien à des représentations qui peuvent même être purement intellectuelles. Mais il a tort de croire que l'on puisse rendre compte de toute espèce de satisfaction en ces termes. Il faut donc conclure que Burke commet la même erreur en décrivant comme des passions le goût et le sentiment du sublime : cette optique fait disparaître toute possibilité de « censure du goût » ou toute discussion à ce sujet. Dans cette perspective, tout accord des jugements devient pure et simple contingence entre des sentiments seulement privés, individuels, liés à des personnalités empiriques toujours différentes les unes des autres. Chacun est renvoyé à l'intimité de son idiosyncrasie empirique, corporelle et psychologique. Il faudrait ajouter que de ce point de vue, l'analyse de Burke est mise à mal tout particulièrement dans ce qu'on lui doit principalement : la distinction du sublime comme catégorie esthétique à part entière, à côté du beau, comme catégorie première de la discipline[1]. En effet, on est obligé de conclure que soit le sublime est réduit à n'être que ce qu'il fut et en un sens est encore dans une manière ordinaire de parler : une sorte de superlatif du beau[2], les satisfactions ne se distinguant dans leurs effets physiques qu'en degré d'intensité et non par nature ; soit la notion est contradictoire d'un « plaisir négatif (*negative Lust*) »[3], mixte de jouissance (ou agrément) et de douleur, si ces sensations s'opposent sur un continuum de part et d'autre d'un « zéro » de la douleur comme de la jouissance : dans ce cas, elles ne peuvent que s'annuler ou s'amoindrir (se compenser) l'une l'autre.

La première partie de la Remarque (qui se termine par la comparaison à l'exposition empirique) peut contribuer à préciser la progression argumentative qui est celle de Kant. Il a commencé par synthétiser les quatre types de satisfaction à ne pas confondre et qu'on peut qualifier d'esthétiques pour les trois premières : l'agréable, le beau, le sublime. Le bien absolu, quant à lui, peut être apprécié subjectivement certes, car il inspire le sentiment moral, mais sa nécessité repose sur des concepts *a priori* et constitue un commandement bien plus qu'une simple prétention à l'adhésion des autres, de sorte que « en soi [le bien absolu] appartient, non pas certes à la faculté de juger esthétique, mais à la pure faculté de juger intellectuelle » : il s'attribue à la liberté dans un jugement déterminant, et nullement à

à la *Rührung*, *cf.* aussi § 14 *in fine*). Mais seul le *Gemüt* semble concerné par l'alternance de répulsion et d'attraction dont il est alors question. Kant attribue bien au *Gemüt*, ou aux facultés qu'il rassemble, les « mouvements » dont il est parlé quand il s'agit des rapports au sein du *Gemüt* entre imagination et raison ; et il met en garde contre la réduction de ces mouvements à une gymnastique comparable à celle du corps en vue de l'entretien de sa santé. Cf. *infra*.

1. Cette dette à l'égard de Burke s'entend rétrospectivement : « esthétique » n'appartient pas encore au vocabulaire de sa *Recherche*.

2. *Cf.* par exemple : P. David, « L'effroi du sublime », *Les Cahiers du CEIMA*, 3, 2006, p. 10.

3. Guillermit souligne que cette expression appliquée au sublime dès le § 23 (CFJ, AK V, 245) « ne peut être que parfaitement dénuée de sens au regard d'une anthropologie empirique. » (L. Guillermit, *L'élucidation critique du jugement de goût selon Kant*, Paris, Éditions du CNRS, 1986, p. 143).

la nature (même pas par subreption comme dans le sublime). Il y a là seulement un « apparentement » à la faculté de juger esthétique et à ses conditions formelles, en ce sens que la faculté de juger peut « représenter la légalité de l'action accomplie par devoir en même temps comme esthétique, c'est-à-dire comme sublime, ou même comme belle, sans porter atteinte à sa pureté »[1]. Ce qui, souligne Kant, serait impossible si on voulait lier l'action au sentiment empirique de l'agréable. Ceci constitue déjà un argument contre l'approche empirique du beau et du sublime qui les traite tous deux en termes de *Vergnügen* : elle interdit d'associer encore le sublime à la moralité.

Il résume alors le résultat de ses propres exposés des deux sentiments, et prend soin de distinguer leurs rapports au sentiment moral. Ensuite il reprend des termes déjà intervenus dans l'exposé du sublime, rappelant l'impossibilité d'une présentation objective du suprasensible, la sorte d'illimitation dont est l'objet l'imagination tant du point de vue de sa propre extension que de sa propre puissance, quand elle affronte l'immensément grand ou l'immensément puissant dans la nature, et en quoi il y a lieu de parler de finalité subjective ; il répète l'analogie de la disposition d'esprit du sublime avec le sentiment moral, le caractère négatif de ce sentiment (par contraste avec le plaisir positif du beau) en raison de la privation de liberté qu'y éprouve l'imagination. Insistant sur l'extension et la force accrues de l'imagination (effet de la violence qu'elle subit de la part de la raison), il souligne que l'on est loin de pouvoir prêter ce sentiment du sublime à une imagination « d'après les lois de l'association », c'est-à-dire à une imagination empirique, parce que celle-ci fait dépendre notre satisfaction de « facteurs physiques »[2]. À nouveau, c'est la critique de toute approche empirique qui est déjà en cause et les facteurs physiques sont déjà écartés pour le moins comme non essentiels, voire comme obstacles (puisque physiquement nous ne sommes que fétus de paille face aux forces déchaînées de la nature) : c'est loin d'être physiquement que nous pouvons découvrir en nous un point de résistance capable de tenir bon devant la nature déchaînée.

Il s'agit donc bien plutôt, dans l'exposition du sublime, de l'imagination qui agit « d'après les principes du schématisme de la faculté de juger (par conséquent en tant qu'elle est subordonnée à la liberté), l'instrument de la raison et de ses idées » et qui, du coup, est « d'une force capable d'affirmer notre indépendance contre les influences de la nature ». On est loin d'une passion soumise aux lois des corps. Et, pour bien éclairer son propos, Kant répète qu'il s'agit ici d'imagination esthétique transcendantale, dans l'exercice de la faculté de juger et donc uniquement de jugement esthétique *pur*[3].

À y regarder de près, on constate ainsi que c'est dès le début de la Remarque que celle-ci est construite comme une charge contre une esthétique empirique : elle ne peut rien révéler de ce qui vient d'être rappelé du beau et du sublime et

1. CFJ, AK V, 267.
2. CFJ, AK V, 269.
3. CFJ, AK V, 269, 270.

de leurs différences. C'est confirmé par la suite quand Kant revient à l'absence de concept. Aucun concept de fin ne peut intervenir relativement aux objets de la nature qu'on qualifie de beaux ou de sublimes. Ainsi, dit-il, le ciel ou l'océan, pour que le jugement esthétique soit pur, doivent être considérés en écartant toutes sortes de concepts possibles, de même pour la forme humaine : la prise en considération des fins physiques naturelles auxquelles sont destinés les membres est exclue car « la finalité esthétique est la légalité de la faculté de juger en sa liberté »[1]. Insister sur la liberté de la faculté de juger, tant pour le sublime que pour le beau, c'est exclure de déterminer le jugement par un concept quelconque après avoir exclu la détermination par une sensation (ce qui est le cas dans l'agrément). C'est exclure les beautés ou sublimités dites « intellectuelles » : l'appellation est impropre, prévient Kant, car ces modes de représentations esthétiques « ne se rencontreraient pas en nous si nous n'étions que de pures intelligences »[2]. Kant avait indiqué dès le § 5 que la faveur est propre à l'homme, qui ne l'a en commun ni avec le pur esprit ni avec la bête. Bien sûr, répète-t-il, il peut s'associer à la satisfaction esthétique une « satisfaction intellectuelle (morale) », bien que ce ne soit pas exempt de difficultés car il s'agit de maintenir la pureté des satisfactions en cause[3].

Dans ce qui précède l'évocation de Burke, Kant va jusqu'à indiquer en note qu'il faut rejeter l'idée d'une passion sublime : une passion « ne peut jamais et sous aucun rapport être nommée sublime, car si, dans l'affect, la liberté de l'esprit est certes entravée, dans la passion elle est abolie »[4]. On ne peut détailler la totalité de ce qui est dit des affects et des émotions dans ce passage, mais il en ressort, semble-t-il, qu'il y a pour ainsi dire un faux sublime (ou un apparemment sublime), celui qu'on lie trop exclusivement aux émotions, comme il y a une fausse beauté (ce que l'on prend à tort pour le beau), celle que l'on fait dépendre des attraits (erreur très clairement dénoncée dès le § 14). Dans ces deux cas, il ne s'agit pas du sentiment pris dans sa forme supérieure, mais seulement de sentiments empiriques, tandis que les Analytiques que Kant vient d'achever renvoient précisément à cette forme supérieure du sentiment qui a trait au fonctionnement de la faculté de connaître dans un jeu de l'imagination avec l'entendement pour le beau, et un jeu de l'imagination avec la raison pour le sublime.

Évoquant toutes sortes de confusions et d'emmêlements possibles des appréciations esthétique et morale, Kant s'arrête à la question de l'enthousiasme qui désigne, dit-il, « l'Idée du bien quand elle s'accompagne d'affect »[5] : cet état

1. CFJ, AK V, 270.

2. CFJ, AK V, 271.

3. La difficulté tient à ceci que le désintéressement esthétique doit être préservé alors même qu'un intérêt doit se lier aux objets de la satisfaction morale. À propos du beau dans la nature, cette question est reprise aux § 41 et 42. L'intérêt ne se lie qu'indirectement au beau.

4. CFJ, AK V, 272 n.

5. CFJ, AK V, 271-272.

d'esprit peut seulement sembler sublime, mais il s'agit d'une fausse sublimité intellectuelle ou morale car un affect est aveugle, c'est un « mouvement de l'esprit qui le rend incapable d'entreprendre une libre réflexion sur les principes pour se déterminer par eux »[1]. S'il peut cependant être considéré comme esthétiquement sublime, c'est dans la mesure où dans l'enthousiasme, il y a « une tension des forces grâce à des Idées » et que cet affect donne, grâce aux Idées, « à l'esprit un élan agissant de manière bien plus puissante et durable que l'impulsion qui vient de représentations sensibles ». En revanche, souligne Kant, c'est l'absence d'affect, l'*apatheia* d'« un esprit suivant avec constance ses principes immuables » qui est bien plus sublime, car alors se mêle au sentiment du sublime la satisfaction de la raison. Ici encore, proclamer la sublimité de l'absence d'affect, c'est prendre à contre-pied l'approche empirique quelle qu'elle soit.

Cette discussion se conclut sur ceci que pour parler authentiquement de sublime au sens qu'il a précisé dans son Analytique, il ne faut pas seulement un « tumultueux mouvement de l'esprit » mais il faut que ce mouvement de l'esprit laisse derrière lui « un état d'esprit qui, bien que seulement de façon indirecte, influe sur la conscience que l'on a de ses forces et de sa résolution relativement à ce qui comporte en soi une finalité intellectuelle pure (pour le suprasensible) »[2]. Sans quoi il risque de ne s'agir que d'une gymnastique du *Gemüt* pour sa santé, l'équivalent de ce qu'est un massage à l'orientale pour le corps. Une fois de plus, on est à mille lieues d'une forme supérieure de sentiment : il ne faut pas confondre l'ébranlement du *Gemüt* dans le conflit/harmonie de l'imagination et de la raison, et un simple « entraînement » (au sens sportif) des facultés, fussent-elles bien celles du *Gemüt* plutôt que du corps.

L'argument suivant est éclairant encore quant à ceux que vise Kant ici. Il avance ceci : la loi morale elle-même, dépouillée de tout ce qui peut la recommander aux sens, n'est pas, comme certains le prétendent, l'objet d'une « approbation froide, sans vie » : elle n'est pas incapable de « véhiculer avec elle une force motrice ou une émotion. C'est justement l'inverse »[3]. Ce que soutient Kant, c'est que l'abstraction qui caractérise sa présentation du sublime ne déforce pas le sublime, bien au contraire[4]. Elle a en outre l'avantage d'éviter le risque d'une exaltation excessive de l'esprit (*Schwärmerei*) en ceci que la présentation de l'infini dans la sensibilité n'est que négative. Tout son effort, dans cette Remarque, souligne que l'arrachement à la sensibilité ordinaire est requis pour ces sentiments d'ordre supérieur, purs qu'il s'agisse du beau ou du sublime.

Il peut alors conclure[5] que seule l'exposition transcendantale a pu révéler cela, l'exposition empirique ne le peut pas, qui tombe dans tous les pièges qu'il

1. CFJ, AK V, 272.
2. CFJ, AK V, 273.
3. CFJ, AK V, 274.
4. Ceci sous-tend déjà ce qui est dit de l'enthousiasme : ce sont les Idées qui lui permettent de tendre les forces.
5. CFJ, AK V, 277, au moment d'évoquer Burke.

vient de dénoncer. Et il ne cite le nom de Burke qu'au moment de dire ce qui est perdu dans l'approche de ces sentiments par Burke dont l'analyse des plaisirs pourrait aussi bien se réclamer d'Épicure : l'impossibilité d'identifier une forme supérieure du sentiment, qui certes demeure toute subjective. Autrement dit, l'approche empirique mutile le *Gemüt* qui, privé de cette faculté sensible supérieure, n'est plus le lieu du sentiment de soi, de ses propres forces, de sa vie, mais ne peut plus offrir qu'une froide conscience de soi [1]. Tout au long, il a plaidé pour la nécessité de reconnaître des formes de sentiment qui dépendent de la subjectivité transcendantale.

Ainsi le passage cité plus haut qui énonce que l'esprit est le principe vital même et que la conscience de soi sans sentiment est juste « conscience » et rien de plus, ce passage dit, d'abord, que le sentiment est toujours en quelque manière une réceptivité, c'est-à-dire qu'il faut que quelque chose agisse sur le sentiment – et ça veut dire sur le sentiment de la vie car tout sentiment est sentiment de vie (§ 1) – : il y faut une sollicitation extérieure ou intérieure. Cette sollicitation est fournie par des représentations, celles dont il vient d'être question dans les phrases relatives à Épicure, et dont on a dit que quelle que soit leur source : la raison, l'entendement, l'imagination, les sens, il s'y peut, voire s'y doit, lier un sentiment, car on éprouve l'effet de cette représentation en soi. Ce plaisir ne peut-il s'éprouver qu'au moyen du corps ? Non, la troisième *Critique* a en charge de montrer qu'avec son principe *a priori* propre, qu'elle se donne seulement à elle-même, la faculté de juger légifère pour la faculté supérieure du *Gemüt* qu'est le sentiment de plaisir et de déplaisir ; c'est dire qu'un enjeu majeur est ici de montrer qu'à côté du respect, il y a d'autres formes supérieures du sentiment, dont on peut rendre compte en termes d'activité, d'animation, ou d'ébranlement des facultés de connaître, tout comme on rend compte du respect en le montrant issu de la législation de la raison pratique pour la faculté de désirer, ou plus précisément un effet de la détermination de la volonté par la loi. Dans ce dernier volet du travail critique, le plaisir du beau est effet de l'animation harmonieuse, équilibrée et donc paisible de l'imagination avec l'entendement à l'occasion de la réception d'une forme perçue de la nature ou de l'art. Le sentiment du sublime est un mouvement, dans l'esprit et de l'esprit, qui est décrit comme un arrêt suivi d'une expansion brutale des forces vitales : l'imagination s'efforce de comprendre ce qu'elle appréhende sans y parvenir, c'est le côté négatif ; mais en retombant sur elle-même, elle se découvre alors hissée, étirée, étendue et élevée par la raison [2] : c'est l'imagination qui est dite « sentir » et présentée comme force. Tout cela peut bien être accompagné de mouvements corporels tels que les décrit Burke, mais l'essentiel ne saurait être là : son exposé empirique ne peut distinguer spécifiquement le beau du sublime : il n'est question que d'intensité et de mélange, ou non, d'un plaisir et d'une douleur qui sont fondamentalement de même nature. Et c'est précisément sur

1. Kant retourne ainsi contre Burke l'objection d'aridité qu'il vient d'écarter pour sa propre approche.

2. CFJ, AK V, 268-270.

quoi Kant insiste ici, sur ces distinctions que ne peuvent réellement expliquer ni Burke ni Épicure : raison pour laquelle il a fallu l'exposé transcendantal pour les dessiner, car l'exposé psychologique ne peut pas non plus faire la différence entre le goût et l'agréable, l'attrait se mêlant naturellement au beau, ni entre le sublime et l'émotion décrite en termes corporels dans la citation de Burke. C'est donc bien que si l'on prive l'esprit de la forme supérieure du sentiment, on se prive de rendre compte de ces expériences spécifiques, et l'on assèche l'esprit qui est pourtant principe de vie, de sorte qu'il n'y aurait rien en lui qui puisse être qualifié de sentiment de soi, et qu'il ne lui resterait qu'une aride conscience de soi. Physiologique, l'examen empirique ne peut que ramener tout plaisir à sa dimension corporelle et donc d'agrément. De même la physiologie ne peut rendre compte qu'en termes corporels du bouleversement qu'est le sentiment du sublime. Ce qui amène à une distinction insuffisante du beau et du sublime, tant il est vrai qu'au niveau de la passion et des effets corporels, on peut bien distinguer des degrés d'intensité, mais guère de vraie différence de nature. Ainsi est-ce seulement l'examen transcendantal qui peut distinguer le plaisir du beau du plaisir d'agrément, par delà l'effort conscient que je fais pour porter un jugement désintéressé.

Et sans la faculté de juger réfléchissante et son principe propre *a priori* permettant au sentiment lui-même de revendiquer une universalité et une nécessité (certes seulement subjectives), il n'y aurait pas de passage entre le domaine de la nature et le domaine de la liberté, qui est aussi passage du sensible à l'intelligible, et surtout à l'inverse de l'intelligible (et du spirituel) au sensible. Il s'agit, tout au long, de ces sentiments capables de culture; le sentiment moral est supposé par le sentiment du sublime et dans son désintéressement le sentiment du beau prépare au sentiment moral; ces derniers ne peuvent que se cultiver ensemble car ce n'est que par l'intérêt pratique qu'y peut lier la raison que l'on peut joindre au sens du goût une quasi-obligation de le développer en soi comme sens commun[1].

Le sentiment de vie est bien en cause dans le plaisir esthétique, mais ce n'est pas en tant qu'il est éprouvé corporellement, c'est dans la vivification et l'animation des facultés de l'esprit l'une par l'autre. La satisfaction du beau exige à la fois une nature d'être raisonnable et une nature animale, avait annoncé le § 5[2], mais le sublime est aussi proprement humain puisqu'il dépend du sentiment moral et nécessite d'éprouver la résistance que l'on peut opposer à la sensibilité. Si l'on peut parler d'intermédiaire entre la satisfaction animale de l'agrément et la satisfaction purement spirituelle et morale du bien, il faut se garder de

1. *Cf.* CFJ, § 40 *in fine* et § 41-42.

2. CFJ, AK V, 210. Kant ne pouvait associer à ce stade le sublime aux distinctions établies entre les satisfactions. Mais l'Analytique du beau a à bien des égards non pas seulement dessiné la spécificité du jugement sur le beau, mais aussi délimité le genre des jugements esthétiques réfléchissants, ainsi que le fait oberver Guillermit dans l'analyse citée plus haut.

comprendre l'intermédiaire comme tenant des deux extrêmes et leur empruntant à chacun, un peu de plaisir corporel ici, un peu de satisfaction spirituelle là, pour en faire un mixte. Le plaisir du beau appartient en propre à un être certes de corps et d'esprit, mais détaché aussi bien des intérêts des sens propres au corps que de l'intérêt moral le plus élevé qui concerne l'esprit dans sa liberté nouménale. Le plaisir esthétique du beau relève d'un être à la fois sensible et rationnel parce qu'il est pris à la vivification de l'esprit par une représentation qui anime l'imagination, faculté sensible, et l'entendement, faculté intellectuelle, dans une promotion mutuelle, ce sentiment de vie est éprouvé au plus intime de l'esprit, d'un esprit qui, humain, est chez lui dans le monde phénoménal. C'est un plaisir libre : au-delà des besoins animaux, et en deçà de la contrainte apodictique de la loi ; par-delà la simple épreuve agréable d'un corps en bonne santé, dont le plaisir dépend de la satisfaction de besoins vitaux ; mais en deçà du commandement d'une loi qui ne laisse aucun choix de mes objets de satisfaction et impose de façon catégorique son intérêt. Plaisir mondain, au sens à la fois du rapport à autrui et au monde d'ici-bas, plaisir qui n'est pas éprouvé dans un organe corporel particulier[1], mais ne dépend pas du suprasensible, plaisir d'un être qui n'a pas besoin d'échapper à la nature pour s'éprouver libre, qui n'a pas besoin de se trouver un autre chez-soi par-delà le sensible, mais peut regarder avec faveur les objets du monde et savourer leur convenance à la liberté de son esprit. Plaisir d'un esprit donc, mais d'un esprit accordé au monde sensible par cette insondable faculté qu'est l'imagination, faculté de connaître dont le propre est d'ajointer les données sensibles et les concepts d'entendement.

Quant au sublime, il est tout aussi impossible de le penser adéquatement comme une passion, puisque celle-ci, on l'a vu, ne peut « sous aucun rapport [être] nommée sublime » ; et son analyse impose bien plutôt de lier ce sentiment avec « *la manière de penser*, c'est-à-dire avec des maximes recommandant de procurer à l'élément intellectuel et aux Idées de la raison la domination sur la sensibilité »[2]. Certes le sublime plaît, et c'est dans les mêmes termes que le beau : *gefallen*[3] ; mais c'est le « sentiment qui est lui-même sublime » et ce « dans la mesure où l'esprit est appelé à se dégager de la sensibilité et à s'occuper d'Idées qui contiennent une finalité supérieure »[4], le plaisir étant ainsi qualifié de « négatif »[5] parce que le *Gemüt* s'y trouve certes attiré (*angezogen*) par le spectacle offert par la nature, mais aussi « alternativement (*wechselsweise*) » repoussé (*abgestossen*) de sorte que la satisfaction qui lui est propre relève plutôt, dit Kant, de l'admiration (*Bewunderung*) ou du respect (*Achtung*) que d'un plaisir tout positif. Que le *Gemüt*, en lequel à proprement parler se rencontre le sublime, soit « remué »

1. Mais qui est souvent dans l'expérience associé au point d'être quasi indiscernable de lui à un plaisir sensoriel (lié à l'attrait).

2. CFJ, AK V, 274.

3. Par exemple CFJ, § 24, AK V, 247 ; § 26, AK V, 253.

4. CFJ, § 23, AK V, 246.

5. CFJ, § 23, AK V, 245.

(*Rührung*), bouleversé, secoué dans ce sentiment, cela ne fait aucun doute : « le sentiment du sublime apporte en effet avec lui un mouvement de l'esprit associé au jugement d'appréciation porté sur l'objet »[1], mais il n'est pas non plus douteux qu'aucune émotion (*Rührung*) ne peut suffire à en rendre compte, on l'a vu[2]. Si le sublime est « ce qui plaît immédiatement à travers la résistance qu'il oppose à l'intérêt des sens »[3] ; si ce sentiment en suppose en autre, « celui que le sujet a de sa destination suprasensible », lequel a « un fondement moral »[4], alors toute approche seulement empirique est définitivement hors jeu, insuffisante. La liaison à notre destination suprasensible suffit à mettre un terme aux prétentions au sublime de toutes sortes d'affects : sans cette dimension intellectuelle de domination sur la sensibilité sous toutes ses formes, « toutes ces émotions (*Rührungen*) relèvent simplement de l'exercice que l'on se donne, et que l'on apprécie pour la santé qu'il procure. » On est renvoyé à la jouissance corporelle seule reconnue par Épicure. « L'agréable fatigue qui succède à ces secousses provoquées par le jeu des affects est une jouissance du bien-être issue de l'équilibre ainsi rétabli entre les diverses forces vitales en nous ». C'est de ceci que Kant compare l'effet à

> cette jouissance éprouvée comme si plaisante par les voluptueux Orientaux quand ils se font pour ainsi dire masser le corps, (...) : la seule différence, c'est que dans le premier cas, le principe moteur est pour la plus grande partie en nous, tandis que, dans le second, il est en revanche tout à fait en dehors de nous[5].

L'approche empirique est incapable de lier le sentiment du sublime à cette indispensable *Denkungsart*, qui enjoint de dominer le sensible, et à cet « élargissement de l'âme » (*Seele erweitert*) qui se produit dans la tentative (certes vouée à l'échec) de l'imagination pour présenter l'infini, l'échec révélant sa destination : « la mise en œuvre de son accord avec [l']Idée de la raison considérée comme une loi »[6]. Ce dont assurément on ne peut aucunement rendre compte en termes d'une sensibilité empirique (qu'elle soit du sens externe ou interne). Ainsi quand Kant en arrive dans les deux dernières pages de la Remarque à situer sa démarche par rapport à celle d'un Burke, le travail de sape est déjà accompli. Il peut accorder à Burke associé à Épicure, tout ce que l'on peut leur accorder sur le caractère

1. CFJ, § 24, AK V, 247.

2. Cf. *supra* et CFJ, AK V, 273 sur les « tumultueux mouvements de l'esprit (*Gemütsbewegungen*) » qui, même liés à des idées élevées, religieuses ou sociales, ne méritent pas « l'honneur d'une présentation *sublime* » ; pour cela il faut que ces mouvements laissent dans un état d'esprit (*Gemütsstimmung*) qui, indirectement, a un effet sur la conscience « de ses forces et de sa résolution relativement à ce qui comporte en soi une finalité intellectuelle pure (pour le suprasensible) ». C'est *l'état d'esprit* qui fait la différence, qui permet de parler vraiment de sublime.

3. CFJ, AK V, 267.

4. Ce qui signifie aussi que la satisfaction du sublime n'est attribuée à chacun, comme pour le beau, « mais uniquement par la médiation de la loi morale, telle que, pour sa part, elle repose à son tour sur des concepts de la raison » (CFJ, § 39, AK V, 292).

5. CFJ, AK V, 273-274.

6. CFJ, § 27, AK V, 257.

corporel du *Vergnügen*; puisque l'on a déjà expliqué combien il est inadéquat pour l'analyse du sentiment du sublime (comme du beau du reste) : l'approche même du sentiment vital est reconduite au physique et le *Gemüt* traité comme un simple organe corporel dont le fonctionnement animé est comparé à une gymnastique d'entretien apportant une saine fatigue musculaire ou à un massage énergique.

Kant ne dit pas autre chose quand il précise plus loin sa pensée quant à Épicure : ce dernier « peut bien (…) ne pas avoir eu tort » en soutenant que « tout agrément (*Vergnügen*) n'est au fond que sensation physique », seulement il « ne se comprenait pas lui-même (*sich nur selbst missverstand*), lorsqu'il mettait la satisfaction intellectuelle, et même la satisfaction pratique, au nombre des agréments »[1]. Cette conception l'empêchait de comprendre qu'un agrément puisse plaire à celui qui l'éprouve ou lui déplaire : pour cela la distinction entre une approbation (ou une désapprobation) qui « repose sur la raison » et l'agrément (ou la douleur) qui n'est que le sentiment d'un bien-être (mal-être) est nécessaire. Toute satisfaction ne peut se ramener entièrement au « bien-être physique, c'est-à-dire à la santé »[2].

Dans l'explication de la plaisanterie qui suit, Kant admet à nouveau « qu'à toutes nos pensées est associé en même temps, harmonieusement, un quelconque mouvement dans les organes du corps » ; dès lors les oscillations de tension et de détente qu'il a décrits comme des mouvements de l'esprit attentif à une histoire drôle, par exemple, peuvent être associés au rire comme mouvement du corps (viscères, diaphragme, poumons) correspondant harmonieusement à celui de l'esprit et « comparable à ce que ressentent les gens chatouilleux » : au point qu'il peut indiquer que ce mouvement « qui favorise » la santé est « bien plutôt que ce qui se passe dans l'esprit (…) la véritable cause du *Vergnügen* pris à une pensée qui, au fond, ne représente rien »[3]. Sous cet angle, on peut une fois encore accorder à Épicure que même suscité « à l'aide de concepts qui éveillent des Idées esthétiques », tout agrément « est une sensation animale, c'est-à-dire physique ». Cela ne porte nulle atteinte « au sentiment *spirituel* du respect pour les idées morales, lequel sentiment n'est pas un *Vergnügen*, mais une estime de soi (*Selbstschätzung*) (de l'humanité en nous) qui nous élève au-dessus du besoin de *Vergnügen* », ni dès lors non plus « au sentiment moins noble du goût »[4]. *A fortiori* non plus, ajoutera-t-on, en raison de sa parenté étroite avec le sentiment moral, au sentiment du sublime[5].

1. CFJ, § 54, AK V, 331.
2. CFJ, AK V, 331. Déjà cité *supra*.
3. CFJ, AK V, 334.
4. CFJ, AK V, 335.
5. Dont il n'est plus ici question, probablement parce que nous sommes dans les paragraphes consacrés aux *beaux*-arts. Mais le sublime est le seul avec le respect à être jamais qualifié de sentiment spirituel. *Cf.* L. Guillermit, *L'élucidation critique*, *op. cit.*, p. 143 et n. p. 205.

Que le *Gemüt* est principe de vie, cela signifie que c'est en tant que *Gemüt* bien plus que corps animal, que l'homme est vivant, il n'est donc au fond rien d'étonnant à ce que le sentiment de plaisir, défini comme sentiment de vie, puisse s'éprouver à l'animation paisible et harmonieuse, inintentionnelle (non tendue vers la connaissance), de l'imagination avec l'entendement, dans le plaisir du beau, ou dans l'alternance rapide de répulsion et d'attraction provoquée par le spectacle qu'on dit alors sublime, alternance qui correspond à cette imagination qui retombe sur elle-même, confrontée à ses propres limites et qui se trouve pourtant augmentée, élevée par l'exigence de la raison, dans ce jeu entre elles que Kant décrit comme « harmonieux jusque dans leur contraste »[1].

S'il est encore nécessaire de s'assurer que Kant ne se range pas du côté d'Épicure pour reconnaître que tout plaisir (déplaisir) est corporel, on peut enfin rappeler ce qu'il écrira dans l'Introduction à la Doctrine de la vertu : un homme qui serait entièrement « dépourvu de tout sentiment moral, (...) entièrement dépourvu de réceptivité à cette sensation (...) serait, moralement parlant, mort » : ce qui *a contrario* indique assurément que la vie qu'il faut opposer à cette mort morale n'est pas corporelle. Kant, du reste, poursuit :

> si (pour parler le langage de la médecine) la force vitale morale ne pouvait plus exercer aucun attrait sur ce sentiment, l'humanité (comme sous l'effet de lois chimiques) se dissoudrait en la pure animalité et serait irréparablement confondue dans la masse des autres êtres naturels[2].

Resterait donc le corps, que seul prend en compte la physiologie, ou le massage.

Danielle LORIES
Université Catholique de Louvain

1. CFJ, § 27, AK V, 258.
2. MM, AK VI, 400; OP III, 682.

SENTIMENT MORAL ET CONTRAINTE LÉGALE
KANT LECTEUR DE HUTCHESON

Der ganze kategorische Imperativ treib nun hier sein Wesen…
Daher habe ich diese Moral juridisch genannt, was auch durch
die Form ihrer Einheiten als Gebote sich bestätigt.

Schleiermacher

Le thème du sentiment moral est récurrent tout au long de la carrière de Kant, à commencer par la *Recherche sur l'évidence* (1762), où ce sentiment occupe une place de choix, pour culminer dans la *Doctrine de la vertu* trente-cinq ans plus tard. Dans cette œuvre, en effet, le sentiment moral est évoqué dès l'Introduction, où il est défini comme une « prénotion esthétique qualifiant la réceptivité de l'âme aux concepts de devoir en général »[1]. Or quel rapport y a-t-il entre ce sentiment moral envisagé comme réceptivité face au devoir et sa fonction à l'époque de la *Recherche*? La question mérite que l'on s'y arrête. Il nous incombe dès lors de mesurer la distance qui sépare la première approche du sentiment moral dans cet ouvrage de celle de la *Doctrine de la vertu*.

En 1797, le sentiment moral intervient, on l'a compris, en rapport avec la question du devoir et de l'obligation. Kant souligne que ce sentiment constitue en fait une « prise de conscience » de l'obligation, et plus précisément de la dimension coercitive implicite à une loi morale qui se présente comme un commandement :

> toute conscience de l'obligation [*Verbindlichkeit*] suppose comme fondement ce sentiment, grâce auquel on peut prendre conscience de la nécessitation présente dans le concept de devoir; aussi bien tout homme (en tant qu'être moral) possède en lui-même originairement ce sentiment moral[2].

En d'autres termes, le sentiment moral dans la *Doctrine de la vertu* est cette instance qui permet à l'être raisonnable fini de ressentir au plus intime de lui-

1. MM, DV, AK VI, 399; trad. fr. A. Philonenko, Paris, Vrin, 1980, p. 70.
2. MM, DV, AK VI, 399; trad. cit. mod., p. 71.

même le caractère contraignant de la loi morale. Car en l'absence d'un tel sentiment, l'obligation ne serait pas perçue et resterait sans suite. Ce qui revient à dire que l'homme serait « mort moralement ».

Kant s'empresse évidemment dans ce passage de marquer ses distances vis-à-vis de ce qu'il appelait déjà dans la *Fondation* ce « prétendu sens particulier » qui permet d'accéder au sentiment moral. Par là, il s'oppose encore une fois à l'École anglo-saxonne du *moral sense*, et au premier chef à Hutcheson. Nul besoin en effet de fonder la morale sur un sixième sens, donnant accès à ce sentiment plus élevé. Mais cette mise en garde explicite ne trahit pas moins le lointain souvenir d'une filiation, qui remonte à l'époque où Kant partageait un certain nombre de préoccupations avec Hutcheson. Et ces préoccupations qui se font jour dans la *Recherche sur l'évidence* ont également trait, ce qui digne de mention, au problème de l'obligation. Est-ce à dire que malgré ces quelques réticences à l'endroit de Hutcheson la conception kantienne du sentiment moral qui s'inspire de lui n'aurait finalement pas connu de changement? Il serait hasardeux de le prétendre. Ce serait en vérité faire abstraction de l'évolution qu'a connue la pensée de Kant à propos de l'obligation, à laquelle le sentiment moral demeurera toujours étroitement lié.

Dans ce qui suit, nous allons d'abord rappeler à grands traits l'apport respectif de Baumgarten et de Crusius à la question de l'obligation. Après quoi, nous nous demanderons dans quelle mesure Hutcheson et sa théorie de l'obligation ont pu exercer une influence sur la conception de Kant à l'époque de l'opuscule sur l'évidence. Pour reprendre ici le mot de Jean Ferrari, qui s'est penché sur ces questions avec la perspicacité et le jugement sûr que nous lui connaissons, aucune de ces influences n'apparaît à terme clairement « décisive »[1]. La pensée de Kant est en effet autonome et en devenir constant. C'est pourquoi, dans le dernier volet de notre examen, nous repérerons certains jalons de sa pensée sur le chemin qui conduit à sa conception définitive du sentiment moral dans la *Doctrine de la vertu.*

D'entrée de jeu, Kant aborde dans la *Recherche sur l'évidence* ce concept central pour la morale qu'est l'obligation :

> [J]e veux seulement montrer à quel point même le concept primitif de l'*obligation* est encore peu connu, et combien donc on doit être éloigné de fournir, dans la philosophie pratique, la distinction et l'assurance nécessaires à l'évidence des concepts fondamentaux et des principes[2].

La question n'est donc pas encore résolue et Kant se limite ici à fournir une esquisse de réponse. Sa démarche demeure bien sûr exploratoire et il avoue lui-même en conclusion que beaucoup de travail reste à faire. Selon lui, l'obligation

1. J. Ferrari, « Du sentiment moral à la raison pratique », *in* L. Langlois (dir.), *Années 1747-1781. Kant avant la* Critique de la raison pure, Paris, Vrin, 2009, p. 263.

2. *Évidence*, AK II, 298; trad. fr. J. Ferrari, OP I, 245, les italiques sont de Kant.

morale repose sur deux ordres de principes, formels et matériels, et c'est à l'occasion de ces derniers que le sentiment fait son apparition. Or Kant précise au départ que la solution du problème ne peut reposer que sur la conjugaison de ces deux ordres de principes.

Le premier ordre de principes s'inscrit dans la mouvance rationaliste et fait porter la dimension formelle de l'obligation sur le concept de perfection. Le principe se scinde plus précisément en deux « règles » suprêmes qui sont en elles-mêmes indémontrables et qui apparaissent immédiatement évidentes. La première dit « Accomplis la plus grande perfection qu'il t'est possible », et la seconde, c'est-à-dire le volet négatif du même précepte : « Abstiens-toi de ce qui s'oppose à la plus grande perfection dont tu es capable »[1]. Le lecteur averti ne manquera pas de noter que ces deux formules sont pratiquement calquées sur celles du paragraphe 43 des *Initia* de Baumgarten. On sait que Kant tient à conserver un rôle à la raison dans sa morale et il ne faut pas s'étonner de le voir recourir au concept rationnel de perfection, malgré les réticences qu'il a à utiliser ce concept en philosophie pratique. Les difficultés tiennent au fait que ce concept est issu de la philosophie théorique où, dans sa version wolffienne, il signifie tout simplement « unité et accord au sein d'éléments variés » ou encore, *consensus in veritate*[2]. Dès lors toutefois que cette définition est introduite en morale, il est difficile de comprendre comment un tel concept abstrait peut définir à lui seul une véritable obligation. Dans ses *Leçons sur la philosophie pratique* (*Herder*), qui sont à peu près contemporaines de la *Recherche sur l'évidence*, Kant se plaint du caractère « tautologique » des préceptes construits à l'aide du concept de perfection et prend note de leur insuffisance[3]. L'exigence formelle de perfection peut donc être conservée, mais elle est en elle-même « tout à fait vide » et demande à être complétée, pour son contenu concret, par des principes matériels.

Malgré l'allure sommaire des développements de l'opuscule sur l'évidence, on aurait tout de même pu s'attendre à ce que Kant, s'interrogeant sur l'obligation morale, retienne d'autres éléments de la philosophie de Baumgarten. Le concept d'obligation occupe en effet une place centrale dans l'exposé sur la philosophie pratique universelle de ce dernier[4]. À preuve, les deux grandes divisions que comportent les *Initia* traitent, dans leur intitulé même, de l'obligation, et Baumgarten prend soin de se pencher sur la nature de la nécessité morale qui est à la base de l'obligation. À cet effet, il a selon toute vraisemblance lui-même forgé le mot *necessitatio*, afin de distinguer celle-ci de la nécessité logique ou physique. Ce qui lui fait dire dans la *Métaphysique*, § 723 : « La nécessitation [*necessitatio*]

1. *Évidence*, AK II, 299; OP I, 246-247.

2. A. G. Baumgarten, *Initia*, § 43, *in* AK XIX, 24-25; trad. fr. L. Langlois, *Principes de la philosophie première pratique*, Paris, Vrin, 2014, p. 58. Pour le concept wolffien de perfection, voir la note de bas de page de L. Langlois.

3. *Praktische Philosophie Herder*, AK XXVII.1, 16.

4. Voir L. Langlois, « Présentation », Baumgarten, *Principes de la philosophie pratique première*, *op. cit.*, p. 16.

morale est l'obligation »[1]. Or, d'après la définition qu'il donne de ce concept, on comprend que la contrainte morale s'adresse à un être libre qui ne se pliera pas automatiquement à l'exigence contenue dans l'obligation. Cette innovation terminologique est précieuse et Kant n'hésitera pas à la reprendre à son compte dans ses œuvres, comme nous avons déjà pu le lire dans l'extrait de la *Doctrine de la vertu* cité en introduction, où le mot « nécessitation » (en allemand *Nötigung*) exprime très précisément la dimension coercitive de l'obligation. Si Kant n'en fait pas mention dans la *Recherche sur l'évidence*, c'est sans doute parce que, en marge des principes formels, il entend mettre en valeur une autre dimension du concept d'obligation, comme nous allons le voir.

Mais pour l'instant tournons-nous vers Crusius, auquel Kant se réfère de manière à peine voilée en début de parcours lorsqu'il introduit la distinction entre nécessité « problématique » et nécessité « légale » (*legalis*). Cette dernière expression n'est pas sans rappeler en effet l'« obligation légale [*gesetzliche Verbindlichkeit*] », qui caractérise chez Crusius l'obligation de vertu, par opposition à l'obligation de prudence[2]. Pour l'essentiel, Kant souscrit à cette distinction dans la mesure où la nécessité problématique d'une action ne porte, comme l'obligation de prudence, que sur les moyens à déployer dans le but d'atteindre une fin (le bonheur, en l'occurrence), alors que l'obligation légale concerne une fin poursuivie pour elle-même. Or, bien que Crusius considère l'obligation légale comme étant la « véritable » obligation, il n'en confère pas moins aux préceptes de la prudence un statut d'obligation en bonne et due forme, ce à quoi Kant s'oppose, préférant réserver l'authentique devoir moral, le *Sollen*, pour la nécessité légale de l'action bonne en elle-même[3].

Or malgré cette dissidence, il n'est pas interdit de croire que Crusius, avec son concept d'« obligation légale » réinterprété par Kant comme « nécessité légale », ait mis ce dernier sur la piste de ce qui deviendra, à peine quelques années plus tard, le caractère *catégorique* de la nécessité morale proprement dite[4]. L'obligation apparaît ici inconditionnelle, apodictique pour ainsi dire. Et Kant est en ceci d'accord avec Crusius, chez qui l'obligation inconditionnelle prend précisément la forme d'une loi. Le problème chez ce dernier toutefois, c'est que la loi placée au fondement de l'éthique est nulle autre que la « loi morale divine ». Cette loi s'adresse ainsi à la conscience (*Gewissen*) de l'être humain, laquelle se définit

1. Cité par L. Langlois, *in* Baumgarten, *Principes*, *op. cit.*, p. 43 n. Il attire aussi l'attention sur cette définition : « *necessitatio* (*coactio*), *est mutatio alicuius ex contingenti in necessarium* », Baumgarten, *Metaphysica*, § 701, AK XVII, 131.

2. C. A. Crusius, *Anweisung vernünftig zu leben*, § 162, *in* G. Tonelli (dir.), *Die philosophischen Hauptwerke*, Hildesheim, Olms, t. 1, p. 201-202 ; trad. fr. L. Sosoe, *Instruction pour une vie raisonnable*, Paris, Les Belles Lettres, 2007, p. 173. *Cf.* L. Langlois, « Du sentiment moral à la raison pratique », *in* R. Theis et L. Sosoe (dir.), *Les sources de la philosophie kantienne. XVIIe et XVIIIe siècles*, Paris, Vrin, 2005, p. 206.

3. Voir D. Henrich, « Über Kants früheste Ethik », *Kant-Studien*, 54, 1963, p. 417.

4. Réfl. 6463 (rédigée avant 1764), AK XIX, 13 ; trad. fr. L. Langlois, *in* Kant, *Réflexions sur la philosophie morale*, Paris, Vrin, 2014, p. 156.

tout simplement comme le « penchant fondamental à reconnaître une loi morale divine »[1]. Il va de soi que Kant ne pouvait accepter de souscrire à une telle morale théonomique, dont l'obligation se fonde sur la dépendance de l'être fini face à son créateur et se traduit par l'« obéissance » à une volonté extérieure à la sienne : « La véritable essence fondamentale de l'obligation légale réside donc dans le penchant de la conscience morale : le sujet doit obéir au commandement de son Souverain… »[2]. Kant est pour sa part à la recherche d'un principe moral qui se situe dans le sujet lui-même, tenant compte de sa raison mais aussi de sa faculté du plaisir et de la peine.

L'étude du rôle du sentiment moral dans l'esquisse de 1762 nous amène à nous pencher sur les principes dits « matériels ». C'est ici bien sûr que Hutcheson entre en scène et qu'il devient la source d'inspiration principale pour Kant. Ainsi il convient de noter que Hutcheson est le seul auteur cité dans cette section de la *Recherche sur l'évidence*, notamment parce qu'il a livré, bien que de manière inchoative, de « belles observations » sur ces questions. Or Kant partage avec lui au départ un certain nombre de prémisses. En effet, Hutcheson, tant dans son *Inquiry* que dans son *Essay*, a bien mis en évidence l'impasse qui résulte de toute tentative visant à fonder la morale sur la raison, celle-ci étant comprise comme une faculté théorique, apte uniquement à faire des raisonnements et à arrimer des propositions à des faits dans le but de parvenir à des connaissances. Il est même permis de conjecturer que Crusius ait lui-même puisé dans les textes de Hutcheson (en édition originale) pour formuler sa critique à l'endroit de Wolff selon laquelle une telle raison ne peut fonder une véritable obligation[3]. Kant souscrit-il en totalité ou en partie à cette critique ? La question peut demeurer ouverte. En revanche, Crusius aurait lui-même tout aussi bien pu devenir la cible des objections de Hutcheson. Ainsi pour parler de la loi divine comme du commandement « moral » ultime, il faut d'abord s'en remettre, bien qu'à son insu, à son propre sentiment afin de conférer une signification au mot « moral ». Par sa théorie du sentiment moral, Hutcheson est donc en mesure d'apporter sa contribution à la compréhension de ce qu'est le bien en soi, le bien « absolu »[4] : en insistant à sa manière sur le caractère désintéressé du bien, en axant son éthique sur l'« intention » bonne et en prenant congé de toute perspective pragmatique ou conséquentialiste, Hutcheson vise une conception du bien qui soit inconditionnel. En conséquence, il peut donc être lui aussi considéré au nombre de ceux qui ont insisté sur la dimension catégorique du bien[5].

1. Crusius, *Anweisung*, *op. cit.*, § 132, p. 158 ; trad. cit., p. 148.

2. *Ibid.*, § 133, p. 161 ; trad. cit., p. 150.

3. Voir J. Schmucker, *Die Ursprünge der Ethik Kants*, Meisenheim am Glan, Anton Hain KG, 1961, p. 88.

4. F. Hutcheson, *An Inquiry into the Original of our Ideas of Beauty and Virtue* [1725], in *Collected Works*, Hildesheim, Olms, 1971, t. 1, p. 254 ; trad. fr. A.-D. Balmès, *Recherche sur l'origine de nos idées de la beauté et de la vertu*, d'après la 4e éd., Paris, Vrin, 1991, p. 241.

5. Voir D. Henrich, « Hutcheson und Kant », *Kant-Studien*, 49, 1957/58, p. 63.

S'agissant des principes matériels, il importe de préciser au départ que ceux-ci comportent en eux-mêmes une composante de l'obligation. C'est donc dire que les principes formels fondés sur le concept de perfection ne possèdent pas le monopole de l'obligation morale, loin s'en faut. À cet égard, Kant ne dit pas du reste que les principes matériels sont subsumés sous eux à la faveur d'un syllogisme, par exemple. Il se contente d'affirmer que les principes matériels sont « placés » immédiatement sous les principes formels et que c'est ensemble qu'ils composent l'obligation. Cela signifie qu'à leur niveau propre les principes matériels contiennent une obligation, mais cette fois une obligation « déterminée », car elle porte sur un contenu. Il convient donc d'examiner la nature de cette obligation inhérente au second ordre de principes.

Deux éléments, qui font la spécificité de la position de Kant à cette époque, doivent être retenus : le rôle du sentiment de plaisir et la nature de la nécessité comprise dans ces principes matériels. Le premier élément concerne le jugement qui a pour fonction de déterminer le bien, car, il faut en convenir, cette détermination fait ici clairement l'objet d'un « jugement », encore que son fondement ne soit pas conceptuel, mais sensible. S'il est permis d'entrevoir une pointe d'autocritique lorsque Kant plus tard interdira de chercher le principe du discernement moral dans un sentiment, c'est en outre à l'extrait suivant que ce reproche s'adresse. Dans cet extrait, Kant vient d'affirmer que l'on peut avoir une « sensation » simple de ce qu'est le bien et il poursuit :

> Mais puisque ce sentiment est simple, le jugement : Ceci est bien, est tout à fait indémontrable ; il est l'effet immédiat de la conscience du sentiment de plaisir qu'accompagne la représentation de l'objet [1].

On le voit, c'est le sentiment de plaisir qui fonde l'appréciation du bien moral. Ce jugement est l'« effet » uniquement du sentiment et il ne peut être fondé plus en profondeur puisque la simplicité du plaisir fait en sorte qu'il est impossible d'y déceler des éléments qui en feraient une représentation composite. Le jugement est donc à proprement parler « indémontrable ». Il est l'effet « immédiat » d'un sentiment de plaisir en lui-même « indécomposable ». Et en ceci Kant suit de près Hutcheson, qui au tout début de sa *Recherche sur la beauté et la vertu* dit de l'approbation que traduit le sentiment de plaisir qu'elle constitue manifestement une représentation « simple » et que pour cette raison elle échappe à toute tentative d'« explication » [2]. D'où l'évidence immédiate d'un tel jugement.

1. *Évidence*, AK II, 299 ; OP I, 247.

2. F. Hutcheson, *Inquiry*, 4e éd., *in* D. D. Raphael (dir.), *British Moralists 1650-1800*, t. 1, Indianapolis et Cambridge, Hackett, 1991, p. 261 ; trad. fr. p. 123. Voir aussi F. Hutcheson, *An Essay on the Nature and Conduct of the Passions and Affections*, 1re éd., in *Collected Works*, t. 2, p. 206. W. Frankena formule l'hypothèse selon laquelle ce recours à des *simple ideas* en morale serait une nouveauté de Hutcheson. Voir A.-D. Balmès, « Avant-propos », Hutcheson, *Recherche sur l'origine de nos idées…*, *op. cit.*, p. 18.

Pour ce qui est maintenant de la nécessité des principes matériels, on doit d'abord remarquer que si elle définit une « obligation », cette nécessité qui lui est inhérente ne se présente toutefois pas sous la forme d'une contrainte, de la contrainte propre à une loi en l'occurrence. Dans le passage ci-dessous, le principe matériel de l'obligation se situe d'emblée au plan de l'action déclarée bonne qui, pour cette raison, apparaît immédiatement nécessaire, donc obligatoire. Le jugement « Ceci est bien » est toujours formulé à l'occasion d'actions spécifiques. Ainsi Kant donne-t-il l'exemple d'un geste posé en vertu de l'amour réciproque, ce qu'exprime la formule « Aime celui qui t'aime ». Cette action présente une nécessité, c'est-à-dire la nécessité d'une obligation qui, parce qu'elle fait l'objet d'une approbation spontanée fondée sur un sentiment de plaisir, n'est aucunement imposée ou contrainte. Elle repose au contraire sur une adhésion librement consentie.

> Par conséquent, lorsqu'une action est représentée immédiatement comme bonne, sans qu'elle contienne, d'une manière cachée, quelque autre bien qui puisse y être reconnu par l'analyse, et que, pour cette raison, elle est dite parfaite, la *nécessité* de cette action est un principe matériel indémontrable de l'*obligation* [*Verbindlichkeit*]. Par exemple, Aime celui qui t'aime... [1].

Nous faisons face ici à une conception inédite de l'obligation, qui tient au fait que si l'agent moral se trouve « lié » au bien, il s'avère que cette liaison se fait sur la base d'un acquiescement, d'une approbation fondée sur le plaisir éprouvé à la vue de l'action bonne[2]. Et ce sans que l'obligation ne perde sa nécessité. La question pour nous est alors la suivante : qu'est-ce qui peut inciter Kant à faire sien ce modèle d'obligation clairement inspiré de Hutcheson ? À titre provisoire, nous pouvons dire en premier lieu que le sentiment moral autorise, comme on vient de le voir, une conception non contraignante de l'obligation grâce à une libre approbation du bien et, en second lieu, que l'ancrage des principes matériels dans la sensibilité fait en sorte que l'agent moral se trouve concerné dans son individualité même par le bien.

Si l'on fait le bilan de l'approche de Kant dans sa *Recherche sur l'évidence*, on doit convenir qu'il nous met en présence de deux formes d'obligation morale. C'est du moins ce que notre reconstruction nous a permis d'établir : une obligation dont la nécessité tient à une loi inconditionnelle, et une obligation qui consiste en une approbation spontanée fondée sur le sentiment. La question est

1. *Évidence*, AK II, 299-300 ; OP I, 247-248, nous soulignons.

2. « Lorsque nous disons que quelqu'un est obligé [*verbunden*] à une action, nous voulons dire (...) que tout spectateur ou encore l'agent lui-même doit approuver [*billigen*] l'action ou désapprouver son omission lorsqu'il prend en compte toutes les circonstances... [ce sens du mot obligation] implique en lui-même un sentiment moral [*moralisches Gefühl*]. », Hutcheson, *Essay*, 1re éd., p. 229 ; notre trad. ici à partir de l'allemand, *Abhandlung über die Natur und Beherrschung der Leidenschaften und Neigungen und über das moralische Gefühl insonderheit*, trad. Gellius, Leipzig, 1760, d'après la 4e éd. de 1756 (qui diffère légèrement de la 1re), p. 244. Voir *id.*, *Système de la philosophie morale* [1755], trad. fr. J. Szpirglas, Paris, Vrin, 2016, p. 335.

maintenant de savoir comment s'arriment ces deux lectures de l'obligation aux deux ordres de principes exposés par Kant. Dans le cas des principes formels, la réponse à cette question est difficile à trancher considérant le caractère sommaire des développements de Kant. Il est néanmoins permis de croire que les deux impératifs tirés de Baumgarten sont un exemple d'obligation conçue comme une nécessité légale. Nous avons vu que c'est le concept rationnel abstrait de perfection qui se trouve à la base de cette loi, mais qu'en l'absence de contenu, ces principes ne formulent pas d'obligation spécifique et on voit mal par conséquent comment à eux seuls ils pourraient mobiliser l'agent moral. La raison trouve ici sa limite. Les principes matériels, quant à eux, interviennent directement au plan de l'action concrète et leur nécessité est immédiatement attestée par un sentiment de plaisir. On voit ainsi juxtaposés[1], selon deux ordres de principes, le concept rationnel de perfection et le sentiment moral, lesquels donnent lieu à deux strates distinctes d'obligation. Il va sans dire que la position de Kant est ici hautement instable, tel qu'en témoigne la conclusion de la *Recherche* à propos de l'évidence des premiers principes de la morale : « il faut encore et en premier lieu décider si c'est simplement la faculté de connaître ou bien le sentiment (le premier fondement intérieur de la faculté de désirer) qui en fixe les principes »[2]. Kant vise ici tout particulièrement la question encore en litige concernant les « concepts fondamentaux suprêmes de l'obligation [*Verbindlichkeit*] » et il semble balancer entre les principes formels et les principes matériels, comme s'il ne pouvait se résoudre à faire l'économie des uns ou des autres. Quoi qu'il en soit, la consultation des textes de Hutcheson peut sans doute nous aider à comprendre l'intention sous-jacente aux emprunts de Kant.

On s'entend habituellement pour dire que Baumgarten et Crusius représentent les deux principales sources d'inspiration pour la conception de l'obligation que nous retrouvons dans la *Recherche sur l'évidence*. Mais c'est peut-être oublier que Hutcheson de son côté développe, en marge du modèle juridique axé sur la *necessitas legalis*, voire en opposition à ce modèle, une théorie originale de l'obligation dans ses deux grandes œuvres touchant la morale. C'est dire que la question est importante à ses yeux et qu'il doit s'y confronter s'il tient à donner cohérence à la conception de la morale qu'il nous propose. Ainsi aborde-t-il ce thème tant dans la *Recherche sur la beauté et la vertu* que dans l'*Essai sur les affects et les passions*. Il convient de noter au passage que Kant possédait ces deux œuvres en traduction allemande (parues respectivement en 1762 et 1760)[3] et que dans les deux cas les traducteurs rendent le terme obligation par *Verbindlichkeit*.

1. H. Panknin-Schappert, *Innerer Sinn und moralisches Gefühl*, Hildesheim, Georg Olms Verlag, 2007, p. 195 n. 39.

2. *Évidence*, AK II, 300 ; OP I, 249.

3. F. Hutcheson, *Untersuchung unserer Begriffe von Schönheit und Tugend in zwo Abhandlungen*, trad. all. Merk, 1762, d'après la 4e éd. de 1738 ; *Abhandlung über die Natur und Beherrschung der Leidenschaften und Neigungen...*, 1760.

Nous allons voir que Hutcheson présente dans la *Recherche sur la beauté et la vertu* une alternative au modèle juridique de l'obligation fondé sur une nécessitation impliquant une contrainte légale. Il est fort conscient à la fois de l'importance et de la difficulté de la tâche puisque, comme il l'avoue dans l'intitulé de la Section VII, l'obligation compte au nombre des « idées morales complexes » qu'il s'agit de démêler. Il y distingue en outre deux types d'obligation, que l'on pourrait appeler respectivement éthique et juridique. Commençons par cette dernière, qui correspond en somme à la « nécessité légale » évoquée par Kant. En droit naturel, par exemple, la loi comporte une dimension obligatoire qui s'accompagne d'une sanction, comme l'imposition d'une peine, puisque l'individu dans la société civile est toujours susceptible de déroger à la loi. D'après Hutcheson, les « lois accompagnées de sanctions »[1] sont tout à fait légitimes afin de prévenir ou corriger les écarts de conduite des citoyens qui font passer leur intérêt propre devant le bien commun. Mais c'est l'autre modèle qui nous intéresse tout particulièrement ici puisqu'il touche spécifiquement le domaine de l'éthique. D'ailleurs, il se définit d'emblée négativement par rapport au modèle de l'obligation légale. En effet, il exclut au départ et de manière résolue toute référence à une loi, et par là à quelque forme de contrainte que ce soit. Ce modèle audacieux trouve sa justification dans une conception de la vertu que Hutcheson fonde sur sa théorie du *moral sense* et du sentiment de plaisir particulier auquel ce sens donne accès.

Examinons ici l'exposé de Hutcheson en conservant à l'esprit le modèle d'obligation que propose Kant pour les principes matériels dans sa *Recherche sur l'évidence*.

> Reste à expliquer comment nous acquérons des idées plus particulières du vice et de la vertu, abstraction faite de toute *loi humaine ou divine*. Si on demande s'il est possible que nous ayons un sens de l'*obligation*, abstraction faite des *lois* d'un supérieur, nous devrons répondre à cette question suivant les différents sens du mot obligation. Si on entend par là une *détermination*, indépendante de notre intérêt, à *approuver* les actions et à les accomplir, détermination qui nous rendra également mécontents de nous-mêmes et nous mettra mal à l'aise lorsque nous agissons à son encontre, en ce sens, tous les hommes sont naturellement obligés d'avoir de la bienveillance (...) Ou, ce qui revient au même, ce sens interne et cet instinct de bienveillance influenceront nos actions (...) sans même avoir égard à une quelconque *loi* (...)[2].

On constate ici que l'obligation de faire preuve de bienveillance émane du sens interne, au sein duquel se manifeste un sentiment d'approbation, que Hutcheson désigne (tout comme Kant après lui) comme un sentiment de plaisir. Que ce sentiment à lui seul conduise à « accomplir » l'action, c'est là une question

1. F. Hutcheson, *Inquiry*, 4e éd., p. 294; trad. cit., p. 236.

2. *Ibid.*, p. 293; trad. cit., p. 235, nous signalons. La traduction allemande rend ici *sense of obligation* par *Gefühl der Verbindlichkeit*, et le *moral sense* par *moralisches Gefühl*. Ce qui accentue encore plus aux yeux de Kant, qui lisait Hutcheson en traduction, l'importance du sentiment.

complexe sur laquelle nous ne pouvons nous attarder[1]. Il convient plutôt de souligner la nouveauté de cette approche de l'obligation. Si le bien procède d'une approbation fondée sur un sentiment de plaisir, il ne pèse pas au sujet moral comme le ferait une loi imposée de façon péremptoire. Hutcheson signale en l'occurrence que la vertu revêt pour l'homme une « forme aimable [*lovely*] »[2]. En un mot, on souscrit au bien de plein gré parce qu'en lui-même il est invitant. Et si l'on se sent « mal à l'aise » de ne pas avoir donné suite à l'obligation de bienveillance, cette douleur n'est pas l'effet d'une contrainte exercée en vertu d'une loi. La nécessité de l'obligation selon Hutcheson ne passe donc pas par l'intermédiaire d'une loi énoncée à l'aide de concepts rationnels, elle est immédiatement ressentie dans la mesure où elle est inscrite dans le sensible.

En somme, Hutcheson distingue un modèle de l'obligation conçu selon un paradigme juridique d'un modèle spécifiquement approprié pour l'éthique. Or notre examen de la *Recherche sur l'évidence*, nous a conduit au constat selon lequel Kant laisse se côtoyer ces deux modèles d'obligation morale, avec d'une part le paradigme inspiré de Crusius et, de l'autre, le modèle d'une obligation fondée sur le sentiment moral inspiré de Hutcheson. Or si l'obligation à l'œuvre dans les principes matériels relève clairement du paradigme éthique développé par Hutcheson, il n'est pas interdit de croire, nous l'avons dit, que les principes formels construits à l'aide du concept de perfection se rangent sous le modèle légal. Ce qu'il importe de retenir, c'est que le chevauchement des deux types d'obligation trahit une certaine ambivalence qui tient aux avantages et aux inconvénients respectifs que présentent ces deux modèles. Kant les maintiendra côte à côte d'ailleurs pendant la première moitié des années 1760, avec cependant une certaine prédilection pour la théorie du sentiment moral.

En vérité, le modèle juridique appliqué à l'éthique, que Kant sera conduit à adopter définitivement, comporte sa part d'inconvénients dans la mesure notamment où l'obligation se présente sous la forme d'un commandement et que pour cette raison il semble rendre inévitable le recours à des sanctions qui conditionnent la soumission à l'autorité de la loi. Ainsi Kant devra-t-il encore découvrir – et on en retrouve une amorce au milieu de la décennie – une loi morale non divine qui soit inconditionnelle, mais une loi qui de par sa nature même s'avérera forcément contraignante. La tâche sera ardue et elle entraînera un parcours laborieux. Une loi qui commande de manière catégorique exige que l'on s'y conforme pour elle-même, que l'on se plie à son injonction sans condition. Mais c'est là un véritable défi, car selon le modèle habituel de la nécessité légale, on ne donne cohérence à l'obligation qu'en brandissant des menaces et des punitions. Quand on fait reposer l'éthique sur une loi, la tentation est forte de s'en remettre

1. Le sentiment moral n'est en vérité qu'un principe de justification qui contribue certes à l'accomplissement de l'action, mais qui demeure en lui-même insuffisant. Il a pour rôle de « conduire les affections et les passions » (comme le veut le titre de l'*Essay*), favorisant les *kind affections* aux dépens des prétentions outrancières des affections de l'amour de soi.

2. Hutcheson, *Inquiry*, 1re éd., *Collected Works*, p. VII ; trad. cit., p. 43.

au paradigme du droit. Crusius, qui a compris le caractère inconditionné de l'« obligation légale », le sait mieux que quiconque, lui qui ne peut éviter de faire état, en cas de dérogation, du châtiment de Dieu, auteur de la loi. Voici comment la conscience morale est régie d'après le paragraphe 132 de son *Instruction pour une vie raisonnable* :

> Enfin, le troisième des penchants humains fondamentaux [la conscience morale] est celui qui reconnaît une loi morale divine. Plus précisément, il consiste à croire à une règle des actions humaines dans laquelle est déterminé ce que Dieu veut nous voir faire ou éviter par obéissance, en vertu de notre dépendance, ou alors ce qu'il *punira* [1].

Or il est à cet égard intéressant de voir que Crusius un peu plus loin, au § 194, ressent le besoin de corriger le tir en nous rappelant que la « force d'obligation » de la loi divine s'impose d'elle-même et ne tient pas à la crainte des punitions et à l'anticipation des récompenses, puisque ceci ruinerait la véritable autorité de la loi émanant de Dieu. Il est donc très conscient du danger qu'il y a à « transposer » en éthique l'exemple des « lois civiles », car les mesures coercitives « ne peuvent et ne doivent pas être la fin de l'obéissance et la nature de l'obligation légale » [2] envers Dieu. On devrait en fait obéir à la loi divine pour elle-même. Et ce problème de cohérence n'est pas le fait uniquement de Crusius. Kant lui-même, longtemps après avoir opté définitivement pour le paradigme juridique en éthique, sera confronté aux difficultés que pose une conception du bien moral fondée sur une loi qui ordonne la soumission. Ainsi, dans le Canon de la première *Critique*, les lois morales nous sont-elles présentées comme désintéressées. Et pourtant le texte évoque, précisément en lien avec la question de la *Verbindlichkeit,* des promesses mais aussi et surtout des « menaces » de la part de Dieu en cas de manquement au devoir [3]. Kant devra encore résoudre cet épineux problème, comme nous allons maintenant le voir en parcourant quelques étapes de son itinéraire.

La chose est bien connue : la rupture officielle avec la conception du sentiment moral comme principe du discernement est marquée par le § 9 de la *Dissertation* de 1770, qui refuse désormais au sentiment l'aptitude à distinguer le bien du mal. Cette tâche revient dorénavant à l'entendement pur. Le principe suprême du jugement est donc désormais exclusivement intellectuel et, ce qui est implicite dans ce court paragraphe, il prend la forme d'une loi. En ce sens, la *Dissertation* officialise la victoire de la nécessité légale et du modèle juridique sur la théorie du sentiment moral dans la morale kantienne [4]. Shaftesbury et ses

1. Crusius, *Anweisung*, *op. cit.*, § 132, 157 ; trad. cit., p. 148, nous soulignons.

2. *Ibid.*, § 194, 237 ; trad. cit., p. 192.

3. CRP, A 811 ; *cf.* Kant, *Leçons d'éthique*, trad. fr. L. Langlois, Paris, Le Livre de Poche, 1997, p. 124.

4. Ce n'est peut-être pas sans une certaine nostalgie que Kant évoque, dans une *Reflexion* contemporaine de la *Dissertation*, les limitations de l'entendement lorsqu'on le compare au sentiment moral. En effet, ce dernier est chez Hutcheson une représentation simple qui par son immédiateté rend

disciples sont ici critiqués pour avoir placé le critère moral dans un sentiment. Telle était pourtant la position encore défendue par Kant en 1765, alors qu'il saluait les représentants de cette école pour être allés le plus loin dans l'établissement des « premiers fondements de la moralité ». Il leur emboîte le pas dans son *Annonce pour le semestre d'hiver 1765-1766* en situant le jugement moral au plan du « cœur » et du « sentiment » [1]. Il ne fait pas de doute toutefois que la contrepartie de cette thèse, à savoir le modèle juridique, demeure continuellement présente d'une façon ou d'une autre dans la période qui précède le tournant signalé par la *Dissertation*. Ainsi à peine quelques mois après la rédaction de la *Recherche sur l'évidence*, Kant juxtapose dans son texte sur les *Grandeurs négatives* les « lois intérieures » de la morale et le « sentiment moral intérieur » [2].

Il n'est pas possible ici de nous arrêter sur l'ensemble des textes de Kant pour parcourir au fur et à mesure de leur déploiement toutes les étapes de la consolidation du modèle juridique dans cette éthique. Nous nous limiterons ici à quatre textes dans le but de retracer dans ses grandes lignes le sort dévolu au sentiment moral en regard du thème de l'obligation à la suite du tournant en question. Ce sentiment n'est certes plus le principe qui oblige, il est désormais interprété comme le simple effet, sur la sensibilité, du principe intellectuel de la morale. Nous nous arrêterons donc brièvement aux *Rêves d'une visionnaire* (1766), à la lettre de Kant à Markus Herz de la fin de 1773, à la *Fondation de la métaphysique des mœurs* (1785) et à la *Critique de la raison pratique* (1788).

La raison pour laquelle il est pertinent de mentionner les *Rêves d'un visionnaire*, ce texte de la seconde moitié des années 1760, tient à ceci que le sentiment moral y est réinterprété radicalement et trouve sa forme définitive, celle qu'il aura encore dans la *Doctrine de la vertu*. Et cette nouvelle assignation n'est pas étrangère à la nécessité contraignante qu'implique l'obligation légale. En effet, le sentiment reflète dorénavant cette contrainte dans la sphère de la sensibilité. Le passage retenu, qui touche l'éthique, n'est pas aisé à interpréter, en raison bien sûr de la nature atypique de cette œuvre de Kant. Qu'à cela ne tienne, un seul motif retiendra notre attention ici au sein de l'hypothèse échafaudée par Kant à propos du monde moral. Ce dernier est présenté ici comme un monde immatériel

compte du caractère « absolu » du bien. L'entendement, en revanche, ne parvient qu'à établir des relations, par exemple en ordonnant « le particulier sous l'universel ». Le sentiment présente donc ici un avantage puisque le « contentement moral ne cerne pas de relation » mais atteint le bien directement, en lui-même. Et Kant de conclure : « on découvrit pour [le contentement moral] un principe particulier, c'est-à-dire le sentiment moral ». Le sentiment est donc tout particulièrement désigné pour exprimer l'absoluité du bien, alors que les concepts de l'*intellectus* dans la *Dissertation* (§ 9) semblent être purement relationnels et, pour cette raison, relatifs. Ainsi le principe moral intellectuel mis en avant par la *Dissertation* est-il fondé sur l'idée d'un « maximum », qui est manifestement un concept de relation. Et il en va de même du concept de perfection, qui signifie chez Wolff *consensus*, dans la *Recherche sur l'évidence*. Réfl. 6705, AK XIX, 136; trad. cit., p. 227.

1. APL, AK II, 311; OP I, 520

2. *Grandeurs négatives*, AK II, 183; trad. fr. R. Kempf, préface de G. Canguilhem, Paris, Vrin, 1991, p. 94.

composé d'esprits régis par des lois « pneumatiques ». Ce qu'il importe de retenir, c'est que les individus y sont soumis à une règle, à savoir la loi de la « volonté générale ». Laissons donc de côté la nature de la force (*Kraft*) émanant de cette communauté spirituelle qui contraint l'individu, contre son gré (*ungern*) il va sans dire, et qui confère son autorité à cette « loi de l'obligation ». Le sentiment moral n'en exprime pas moins cette soumission de l'individu à une volonté qui le dépasse. Ce sentiment se définit donc comme « la dépendance [*Nötigung*] ressentie par notre volonté vis-à-vis de la volonté générale »[1]. Si l'on fait abstraction du caractère fictif de la construction et des emprunts à Rousseau, le ton est désormais donné pour les occurrences ultérieures du sentiment moral, et ceci jusque dans la *Doctrine de la vertu*, avons-nous dit. Le sentiment n'est plus qu'une *Erscheinung* qui traduit désormais la contrainte qu'exerce la loi morale sur l'individu. Nous savons pour notre part que même si, contrairement à l'exemple que nous venons d'examiner, la loi morale chez Kant sera plus tard intériorisée, la contrainte liée à la nécessitation qui en est constitutive apparaîtra encore longtemps comme extrinsèque au sujet moral. Elle prend l'allure pour ainsi dire d'une violence qui lui est faite de l'extérieur, ceci étant le cas à tout le moins jusqu'à la parution de la *Fondation de la métaphysique des mœurs*.

Mais avant de passer à la *Fondation*, nous devons considérer un court et, en apparence, anodin passage de la lettre à M. Herz de 1773. C'est que Kant est amené à prendre acte de la perte encourue par l'abandon de la conception du sentiment moral à titre de principe de discernement. Dans la *Recherche sur l'évidence*, le sentiment conduisait à l'identification immédiate du bien, voire à l'identification au bien, et il traduisait une adhésion spontanée du sujet moral. Le sentiment était de l'ordre de l'acquiescement, ce qui précisément s'est perdu avec la nécessité légale. Celle-ci repose sur une « représentation spéculative », nommément sur une loi, qui n'est pas d'emblée inscrite dans le sensible. Dans la *Recherche sur l'évidence*, l'obligation inhérente aux principes matériels se manifestait directement par un plaisir. Or, une loi morale, en raison de la nécessitation qu'elle implique, ne fait précisément pas d'emblée « plaisir ». Voilà ce que révèle ce passage très instructif de la lettre :

> Le principe suprême de la moralité ne doit pas simplement permettre de conclure au plaisir, ce principe doit *lui-même faire plaisir* au plus haut point, car il n'est pas une représentation uniquement spéculative, il doit au contraire avoir une force motrice, et donc, bien qu'il soit d'ordre intellectuel, il est nécessairement en rapport direct avec les premiers ressorts de la volonté[2].

Non seulement le sentiment moral n'est-il plus en 1773 le critère de l'éthique, mais la loi du devoir qui le remplace ne procure par elle-même aucun plaisir. Elle est au contraire perçue par le sujet comme une exigence lourde à porter. Ce qui fait

1. Kant, *Rêves*, AK II, 335; OP I, 548 (trad. mod.).

2. Lettre à Herz de la fin de 1773, AK X, 145; trad. fr. M.-C. Challiol *et al.*, *Correspondance*, Paris, Gallimard, 1991, p. 107-108, nous soulignons. Voir *Leçons d'éthique*, *op. cit.*, p. 131.

surgir le problème de la motivation dans toute son acuité ou ce que Kant appelle à cette époque le *principium executionis*. Or du moment qu'il opte, en vertu du paradigme juridique, pour la loi morale, Kant conserve tout de même le sentiment moral, mais en lui conférant une nouvelle fonction, celle de ressort de l'action morale[1]. Le principe de l'exécution de l'action a donc trouvé une solution. Mais alors qu'en est-il de la teneur de ce sentiment? S'agit-il d'un sentiment de plaisir? Il est permis d'en douter depuis que les *Rêves d'un visionnaire* nous ont appris que le sentiment moral traduit dans la sensibilité la contrainte exercée sur la volonté de l'individu par la loi de la volonté universelle. Comment ce sentiment pourrait-il être autre chose qu'un déplaisir? Et si le sentiment moral ne contient rien qui puisse ressembler à un plaisir, comment alors peut-il devenir un ressort pour l'action? Ce qui revient à poser à nouveau la question: en quoi une loi contraignante peut-elle en elle-même faire plaisir? Ce n'est qu'en 1785, dans la *Fondation*, que Kant parviendra à exposer la solution de ce problème grâce à une première ébauche du sentiment de respect[2]. Mais, comme nous allons le voir, cette solution aurait été impossible sans l'introduction, dans cette même œuvre, du thème de l'autonomie.

Aussi longtemps que la loi morale, bien qu'elle puisse être envisagée comme une voix intérieure, émane d'une autorité perçue comme externe, conformément au modèle juridique, l'obéissance à celle-ci ne peut s'exercer que de manière intéressée, en cherchant à éviter les sanctions, par exemple. C'est la difficulté qu'a rencontrée Crusius, nous l'avons vu, et Kant après lui, jusque dans la *Critique de la raison pure*. Or la *Fondation* innove en ceci qu'elle apporte une solution au caractère extrinsèque de la contrainte. L'extrait suivant témoigne à souhait de la lucidité de Kant face à cette difficulté bien réelle qui venait jusque-là hypothéquer sa philosophie morale.

> Car, si l'on ne concevait [l'homme] que comme soumis à une loi (quelle qu'elle soit), celle-ci impliquerait nécessairement en elle un intérêt sous forme d'attrait ou de contrainte [*Zwang*], parce qu'elle ne dériverait pas comme loi de *sa* volonté, et que sa volonté serait forcée conformément à la loi par *quelque chose d'autre* d'agir d'une certaine manière[3].

On voit à quelle aporie conduit la transposition du paradigme juridique en éthique. Or la découverte de l'autonomie de la raison pratique permet d'y remédier en éliminant le caractère jusque-là hétéronome de la morale kantienne, au sens où la législation qui lui est propre n'était pas encore comprise comme procédant de la raison de tout un chacun. L'individu, en s'élevant à l'universel, devient désormais législateur pour autrui, mais aussi pour lui-même. Si la loi conserve un aspect contraignant, cette contrainte est néanmoins imposée par soi-même. Ce qui la rend plus acceptable, si bien que ce n'est «que pour cette

1. *Cf.* Réfl. 6677, 6796, 6804, 7236, AK XIX, 131, 164, 167, 292; trad. cit. p. 219, 255, 258, 375.
2. FMM, AK IV, 401, 459-460; trad. fr. V. Delbos, Paris, Vrin, 1992, p. 67-68, 145-146.
3. FMM, AK IV, 432-433; trad. cit., p. 110, les italiques sont de Kant.

raison »[1] que le sujet accepte de s'y soumettre. Il convient toutefois de noter qu'en dépit de l'autonomie, la loi de la raison pratique conserve une dimension d'obligation fondée sur une contrainte. La nature légale de la nécessité rend la chose inévitable. « La dépendance d'une volonté qui n'est pas absolument bonne à l'égard du principe de l'autonomie (la nécessitation [*Nötignung*] morale), c'est l'*obligation* »[2]. La nécessitation dans ce cas est intériorisée, si bien que Kant dépeint dans la seconde *Critique* cette « nécessitation interne » comme une « contrainte exercée sur soi-même [*Selbstzwang*] »[3]. En dernière analyse, une chose paraît certaine : la contrainte demeure et c'est elle dont le sentiment moral devient l'indice dans les développements que Kant consacre au respect.

La question du respect est élaborée de manière exhaustive dans le chapitre de la *Critique de la raison pratique* consacré aux ressorts moraux. Ce qui nous permet d'examiner le sort qui est désormais réservé à l'expression sentiment moral dans la philosophie kantienne de la maturité. À première vue, en effet, on pourrait croire que cette expression est interchangeable avec le terme de respect. Et il y a de bonnes raisons pour cela puisqu'ils se côtoient souvent dans ce texte. Mais à regarder les choses de près, on note cependant certaines nuances qui laissent anticiper la définition que Kant donnera du sentiment moral dans la *Doctrine de la vertu*. Commençons par le respect. Ce mot apparaît le plus souvent dans l'expression « respect pour la loi morale », si bien qu'il connote d'emblée cette « élévation » de l'être humain fini à sa dignité d'être raisonnable, dépositaire de la loi morale. Or on sait que, dans ce chapitre, l'élévation du sujet moral est précédée d'une « humiliation » provoquée par cette même loi, qui se montre contraignante, notamment vis-à-vis de l'amour de soi et des inclinations égoïstes qui demandent une satisfaction immédiate. Ainsi, ce n'est que lorsque ces deux composantes, humiliation et élévation, sont réunies que Kant accepte de parler de sentiment moral, comme si la dimension négative d'humiliation était essentielle à la définition.

> [C]e sentiment d'un sujet raisonnable affecté par des inclinations s'appelle certes humiliation (mépris [*Verachtung*] intellectuel), mais, relativement au fondement positif de cette humiliation, c'est-à-dire relativement à la loi, il s'appelle aussi respect [*Achtung*] pour la loi (...) C'est pour cela même que ce sentiment peut aussi être appelé un sentiment de respect pour la loi morale, mais, pour les deux raisons ensemble, on peut le désigner sous le nom de *sentiment moral*[4].

On le voit, ce sentiment qu'est le respect doit être précédé d'un mépris à l'égard de la priorité que revendiquent les besoins sensibles. Ainsi l'expression sentiment moral met-elle l'accent précisément sur cette dimension négative, et ce passage de notre chapitre annonce en ceci le sens qu'elle recevra dans la *Doctrine*

1. FMM, AK IV, 431, 440 ; trad. cit., p. 108, 120.
2. FMM, AK IV, 439 ; trad. cit., p. 119, les italiques sont de Kant.
3. CRPr, AK V, 83 ; OP II, 710.
4. CRPr, AK V, 75 ; OP II, 699, les italiques sont de Kant.

de la vertu, c'est-à-dire la «conscience de la nécessitation présente dans le concept de devoir»[1]. L'extrait suivant reproduit bien les deux composantes du sentiment moral à l'époque de la seconde *Critique*, mais il nous fait voir de surcroît que la composante positive, à savoir le respect proprement dit, repose de manière essentielle sur l'autonomie de la raison pratique. L'élévation qui se produit à la suite de la soumission des désirs sensibles n'est compréhensible que si le sujet ne se soumet pas, après avoir fait taire les inclinations, à une autre forme d'autorité, si rationnelle soit-elle. Il s'élève à son statut de législateur.

> Le sentiment qui résulte de la conscience de cette contrainte [*Nötigung*] n'est pas pathologique... mais il est uniquement pratique... Comme *soumission* à une loi, c'est-à-dire comme ordre (ce qui, pour le sujet affecté de façon sensible, annonce coercition [*Zwang*]), il ne contient donc aucun plaisir, mais bien plutôt une peine attachée à l'action. Mais, en revanche, comme cette coercition est exercée uniquement par la législation de *notre propre* raison, il comprend aussi quelque chose qui *élève*...[2].

Ce n'est sans doute pas un hasard si le concept de respect dans sa forme à peu près définitive fait son apparition dans la *Fondation*, là précisément où le thème de l'autonomie est développé pour la première fois.

La configuration au sein de laquelle le sentiment moral apparaît dans la *Doctrine de la vertu* est fort différente de celle que nous offre la seconde *Critique*. Le respect y est traité cette fois comme une rubrique distincte de celle du sentiment moral et Kant lui réserve cette dimension positive du sentiment qu'est l'estime de soi comme être autonome. Le sentiment moral, nous l'avons vu, se réduit pour sa part à cette conscience de la contrainte qu'exerce la nécessitation légale sur une volonté finie. Ce qui n'a plus rien à voir avec la définition de l'obligation éthique chez Hutcheson fondée sur l'approbation. Sans doute Kant a-t-il adressé de nombreuses critiques à Hutcheson après avoir adopté définitivement le modèle juridique de l'obligation, et il n'est pas dans notre intention ici ne serait-ce que de les énumérer. Il importe cependant de retenir ce reproche qui apparaît central pour la pensée ultérieure de Kant : l'inaptitude du sentiment moral à servir de fondement à l'éthique. Car non seulement, à sa face même, ce sentiment ne garantit pas l'universalité du principe du bien[3], la sensibilité chez tout un chacun pouvant varier aussi bien en intensité que qualitativement, mais un tel principe, quelque spécial que soit le sentiment en question, ne permet aucunement de *comprendre* la nature inconditionnelle du bien. Ce qu'une loi énoncée à l'aide de concepts intelligibles permet en revanche de faire. On sait d'ailleurs que Hutcheson fait toujours porter le jugement moral sur une action concrète, qui est

1. MM, DV, AK VI, 399 ; trad. cit. mod., p. 71. Force nous est d'admettre que le caractère flottant des contours respectifs de sentiment moral et du respect dans cette œuvre, et ailleurs, rendent particulièrement difficile leur différenciation nette. Voir aussi CFJ, § 12, AK V, 222 ; TP, AK VIII, 283-284.

2. CRPr, AK V, 80 ; OP II, 706, les italiques sont de Kant.

3. Sauf que Kant, dans ses *Leçons sur la philosophie pratique* (*Herder*), semblait croire en cette universalité et cette unanimité du sentiment, AK XXVII.1, 4.

jugée bonne directement, sans autre forme de procès, sans argument. La procédure kantienne par contre ne porte pas immédiatement sur l'action, mais sur la maxime, dont il s'agit de justifier la conformité à la loi. Le caractère légal de la nécessité morale chez Kant permet ainsi d'atteindre à une « connaissance de l'obligation »[1]. Chez Hutcheson, en revanche, qui considère lui-même son *moral sense* comme une « qualité occulte », l'obligation demeure en quelque sorte « aveugle », tellement elle est immédiate[2].

La question qui se pose alors est la suivante : pourquoi Kant a-t-il malgré tout conservé dans sa morale quelque chose comme un sentiment moral. Évidemment, et notre démarche a tenté de le montrer, cette expression sous sa plume connaît une révision radicale. D'une certaine manière, Kant renverse la donne et passe d'un sentiment qui fonde le bien à un sentiment qui n'est plus que son effet, et de la sorte il opère une transition entre une conception du bien associée au plaisir à une conception qui, en vertu du caractère contraignant de la loi, est dorénavant associée au déplaisir : le devoir n'a en lui-même rien d'aimable (*nichts Beliebtes*)[3]. D'où la conception ultime de Kant qui ne réserve au sentiment moral que cette dimension négative : être réceptif à la contrainte. Mais ce qu'il retient en dernière analyse de la contribution de Hutcheson et des membres de son école, c'est le souci de prendre en compte un aspect crucial et constitutif de toute expérience morale : l'ancrage de la moralité dans le sujet concret, compris comme individu. Le sentiment moral rejoint l'être humain dans sa sensibilité, dans sa chair pour ainsi dire. Il l'interpelle et le mobilise de façon à ce qu'il se sente concerné au plus intime de lui-même par l'exigence du bien.

Claude PICHÉ
Université de Montréal

1. CRPr, AK V, 38 ; OP II, 655.

2. Hutcheson, *Inquiry*, *op. cit.*, 4ᵉ éd., p. 295 ; trad. cit., p. 238. Voir MM, DV, AK VI, 376 ; trad. cit., p. 50.

3. CRPr, AK V, 86 ; OP II, 713.

LE DESTIN DE L'ÉTHIQUE KANTIENNE EN ANGLETERRE : COLERIDGE, SIDGWICK ET MOORE

Le chemin que s'était frayé l'éthique kantienne vers la Grande-Bretagne a été rude, tortueux, ambigu, fait de malentendus de toute sorte. Il a été semé de bien d'embûches et fut excessivement long. La raison majeure ne réside pas tant dans la barrière linguistique que pouvait constituer l'allemand pour les penseurs britanniques; elle ne tient pas non plus seulement à ladite propension de l'esprit britannique à accorder plus de crédit aux arguments empiriques plutôt qu'à la pensée spéculative ou à une quelconque aversion envers toute pensée spéculative. Et, si c'était le cas, on pourrait s'imaginer que la réception de la philosophie morale de Kant rencontre une résistance de nature empirique. Mais, c'est qu'en plus d'une prédominance de pensée associationniste et psychologique, il y avait deux obstacles : 1) l'influence de Samuel Taylor Coleridge, d'une part et 2) d'une certaine manière, la persistance d'une pensée britannique qui est loin d'être empirique : une sorte de platonisme, maintenu vivant par des penseurs comme John Norris, d'une part, auquel il faut ajouter l'idéalisme d'un Berkeley, d'autre part. En philosophie morale plus particulièrement, il convient ici de mentionner la présence simultanée de grandes écoles : la philosophie de l'intuitionnisme, du sens commun et du sens moral provenant de l'*Aufklärung* écossaise – Shaftesbury (1671-1713), Hutcheson (1694-1746), David Hume (1711-1776) et Adam Smith (1723-1790) – d'un côté, et celle tout aussi simultanée des moralistes de Cambridge – Samuel Taylor Coleridge, (1772-1834), William Whewell (1794-1866), John Grote (1813-1866), James Martineau (1805-1900) – et des utilitaristes – Jeremy Bentham (1748-1832), J. S. Mill (1806-1873) –, de l'autre. L'enchevêtrement des thèses et des positions de ces écoles étaient d'une trop grande intensité en Grande-Bretagne pour en permettre l'intégration d'une nouvelle.

Bien évidemment, il n'y a rien d'étonnant à ce qu'on n'attende pas la réception la plus favorable de l'éthique de Kant des partisans de ces écoles et de leurs-sous-tendances. De la grande notoriété dont jouissait Samuel Taylor Coleridge qui, très tôt, s'était intéressé à Kant, on pouvait légitimement espérer une ouverture, aussi minime fût-elle, de la part de la philosophie morale des philosophes de Cambridge. Seulement, rien n'y fit. Ce dernier a plutôt sérieusement contribué à défigurer la pensé kantienne dans son ensemble, préoccupé qu'il était par la recherche d'une synthèse qui sauve la foi chrétienne moyennant une grande synthèse des idées de son temps[1]. La présence et les publications, en Angleterre, d'étudiants de Kant comme Nitsch et O'Keefe et même Willich[2] et plus tard la contribution de Beck n'ont pas pu changer la donne.

Le présent article poursuit deux objectifs. Il entend présenter, à travers trois générations anglaises de philosophie morale, de différente et diverse importance, la réception à chaque fois partielle de Kant et mettre en évidence comment, à partir de leurs intérêts particuliers, ces trois auteurs se sont référés au philosophe allemand de Königsberg. Malgré la partialité de leur approche et leurs intérêts intellectuels divers, ces trois auteurs, très peu connus dans l'aire philosophique francophone, ont abordé des aspects de l'éthique kantienne qui présentent pour nous aujourd'hui encore un intérêt aussi bien historique que systématique. Il s'agit de Samuel Taylor Coleridge (1772-1834), de Henry Sidgwick (1838-1900) et de G. E. Moore (1873-1958), trois penseurs d'une grande importance historique, mais de très inégale signification philosophique quant à la réception de l'éthique kantienne.

Pionnier de l'étude de la pensée allemande de son temps, plus particulièrement de celle de Kant dont il s'est fait l'apôtre, la réception faite par Coleridge du philosophe de Königsberg est aussi riche en éloges – de façon surprenante parfois en critiques – que pauvre en analyses. Coleridge reproche à l'éthique kantienne, à l'impératif catégorique, sa dimension « stoïcienne ». Il demeure cependant une des figures maîtresses des études de l'histoire de la pensée kantienne en Angleterre. Voulant soumettre à l'analyse critique la prétention des principales théories éthiques modernes, surtout leur prétention à une validité exclusive, Henry Sidgwick pour sa part attire l'attention sur les deux concepts de liberté dans l'éthique kantienne, sur l'impératif catégorique après avoir rangé l'éthique kantienne parmi les théories intuitionnistes. Enfin, dans sa tentative de faire de l'éthique une science autonome, G. E. Moore parvient à la thèse selon laquelle l'éthique kantienne viole l'autonomie du discours éthique, l'empêchant ainsi de s'établir comme une branche indépendante de la connaissance, en un mot, comme une science du « bien ». Crescendo, Moore couronne le sommet de toutes les provocations. Dans la diversité de leur perspective, chacune de ces

1. La question n'est pas tant, contrairement à une recherche récente (M. Class, *Coleridge and Kantian Ideas in England, 1796-1817 : Coleridge's Response to German Philosophy*, Londres/New Dehli/New York/Sidney, Bloomsbury, 2012), de savoir si grâce à Coleridge les idées kantiennes étaient présentes depuis bien plus longtemps en Grande Bretagne, surtout en Angleterre, et que l'expansion de ces idées étaient dues à l'activisme intellectuel de Coleridge, que l'état dans lequel ces idées y étaient parvenues.

2. F. A. Nitsch, *A General and Introductory View of Professor Kant's Principles Concerning Man, the World and the Deity, submitted to the consideration of the learned*, London, Downes, 1776, rééd. : London, Routledge, 1993 ; J. A. O'Keefe, *An Essay on the Progress of Human Understanding*, London, F. Griffiths, 1795 ; A.F.M. Willich, *Elements of Critical Philosophy*, London, T. N. Longman, 1798.

interprétations de Kant, d'une génération à l'autre, d'un penseur à l'autre, a certainement gagné en clarté dans la façon de poser certains problèmes, même si ce n'est en exactitude et fidélité à la pensée de Kant. Pour nous, ils constituent, pris ensemble, un intérêt historique philosophique.

I

Dès sa jeunesse, Coleridge s'était intéressé à la pensée allemande comme l'indique une de ses lettres. Des trois penseurs anglais qui nous intéressent ici, il fut le seul à faire le voyage en Allemagne et à s'informer sur ce qui s'y faisait en philosophie, en littérature et en théologie. D'après les passages de sa *Biographia Literaria*, des annotations et des références faites dans un de ses manuscrits de logique, il est possible d'affirmer avec certitude que déjà en 1801 Coleridge s'était familiarisé, à sa manière, avec la pensée kantienne, notamment dans les écrits tels que « *The Friend* » (1808), *Essays on the Principles of Genial Criticism* (1814), le *MS Logic* (1822), *Aids to Reflection* (1824) et l'ouvrage posthume *Essay on Faith*[1]. Pour Coleridge, Kant est « le dernier théoricien et analyste abouti de notre faculté de connaître » et « le premier et de loin le plus grand logicien des temps modernes (...) »[2]. Dans son *Manuscrit sur la logique*, il ne cesse de répéter que Kant était l'Aristote moderne, le fondateur de la Logique transcendantale, le plus grand logicien depuis Aristote. Kant aurait systématisé les idées que Bacon a mises sous forme d'aphorismes dans son *Novum Organum*[3].

1. Voir R. Wellek, *Emmanuel Kant in England 1793-1838*, Princeton, Princeton UP, 1931, p. 74.

2. *Ibid.*

3. Pour mieux faire apparaître l'admiration que Coleridge a pour Kant, il n'est pas inutile de citer ce passage d'une lettre à T. H. Green : « I reverence Immanuel Kant, with my whole heart and soul and believe him to be the only philosopher, for all men who have the power of thinking. I cannot conceive the liberal pursuit or profession, in which the service from a particular study of his works would not be incalculably great, both as cathartic, tonic and directly nutritious. » (Robinson, *Diaries*, Vol. II, 1869, p. 11-12; ou cet autre passage d'une lettre de Coleridge à Gooden où il dit : « Yet I by no means recommend to you an extension of your philosophic researches beyond Kant. In him is contained all that can be learned », et enfin le témoignage de Robinson de l'attitude de Coleridge envers Kant : « To Kant his [Coleridge's] obligations are infinite, not so much from what Kant has taught him in the form of doctrine, as from the discipline gained in studying the Great German philosophers. » *La Biographia Literaria* de Coleridge lui-même conforte la même opinion : « the writings of the illustrious sage of Königsberg, the founder of Critical Philosophy, more than any other work, at once revigorated and disciplined my understanding. The originality, the depth, and compression of the thoughts; the novelty and subtlety, yet solidity and importance of the distinction; the adamantine chain of the logic; and I will venture to add (...) the clearness and evidence of the "Critique of Pure Reason", of the "Judgement", of the "Metaphysical Elements of Natural Philosophy" and of his "Religion within the bounds of Pure Reason" took possession of me with a giant's hand. After fifteen years' familiarity with them, I still read these and all his other productions with undiminished delight and increasing admiration », cité par R. Wellek, *Emmanuel Kant in England 1793-1838*, *op. cit.*, p. 76.

De tendance plutôt néo-platonicienne, Coleridge n'a eu qu'une compréhension partielle du criticisme kantien. Il s'en faudrait de beaucoup pour affirmer, même avec une bonne dose de charité, reconnaître l'esprit de Kant dans l'interprétation qu'en a faite Coleridge. Son éclectisme l'en a empêché. Quitte à revenir sur la philosophie pratique qui est l'objet du présent article, il est difficile de ne pas souscrire au jugement de Wellek du moins concernant la réception de la philosophie théorique de Kant par Coleridge :

> Wolff has built a building according to the plans of a greater architect, but it is a building in one style, however below the intentions of the greater designer. But Coleridge's structure has here a storey from Kant, there a part of a room from Schelling, there a roof from the Anglican theology and so on [1].

En d'autres mots, Coleridge n'a même pas su être un bon éclectique sachant combiner différents éléments. Il n'était pas conscient de la nature des concepts qu'il utilisait. C'est pourquoi il a fini par échafauder une combinaison de plusieurs systèmes incompatibles les uns avec les autres. Se pose donc la question de savoir ce que Coleridge a pu bien retenir de l'éthique kantienne si tant est que sa reconstruction de la philosophie théorique a été une combinaison inconsciente d'elle-même ?

S'en tenant résolument à son platonisme qui, d'après lui, est la seule pensée philosophique capable d'accorder à la foi toute sa place, Coleridge s'en prend à l'impératif catégorique de Kant. Pour ce faire, il reprend le programme de la critique kantienne de la métaphysique et questionne le concept kantien « Anschauung ». Pour Coleridge, la limitation de l'intuition exclusivement aux intuitions sensibles dans l'espace et le temps n'a pas de raison d'être parce qu'il n'y a aucune raison acceptable en faveur de cette limitation. Le concept d'intuition doit s'étendre à toutes les vérités que nous connaissons sans intermédiaire, sans medium ; car elle constitue ce

> pouvoir sacré de l'appréhension de soi (*self-intuition*) qui est un pouvoir par lequel nous accédons en même temps au pouvoir par lequel nous appréhendons des idées ou des vérités spirituelles [2].

Que reste-t-il du criticisme sans la limitation des capacités de la raison humaine à accéder directement à des vérités qui ne sont pas données au préalable par les sens ? C'est autour de ce problème crucial que Coleridge tourne le dos au criticisme kantien tout en s'en réclamant; car il aura critiqué et défendu Kant contre Fichte et Schelling. Pour Coleridge même, il ne s'agit pas de remettre en question la philosophie kantienne. Il n'entretient aucun doute sur la sincérité du système kantien. Il est pour lui question de compléter Kant en soulignant ce que Kant aurait dû introduire dans son système. Sa critique de la philosophie kantienne peut se résumer en deux points : 1) Coleridge reproche à Kant le fait que

1. R. Wellek, *Emmanuel Kant in England 1793-1838*, *op. cit.*, p. 67.
2. Coleridge, *Biographia Literaria* [1817], London, J. M. Dent, 1997, vol. I, chap. XII.

sa critique de la raison ne peut montrer la voie rationnelle qui mène à Dieu et 2) et qu'on ne saurait comprendre pourquoi le philosophe allemand évacue les émotions de l'éthique. Sur ce deuxième point, très contemporain, avec lequel s'accorderaient volontiers bien des féministes aujourd'hui, Coleridge ne cesse de revenir, comme si Kant aurait dû s'apercevoir d'une erreur. Il ne peut comprendre pourquoi notre nature émotionnelle d'êtres humains doit être exclue de l'éthique. Seulement l'éclectisme de Coleridge ne s'en tient pas seulement au rejet ni à l'excuse de Kant. Il va encore plus loin et explique pourquoi Kant demeure un grand philosophe et justifie Kant tout en le condamnant.

> Je rejette le principe stoïque de Kant. Il est faux, non naturel et même immoral là où dans sa *Kritik der praktischen Vernunft*[1] il traite des affects en éthique comme indifférents (...) et nous persuade que l'homme qui déteste – et sans aucun sentiment d'amour pour – la vertu agit pourtant moralement, parce que et seulement parce que c'est son devoir, [que cet homme] est plus digne de notre estime que l'homme dont les affections aident à être conforme à la conscience. Car, cela implique (...) que les choses et non pas les objets de la volonté morale ou des objets sous le contrôle de cette dernière étaient indispensables à son orientation pratique. En d'autres termes, il subvertit son propre système[2].

Principe stoïque parce qu'il y a indifférence. Coleridge insiste sur l'amour et la foi qui confèrent à l'action morale une plus grande valeur. Pourtant, Coleridge ne va pas au bout de sa critique négative. Contre ceux qui critiquent Kant sur l'exclusion de l'inclination dans l'action morale, il affirme que l'objectif de Kant n'est pas de développer une *Sittenlehre*[3] complète ou un système de moralité pratique matérielle, mais la forme a priori. Les successeurs de Kant auraient été paresseux et avaient rejeté le formalisme kantien plutôt que de l'entretenir. Dans le même souffle, Coleridge fait un pas de plus. Ce qu'il déclare faux et inacceptable trouve, à ses yeux, une justification parce que, écrit-il, « accomplir absolument des devoirs par sens de la justice est l'idéal que peut-être aucun être humain ne saurait atteindre, mais que chaque être humain doit essayer d'approcher. »[4]. Malgré cet effort de tempérance dans son rejet de l'impératif catégorique, Coleridge trouve en lui le maillon faible de l'éthique kantienne qui demeure défavorable à la vraie moralité fondée sur l'amour et la foi. De Kant toutefois, il gardera une description de la conscience qu'il formule en termes kantiens évoquant même l'impératif catégorique en faisant un écho lointain au fait de la raison :

1. En allemand dans le texte.
2. Coleridge, *Biographia Literaria*, *op. cit.*, I, p. 189-190.
3. En allemand dans le texte de Coleridge.
4. J. Gillman, *Life of S.T. Coleridge*, London, W. Pickering, 1838. Même s'il est daté. L'ouvrage d'E. Winkelmann, *Coleridge und die Kantische Philosophie, erste Einwirkungen des Deutschen Idealismus in England*, Leipzip, Mayer & Mueller, 1933, contient beaucoup d'informations en général sur la relation qu'entretient la pensée de Coleridge et la philosophie kantienne.

> Que je sois conscient de quelque chose en moi qui de façon péremptoire me commande de faire aux autres comme j'aimerais qu'ils se conduisent envers moi : – en d'autres termes, un impératif (...) catégorique ; – que la maxime (...) de mes actions (...) doive être telle que je puisse, sans qu'aucune contradiction ne s'en dégage, la loi de tous les êtres moraux et rationnels, – ceci, je le dis, est le fait dont je ne suis pas moins conscient (...) que de tout phénomène que mes sens extérieurs me présentent [of any appearance presented by my outwards senses] [1].

II

La critique de l'impératif catégorique se retrouve également dans la discussion que Henry Sidgwick entreprend de Kant. Contrairement à Coleridge, son objectif n'est pas de faire connaître la pensée allemande en général, ni celle de Kant en particulier dans l'Angleterre de son temps. Malgré sa présence, Kant n'occupe pas une place centrale, mais marginale dans les *Methods of Ethics*. Comme le relève John Rawls, l'objectif de Sidgwick est d'entreprendre « une étude comparative systématique des conceptions morales en commençant par celles qui sont historiquement et aujourd'hui encore les plus significatives » [2]. Il s'agit, avant tout pour Sidgwick, de procéder à un examen de toutes les méthodes de l'éthique, de discuter des rapports qu'elles entretiennent les unes avec les autres et de déterminer s'il existe une méthode, c'est-à-dire une théorie ou un principe éthique à l'exclusion de toute autre méthode ou principe qui puisse servir de *mobile rationnel* de l'agir moral ? En d'autres termes, pour reformuler le projet de Sidgwick dans l'esprit des *Methods of Ethics*, dans un monde séculier, dépourvu de toute téléologie, de toute métaphysique des fins ultimes de l'homme, pouvons-nous fonder, pouvons-nous justifier la rationalité d'une action dans le domaine moral ? Face à la pluralité des théories concurrentes, en existe-t-il une, à l'exclusion des autres, qui puisse prétendre répondre à cette question [3] ?

À la fin du XIXe siècle, l'éthique kantienne devrait légitimement avoir une place assez importante parmi ces théories éthiques si l'on considère par ailleurs l'espace accordé par Sidgwick à l'utilitarisme. Mais, Sidgwick n'a vu dans l'impératif catégorique, comme le souligne John Rawls, qu'un principe purement formel qu'il a appelé « principe d'équité », pour avoir accordé peu d'attention à la conception de la personne et au rôle social de la moralité comme partie intégrante

1. Coleridge, *Essay of Faith*, London, W. Pickering, 1839, p. 341.

2. J. Rawls, « Préface » *in* Henry Sidgwick. *The Methods of Ethics* [désormais abrégé ME, suivi du numéro de page], London, Macmillan, 1874, 7e éd. 1907, repr. : Indianapolis, Hackett Publishing, 1981.

3. Voir L. K. Sosoe, « Henry Sidgwick et le problème du dualisme de la raison pratique », *Éthique et droit à l'âge démocratique, Cahiers de philosophie politique et juridique* (Université de Caen), 18, 1990, p. 63-76. Voir également notre article « Henri Sidgwick et les *Methods of Ethics* » *in* L. Thiaw-Po-Une (éd.), *Questions d'éthique contemporaine*, préface d'Axel Kahn, Paris, Éditions Stock, p. 169-183.

d'une doctrine morale, réduisant ainsi le problème de la justification des normes morales à un simple problème épistémologique[1]. Néanmoins, les références faites par Sidgwick à l'éthique kantienne suffisent largement pour notre propos.

Deux points de l'éthique kantienne qui anticipent le chapitre IV des *Principia Ethica* de G. E. Moore ont retenu l'attention de Henry Sidgwick : 1) le problème de la liberté dans l'éthique kantienne et 2) l'impératif catégorique.

1) Dans un appendice aux *Methods of Ethics*, Sidgwick a cru bon de revenir sur la conception kantienne du libre-arbitre. Selon lui, Kant aurait utilisé deux conceptions essentiellement différentes de liberté : a) une conception de la liberté qui est synonyme de rationalité, donc « la liberté rationnelle » dans le sens où un agent agirait librement sous la gouverne de la raison et b) une conception de la liberté qui est neutre, dans le sens de la possibilité de faire le bien ou le mal. Sidgwick l'appelle la « liberté morale » (ME, 512). Ces deux conceptions de la liberté se distinguent d'une troisième conception de liberté qui aurait empêché les lecteurs de voir que Kant utilise deux concepts différents. Cette troisième notion, c'est l'agir sans motif ou la « liberté caprice » (*ibid.*)[2]. Beaucoup de lecteurs intelligents de Kant n'auraient pas remarqué cette distinction. Ils avaient le regard fixé sur la différence entre la liberté rationnelle ou morale et la liberté caprice que Kant répudie et n'avaient pas vu

> la Liberté que nous réalisons (…) quand nous faisons le bien et la Liberté qui est également réalisée ou manifestée quand nous choisissons tant le bien que le mal (*ibid.*).

Selon Sidgwick, il y a plusieurs passages dans Kant où l'une ou l'autre conception intervient. Là où Kant met en relation la volonté libre avec la responsabilité morale, nous avons affaire au concept neutre de liberté de choisir ou le mal ou le bien, mais si ce qu'il veut souligner

> c'est la possibilité de l'obéissance désintéressée à la Loi sans l'intervention des pulsions sensibles, quand il démontre l'indépendance de la Raison dans l'influence du choix, (…) il identifie explicitement la liberté avec l'indépendance de la raison (ME, 513)

et affirme par là qu'une personne est libre quand elle agit raisonnablement ou conformément à la raison. Action raisonnable et action morale ne font qu'une.

Sidgwick montre que dans *l'Analytique de la raison pure* la solution que Kant donne de la difficulté à concilier la liberté avec l'universalité du déterminisme physique fait intervenir un concept neutre de la liberté et

1. J. Rawls, « Kantian Constructivism in Moral Theory », *The Journal of Philosophy*, 77, 1980, p. 554 *sq*.

2. Une illustration nous est donnée par Camus dans *L'étranger*, où le personage principal non seulement agit de façon arbitraire, mais explique en quoi ses actions pourraient se faire ou ne pas se faire. L'absurde.

> si nous acceptons [cette] idée de liberté, il doit s'agir manifestement de la liberté neutre : elle doit exprimer la relation d'un noumène qui se manifeste comme une canaille dans une série d'actes volontaires dans laquelle la loi morale est violée pas moins que la relation d'un noumène qui se manifeste comme un saint dans des actes bons ou rationnels dans lesquels la loi morale ou l'impératif catégorique est suivi [is obeyed] (ME, 513).

Malheureusement, précise-t-il, Kant n'a pas utilisé le concept de liberté morale dans le sens neutre, dans le sens de la liberté d'obéir ou de ne pas obéir à la loi morale, c'est-à-dire dans le sens de choisir de faire le bien ou le mal. Sidgwick souligne que, dans de nombreux passages, Kant emploie le concept de liberté dans le sens de la liberté rationnelle, surtout quand il écrit qu'« une volonté libre doit trouver son principe de détermination dans la (loi) morale » et que la liberté dont la causalité peut être déterminée seulement par la loi, consiste uniquement en ceci qu'elle restreint toutes les inclinations par la condition d'obéir à la loi pure. Alors que tout l'effort de Kant consiste, poursuit Sidgwick, à montrer que le noumène ou l'être suprasensible dont chaque vouloir est un phénomène exerce une libre causalité dans les actes illégaux, il nous dit ailleurs

> que la « nature suprasensible » des êtres rationnels, qui ont aussi une « nature sensible », est leur « existence selon les lois qui sont indépendantes de toute condition empirique », et donc appartiennent à l'autonomie de la raison pure [pratique] (ME, 514).

Enfin, Sidgwick relève le passage où Kant affirme que

> la liberté n'est pas la propriété d'une volonté dépendant des lois physiques (...) elle doit être une causalité selon des lois immuables mais d'une sorte particulière; autrement une volonté libre serait une chimère (*Unding*) (ME, 513).

Ces lois immuables de la volonté « libre » ou « autonome » sont le principe fondamental de la moralité si bien « qu'une volonté libre et une volonté soumise à la loi morale sont une seule et même chose » (ME, 514).

Comme pour en convaincre le lecteur, Sidgwick aligne une longue série de citations de Kant pour démontrer en quoi ce dernier passe d'une notion de volonté à l'autre sans le remarquer. Ceci, avant d'observer qu'on pourrait peut-être sauver la doctrine kantienne de la moralité et la doctrine kantienne de la liberté, mais qu'il faut, pour cela, une bonne dose de corrections. Il faudrait, d'après lui, une nouvelle édition de Kant, s'il faut éliminer l'ambiguïté du concept de liberté. Seulement de telles corrections affecteraient le concept d'« hétéronomie » de la volonté; et, s'agissant de la notion de sensibilité empirique tout doit être ou abandonné ou profondément modifié. Ces changements, telle est la crainte de Henry Sidgwick, pourraient bien faire apparaître que l'éthique de Kant n'est que de la vaine rhétorique « idle rhetoric » (ME, 516). Car, avec la liberté dans un sens neutre ou la liberté morale, on devrait rejeter toute l'idée kantienne de la relation entre le noumène et le caractère empirique, et avec elle, l'idée kantienne de responsabilité, de fait, on devrait rejeter

> tout ce qui a rendu la doctrine kantienne intéressante et impressionnante aux défenseurs anglais de la volonté libre (...) quand bien même ils n'étaient pas convaincus de sa cohérence (*ibid.*).

2) La seconde critique la plus importante de Sidgwick porte sur l'impératif catégorique qui, bien évidemment, est d'une certaine manière liée au problème de la volonté libre. Des commentateurs ont déjà signalé en quoi Sidgwick n'a vu dans l'impératif catégorique qu'un simple principe formel de détermination du bien moral[1]. En effet, à lire attentivement les *Methods of Ethics*, comme on le verra plus bas, cette impression semble se confirmer et permet d'affirmer que Sidgwick a plus lu Kant qu'on ne le suppose parfois.

Dans sa tentative de clarification de la méthode dite intuitionniste, Sidgwick parvient, dans un premier temps, à mettre en relation l'impératif catégorique avec l'idée de la perception immédiate de notre devoir, notamment la perception de la réciprocité ou de l'équité dans nos jugements moraux[2]. Selon ce sens de l'équité,

> nous ne pouvons pas juger une action bonne pour A et mauvaise pour B, à moins de trouver dans les natures ou les circonstances des deux une certaine différence dans leurs devoirs. Si donc je juge une action quelconque bonne pour moi-même, je la juge implicitement bonne pour toute autre personne dont la nature et les circonstances ne sont pas différentes des miennes (ME, 209).

Seulement, ajoute Sidgwick,

> ce test de la rectitude de nos volontés est si généralement effective que Kant semble affirmer que toutes *les règles particulières* (souligné par nous) du devoir doivent pouvoir être déduites de la règle fondamentale : « agis comme si la maxime de ton action devrait devenir par ta volonté une loi de la nature » (ME, *ibid.*)

Selon Sidgwick, il s'agit d'une erreur analogue à celle de supposer que la logique formelle fournit un critère complet de vérité. « Je dois admettre qu'une volonté qui ne réussit pas le test doit être condamnée » ; mais il ajoute immédiatement : « je tiens qu'une volonté qui le réussit pourrait après tout être mauvaise. » (ME, 210) L'argument de Sidgwick est le suivant :

> je peux bien concevoir que (presque) toutes les volontés qui agissent consciencieusement puissent sincèrement vouloir que les maximes, d'après lesquelles elles agissent, soient universellement adoptées; *néanmoins en même temps nous*

1. B. Schultz, « Introduction », *Essays on Henry Sidgwick*, Cambridge, CUP, 1992, p. 27 *sq.* Schultz ajoute que : « Donagan and Rawls are both Kantian and united in thinking that Sidgwick missed the true significance of Kantianism primarily because of his intuitionism, especially the way his focus on the first principles of methods led him overlook other elements in a moral conception. » De fait, Sidgwick réduit l'impératif catégorique à une intuition morale, à la perception immédiate du devoir moral. Voir *Methods of Ethics*, *op. cit.*, III, chap. I.

2. D'une certaine manière, il a raison. Kant affirme que, en ce qui concerne la distinction du bien et du mal, nous (la rationalité la plus commune) le savons déjà. Il n'y a que les philosophes qui peuvent compliquer la question. Néanmoins, et c'est la question que l'on peut se poser, est-ce que toute la teneur de l'impératif catégorique est rendue par cette formule ?

> *trouvons continuellement des personnes entièrement en sincère désaccord sur ce que chacune doit faire dans une circonstance donnée* (ME, 210 ; nous soulignons).

La position de Kant supprimerait la distinction entre la justesse subjective et la justesse objective. Elle ne tiendrait pas compte du fait que ce que chacun tient subjectivement pour juste doit être nécessairement juste, à moins qu'il y ait erreur de jugement dans le cas auquel le jugement s'applique. Et Sidgwick de conclure que l'exigence de l'impératif va à l'encontre du *common sense*.

Il y aurait bien des choses à dire sur cette critique de Sidgwick. Mais là n'est pas notre objectif. Il suffit d'attirer l'attention sur le fait que Kant et Sidgwick ne se réfèrent pas au même sujet et que Sidgwick est plus intéressé aux jugements moraux des sujets empiriques, à ce qu'il appelle « the common experience of civilized men [donc des « civilisés » d'après les normes de la société de l'époque victorienne] » (ME, 211). Inutile de dire combien de fois cette remarque revient dans les *Methods*. Ce qui signifie que Sidgwick lui accorde une importance capitale et s'assigne en même temps la tâche, face à « la grande influence exercée par l'enseignement de Kant » sur la philosophie anglaise, d'examiner « les arguments par lesquels il tente d'établir le devoir de promouvoir le bonheur des autres » et de montrer, dit-il, « pourquoi il est incapable de considérer ces arguments comme concluants. » (ME, 389)

De l'exemple de Kant sur l'aide à autrui, Sidgwick affirme « qu'il s'agit d'un cas empirique que Kant ne pouvait connaître *a priori.* » (ME, *ibid.*) Rien n'empêche qu'une personne qui déteste encourir des obligations et en qui l'esprit d'obligation et d'indépendance est fort renonce à une aide et préfère endurer des privations. De plus, rien n'empêche que des personnes adoptent la maxime de l'égoïsme si, après mûre réflexion, ils la trouvent plus avantageuse, « la bienveillance étant susceptible de leur causer plus de problème » (ME, *ibid.*), par exemple le devoir de manifester leur gratitude envers leur bienfaiteur.

Tout se passe comme si Sidgwick faisait porter la charge du devoir de l'aide à son bénéficiaire potentiel qui serait obligé, pour des raisons morales, d'accepter l'aide qu'on lui offre. Or, pour Kant, il s'agit de mon devoir et non de celui qui en est le bénéficiaire.

Sidgwick reprend une des formulations de l'impératif catégorique qui exige de traiter l'humanité en soi-même et dans chaque personne comme une fin en soi et jamais seulement comme un moyen. On ne peut qu'être perplexe face à l'exigence de concevoir l'humanité comme fin en soi, dit-il. D'une part, une fin étant un projet, étant quelque chose à réaliser dans l'avenir, elle ne peut être en même temps « une fin qui existe en soi » ; d'autre part, on voit mal comment Kant parvient à déduire, par exemple, le devoir de bienveillance de cette formulation de l'impératif catégorique. Car l'humanité que Kant prétend être une fin en soi, c'est l'homme (ou l'ensemble des êtres humains) en tant qu'ils sont des sujets rationnels. Mais la bienveillance s'adresse à leurs fins subjectives. Pour Sidgwick :

> il est difficile de comprendre pourquoi, si *comme être rationnel* l'être humain est une fin absolue pour les autres êtres rationnels, ils [ces derniers] doivent pour cela adopter ses fins subjectives en tant que celles-ci sont déterminées par ses pulsions non rationnelles (ME, 390).

Certes, une sérieuse lecture de Kant peut facilement disposer de ces arguments, du moins d'une bonne partie des arguments avancés par Sidgwick. Au-delà des questions d'exégèse, l'enjeu le plus important se trouve au plan de la différence du projet kantien des *Fondements de la métaphysiques des mœurs* et de la *Métaphysique des mœurs* d'une part et du programme de Sidgwick qui se définit avant tout comme une recherche épistémologique visant à déterminer des jugements moraux dans des situations concrètes de la vie, sanctionnés par le sens commun, donc des jugements renvoyant à un horizon culturel plus ou moins déterminé. Ce programme n'est bien évidemment celui de Kant. Nous sommes en face de deux projets où le passage de l'un à la critique l'autre, de Kant à Sidgwick, doit d'abord s'acquitter de la tâche de démontrer ce en quoi poser autrement la question de la fondation de l'éthique, partir de la métaphysique et du sujet transcendantal, est illégitime en philosophie morale. C'est la démarche des *Principia Ethica* de G. E. Moore, un projet qui rejette la fondation d'une métaphysique des mœurs sur la base d'une philosophie du *common sense* d'une part et de celle de l'autonomie de l'éthique en tant que science autonome du « bien », d'autre part.

III

Dans les *Principia Ethica* [1], devenu un des plus grands classiques de l'éthique anglo-saxonne pendant plus d'un demi-siècle, Moore a introduit une définition de l'éthique qui se comprend comme la science générale du bien ou le discours général sur le bien (*Good*). « Bien » est l'idée fondamentale sur laquelle reposerait le discours de l'éthique en tant que science autonome et générale d'abord avant toute spécification en esthétique (le beau), en morale (le bien moral), en idéal (les choses bonnes en elles-mêmes) et d'autres branches de la connaissance humaine où le concept du bien joue un rôle. Le concept du bien, l'adjectif, est simple et indéfinissable. Commet donc une erreur (un paralogisme naturaliste, ou un sophisme; bref, une *naturalistic fallacy*) [2], celui qui le définit, l'identifie ou

1. G. E. Moore, *Principia Ethica* [désormais cité PE, suivi du numéro du paragraphe], Cambridge, CUP, 1903, trad. fr. M. Gouverneur et R. Ogien, Paris, P.U.F., 1998. Pour une critique exhaustive du paralogiste naturaliste dans l'éthique de G. E. Moore, lire : L. K. Sosoe, *Naturalismus-kritik und Autonomie der Ethik. Studien zu G. E. Moore und J. S. Mill*, Freibourg i. Br./Munich, 1988.

2. L'influence de Moore a été extrêmement importante. Pour en imaginer l'étendue, voir W. D. Hudson (éd.), *The Is-Ought-Question*, New York, St. Martin's Press, 1979; M. White, *What is and What Ought to be. An Essay in Epistemology*, New York, Oxford UP, 1981 ; N. Hoerster, « Zum Problem der Ableitung eines Sollens aus einem Sein in der analytischen Moralphilosophie », *Archiv für Rechts-un d Soszialphilosophie*, 55, 1969, p. 11-37; K.-H. Illting, « Der naturalistischer Fehlschluß bei Kant », *in* M. Riedel, *Rehabilitierung der praktischen Philosophie*, Freibourg,

l'associe à un autre concept. Pour Moore, Kant se serait rendu coupable de cette erreur, et ceci, de trois façons au moins : 1) en définissant le bien, 2) en établissant une analogie entre les lois naturelles et la loi morale, 3) en réduisant le bien au devoir moral, donc à ce qui est commandé.

Par rapport à Coleridge et à Sidgwick, Moore aura été celui dont la lecture de Kant a été la plus pertinente en ce sens que les *Principia Ethica* font à l'éthique kantienne une place non négligeable. Certes, Kant est pris pour une des cibles que vise Moore parmi les éthiciens dits métaphysiciens. Ce faisant, il dévoile en même temps les éléments de sa réception de l'éthique à laquelle il reproche d'avoir commis un paralogisme métaphysique, l'analogue du paralogisme naturaliste.

Pour mieux mettre en relief toute la portée de cette critique de paralogisme adressée à Kant, nous voudrions en un premier temps, exposer, dans ses grandes lignes, le projet des *Principia Ethica*, y situer, en un second moment, la façon dont se déploie le reproche fait à Kant. Il apparaîtra que Moore recourt à une conception platonicienne, à une conception réaliste métaphysique du bien, tel sera le dernier aspect de notre propos, conception qui lui permet de remettre en question le programme kantien de fondation de l'éthique.

Quel est le domaine d'objet de l'éthique ? Comment peut se définir l'éthique ?, se demande Moore dans son œuvre majeure *Principia Ethica*. L'éthique, c'est la « vérité d'ensemble ayant trait à ce qui est à la fois commun et propre à tous les jugements » (PE, § 1, p. 40), où le terme bien intervient. Mais alors, « qu'est-ce donc qui est propre et commun ? » à tous ces jugements ? » (*ibid.*).

Question décisive dont la réponse déploie tout le projet éthique de Moore, car cette réponse n'est pas réductible à celles que donne la philosophie morale dans son ensemble. Elle n'est pas identique à celle des naturalistes qui affirment quelles sortes de choses sont bonnes ou mauvaises dans la nature. Encore moins revient-elle à la réponse hédoniste utilitariste d'après laquelle le plaisir est bon ou à la réponse métaphysique kantienne des réquisits de l'action moralement bonne ou mauvaise. Certes, l'éthique se préoccupe de déterminer les choses bonnes ; elle pose aussi la question de la bonne ou de la mauvaise conduite (PE, § 2, p. 41), mais il s'agit bien là de notions complexes qui constituent tout au plus une partie de la définition de l'éthique et ne couvrent pas toute l'éthique entendue par G. E. Moore, comme « l'examen général de ce qui est bien » (PE, § 2, p. 40). Cet examen s'étend également bien au-delà de ce que nous pouvons concevoir comme l'idéal ; là encore, cet idéal nous placerait à un autre plan et non à celui de la fondation, car, tel que précisé dans la Préface, l'objectif des *Principia Ethica* est d'avoir tenté « d'écrire les Prolégomènes à toute éthique future voulant se constituer comme science » (PE, « Préface », p. 3). Or, les prolégomènes à une éthique scientifique doivent d'abord se donner pour tâche de clarifier la question

Rombach, 1972, p. 113-130 et O. Höffe, *Naturrecht ohne naturalistischen Fehlschluß*, Vienne, Verlag des Verbandes der wissenschaftlichen Gesellschaften Österreichs, 1980. On en trouve des formulations chez Apel et Habermas.

de savoir : « qu'est-ce que le "bien" ou le "mal" ? » (PE, § 2, p. 41) avant de se demander 1) quelles sont les choses bonnes en elles-mêmes ?, 2) par quels moyens pouvons-nous rendre les choses aussi bonnes que possibles dans le monde par notre conduite ? Et enfin 3) quel est l'idéal à poursuivre ? (PE, § 23). Il apparaît, sans doute, que c'est dans la première question que réside la spécificité de la question de la fondation de l'éthique parce que « bien » est le concept de base de l'éthique. En un mot, elle doit, en tout premier lieu, clarifier les concepts de bien et corrélativement, celle de mal.

« Qu'est-ce le bien » ? La question ne signifie pas quelle chose est bonne (le substantif), ou, comme le pensent les éthiciens, quelles conduites sont bonnes (une question qui d'après Moore relève de la casuistique (PE, § 4, p. 42-43), de la philosophie pratique pour ainsi dire (PE, chap. V), mais quelle est la nature de ce prédicat spécial, dont la relation à d'autres choses, forme l'objet de l'éthique. Ce n'est donc pas non plus une définition lexicale que nous cherchons, mais une définition essentielle qui nous dit la nature de « bien ». Moore écrit par conséquent :

> Si on me demande « Qu'est-ce que le bien ? », ma réponse sera que le bien est le bien et qu'il n'y a rien d'autre à dire. Ou si l'on me demande : « comment définir le bien ? », ma réponse sera qu'on ne peut le définir et que je n'ai rien d'autre à dire à ce sujet (PE, § 6, p. 46).

Avec « bien », nous désignons seulement l'idée du bien que nous appliquons 1) aux choses ayant trait au plaisir, 2) à la conduite qui satisfait un certain nombre de critères[1] et 3) à ce qu'il faut considérer comme l'idéal moral. Ces trois éléments constituent des domaines particuliers de l'éthique tels que le projettent les *Principia Ethica*. Le concept de bien qui se rapporte à ces trois domaines est lui-même pour cela simple et indéfinissable et toute tentative de le définir par un autre concept constitue un paralogisme soit naturaliste soit métaphysique. Toute tentative de le prendre pour synonyme de ces choses est nommé « naturalistic fallacy » (rendue dans la traduction française de Moore par sophisme naturaliste alors qu'il conviendrait plutôt de parler de paralogisme naturaliste, parce que la démarche ne comporte a priori aucune mauvaise foi). Parce que « bien » (*good*) désigne cette « qualité dont nous affirmons qu'elle appartient à une chose, lorsque nous disons de celle-ci qu'elle est un bien, alors ce mot n'est pas susceptible de définition au sens principal du terme. » (PE, § 10, p. 50) Ce sens principal, d'après Moore, est celui dans lequel

1. Moore écrit : « (...) nous constatons que de nombreux philosophes de l'éthique sont tous disposés à accepter comme adéquate la définition suivante : l'éthique traite de la question de ce qui est bien ou mal dans la conduite des hommes. Ils maintiennent qu'à juste titre les recherches éthiques se bornent à la "conduite" ou à la "pratique" et que le nom de philosophie pratique recouvre tout le sujet dont doit s'occuper l'éthique ». Plus loin Moore ajoute : « Je dirais que j'entends utiliser "Éthique" pour couvrir un domaine plus vaste que cela – (...). Il me sert à désigner une recherche pour laquelle, en tout cas, il n'y a pas d'autre mot : l'examen général de ce qui est bien » (PE, § 2).

> une définition énonce ce que sont les parties d'un ensemble; en ce sens (...), il n'y a pas de définition de « bien » parce que c'est une notion simple, non composée de parties (PE, § 10, p. 50).

Simple, non complexe et non composé, le bien est indéfinissable, non analysable. Commet donc un paralogisme naturaliste a) celui qui affirme que « bien » est une notion complexe, une relation ou que « bien » est réductible à une propriété naturelle comme, par exemple, plaisant, agréable; b) celui qui définit « bien » à l'aide de concepts naturels, comme par exemple le plaisir ou le bonheur; c) celui qui tente de définir « bien » à l'aide concepts surnaturels, comme par exemple, Dieu ou la vie éternelle, à l'aide de tout autre concept religieux et/ou métaphysique; d) celui qui tente absolument de le définir. Toutes ces tentatives de définition ou de réduction de « bien » remplaceraient le concept fondamental de l'éthique par un autre concept de base et ferait de la science générale du bien, la science générale de cet autre concept. On réduirait, par exemple, la science autonome du bien à l'agréable, si on définissait « bien » par l'agréable. Bref, on réduirait l'éthique à ce qu'elle n'est pas en lui faisant perdre son autonomie. Il s'agit bien entendu de l'autonomie du discours moral, donc d'un problème épistémologique, qu'il ne faut pas confondre avec l'autonomie du sujet moral, une idée de la raison et condition de l'agir moral (Kant).

Aucun auteur « spécialiste de l'éthique » n'aurait vu cela, sauf Sidgwick dans son analyse du devoir, précise Moore, attestant ainsi de la filiation intellectuelle de sa théorie, mais aussi de son inscription dans la longue lignée des philosophes du *common sense* et des intuitionnistes britanniques. On comprend aussi pourquoi, il met en tête des *Principia Ethica* une phrase de Joseph Butler : « Toute chose est ce qu'elle est et n'est pas autre chose ». Le bien est le bien et non pas autre chose. Car, que « bien » soit indéfinissable ne signifie pas que nous ne pouvons pas définir la bonne conduite ni l'idéal moral que constituent des domaines de l'éthique. Alors que Moore définit le premier en termes quasi utilitaristes, mieux téléologiques, à savoir la conduite qui maximise l'idéal, il identifie l'idéal aux relations humaines et aux expériences esthétiques (*human intercourse and aesthetic experiences*). En d'autres termes :

> Parmi les choses que nous connaissons ou pouvons imaginer que, celles qui de loin ont le plus de valeur sont certains états de conscience (*state of consciouness*) que l'on peut décrire de façon sommaire comme les plaisirs que procurent les relations humaines et la jouissance des beaux objets. Il est probable que jamais personne (...) n'a douté un instant que l'affection pour une personne et l'appréciation de ce qui est beau dans l'art ou la nature ne sont des biens en soi (...) (PE, § 113).

Comme les deux choses forment la valeur morale absolue, la règle de conduite qui s'impose à nous est de les maximiser. Telle est la philosophie morale de Moore qui ne constitue qu'une partie de l'éthique conçue comme la science générale du bien, philosophie morale à laquelle Moore dédie les chapitres V et VI des *Principia Ethica*, partie que les éthiciens auraient confondue avec l'éthique, prenant la partie pour le tout et confondant fondation générique avec le domaine spécifique de la philosophie pratique.

C'est à partir de ce dispositif théorique que Moore engage sa croisade contre les théories éthiques. Reste à savoir comment il développe à partir de ce dispositif sa critique de l'éthique kantienne.

Le chapitre IV des *Principia Ethica* intitulé « L'éthique métaphysique » résume en substance toute la critique adressée par Moore à la philosophie pratique kantienne. Il est consacré, comme le titre le dit, à l'analyse des éthiques dites métaphysiques illustrées dans « les conceptions éthiques des stoïciens, de Spinoza, de Kant et surtout d'un grand nombre d'auteurs modernes dont les idées dans ce domaine doivent être attribuées principalement (...) à Hegel. » (PE, § 66). Contrairement aux autres éthiciens, les métaphysiciens auraient un « grand mérite pour avoir mis l'accent sur le fait que notre savoir ne se limite pas aux choses que nous pouvons toucher, voir ou sentir », bref aux choses dites naturelles, et souligné l'importance de la connaissance de choses qui existent, mais ne sont pas « partie intégrante de la nature », donc de « choses suprasensibles » (*ibid.*). Aussi, une éthique métaphysique se caractérise-t-elle par la « description du Souverain Bien en termes métaphysiques » (PE, § 67). C'est une éthique qui soutient la thèse selon laquelle ce qui « serait parfaitement bon est quelque chose qui existe, mais n'appartient pas à la nature » (*ibid.*). Ce genre de thèse est celui que propose Kant qui nous enseigne que son « Royaume des fins » est l'idéal (*ibid.*).

Comme toutes les théories métaphysiques, la théorie kantienne aussi partirait de la proposition : « Qu'est-ce qui est réel [*real*] ? », une question qui a une certaine incidence sur la question de savoir : « Qu'est-ce qui est bon [*good*] ? » (*ibid.*). De la connaissance de ce qu'il y a nous ne pouvons pas passer à ce qui est bon. Ce serait, précise Moore, vouloir fonder l'éthique sur la métaphysique. Cela signifie

> qu'une certaine connaissance de la réalité suprasensible est nécessaire *en tant que prémisse* afin d'établir des conclusions correctes quant à ce qui doit être (PE, § 67).

Évidemment, cette formulation nous renvoie au problème logique formel du « *Is-Ought* », au problème de l'être et du devoir-être chez Hume[1]. Mais la critique

1. D. Hume, *Traité de la nature humaine*, *op. cit.*, Livre III, chap. I, 1 : « In every system of morality, which I have hitherto met with, I have always remark'd, that the author proceeds for some time in the ordinary way of reasoning, and establishes the being of a God, or makes observations concerning human affairs; when of a sudden I am surpriz'd to find, that instead of the usual copulations of propositions, *is*, and *is not*, I meet with no proposition that is not connected with an *ought*, or an *ought not*. This change is imperceptible; but is, however, of the last consequence. For as this *ought*, or *ought not*, expresses some new relation or affirmation, 'tis necessary that it shou'd be observ'd and explain'd; and at the same time that a reason should be given, for what seems altogether inconceivable, how this new relation can be a deduction from others, which are entirely different from it (...). [I] am persuaded, that a small attention [to this point] wou'd subvert all the vulgar systems of morality, and let us see, that the distinction of vice and virtue is not founded merely on the relations of objects, nor is perceiv'd by reason. »

de Moore va plus loin quelle qu'ait été l'intention de Hume. Pour l'auteur des *Principia Ethica*, vouloir fonder l'éthique sur une métaphysique est un projet vicié à la base. C'est « une hypothèse qui doit être fausse » conclut Moore, car

> Si nous demandons : quelle importance peut avoir la métaphysique pour la question : « Qu'est-ce qui est bon ? », la seule réponse possible, c'est évidemment : « Absolument aucune » (PE, § 69).

Par où l'on voit que l'éthique kantienne est déjà rejetée à la base par le projet de Moore car, c'est en tant que métaphysique qu'elle se présente pour des raisons que l'on connaît bien et que Kant explique déjà dans la « Préface » des *Fondements de la métaphysique des mœurs* sans évoquer les autres textes. Néanmoins, on peut l'imaginer, l'assaut de Moore ne s'arrête pas là. Non seulement Kant a voulu fonder l'éthique sur une métaphysique, mais il a conçu et formulé a) l'éthique en termes de philosophie pratique, donc en termes de conduite morale et b) a identifié l'action morale à l'agir d'après ce que commande l'impératif catégorique. Pour ces deux raisons, selon Moore, Kant aurait commis un paralogisme métaphysique, l'analogue du paralogisme naturaliste.

a) D'après le premier point, Moore affirme :

> C'est un sophisme [paralogisme] de supposer qu'il existe entre la loi morale et la loi naturelle une analogie qui tient à cette façon d'affirmer qu'il y a une action qui se fait de façon nécessaire ; et c'est ce sophisme [paralogisme] que l'on retrouve dans l'une des plus célèbres doctrines kantiennes. Kant identifie ce qui doit être à la loi selon laquelle *il faut* que s'exerce une pure ou libre volonté – il identifie ce qui doit être au seul genre d'action qui est possible pour cette libre ou pure volonté (PE, § 7).

En un mot, Kant a identifié ce que nous devons faire à ce que fait nécessairement la volonté pure. Recourant à ce qu'il appelle l'argument de la question ouverte qui, à chaque identification d'une chose A à une autre chose B, on peut toujours poser avec pertinence la question de savoir si A est véritablement identique à B, Moore ajoute que, pour Kant, la volonté pure est autonome et que ce que Kant veut dire par là, c'est qu'il n'y a pas

> de norme distincte avec laquelle on puisse la juger : que la question « La loi selon laquelle agit cette volonté est-elle bonne ? » est, dans ce cas, dénuée de sens (*ibid.*).

Moore en tire la conclusion suivante dont la discussion nous mènerait par trop loin, mais le lecteur en jugera certainement : « ce qui est nécessairement voulu par cette volonté pure est bon, non *parce que* cette volonté est bonne (…), mais parce que c'est ce qui est nécessairement voulu par une volonté pure. » (*ibid.*) Et l'auteur des *Principia* de conclure sur cette note dévastatrice :

> *L'affirmation de Kant de l'« autonomie de la raison pratique » a ainsi l'effet immédiatement inverse à celui qui est désiré ; l'affirmation rend l'éthique absolument et désespérément « hétéronome »* (*ibid.*, nous soulignons).

b) Quant au deuxième point, d'après Moore, Kant se serait rendu coupable d'un second paralogisme qui « consiste à supposer que "Ceci doit se faire" veut dire "Ceci est ordonné". Il [Kant] conçoit la loi morale en termes d'impératif. » (PE, § 76) Ce faisant, Kant présupposerait une autorité suprasensible vis-à-vis de laquelle il n'est plus possible de demander si ce qui est commandé est juste parce que « être juste signifie ce qu'ordonne cette autorité » (*ibid.*). Moore reproche à Kant d'établir une analogie entre la loi morale et la loi au sens légal avec cette seule différence que la loi au sens légal serait terrestre et que la loi au sens moral serait céleste. Dans les deux cas, le devoir est pensé comme un commandement. Seulement quelle que soit l'autorité, poursuit Moore, les « commandements qu'elle donne ne deviendront des obligations morales » que si elles l'étaient auparavant. Elles ne sont pas morales du fait qu'on les a imposées (PE, § 76). Définir le devoir en termes de commandement cacherait, d'après Moore, un présupposé métaphysique fondamentalement erroné. Il consiste à supposer que

> l'attribution de certains prédicats à une chose est identique à la description de cette chose (...). On suppose que dire d'une chose qu'elle est réelle ou vraie équivaut à dire que la connaissance qu'on en a s'effectue sur un certain mode (...) (PE, § 77).

Or c'est une idée erronée que l'on trouve à la base de la doctrine de Kant selon laquelle est vrai ou réel c'est être pensé d'une certaine façon (PE, § 83). En d'autres termes, en identifiant la loi morale à « ce qui est voulu par une libre volonté », Kant permettait à ses « adversaires de contester définitivement la validité de la morale » car il suffit de montrer qu'il n'y a pas de volonté qui veuille quoi que ce soit (PE, § 75).

Les *Principia Ethica*, on l'aura remarqué, doivent leur succès à une conception platonicienne. De l'adjectif « bien », Moore déduit l'existence d'un concept de « bien » qui existe réellement et auquel tout discours sur le bien se rattache. Du fait que l'adjectif « bien » existe, il ne s'ensuit nécessairement que le « bien » ainsi conçu existe. Il s'agit bien entendu d'un réalisme métaphysique qui au fond remet en question tout le projet critique des éthiques métaphysiques de G. E. Moore. Il en est également de sa définition de l'éthique qui dépasse le domaine de la philosophie pratique, une conception qui remonte à Aristote. Plus encore, l'aveu de Moore que « bien » est indéfinissable ou que lui-même ne peut définir le « bien » nous rappelle étrangement ce passage du Menon où Socrate remettait en question la définition que proposaient ces interlocuteurs du bien jusqu'au moment où l'un d'entre eux lui demande de proposer une définition plutôt que de réfuter celle des autres. Socrate avoue que lui non plus ne sait pas définir le bien. Bien entendu la réaction de son interlocuteur ne s'est pas fait attendre[1].

1. Platon, *Ménon*, 80,81 : Ménon prend la parole et demande à Socrates : « Et comment chercheras-tu, Socrates, ce dont tu ne sais absolument pas ce que c'est ? Laquelle en effet, parmi ces choses que tu ignores, donneras-tu pour objet à ta recherche ? Mettons tout au mieux : tomberais-tu

Pourquoi ne retenir pout tout concept de définition que la définition essentielle, Moore ne nous en dit pas plus. Que tout concept puisse être défini d'une manière ou d'une autre, cela va de soi. C'est en ce sens que le succès de la critique du naturalisme par le biais de la notion de paralogisme naturaliste nos semble exagérée et n'est dû qu'à un concours de circonstance favorable. On comprend donc que certains auteurs ont fini par parler du fantôme du paralogisme naturaliste (*The ghost of the naturalistic Fallacy*) qui hantait l'éthique, surtout l'éthique analytique et est devenu l'œil du cyclone de sa « démonologie »[1].

IV

Coleridge, Sidgwick, Moore, trois figures importantes de leur temps, représentant trois générations de philosophes anglais qui avaient quelque chose en commun : une certaine accointance avec l'éthique kantienne. À travers ces trois figures, se donne à lire un parcours de l'éthique kantienne dans les écrits d'auteurs dominant leur époque. Derrière elles, se déroule non seulement la trame de trois différentes réceptions de la philosophie morale de Kant, mais également une référence à Kant à l'intérieur de projets différents. Coleridge a cherché, dans la philosophie allemande, tout ce dont il avait besoin pour combattre la prédominance d'une pensée positiviste, de plus en plus psychologisante, empêchant l'éclosion de la religion chrétienne, voyant dans la religion chrétienne, si ce n'est un obstacle à la pensée, du moins quelque chose de désuet. Au-delà de l'« enthousiasme » qu'elle manifestait, l'œuvre de Coleridge a donné de Kant, du moins de son éthique, une image à tout le moins défigurée, obsédé que l'auteur était par le programme de sauvetage de la religion chrétienne. La philosophie morale kantienne faisait figure d'instrument que tout pouvait aussi remplacer.

À prendre en compte la place qu'elles occupent, les éthiques utilitaristes, intuitionnistes et l'égoïsme rationnel ont littéralement relégué Emmanuel Kant dans l'appendice des *Methods of Ethics* de Henry Sidgwick, l'ouvrage d'éthique le plus important de l'époque. Dans cet ouvrage dont on disait qu'il était la première épistémologie véritablement moderne de l'éthique; l'éthique du plus grand philosophe moderne, Emmanuel Kant, n'y a trouvé qu'un minuscule strapontin. En effet, aucun ouvrage n'avait, avant Sidgwick, consacré une analyse aussi fine et détaillée de l'utilitarisme, de l'intuitionnisme et de l'égoïsme rationnel (qui, pour Sidgwick, est une méthode de l'éthique *a contrario*). Même les ouvrages qui l'ont suivi, comme celui de Elie Halevy[2] n'ont pas su accomplir

dessus, comment saurais-tu que c'est ce que tu ne savais pas ? », Platon, *Œuvres complètes*, « Bibliothèque de la Pléiade », t. I, Paris, Gallimard, 1950, p. 528.

1. A. Kolnai, « The Ghost of the Naturalistic Fallacy », *Philosophy*, 55, 1980, p. 5 *sq*.

2. Voir E. Halevy, *La formation du radicalisme philosophique*, Paris, Félix Alcan, 3 tomes : t. I : *La jeunesse de Bentham 1776-1789*, 1901 ; t. II : *L'évolution de la doctrine utilitaire de 1789 à 1815*, 1904 ; t. III : *Le radicalisme philosophique*, 1904 ; reéd. : Paris, P.U.F., 1995.

cet exploit. Sous la plume de Sidgwick, Kant apparaissait tout au plus comme le philosophe dont il comprenait mal le succès en Angleterre. La critique de l'éthique kantienne pour Sidgwick présentait un seul intérêt : des philosophes anglais s'intéressaient à Kant malgré les obscurités de ses concepts de liberté, de l'impératif catégorique et surtout de sa formulation selon laquelle l'humanité était une fin en soi.

Les *Principia Ethica*, cet autre ouvrage classique dont le succès, à notre avis, semble surestimer le contenu a certes le mérite de considérer l'éthique kantienne parmi les éthiques métaphysiques; mais c'est pour mieux la traiter comme souffre-douleur. Aucun des concepts essentiels de l'éthique kantienne n'échappe à la critique de Moore. Le fondement métaphysique, la conception de l'éthique comme philosophie pratique, le devoir, l'impératif catégorique sont rejetés les uns après autres dans les *Principia Ethica* dont la tâche déclarée est de les exorciser. La philosophie morale kantienne était un des obstacles à l'élaboration de l'éthique entendue comme le discours général du bien et de l'autonomie du discours ainsi entendu. Moore non plus n'a pas manqué, à l'instar de son maître Sidgwick, de s'étonner de l'influence de Kant auprès de ses compatriotes.

De la longue et pénible traversée de la Manche effectuée par la pensée kantienne nous disposons déjà de quelques sérieuses études qui tendent plutôt à inculper la prédominance de la pensée empirique en général et celle de l'évolution en particulier, notamment l'éthique évolutionniste d'un Spencer. Sans être fausse, elle est insuffisante pour expliquer la résistance acharnée contre l'éthique kantienne. Notre hypothèse, que vraisemblablement pourrait confirmer l'importance accordée par Sidgwick à la pensée intuitionniste et à la philosophie du sens commun, c'est que, au fond, tout était en place pour une réception favorable à l'éthique kantienne. Seule l'empêchait en éthique l'influence des écoles anglaises, notamment les deux grands courants inaugurés à son corps défendant par Joseph Butler, à savoir la pensée du *sens moral* représenté par David Hume et Adam Smith et l'*intuitionnisme* par Cudworth, Reid et Whewell, auquel il faut ajouter l'utilitarisme. Ce dernier témoigne, tel est notre humble avis, de la très forte influence de la philosophie morale française contre ladite insularité de la pensée anglaise[1]. Avant d'être britannique, l'utilitarisme a été français fondé qu'il était sur l'idée de bonheur[2].

Lukas K. SOSOE
Université du Luxembourg

1. Voir L. K. Sosoe, « Montesquieu et Maupertuis : sources françaises de l'utilitarisme classique », *in* H. Hecht (éd.), *Pierre Louis Moreau de Maupertuis. Eine Bilanz nach 300 Jahren*, Berlin, Nomos verlag, 2002, p. 173-186.

2. M. R. Mauzi, *L'idée de bonheur dans la littérature et la pensée française au XVIII**e siècle*, Paris, Armand Colin, 1960.

« GARANTIR LE BIEN PUBLIC ET LES DROITS PRIVÉS… ». EMMANUEL KANT ET JAMES MADISON SUR L'ÉTAT RÉPUBLICAIN FÉDÉRAL MODERNE

Cette contribution a pour objectif d'honorer un éminent spécialiste de Kant, Jean Ferrari, en examinant le lien de Kant à une révolution politique, à la fois apparentée à et différente de la Révolution Française, à laquelle le philosophe politique Emmanuel Kant a longuement et profondément réfléchi. Au point de vue historique, cet essai se propose de situer Kant eu égard au contexte de la Révolution Américaine en général et au débat sur la ratification de la constitution des U.S.A. en particulier. Au point de vue systématique, cet essai vise à mettre en rapport la philosophie politique de Kant en général et son républicanisme en particulier avec la mise en équilibre ingénieuse des éléments nationaux et fédéraux dans la constitution de la république Américaine, telle que James Madison l'a projetée et promulguée.

Nous procéderons en quatre temps : la première section prépare la comparaison des républicanismes de Kant et de Madison grâce à une description – en termes historiques et systématiques – de chacun de ces deux auteurs. La deuxième section retrace le développement du républicanisme – depuis son origine antique jusqu'à la diversité qu'il a connue à l'époque moderne. La troisième section reconstruit le républicanisme légaliste de Kant dans le double contexte de sa philosophie de l'histoire et de sa philosophie du droit. La quatrième section présente Madison comme le théoricien de la république fédérale moderne. Dans la double mesure où il s'agit d'un sujet extrêmement large et où nous devons respecter les limites de longueur imposées dans le cadre de ce volume, notre argumentation sera plutôt thétique et sommaire [1].

1. Pour davantage de détails et une nouvelle présentation des textes comprenant des références bibliographiques, voir les études que j'ai publiées récemment sur ce sujet à la fin de cet article.

DE PARIS À PHILADELPHIE

Les études consacrées au rapport de Kant à la pensée anglo-saxonne se concentrent de manière typique soit sur l'influence qu'ont exercée sur le développement intellectuel de Kant les philosophes anglais et écossais qui l'ont précédé ou qui lui étaient contemporains, soit, à l'inverse, sur l'influence exercée par Kant sur la pensée anglo-saxonne. Le rejet par Locke des idées innées, l'immatérialisme de Berkeley et l'analyse psychologique des relations causales de Hume sont des exemples de la première approche. La métaphysique descriptive de Strawson, le constructivisme moral de Rawls et le conceptualisme global de McDowell illustrent la seconde approche. Cependant, outre l'influence, l'effet et la réception, qui impliquent tous trois des relations *réelles* entre les philosophes concernés, on peut également considérer ou, mieux, établir des relations *idéales* d'affinité, de similitude, de comparaison et d'opposition entre des philosophes qui ne sont pas – ou ne sont pas connus pour être – liés par des relations historiques réelles établies par la transmission des idées et des conceptions.

C'est précisément une telle relation idéale qui constitue l'objet de la comparaison suivante, qui oppose Kant et un penseur qui lui était "en gros" contemporain, connu ni pour avoir été influencé par Kant ni pour l'avoir influencé. Il est probable que Kant n'a jamais entendu parler de James Madison (1751-1836), dans la double mesure où ce dernier n'a assumé les fonctions de Secrétaire d'État américain sous la Présidence de Jefferson qu'aux cours des dernières années de la vie de Kant et où il n'est devenu le quatrième Président des États-Unis d'Amérique qu'après le décès de Kant. Les études ultérieures consacrées à Kant ne se sont donc quasiment jamais attachées à les mettre en rapport l'un à l'autre en comparant leurs œuvres respectives dans le champ de la pensée politique. La différence et la distance entre le philosophe installé à l'université, académiquement établi, et l'homme d'État important – figure fondatrice, qui s'intéressait certes à la philosophie, mais était davantage tournée vers la politique – sont souvent apparues trop importantes.

L'intérêt de comparer – et d'opposer – deux penseurs aussi différents dans leurs profils professionnels que Kant et Madison n'est pas simplement de corriger l'omission antérieure de leurs affinités philosophiques ; en effet, considérer Kant et Madison tous deux comme des penseurs politiques peut permettre de compléter l'orientation strictement théorique de l'un avec la perspective en premier lieu pratique de l'autre. En outre, il ressort d'une comparaison de ces deux auteurs que leurs projets philosophiques sont beaucoup plus proches qu'il n'y paraît lorsqu'on considère simplement les contextes – différents – de leur influence et de leur portée.

Le *tertium comparationis* entre Kant et Madison est la philosophie politique du républicanisme : la croyance fondamentale ou l'hypothèse que la société civile/l'État est une chose publique (*res publica*) instituée, organisée et maintenue dans l'intérêt du bien commun, plutôt qu'un instrument de la responsabilisation et de l'enrichissement des individus et des groupes qui assument les fonctions et le pouvoir publiques. Dans la perspective politique républicaine, le gouvernement de l'État doit être autonome et exclure les forces intérieures et étrangères guidées par des intérêts privés et particuliers.

En outre, Kant et Madison partagent l'idée que le républicanisme, dans la théorie politique et dans la pratique, n'est pas simplement la poursuite d'une tradition historique, enracinée dans l'Antiquité classique et reprise dans les villes-républiques du Moyen-âge et du début de l'époque moderne. Madison et Kant recherchent, tous deux, les fondements et les limites, les formes et les normes du gouvernement républicain selon les conditions propres à l'époque moderne, c'est dire : marquée par de grands États territoriaux qui ont un pouvoir politique souverain, une société commerciale prospère et des relations internationales croissantes *via* la guerre et le commerce. Finalement, Madison et Kant sont unis par le lien qu'ils cherchent à établir dans la théorie et la pratique entre, respectivement, une forme républicaine de gouvernement et une constitution fédérale impliquant une pluralité d'États membres républicains. Pour Kant comme pour Madison, le républicanisme suppose le fédéralisme, même si le fédéralisme républicain et le républicanisme fédéral qu'ils prévoient ou promeuvent diffèrent au point de vue de leur caractère et de leur extension.

Certes, Kant et Madison développent leurs positions politico-philosophiques dans des contextes théoriques et pratiques différents. La pensée politique de Kant s'inscrit dans le cadre des traditions théoriques qui relient le contrat social et le droit naturel au sein de l'Europe prérévolutionnaire et de la France révolutionnaire, sans prendre en considération les événements politiques contemporains en Amérique du Nord – événements qui devaient pourtant s'avérer aussi importants si ce n'est plus importants. Comme pratiquement tous les Européens Continentaux de son époque, Kant se tourne vers Paris plutôt que vers Philadelphie, lorsqu'il s'agit de regarder l'avenir avec ce curieux mélange d'appréhension et d'espoir d'être considéré comme un observateur bienveillant. Ce n'est guère qu'un demi-siècle plus tard que Tocqueville considérera le développement de la démocratie aux États-Unis pour établir l'avenir social, civil et politique de l'Europe. Madison, d'autre part, bien qu'imprégné des pensées politiques classiques et modernes (d'Aristote, de Cicéron et de Polybe jusqu'à Locke et Montesquieu), s'est exclusivement intéressé à la fondation et à la formation d'une république naissante – la toute première grande république de l'époque moderne. Pourtant, bien qu'il n'ait manifesté aucun intérêt pour la théorie en elle-même ou pour les questions abstraites exemptes d'application immédiate, Madison est généralement et légitimement considéré comme le premier théoricien politique de son pays – non seulement à son époque, mais également, à bien des égards, encore aujourd'hui.

LES RÉPUBLIQUES ANCIENNES ET MODERNES

Le précédent antique – pour la théorie moderne et pratique – de la règle républicaine est l'établissement politique durable de Rome entre le bannissement de son dernier roi et l'émergence de la règle impériale suite à l'assassinat de C. Jules César par une conspiration de républicains engagés et suite aux réformes constitutionnelles de son neveu, fils adoptif et héritier politique, Octavien "Auguste". Dès l'Antiquité, la République romaine fait l'objet d'écrits d'histoire politique (Polybe, Tite-Live, Tacite) et de philosophie politique (Cicéron). L'un des facteurs importants de la réception ultérieure du républicanisme romain et de sa résurgence a été le développement antérieur de la règle démocratique dans l'Athènes du cinquième siècle av. J.-C., laquelle a été explorée et évaluée par les historiens politiques (Hérodote, Thucydide), les philosophes politiques (Platon, Aristote), ainsi que par les tragédiens politiques (Eschyle, Sophocle). Les éléments-clés de l'héritage démocratique grec qui devaient réapparaître dans la pensée républicaine romaine et néo-romaine sont : – la liberté eu égard à la règle étrangère (*eleutheria*), – l'égalité légale (*isonomia*) et – la délibération politique ouverte (*parrhesia*) parmi les membres à part entière de la citoyenneté (*polites*), avec l'idée de la cité (*polis*) gouvernée par une population civile qui a été successivement gouvernante et gouvernée dans un système d'auto-gouvernement populaire (*democratia, politeia*). Plus important encore : la traduction de la philosophie et la pratique politiques grecques dans la pensée et les actes républicains romains sont à l'origine de l'intégration – philosophique aussi bien que politique – des règles démocratiques dans une conception exhaustive des différents types spécifiques de règles politiques et dans la typologie, qui y est liée, des modes d'organisation ou de constitution d'un État.

Plus exactement : la philosophie politique grecque classique distinguait les États – les cités (*poleis*) pour être précis – selon la taille numérique du corps dirigeant, c'est-à-dire selon qu'il s'agissait d'une personne seule (*monarchia*), d'un groupe de l'élite (*aristocratia*) ou d'une multitude (*democractia*). En outre, la pensée politique grecque a rapporté chacun des trois types de constitutions à leurs défauts ou leur forme de dégénérescence, à savoir : la règle d'un despote dans le cas de la monarchie (*tyrannis*), la règle partisane d'un petit nombre dans le cas de l'aristocratie (*oligarchia*), la règle de la populace dans le cas de la démocratie (*ochlocratia*).

Selon l'interprétation classique des changements de constitution, introduite par Platon et Aristote et codifiée pas Polybe dans son histoire (de style grec) du développement de la République romaine, le changement politique a pu se produire à deux niveaux, selon deux modes et en deux étapes. C'est, en premier lieu, la dégénérescence progressive de chacun des trois types idéaux dans leur double dégénéré. Il s'ensuit, en second lieu, le changement soudain de la version dégénérée d'un type de constitution dans la version intacte d'un autre type de constitution, selon un ordre qui va de la monarchie (se transformant éventuellement en tyrannie) jusqu'à la démocratie (aboutissant éventuellement à l'ochlocratie), en passant par l'aristocratie (conduisant éventuellement à l'oligarchie). En troisième lieu, on croyait que le cours classique des constitutions était circulaire, c'est-à-dire que la démocratie dégénérée en tant qu'ochlocratie menait éventuellement au rétablissement de la monarchie (*anakyklosis politieion*).

De manière générale, la double typologie à trois niveaux des constitutions, avec sa combinaison complexe de changements (dégénérescence d'un type vrai en un type faux, développement d'un type à un autre et recyclage de typologies générées et dégénérées), constitue un héritage durable de la pensée politique grecque dans la pensée romaine et dans la philosophie politique moderne. Cela étant dit, deux circonstances ont contribué à atténuer l'importance– immédiate et durable – de la typologie constitutionnelle classique pour la théorie politique et la pratique modernes. Alors que la première circonstance est propre aux développements politiques modernes, la seconde a été préparée et était déjà présente dans la théorie politique et dans la pratique romaines classiques – circonstances qui ont été toutes deux dépeintes, avec perspicacité, par ce grand comparateur des politiques antique et moderne qu'est Montesquieu.

La première circonstance qui a atténué l'importance de la typologie constitutionnelle classique est liée à la modification du statut de la règle monarchique à l'époque moderne. Avec l'apparition de l'État territorial moderne, caractérisé par le pouvoir princier suprême (la souveraineté) et l'administration centrale de la règle, tel que Bodin l'a perçu et décrit, arrive sur la scène politique un type d'état monarchique qui était entièrement inconnu des anciennes civilisations européennes et même de l'ordre sociopolitique médiéval féodal. Bien qu'absolu dans la mesure où il exigeait l'obéissance des citoyens à la règle royale, le pouvoir monarchique moderne était généralement limité par les dispositifs de légitimation des règles juridiques *praeter*-positives (la loi naturelle) et présupposait implicitement le consentement des citoyens (le contrat social). Aux yeux de Montesquieu, le cadre légal, généralement contraignant, de l'État postmédiéval rend la monarchie moderne moins encline à dégénérer dans son double défectueux : le despotisme.

La seconde circonstance qui a atténué l'importance de la typologie constitutionnelle classique a trait à l'élargissement des trois types élémentaires de constitution, suite à l'introduction de la règle républicaine, c'est-à-dire suite à un développement –prudentiel– qui a combiné ces trois types élémentaires de constitution et qui a eu pour résultat d'engendrer une constitution mixte. Polybe, en particulier, a crédité la constitution mixte d'un degré exceptionnel de stabilité et d'une très grande résistance au renversement soudain expérimenté, de manière typique, par chaque type de constitution non mixte, pur. Selon Polybe, c'est la combinaison prudente des fonctions monarchiques, aristocratiques et démocratiques – sous couvert, respectivement, des consuls, du sénat et des tribunes – qui a contribué à la stabilité et au succès de la République romaine. La réception moderne et la transformation de l'analyse de Polybe – principalement entreprise, une fois encore, par Montesquieu– ont conduit à remplacer effectivement la typologie constitutionnelle tripartite classique par la dualité moderne des règles monarchique et républicaine.

Dans le processus, la monarchie a ainsi été repensée comme une monarchie constitutionnelle – à l'exclusion donc de la règle arbitraire, tyrannique et à la différence de la règle républicaine – soit comme aristocratique (république aristocratique), soit comme démocratique (république démocratique). En outre, les trois types défectueux qui dérivent des types purs que nous avons antérieurement distingués (à savoir: la tyrannie, l'oligarchie et l'ochlocratie) peuvent, désormais, être considérés tous les trois comme despotiques et être séparés de l'ensemble des types véritables de constitution auxquels ils étaient précédemment liés. La monarchie entendue au sens strict du terme et la règle républicaine entendue au sens large apparaissaient, ce faisant, comme les seules règles véritables, dignes de considération théorique et d'émulation politique.

LE RÉPUBLICANISME INTERNE DE KANT

La contribution de Kant au développement d'une philosophie politique républicaine proprement moderne implique, de nouveau, de conceptualiser la différence entre la règle monarchique et la règle républicaine comme les seuls types légitimes de gouvernement reconnus depuis Montesquieu. Précisément, Kant cherche à inclure également la règle monarchique parmi la gouvernance républicaine, permettant ainsi de subsumer les trois types de règles légitimes distinguées et reconnues depuis l'Antiquité classique sous la rubrique de "républicaine", à condition qu'elles soient correctement constituées. À cette fin, Kant redéfinit le républicanisme politique grâce à la distinction moderne, qui remonte à Bodin, entre la forme constitutionnelle extérieure d'un État (*Staatsform*) et son mode interne de gouvernement (*Regierungsart*)[1]. Selon Kant, l'identité républicaine d'un État ne concerne pas sa forme manifeste de constitution ou sa "lettre", mais son mode interne de fonctionnement ou son "esprit". Par suite, un État monarchique peut être gouverné de manière républicaine, pourvu qu'il publie et exécute « des lois internes du peuple » (*innere Volksgesetze*)[2]. Selon la conception kantienne, qui suit les conceptions classiques et de la première modernité, l'identité républicaine d'un État repose sur l'État de droit et, de plus, sur la législation et l'exécution des lois qui reflètent l'intérêt populaire général.

Le républicanisme intériorisé, pneumatique de Kant rassemble les principales caractéristiques du gouvernement républicain antérieurement promu par Montesquieu et par Rousseau. Kant suit, en effet, Montesquieu lorsqu'il fait de la séparation personnelle et institutionnelle des pouvoirs législatif et exécutif un élément qui définit aussi bien la règle manifestement républicaine que la règle

1. MM, AK VI, 338-340.
2. CFJ, AK V, 352.

d'inspiration républicaine. Et de Rousseau, Kant reprend les conceptions – liées l'une à l'autre – de la souveraineté populaire et de la volonté générale, selon lesquelles le gouvernement repose sur la volonté du peuple dans la mesure où cette volonté considère le bien public. En outre, Kant relie le pouvoir politique suprême à « la volonté du peuple généralement unifiée » (*der allgemein vereinigte Volkswille*)[1], dont toute législation doit résulter. Afin de devenir pratique, c'est-à-dire effective au point de vue empirique, la législation populaire idéale doit être déléguée à un gouvernement institué (doit être "représentée"). Selon la forme spécifique de l'État, la représentation de la volonté législative générale s'effectue soit par un individu seul – dans les monarchies –, soit par un groupe de personnes sélectionnées ou par une personne non naturelle (« morale ») – dans les aristocraties –, soit par un plus grand nombre de personnes – dans les démocraties.

De manière générale, Kant continue de favoriser la règle monarchique et rejette la règle démocratique, tout en respectant l'origine normative qui se trouve au fondement de tout gouvernement légitime dans la volonté populaire définie et réalisée au niveau civil (« la volonté générale »). Certes, la règle monarchique – que préfère Kant – n'est pas absolue et autoritaire, mais limitée de façon républicaine, à la manière de « l'absolutisme Éclairé » de son époque, tel que le pratiquait Frédéric II de Prusse. Plus particulièrement, Kant rejette, dans ses réflexions politiques qui portent principalement sur l'État de droit, le paternalisme politique et restreint l'état idéal de son imagination politique – un État à la fois proto-libéral et proto-républicain – au règne de la loi, exclusion faite de toutes les mesures paternalistes qui seraient orientées vers l'accomplissement du bonheur de ses citoyens. À la différence du républicanisme classique, le souverain Bien de la politique républicaine spécifiquement moderne de Kant n'est pas le bonheur – défini dans des termes d'extension et d'intension diverses, qu'il soit compris individuellement ou collectivement, ou qu'il soit considéré en termes de plaisirs privés ou de vertus civiques. Au lieu de quoi, chez Kant, le souverain Bien "politique" est juridiquement défini, implique principalement l'État de droit et consiste essentiellement dans une vie civile avec une paix permanente sur la base de la « justice publique » (*öffentliche Gerechtigkeit*)[2].

Kant relie étroitement le but général de la politique – qui consiste à créer et garantir un ordre social civil et qui a été maintenu comme le but même des institutions politiques et de leurs politiques depuis Hobbes (c'est la « sécurité ») – avec l'établissement d'un gouvernement de type républicain. Au point de vue de la philosophie de l'histoire, Kant considère l'introduction de la société civile au moyen d'un contrat social comme la fin véritable d'un progrès historique naturellement induit, destiné à permettre et à soutenir le développement optimal de toutes les aptitudes humaines. Même s'il n'est pas le souverain Bien au sens

1. MM, DD, § 46, AK VI, 314.
2. MM, DD, § 41, AK VI, 306.

complet, absolu (qui, pour Kant, réside dans la perfection morale et le bonheur moralement mérité), le *summum bonum* politique de la paix civile consiste à procurer les fondements socio-civils et le cadre juridico-politique nécessaires à la quête extrapolitique, à savoir : généralement culturelle et proprement éthique de la part des individus et des communautés.

Mais, pour Kant, l'entrée dans l'état civil, avec son programme de pacification politique d'un ordre public légal, n'est pas seulement un produit prédestiné de l'histoire universelle, promu et assuré par les deux faits naturels de l'égoïsme et du besoin humains (« l'insociable sociabilité »)[1]. Quitter l'état de nature est une obligation morale inconditionnelle (un « impératif catégorique »), qui assujettit les politiques aux prescriptions extra naturelles[2]. Certes, le caractère moral de l'ordre d'entrer dans une union civile n'est pas celui d'un devoir proprement éthique, qui impliquerait la motivation et l'adoption de principes subjectifs d'action appropriés (c'est-à-dire de « maximes »). Mais l'impératif *supranaturel* et *inconditionnel* (c'est-à-dire "moral") de l'association civile est de nature juridique et implique la restriction réciproque – rationnellement recommandée et librement choisie – de la liberté naturelle, « sauvage »[3] de chacun dans ses actions extérieures aux conditions de sa coexistence civile avec la liberté de tout autre.

La condition constitutive de la paix – que Kant relie à l'état civil en général et au mode de gouvernement républicain en particulier – est de nouveau articulée selon la double perspective de l'histoire et de la loi (juridique). Selon la perspective de l'histoire naturelle, essentiellement prudentielle, la guerre est, dans l'ensemble, hostile à la prospérité des êtres humains socialisés, civilisés et cultivés, dont les aptitudes et les accomplissements ont tendance à être menacés ou détruits par les destructions et le désordre engendrés par la guerre. Du point de vue juridique, la guerre viole invariablement les droits légaux, y compris le droit originaire « inné » à la liberté (extérieure)[4].

Si on la considère de manière plus précise, la tendance à la guerre – proscrite par Kant pour des raisons à la fois prudentielles (dans sa philosophie de l'histoire) et strictement morales (dans sa philosophie de la loi ou du droit) – concerne l'état de nature à deux niveaux qui s'entrecroisent mutuellement. En premier lieu, l'état civil met fin à la tendance belliqueuse de l'état de nature. Selon Kant, l'état de nature n'est pas nécessairement illégal et inclut même un ensemble complet de lois qui régissent les relations sociales entre les personnes privées, dans la mesure où il est contenu dans la partie du droit privé de la loi naturelle (*ius privatum*). Mais ces lois, bien que valides, ne sont pas garanties par une autorité « publique » et plus que privée, habilitée et autorisée à juger les cas de conflit et de contestation dans les affaires légales privées. Avec l'émergence de l'état civil, le droit naturel

1. IHU, « Quatrième proposition », AK VIII, 20.
2. Voir MM, DD, § 49, AK VI, 318.
3. Voir MM, DD, AK VI, 316.
4. AK VI, 237.

privé est garanti et sanctionné par les institutions de droit public (*ius publicum*), principalement par l'état politique.

Mais, même après l'établissement de la société civile sous couvert de l'état politique, les tendances belliqueuses, d'avant-guerre ou de "*proto*-guerre", persistent entre la pluralité des instances de la société civile établie parmi des populations différentes (« les gens »), chacune devenue un État particulier (une « nation ») sur la base d'un contrat social. Kant recourt à la tradition moderne du droit international (le « droit des gens (*ius gentium*) ») pour assujettir l'état de nature qui persiste entre les États coexistants à un équivalent fonctionnel de la législation civile déjà réalisé dans l'autoconstitution contractuelle idéale d'un État particulier. L'argument en faveur des relations légales, non plus cette fois entre les personnes physiques, mais au niveau supranational et entre les États, est une fois encore double : d'une part, l'argument tiré du développement de l'histoire mondiale, qui recourt à l'infraction de la prospérité humaine (c'est-à-dire de la « culture ») que la guerre internationale entraîne et, d'autre part, l'argument de la philosophie du droit, qui fait appel à la validité des principes suprêmes du droit (le droit naturel).

Kant souligne également, au niveau légal, constitutionnel, l'importance de la fonction du mode républicain de gouvernement pour réaliser et préserver une relation paisible durable à la fois *dans* les États et *entre* les États (à savoir la « paix perpétuelle »). Il se réfère, tout particulièrement, au fait que la guerre la plus moderne, du type de celle qui est initiée par les souverains et leurs intérêts de pouvoir, serait opposée à une volonté populaire, civile et générale, transmise sous la forme d'un corps législatif fonctionnant avec des principes républicains. En tant que partie de la population la plus affectée par les circonstances et les conséquences de la guerre en termes de taxation, de recrutement et de dégâts ou de perte de vie et de propriété, la population, dans la mesure où elle est politiquement représentée, ne peut absolument pas donner son consentement à l'extension externe de la politique dans la guerre.

Dans un autre argument républicain en faveur d'un ordre international de paix et de prospérité, Kant précise que les accomplissements effectifs de l'état civil sont la règle de la loi et la provision de l'ordre public, qui dépendent à la fois du mode de gouvernement républicain dans d'autres États et des relations paisibles régies légalement parmi de tels États constitués républicainement. En l'absence d'un républicanisme universel mondial, tout État organisé républicainement – quelle que soit la manière dont il est civilisé et pacifié à l'intérieur – serait confronté à la menace d'une action illégale de la part des États non républicains, lesquels ont une affinité constitutive pour la guerre et l'agression.

Certes, le républicanisme universel, que Kant préconise, n'implique pas le but politique d'une « république mondiale » (*Weltrepublik*)[1], qui fusionnerait plusieurs États gouvernés selon le mode républicain dans un seul super État

1. Rel., AK VI, 34.

central. Au contraire, s'appuyant sur la crainte républicaine classique d'un État qui serait tellement étendu et englobant en taille et en pouvoir qu'il ne serait opposé à aucune autre entité politique significative « au-dedans » et « au dehors » (c'est-à-dire une « monarchie universelle »), Kant défend le fédéralisme comme le système favorable à la coordination et la coopération internationales. Sous le républicanisme fédéral (et le fédéralisme républicain), tel que Kant les conçoit et les préconise, les États conservent leur pouvoir politique individuel suprême (leur souveraineté), dans la mesure où ils forment une confédération avec d'autres États semblables dans l'intérêt de conditions de paix favorables à la prospérité de la culture, cette dernière incluant à la fois le perfectionnement personnel éthique (la culture morale) et la prospérité matérielle (la culture commerciale).

Par conséquent, le cosmopolitisme, que Kant considère dans les philosophies de l'histoire et du droit, n'implique pas, comme son prédécesseur antique, le Stoïcisme, la citoyenneté dans un État mondial imaginaire – ou plus exactement intelligible –, mais le statut légal réglementé que le citoyen d'un État possède envers un autre État eu égard à la visite et au séjour, principalement à des fins privées d'échange et de commerce. Dans la perspective du républicanisme spécifiquement moderne de Kant, pneumatiquement peaufiné et légalement défini, la république moderne est tout autant une république commerciale, effectivement dirigée par ses citoyens-bourgeois, qu'un état de droit, virtuellement gouverné par ses bourgeois-citoyens.

LE RÉPUBLICANISME FÉDÉRAL DE MADISON

Bien que l'on puisse les considérer comme des événements – en gros contemporains – avec des conséquences également importantes, la Révolution Américaine et la Révolution Française diffèrent en genre et en caractère. En France, une bourgeoisie politiquement marginalisée, mais économiquement et intellectuellement montante, impliquée civilement dans la crise fiscale d'une monarchie absolue (les États généraux), a saisi ce moment historique pour reconstituer l'ancien Tiers-État comme le cœur d'une nation politiquement (re)créée, tout d'abord, en supprimant les privilèges de la noblesse et du clergé, puis, finalement, en mettant fin à la monarchie héréditaire. En Amérique du Nord, un certain nombre de colonies outre-mer du Royaume-Uni – à l'origine installées par des dissidents religieux avant d'être rapidement peuplées d'un microcosme issu des classes inférieure et moyenne britanniques – se sont unies pour se libérer de la domination coloniale d'un Roi et d'un Parlement physiquement éloignés, qui les soumettaient à la taxation sans leur accorder, cependant, de représentation politique.

Cela étant dit, les révolutions tentées et réalisées dans ces deux pays ne diffèrent pas seulement selon leur genre et leur caractère, mais également quant à leur cours et leur problème. En France, la république récemment créée, bien que construite sur des actes programmatiques pionniers, principalement la

« Déclaration des Droits de l'Homme et du Citoyen » (en 1789, avant même l'établissement de la République) et la Constitution de 1791 (donc toujours publiée sous l'ancienne monarchie) a rapidement dégénéré, certes provisoirement, en un terrorisme d'état et en un génocide politique, et a finalement abouti au néo-césarisme et à l'impérialisme européen de Napoléon Bonaparte. En Amérique du Nord, la république, récemment créée, s'est développée dans une nation modérément prospère, qui étendait ses territoires – en acquérant des terres immenses à l'intérieur d'un régime Napoléonien qui a dépassé ses moyens (l'achat de la Louisiane) – et s'est rapidement établie comme la première république sous des conditions démocratiques (l'*égalité des conditions* de Tocqueville) de l'ère moderne et comme la toute première république de ce genre à une grande échelle territoriale.

L'autre caractéristique, qui distingue la France révolutionnaire et post-révolutionnaire de son homologue nord-américain, est le système centralisé de courant continu qui, en France, a permis de maintenir Paris comme la capitale culturelle, civile et politique de la nation, en totale opposition au statut souverain de chacune des treize anciennes colonies britanniques nord-américaines devenues des États indépendants et unis par une confédération relativement libre codifiée par la première constitution (les « Articles de la Confédération » de 1777, qui ne seront ratifiés qu'en 1781). Pourtant, bien qu'aucun des créateurs ("pères fondateurs") de la fédération républicaine américaine n'ait recherché un état centralisé sur le modèle des principales nations européennes (toutes étaient des monarchies quant au nom et, exception faite de l'Angleterre, des monarchies absolues), le conglomérat confédéré des États ainsi unifié s'est rapidement révélé insuffisant en termes pratiques et pour des raisons théoriques. En particulier, l'autorité confédérée avait un pouvoir gouvernemental trop faible à tous les égards et était, en outre, limitée aux relations gouvernementales avec les États membres de la confédération, qui, à leur tour, conservait tout pouvoir sur leurs propres citoyens.

Chargée de réviser les Articles de la Confédération, la Convention Constitutionnelle, qui s'est tenue à Philadelphie en 1787, a outrepassé sa tâche (qui était plus limitée) en adoptant une constitution entièrement nouvelle, composée de sept articles, d'un préambule et d'amendements, qui devait être ratifiée par chaque État *via* les corps représentatifs élus – ce qui eut lieu entre 1787 et 1790. La Constitution des États-Unis est le résultat d'un ensemble complexe de compromis réalisés entre les intérêts conflictuels des différentes parties et les positions impliquées dans le processus public de délibération et de décision. À un niveau plus théorique, les questions principales portaient sur le mode de représentation populaire, parlementaire (s'il devait se faire par un système de deux ou d'une seule chambre), ainsi que sur la division des institutions du pouvoir politique, les garanties des libertés civiles et les pouvoirs respectifs des gouvernements fédéraux et nationaux.

Le processus de ratification dans les États individuels s'est révélé long et sujet à controverse, et a conduit à un débat public extrêmement important et approfondi, principalement dans la presse populaire. Le document, remarquable, tiré du débat public de ratification, consiste en une série d'articles publiés à New York en 1787/1788, sous un pseudonyme (« Publius »), que l'on nomme généralement « *The Federalist* », conformément à son orientation et à son but principaux, à savoir : plaider la cause d'un gouvernement fédéral dûment habilité et contrôlé contre les défenseurs de l'opposé, à savoir : la réclamation anti-fédéraliste d'une autorité centrale faible, dans laquelle la souveraineté des États resterait largement intacte.

La publication de la série d'articles pro-fédéralistes, « *The Federalist papers* » comme on les appelle encore, fut l'initiative d'Alexander Hamilton (1755-1804), un avocat, originaire des Antilles Britanniques, qui représentait l'État de New York dans la Convention Constitutionnelle et qui devait devenir le premier Secrétaire du Trésor des États-Unis (1789-1795), fondateur de la Banque fédérale et de la Monnaie des États-Unis, avant de mourir tragiquement au cours d'un duel qui l'opposât au Vice-président des États-Unis de l'époque, suite à une hostilité politique mutuelle qui était devenue personnelle.

Hamilton, qui a élaboré le plan et le programme d'une série de lettres, a suscité la collaboration de James Madison (1751-1836) et de John Jay (1745-1829). Alors que John Jay, malade, n'a contribué qu'à quelques lettres, Madison a rédigé 29 des 85 lettres, couvrant les sujets centraux et les questions qui impliquaient clairement des concepts et des arguments théoriques et véritablement philosophiques, y compris relevant de philosophie politique. Madison, propriétaire de plantation originaire de Virginie, dont le projet constitutionnel (« le Plan de Virginie ») a fourni le plan du projet de la Constitution des États-Unis qui sera développée par la suite, est un gentilhomme érudit inscrit à l'Université de Princeton, imprégné des classiques et possédant une large connaissance du droit, qui deviendra le quatrième Président des États-Unis (1809-1817).

The Federalist papers, dans leur intégralité, ont longtemps été considérés comme le document le plus important de la théorie politique de l'histoire des États-Unis et ont, en tant tels, fait l'objet d'études significatives, d'éditions méticuleuses et de publications fréquentes. Plusieurs lettres se démarquent par leur force théorique et leur portée philosophique – dont la majeure partie a été rédigée par Madison. Les lettres 10, 37, 39 et 51 méritent tout particulièrement d'être examinées de plus près dans une perspective comparative façonnée par la philosophie politique moderne en général et la pensée politique de Kant en particulier [1].

Federalist 10 présente le système politique républicain en général et le fédéralisme républicain en particulier comme systèmes appropriés pour contrôler le factionnalisme qui se répand dans la société civile moderne. Madison définit une

1. Dans ce qui suit, les quatre lettres du *Federalist* sont citées selon leur numéro de lettre, suivi de la pagination de la version pdf de l'œuvre, que l'ont peut consulter en ligne sur le site http://lf-oll.s3.amazonaws.com/titles/788/Hamilton_0084_EBk_v6.0.pdf (consulté le 7 septembre 2016).

faction comme un groupe motivé par un programme (un « intérêt ») partagé, quelle que soit sa taille et indépendamment du fait qu'il soit composé d'une minorité ou d'une majorité de la population. Il relie, en outre, l'existence et l'ampleur du factionnalisme dans la société civile moderne à la pluralité des préférences, des passions et des biens qui caractérisent une société de plus en plus différenciée ou, plutôt : en voie de différenciation. Madison estime que le facteur-clé qui fonde le pluralisme social dans le monde moderne est la liberté de chacun à mener sa propre vie, qui permet aux membres de la société de mener des vies extrêmement différentes selon leurs talents, leurs efforts et d'autres conditions et accomplissements socialement importants.

Pour Madison, qui montre, ce faisant, ses penchants (proto-)libéraux – lesquels coexistent avec ses engagements républicains –, le pluralisme d'une société moderne est quelque chose de donné, auquel on ne doit pas s'opposer et que l'on ne doit pas opprimer, mais qui doit être respecté comme l'expression de la liberté moderne [1]. En particulier, Madison maintient la stricte distinction entre, d'une part, l'égalité légale accordée à chacun en vue de la liberté identique de tous et, d'autre part, les différences socio-économiques qui résultent de l'exercice différentiel de la liberté générale. Il considère la confusion de la liberté légale et civile avec la liberté sociale et économique comme une erreur théorique commise par une philosophie sociale et politique strictement égalitaire (la « démocratie pure ») [2], qui a confondu la liberté légale et civile avec la liberté sociale et économique.

Plutôt que de chercher à éliminer les factions qui sont constitutives de la vie libérale moderne, ce qui ne pourrait se faire qu'au sacrifice de la liberté elle-même, Madison préconise de restreindre et de contrôler le factionnalisme avec des mesures constitutionnelles. En particulier, Madison promeut le représentationalisme politique (le « système de représentation ») [3] comme une limitation institutionnelle de l'efficacité du factionnalisme. Dans le processus, il distingue – et même oppose – la démocratie et la république en termes d'absence ou de présence de représentation politique. Selon l'acception madisonnienne de ces termes, la démocratie est par définition directe, alors que le régime républicain est par définition représentatif. Cette disjonction non seulement n'exclut pas, mais est même censée permettre une constitution républicaine qui considère et respecte systématiquement les intérêts du peuple (le « gouvernement populaire ») [4].

Selon les conditions du factionnalisme, en tant que constitutif de la vie sociale, civile et politique moderne, les avantages systémiques d'une république représentative relativement à une démocratie directe résident, selon Madison, dans le filtre ou le moyen qu'offre la délégation de la politique en général et de la législation en particulier à un groupe limité d'individus en principe capables de

1. *Federalist 10* : 89.
2. *Federalist 10* : 92.
3. *Ibid.*
4. *Federalist 10* : 90.

considérer les multiples intérêts des factions et – ce qui est plus important – le bien commun au-delà des divisions entre factions. De plus, puisque le *ratio* entre le nombre de représentants et le nombre de représentés baisse avec la croissance de la population qui doit être représentée, les grandes républiques sont – selon l'argumentation de Madison – moins enclines à succomber à la tyrannie d'une « majorité dominatrice » [1] que les républiques et les démocraties de taille plus petite.

Dans *Federalist 37*, Madison ajoute à son classement préférentiel – fondé en théorie – des républiques sur les démocraties, des républiques plus grandes sur les plus petites et des républiques fédérales sur les républiques « simples », un argument fonctionnel en faveur de la supériorité d'une union plus forte que l'argument fourni par la Confédération existante. Il met ainsi l'accent sur l'exigence de ressources suffisantes pour le gouvernement d'États (membres) (fédéralement) unis afin qu'il puisse fournir ce que l'on attend de n'importe quel gouvernement digne de ce nom, à savoir : des conditions sûres pour la vie civile (c'est-à-dire la « stabilité ») au niveau domestique et une force suffisante dans le traitement des affaires étrangères (c'est-à-dire l' « énergie ») [2].

Mais Madison met également et d'emblée l'accent sur la nécessité de garantir, grâce à des mesures constitutionnelles, que le gouvernement (fédéral) – ainsi renforcé pour gérer les questions de politique intérieure et extérieure – n'empiète pas sur les principes mêmes du corps politique soumis à examen et à restructuration, c'est-à-dire : la liberté de domination (la « liberté républicaine ») et l'autonomie populaire (la « forme républicaine ») [3]. À cet effet, Madison souligne la nécessité d'équilibrer soigneusement l'exigence que le gouvernement institué par le peuple soit suffisamment fort à des fins de protections intérieure et extérieure avec l'exigence qu'il demeure soumis au contrôle dans l'exercice de ce pouvoir, un contrôle qui doit être exercé par le peuple lui-même.

Les contributions précises de la forme républicaine et fédéraliste du gouvernement prévues par la nouvelle constitution sont l'objet de la lettre *Federalist 39*. Madison offre alors une définition du terme « république » applicable à la Constitution des États-Unis soumise à examen pour ratification. S'écartant de l'idée de ses prédécesseurs, développée par Montesquieu, qui distingue les républiques démocratiques et aristocratiques, Madison considère qu'aucun type de république ne constitue en soi une république au sens propre. Il mentionne, en particulier, Venise (en raison de la variété aristocratique) et les Pays-Bas (en raison du type démocratique) comme des républiques qui n'en ont que le nom, car elles ne satisfont pas aux critères d'une république moderne, populaire véritable, à savoir : la dérivation de tout pouvoir gouvernemental de l'élection, directe ou indirecte, par une grande partie du peuple, à laquelle il faut ajouter l'exercice des fonctions gouvernementales par les personnes élues, soit pour une durée

1. *Federalist 10* : 88.
2. *Federalist 37* : 200.
3. *Ibid.*

indéfinie (« à titre amovible »), soit avec un terme fixe (un « temps limité ») soit selon leur performance (« un bon comportement ») [1]. La définition de Madison, qui offre le critère d'une république véritable, consiste à exclure les formes et les modes de gouvernement impopulaires de même qu'à inclure les pratiques gouvernementales en contradiction avec les notions démocratiques-directes des règles populaires.

Après avoir précisé que la fonction d'une république est essentiellement identique à l'autonomie populaire représentative, Madison peut repousser l'accusation des critiques anti-fédéralistes selon laquelle établir une union plus forte entre les États de la Confédération – en renforçant l'union – représenterait une menace importante pour la liberté républicaine. La réponse de Madison repose sur l'explicitation de l'interaction complexe entre les principes républicains et les structures fédérales dans la Constitution, qui a pour objectif spécifique l'amélioration réciproque de la « forme républicaine » et de la « forme fédérale », que procure la Constitution [2]. En particulier, Madison conçoit à nouveaux frais la double distinction habituelle – fédéraliste ainsi qu'antifédéraliste – entre le niveau de l'État(-membre) et le niveau fédéral du gouvernement, et ce, en introduisant un mode supplémentaire de l'action gouvernementale impliquée dans la Constitution à ratifier. Selon Madison, une action gouvernementale est « nationale » si elle agit sur la population de tous les États membres, considérés collectivement et en leur intégralité. En revanche, selon la conception de Madison, une action du gouvernement est « fédérale » si elle concerne les États membres en tant que tels.

Madison poursuit ainsi son raisonnement dans la lettre *Federalist 39* : puisque le processus de ratification en cours implique les votes individuels de chaque État membre, le processus de ratification est fédéral et respecte par conséquent la souveraineté des États. Distincte de la dimension "nationale" de l'action gouvernementale, qui concerne les relations de pouvoir directes, immédiates entre le gouvernement fédéral et la population entière, la dimension "fédérale" du gouvernement, parce qu'elle ne s'adresse directement qu'aux États membres comme tels et non à la population en tant que partie de la « nation », satisfait systématiquement les demandes anti-fédéralistes d'un gouvernement fédéral limité [3].

Madison poursuit l'extension de sa conception nationale-*cum*-fédérale (plutôt que fédérale-*versus*-État) de la Constitution à chaque branche du gouvernement en vue du recrutement républicain des membres du gouvernement [4]. Il soutient, en particulier, que la Chambre des Représentants, en raison de son mode d'élection, à savoir le vote populaire direct, est nationale plus que fédérale. En revanche, l'élection du Sénat, dans sa forme originale, c'est-à-dire en tant que nomination par les États membres, est fédérale et non pas nationale. Finalement, on peut

1. *Federalist 37* : 210.
2. *Federalist 39* : 211 *sq*.
3. *Ibid*.
4. *Federalist 39* : 212 *sq*.

considérer que le mode d'élection à la Présidence est autant fédéral que national dans la mesure où il mêle un premier vote populaire et une procédure d'élection ultérieure par des délégués (le Collège électoral).

Il résulte de l'analyse de Madison que le gouvernement – tel que conçu et défini dans la Constitution – n'est ni seulement fédéral, ni seulement national, mais un mélange de fédéral et de national, de sorte que l'ancienne confédération reçoit une superstructure qui est davantage nationale que fédérale. Certes, le gouvernement national superposé aux gouvernements des États fonctionne sous les conditions d'une fédération, qui limite systématiquement ses pouvoirs relativement aux États eu égard aux questions qui sont précisément décrites dans la Constitution. De plus, le gouvernement national fonctionne également sous les conditions de la règle républicaine, qui limite systématiquement ses pouvoirs relativement à la population considérée collectivement et individuellement, tel que cela est stipulé par la Constitution et explicitement énoncé dans la Déclaration des Droits (le *Bill of Rights*) de 1791/1792 et la liste – croissante – des Amendements détaillant les libertés propres aux citoyens (leurs « droits ») vis-à-vis de l'autorité de l'État et du pouvoir public.

L'importance croissante du républicanisme et du fédéralisme dans la Constitution soumise à considération constitue également l'objet de la lettre *Federalist 51*, qui offre une description – célèbre – des contrôles et des équilibres que les pouvoirs et les branches « distincts et séparés »[1] du gouvernement s'imposent l'un à l'autre – ce qui inclut également la rivalité, conçue au point de vue constitutionnel, des deux corps de la législature élus de manière différente et par conséquent orientés différemment (le système à deux chambres).

De plus, Madison met ici en évidence les contrôles imposés au gouvernement, non pas à l'intérieur, mais à l'extérieur, par les multiples intérêts privés, qui révéleraient la préférence excessive accordée à une faction particulière relativement à d'autres. Finalement, Madison définit deux caractéristiques de la « république fédérale d'Amérique »[2], qui protègent davantage le corps politique du contrôle absolu du gouvernement, d'une part, par l'une de ses branches, y compris l'exécutif et, d'autre part, par une majorité de personnes exerçant le contrôle gouvernemental de manière partisane (« injuste »).

La première mesure fédérale visant à préserver la liberté républicaine consiste dans un système à deux niveaux de séparation des pouvoirs, fourni par la constitution (la « république composée »), dans lequel l'attribution différentielle du pouvoir entre les États membres, d'une part, et l'union fédérale, d'autre part, aboutit à « deux gouvernements distincts »[3], dont chacun est soumis à son tour à une division de ses institutions par le système des « freins et contrepoids ».

1. *Federalist 51* : 274.
2. *Ibid.*
3. *Ibid.*

La seconde caractéristique fédérale qui garantit la liberté du gouvernement est la taille des territoires des États-Unis (la « république étendue »), qui engendre une diversité énorme de préoccupations, de préférences et d'orientations (des « intérêts »), de sorte qu'aucun ne puisse prévaloir par la constitution d'une majorité absolue, politiquement dominante [1]. Aux yeux de Madison, ces caractéristiques établissent le service systématique rendu à la « *cause républicaine* » par le « *principe fédéral* » dans sa modification ingénieusement réalisée par le système des « freins et contrepoids » et par sa combinaison créative avec le principe national (la « modification et le mélange du *principe fédéral* ») [2].

Comparée au républicanisme réservé, virtuel de Kant et à son cosmopolitisme prudent, futuriste, la Constitution des U.S.A, co-conçue et co-interprétée par Madison, est le document fondateur d'un gouvernement populaire sur le point d'entrer en vigueur, de sorte que Madison prouve sa modernité radicale en unissant les trois types classiques de constitutions *via* un système de « freins et contrepoids » encore renforcé, qui sera ensuite amélioré par la liaison des formes et des modes de gouvernement républicains, fédéraux et nationaux.

Mais cette situation unique, à savoir celle d'un commencement entièrement nouveau, à la fois en théorie et en pratique, qui a rendu possible l'expérience politique américaine, est restée en deçà de l'horizon de la pensée de Kant et de celui de presque tous ses contemporains, dont l'imagination politico-philosophique était profondément marquée par le monde Westphalien – celui du système des grands États de l'Europe Continentale, maintenus chacun à l'extérieur par un équilibre précaire des forces et à l'intérieur par un régime de monarchie absolue – en vigueur depuis les traités de Münster et d'Osnabrück qui ont mis fin à la Guerre de Trente Ans. Certes, Kant a expérimenté, bien que de manière indirecte, le soulèvement contre l'Ancien Régime en France. Mais il a manqué, comme tant d'autres, l'autre révolution dans l'Amérique du Nord lointaine, qui a, en premier lieu, réconcilié, en théorie et en pratique, le républicanisme et le fédéralisme, le gouvernement populaire et le système représentatif, le républicanisme fédéral et le républicanisme national, la liberté politique et la liberté civile [3].

Günter ZÖLLER
(Ludwig-Maximilians-Universität München)

(Traduction Sophie GRAPOTTE)

1. *Federalist* 51 : 275.

2. *Ibid*.

3. J'exprime mes remerciements à Sophie Grapotte pour la traduction en français du texte original.

ŒUVRES DE GÜNTER ZÖLLER SE RAPPORTANT AU SUJET

« Autocracy. The Psycho-Politics of Self-Rule in Plato and Kant", *in* E. Balsamão Pires, B. Nonnenmacher et S. Büttner von Stülpnagel (éd.), *Relations of the Self*, Coimbra, Coimbra University Press, 2010, p. 385-404.

« Between Rousseau and Freud. Kant on Cultural Uneasiness », *in* O. Thorndike (éd.), *Rethinking Kant*, vol. 3, Newcastle upon Tyne, Cambridge Scholars Publishing, 2011, p. 52-77.

« Kant's Political Anthropology », *Kant Yearbook*, 3, 2011, p. 131-161.

« The Virtuous Republic. Rousseau and Kant on the Relation Between Civil and Moral Religion », *in* H. Kim et S. Hoeltzel (éd.), *Kant, Fichte, and the Legacy of German Idealism*, Lanham/Boulder/New York/London, Lexington Books, 2014, p. 31-51.

« *Libertas civilis*. Zur politischen Prägung von Freiheit und Autonomie bei Kant », *in* M. Egger (éd.), *Philosophie nach Kant. Neue Wege zum Verständnis von Kants Transzendental- und Moralphilosophie*, Berlin et Boston, De Gruyter, 2015, p. 329-338.

« Mechanism or Organism. Kant on the Symbolic Representation of the Body Politic », *in* P. Kauark-Leite, G. Cecchinato, V. de Araujo Figueiredo, M. Ruffing et A. Serra (éd.), *Kant and the Metaphors of Reason*, Hildesheim et New York, Olms, 2015, p. 303-319.

Res Publica. Plato's « Republic » in Classical German Philosophy, Hong Kong/ North American distribution : Albany, NY, The Chinese University Press/State University of New York Press, 2015.

« "Without Hope and Fear." Kant's Naturrecht Feyerabend on Bindingnesss and Obligation », *in* R. Clewis (éd.), *Reading Kant's Lectures*, Berlin et Boston, De Gruyter, 2015, p. 346-361.

« Republicity. The Forensic Form of Life », *Yearbook for Eastern and Western Philosophy* (Beijing/Berlin/Boston, Chinese Academy of Social Sciences Press/De Gruyter), 1, 2016, p. 123-135.

« "Allgemeine Freiheit". Kants Naturrecht Feyerabend über Wille, Recht und Gesetz », *in* B. Dörflinger, D. Hüning et G. Kruck (éd.), *Zum Verhältnis von Recht und Ethik in Kants praktischer Philosophie*, Hildesheim, Olms, à paraître.

« *Homo homini civis*. The Politico-Philosophical Actuality of German Idealism », *in* A. Moe Rasmussen (éd.), *German Idealism Today*, Berlin et Boston, De Gruyter, à paraître.

« "Inborn Freedom." Kant's Republicanism and Its Historico-Systematic Context », *in* V. Waibel et M. Ruffing (éd.), *Proceedings of the 12th International Kant Congress, Vienna 21-25 September 2015*, Berlin et Boston, De Gruyter, à paraître.

« "Lois de la liberté". Autonomie et Conformité à la loi dans le cours Naturrecht Feyerabend de Kant », *in* S. Grapotte, M. Lequan, M. Ruffing (éd.), *Kant. L'Année 1784*, Paris, Vrin, 2017.

« "The Platonic Republic." The Beginnings of Kant's Juridico-Political Philosophy in the Critique of Pure Reason », *Estudios kantianos,* à paraître.

« "True Republic." Kant's Legalist Republicanism in Its Historical and Philosophical Context », *in* J.-C. Merle et C. Freiin von Villiez (éd.) *Kants Metaphysik der Sitten* (*Rechts- und Tugendlehre*), Berlin et Boston, De Gruyter, à paraître.

« Vom Naturzustand zur bürgerlichen Gesellschaft. Das Erbe von Rousseau », *in* M. Mori (éd.), *Vom Naturzustand zur kosmopolitischen Gesellschaft. Staat und Souveränität bei Kant*, Berlin, Springer, à paraître.

ANNEXE

DE QUELQUES TENDANCES RÉCENTES DANS LES RECHERCHES KANTIENNES[1]

Lorsque l'on veut décrire les recherches kantiennes récentes, c'est-à-dire les études kantiennes réalisées depuis les années 80, donc après le point culminant de l'intérêt suscité par les travaux de Habermas pour la philosophie hégélienne, deux choses apparaissent : d'une part, comme l'on peut s'y attendre, la recherche continue de s'orienter vers une exploitation historique – et, en particulier, une exploitation de l'histoire du développement (*entwicklungsgeschichtlich*) – de l'œuvre de Kant ; d'autre part, les tentatives pour connecter le potentiel systématique de Kant à la philosophie actuelle se sont faites toujours plus nombreuses. Cela vaut, d'un côté, pour le domaine de la philosophie théorique – et plus particulièrement pour le champ de la théorie de la connaissance et de la métaphysique – et, de l'autre côté, pour la philosophie pratique, en particulier pour le caractère de modèle de l'éthique kantienne en tant qu'éthique du devoir, avec des conséquences également pour la philosophie du droit et la philosophie politique. Même si l'esthétique kantienne a été perçue comme un modèle valable pour l'esthétique de la forme, elle n'a pu exercer que peu d'influence systématique sur les débats récents en philosophie de l'art. Même si la téléologie de Kant a connu un certain regain ces dernières années, son influence sur la philosophie de la biologie est plutôt limitée. Cela vaut également pour la philosophie de la religion[2].

1. Naturellement, le présent aperçu ne prétend pas à l'exhaustivité, mais tente de présenter les directions et tendances dans les recherches kantiennes en s'appuyant sur une sélection de textes. Les études kantiennes sont, en effet, bien plus riches que nous pourrons le mettre en évidence.

2. Cela ne signifie pas que des recherches n'ont pas été réalisées dans ce domaine. Ainsi, dans le domaine de la philosophie de la religion, on mentionnera plusieurs contributions importantes, notamment : R. Theis (éd.) : *Kant : Théologie et Religion*, Paris, Vrin, 2013 ; *id.*, *La raison et son Dieu : étude sur la théologie kantienne*, Paris, Vrin, 2012 ; T. Godlove, *Kant and the Meaning of Religion : The Critical Philosophy and Modern Religious Thought*, New York, Taubris, 2014. On mentionnera également la présentation de la nouvelle traduction en français de la *Religion dans les*

THÉORIE DE LA CONNAISSANCE ET MÉTAPHYSIQUE

Celui qui cherche à s'orienter dans les recherches kantiennes récentes, notamment dans les recherches de tendance analytique, eu égard au champ de la philosophie théorique et, en particulier, de la théorie de la connaissance et de la métaphysique, doit d'abord revenir à deux philosophes de la moitié du vingtième siècle, encore influents aujourd'hui : Wilfried Sellars et Peter Strawson. Sellars soutient, dans son œuvre marquante, *Empiricism and the philosophie of Mind* (1956), que la conception de l'empirisme traditionnel selon laquelle le fondement justificatif du savoir serait dans la conscience de simples données sensibles, est « un mythe du donné ». La philosophie kantienne *n'*est précisément *pas* coupable de cette fausse hypothès e [1].La grande originalité des études kantiennes ultérieures de Sellars a constitué une source d'inspiration indispensable pour nombre d'interprètes de Kant, précisément eu égard à la corrélation de la sensibilité et de l'entendement[2]. L'influence de Strawson est tout aussi importante que celle de Sellars. L'œuvre de Strawson, *Individuals* (1959), qui sert de point de départ à la discussion analytique des arguments transcendantaux initiée ultérieurement par Barry Stroud et son livre *The Bounds of Sen*ses (1966) – qui est devenu classique en tant que commentaire analytique de la *Critique de la raison pure* – a été largement considérée, jusqu'à aujourd'hui, comme décisive pour une discussion adéquate de Kant à la lumière de la philosophie actuelle, avant tout parce qu'on y a renoncé à certains présupposés métaphysiques déterminés[3]. Cela étant dit, l'un des plus importants livres du XXe siècle consacré à la philosophie théorique de Kant, à savoir *Kant's Transcendental Idealism : An Interpretation and Defense* ([1983], 2004) de Henry E. Allison, ne s'inscrit ni dans la tradition de Sellars ni dans celle de Strawson[4]. À la suite des travaux de Gerold Prauss, Allison développe une interprétation épistémologique de la distinction phénomène/chose en

limites de la seule raison d'Alain Renaut, Paris, P.U.F., 2016, p. 7-30. On peut affirmer la même chose de la philosophie de l'histoire de Kant. Voir à ce sujet, E. Angehrn : « Kant und die gegenwärtige Geschichtsphilosophie », *in* : D. H. Heidemann et K. Engelhard (éd.) : *Warum Kant heute ? Systematische Bedeutung und Rezeption seiner Philosophie in der Gegenwart*, Berlin/New York, De Gruyter, 2004, p. 328-351.

1. Voir *Empiricism and the Philosophy of Mind* [1956], avec une introd. de R. Rorty et un guide d'étude de R. Brandom, Cambridge/Londres, Harvard UP, 1997.

2. Voir *Science and metaphysics : Variations on Kantian Themes* [1967], Atascadero, Ridgeview, 1992 ; « The Role of the Imagination in Kant's Theory of Experience », *in* H. W. Johnstone (éd.), *Categories : A Colloquium*, University Park, The Pennsylvania State University, 1978, p. 231-245 ; « Kant's Transcendental Idealism », *in* P. Laberge, F. Duchesneau et B. E. Morrisey (éd.), *Proceedings of the Ottawa Congress on Kant in the Anglo-American and Continental Traditions*, Ottawa, The University of Ottawa Press 1976, p. 165-181 ; « Some Remarks on Kant's Theory of Experience », *in* : W. Sellars, *Essays in Philosophy and its History*, Dordrecht, Reidel, 1974, p. 44-61.

3. Voir *Individuals*, Londres, Methuen, 1959 et *The Bounds of Sense*, Londres, Methuen, 1966.

4. Voir *Kant's Transcendental Idealism. An Interpretation and Defense*, New Haven/Londres, Yale UP, 2004 (2e éd.) et *Idealism and Freedom. Essays on Kant's Theoretical and Practical Philosophy*, Cambridge, CUP, 1996.

soi, selon laquelle il ne s'agit pas d'objets numériquement différents, mais d'un seul et même objet considéré dans la perspective de la connaissance humaine et dans une autre perspective. La suggestion d'interprétation d'Allison a fait l'objet de plusieurs discussions sur la chose en soi de Kant, par exemple : dans l'interprétation réaliste de la chose en soi qu'offre Paul Guyer dans son œuvre : *Kant and the Claims of Knowledge* (1987)[1]. D'une certaine manière, le débat autour du phénomène et de la chose en soi continue de dominer la recherche kantienne suite à la controverse qui oppose Allison et Guyer. L'interprétation réaliste de la chose en soi avec laquelle Guyer justifie, en dernière instance, le reproche d'inconsistance interne de la philosophie transcendantale kantienne porte déjà des caractères métaphysiques – comme cela apparaît clairement dans le livre de Rae Langton : *Kantian Humility : Our Ignorance of Things in Themselves* (1998). Langton défend la thèse selon laquelle Kant distinguerait les propriétés des substances intrinsèques non connaissables et les propriétés intrinsèques relationnelles (phénoménales) connaissables. L'affirmation à proprement parler incompatible avec la théorie kantienne, selon laquelle des sujets connaissant finis peuvent savoir qu'il y a des substances qui possèdent des propriétés, mais que l'on ne peut pas connaître, se trouve, ce faisant, établie. L'interprétation de la métaphysique kantienne de Langton a fait l'objet d'une réception aussi bien critique que positive dans les recherches kantiennes[2].

Une telle interprétation métaphysique de Kant, comme celle de Langton, est surtout attrayante pour nombre de philosophes contemporains parce qu'elle semble amener la philosophie théorique de Kant dans un dialogue direct avec la philosophie analytique actuelle *dominante* et, en particulier, avec le réalisme scientifique qui part d'un monde de choses qui existent en soi, qui contient des entités non observables mais cependant réelles. L'*idéalisme* de la philosophie transcendantale kantienne demeure largement laissé de côté. Néanmoins, une interprétation métaphysique classique de Kant a pu s'établir à côté de l'interprétation analytico-métaphysique. L'interprétation métaphysique classique de Kant remonte à Heimsoeth et Wundt qui, dans des publications parues en 1924, combattent le modèle d'interprétation purement scientifique et épistémologique[3]. C'est dans cette direction que Karl Ameriks argumente depuis les années 1980, par exemple dans *Kant's Theory of the Mind : An Analysis of the*

1. Voir, *Kant and the Claims of Reason*, Cambridge, CUP, 1987.

2. Le projet de Strawson d'une « métaphysique descriptive » dans *Individuals*, remontant, entre autres, à Kant, fait certes partie du domaine de l'interprétation analytique de Kant au sens large du terme, mais a pour but de décrire les caractéristiques générales de la connaissance humaine, et non pas d'établir les propriétés de choses en soi indépendantes de l'expérience.

3. Voir M. Wundt, *Kant als Metaphysiker*, Stuttgart, F. Enke, 1924 et H. Heimsoeth, *Persönlichkeitsbewusstsein und Ding an sich in der Kantischen Philosophie* [1924], in *id.*, *Studien zur Philosophie Immanuel Kants. Metaphysische Ursprünge und Ontologische Grundlagen*, Cologne, Bouvier, 1956, p. 227-257 (= *Kantstudien*, Ergänzungshefte, 71).

Paralogism of Pure Reason (1982)[1]. Selon Ameriks, Kant critique, certes, la métaphysique traditionnelle de l'âme, sans pouvoir renoncer, cependant, dans sa propre théorie de l'esprit, à des présupposés métaphysiques classiques propres. En ce sens Kant est de fait, d'un côté, idéaliste, mais, de l'autre côté, il part d'une intuition fondamentale, donc de la conception selon laquelle la réalité empirique est telle qu'elle se présente à nous.

Au demeurant, la philosophie kantienne du sujet est également discutée à partir de la perspective contemporaine de la philosophie de l'esprit (*Philosophy of Mind*), où les livres de Kitcher et de Brook ont largement retenu l'attention. *Kant's Transcendental Psychology* (1990) de Patricia Kitcher représente une lecture fonctionnaliste de la théorie kantienne de la connaissance, qui a été développée plus avant par Andrew Brook dans *Kant and the Mind* (1994). Selon la lecture fonctionnaliste, les fonctions cognitives sont interprétées à partir de l'analyse et de l'observation des activités cognitives de la capacité humaine de connaître et ne sont pas immédiatement saisies par la conscience. L'esprit humain se connaît alors non pas comme il est en soi, mais tel qu'il apparaît dans l'exercice de ses fonctions cognitives[2].

Depuis les années 1970, la dimension réaliste de l'idéalisme transcendantal constitue, de plus en plus, un centre d'intérêt. Hilary Putnam n'a cessé d'insister sur le fait que, par delà des différences dans les détails, l'idéalisme transcendantal de Kant est, combiné avec le réalisme empirique, le précurseur de son propre réalisme interne. Selon l'argumentation de Putnam, notamment dans *Raison, vérité et histoire* (1984), Kant a parfaitement saisi que le réalisme métaphysique – suivant lequel la réalité ne dépend pas de ce que nous pouvons connaître – représente une position en soi incohérente qui devrait être remplacée par le réalisme interne en tant qu'équivalent du réalisme empirique[3]. Selon le réalisme empirique, nous ne pouvons considérer comme réel que ce que nous pouvons en général connaître. Le débat sur le réalisme kantien a toujours été mêlé à la question de l'existence des choses en soi.

Récemment, Lucy Allais, dans son livre instructif : *Manifest Reality. Kant's Idealism and his Realism*[4], a proposé l'interprétation selon laquelle la distinction entre le phénomène et la chose en soi serait à comprendre dans le sens d'une

1. *Kant's Theory of the Mind : An Analysis of the Paralogism of Pure Reason*, New York, OUP, 1982. Voir aussi C. Dyck, *Kant and Rational Psychology*, Cambridge, CUP, 2014 et M. Zobrist, *Subjekt und Subjektivität in Kants theoretischer Philosophie : Eine Untersuchung zu den transzendentalphilosophischen Problemen des Selbstbewusstseins und Daseinsbewusstseins*, Berlin/Boston, De Gruyter, 2011.

2. Voir P. Kitcher, *Kant's Transcendental Psychology*, New York, OUP, 1990 et A. Brook, *Kant and the Mind*, Cambridge, CUP, 1994.

3. Voir *Reason, truth and history*, Cambridge, CUP, 1981 (trad.fr. : *Raison, vérité et histoire*, Paris, Éd. de Minuit, 1984) et aussi « Wie man zugleich interner Realist und transzendentaler Idealist sein kann », *in* H. Putnam, *Von einem realistischen Standpunkt. Schriften zu Sprache und Wirklichkeit*, éd. par V. C. Müller, Reinbek (Hamburg), Rowohlt, 1993, p. 156-173.

4. L. Allais, *Manifest Reality. Kant's Idealism and his Realism*, New York, OUP, 2015.

version ontologique de l'interprétation-des-deux-aspects[1] (*Zwei Aspekte-Deutung*). En conséquence, les choses ont des propriétés manifestes, phénoménales et nous sont, dans cette mesure, connaissables et des propriétés intrinsèques que nous ne pouvons pas connaître même si nous devons savoir qu'elles possèdent ces propriétés[2].

Les questions de la spécificité de l'idéalisme transcendantal et du réalisme empirique, qui lui est lié, se trouvent en rapport étroit avec la conception philosophique transcendantale de la nature, notamment avec la compréhension de ce que sont les lois de la nature selon Kant, que ce soit dans la *Critique de la raison pure* ou dans les *Premiers principes métaphysiques de la science de la nature*. La signification de la contribution kantienne à la philosophie des sciences a surtout été élaborée par Michael Friedman dans *Kant and the Sciences*[3] contre des positions alternatives développées dans les études kantiennes[4]. *Kants Kosmologie* de Brigitte Falkenburg[5] ainsi que *Das Einfache und die Materie*[6] de Kristina Engelhard constituent des travaux importants dans ce domaine. En outre, dans ses travaux sur la philosophie des sciences, Friedman a, en particulier, mis en évidence le rôle de la philosophie kantienne des mathématiques[7]. Précisément, ces dernières années, les débats eu égard à la philosophie des mathématiques ont été particulièrement féconds. Partant des discussions intenses qui se poursuivent sur le problème des objets non congruents, la recherche s'est surtout attachée à l'explication du concept kantien de perception[8]. La controverse tourne autour de

1. Voir. G. Prauss, *Erscheinung bei Kant. Ein Problem der* Kritik der reinen Vernunft, Berlin, De Gruyter, 1970 et H. Allison, *Kant's Transcendental Idealism*, *op. cit.*

2. Voir aussi J. Van Cleve, *Problems from Kant*, New York/Oxford, OUP, 1999 ; P. Abela, *Kant's Empirical Realism*, New York, OUP, 2002 et D. H. Heidemann, *Kant und das Problem des metaphysischen Idealismus*, Berlin/New York, De Gruyter, 1998 (= *Kantstudien*, Ergänzungsheft, 131).

3. Voir, *Kant and the Exact Sciences*, Cambridge, Harvard UP, 1992.

4. Par exemple : G. Buchdahl, *Kant and the Dynamics of Reason. Essays on the Structure of Kant's Philosophy*, Oxford/Cambridge, Blackwell, 1992.

5. *Kants Kosmologie. Die wissenschaftliche Revolution in der Naturphilosophie des 18. Jahrhunderts*, Frankfurt a. M., Klostermann, 2000.

6. *Das Einfache und die Materie. Untersuchungen zu Kants Antinomie der Teilung*, *Kantstudien*, Ergänzungsheft 148, Berlin, De Gruyter, 2005.

7. Voir, entre autres, « Kant on Geometry and Spatial Intuition », *Synthese*, 186, 2012, p. 231-255 et « Geometry, Construction and Intuition in Kant and His Successors », *in* G. Scher et R. Tieszen (éd.), *Between Logic and Intuition : Essays in Honor of Charles Parsons*, Cambridge, CUP, 2000, p. 186-218. Pour d'autres travaux consacré à la conception kantienne des différentes sciences, voir par exemple : M. Lequan : *La chimie selon Kant*, Paris, P.U.F., 2000; S. Grapotte, M. Lequan et M. Ruffing (éd.) *Kant et la Science. La théorie critique et transcendantale de la connaissance*, Paris, Vrin, 2011 ; *id.*, *Kant et les sciences. Un dialogue philosophique avec la pluralité des savoirs*, Vrin, Paris, 2011 ; voir aussi le *Kant Yearbook* 9, 2017, sur le thème « Philosophy of Science » et le *Kant Yearbook* 3, 2011, sur l'anthropologie.

8. Voir J. V. Burocker, *Space and Incongruence. The Origin of Kant's Idealism*, Dordrecht, Springer, 1981 ; J. van Cleve et R. E. Frederick (éd.), *The Philosophy Of Right And Left : Incongruent Counterparts and the Nature of Space*, Dordrecht, Springer, 1991.

la question de savoir si la propriété de l'immédiateté prévaut sur celle de la singularité ou inversement. Selon Jakko Hintikka, la singularité a le primat relativement à l'immédiateté de l'intuition, notamment parce que l'intuition est une *repraesentatio singularis*[1]. Parsons a avant tout objecté à la conception de Hintikka, que l'immédiateté de l'intuition implique certes la singularité, mais pas l'immédiateté de l'intuition[2].

Le concept kantien de l'intuition comme une représentation non conceptuelle, singulière (*repraesentatio singularis*), est devenu, ces dernières années, notamment par le biais du livre de McDowell, *Mind and World* (1994)[3], la pomme de discorde d'un débat de principe autour de la philosophie kantienne, qui va bien au-delà de la philosophie des mathématiques. Il s'agit, dans ce débat, de savoir si Kant est conceptualiste ou non-conceptualiste, c'est-à-dire s'il admet des représentations qui possèdent un contenu représentationnel et sont, dans cette mesure, objectives, sans avoir pour autant de propriétés conceptuelles. Alors que les conceptualistes ne nient pas qu'il y ait des représentations non conceptuelles, par exemple les impressions des sens ou les sentiments, ils contestent la possibilité de représentations non conceptuelles du monde. Les non-conceptualistes, en revanche, admettent cette possibilité[4].

Les débats portant sur le contenu non conceptuel chez Kant ont pris, par la suite, des directions contraires et ne peuvent être considérés comme clos, mais se sont étendus au contexte étroit de la philosophie théorique à l'esthétique kantienne. Car c'est dans l'esthétique que Kant admet des jugements, à savoir les jugements de goût, qui sont résolument non conceptuels, mais, cependant, en un sens spécifique, représentationnels[5]. Même si l'esthétique kantienne continue d'être reconnue[6] comme la théorie modèle qui part de l'observateur esthétique, la recherche a surtout développé, récemment, un fort intérêt pour son caractère spécifiquement cognitif concernant, par exemple, la fonction du donné sensible dans l'expérience esthétique ou dans l'établissement des jugements esthétiques[7].

1. « Kant on the mathematical method », *in* C. Posy (éd.), *Kant's Philosophy of Mathematics : Modern Essays*. Dordrecht, Springer, 1992, p. 21-42.

2. « Kant's Philosophy of Arithmetic », *in* C. Posy (éd.), *Kant's Philosophy of Mathematics, op. cit.*, p. 43-79. Sur ce débat, voir également L. Falkenstein, *Kant's Intuitionism. A Commentary on the Transcendental Aesthetic*, Toronto, University of Toronto Press, 1995.

3. *Mind and World*, Cambridge/London, Harvard UP, 1994.

4. Voir D. H. Heidemann (éd.), *Kant and Non-Conceptual Content*, London/New York, Routledge, 2013 ; D. Schulting (éd.), *Kantian Nonconceptualism*, London, Palgrave, 2016 ; M. Birrer, *Transzendentaler Schematismus. Zum Verhältnis von Sinnlichkeit und Verstand*, thèse de doctorat, Luxembourg, 2016 (à paraître).

5. Voir H. Ginsborg, *The role of taste in Kant's theory of cognition*, New York, Londres, Garland, 1990 et D. H. Heidemann, « Kant's aesthetic nonconceptionalism », *in* D. Schulting (éd.), *Kantian Nonconceptualism, op. cit.*

6. Voir sur ce point, K. Engelhard, « Kant in der Gegenwartsästhetik », *in* D. H. Heidemann et K. Engelhard (éd.), *Warum Kant heute ?, op. cit.*, p. 352-382.

7. Voir l'ouvrage collectif édité par R. Kukla, *Aesthetics and Cognition in Kant's Critical Philosophy*, New York, CUP, 2006 ; F. Hughes, *Kant's Aesthetic Epistemology*, Edinburgh,

Or, à première vue, la téléologie kantienne se comporte comme l'esthétique. Car les efforts accomplis, ces derniers temps, pour mettre en valeur la téléologie kantienne aussi bien au point de vue historique que systématique n'ont cessé de croître[1]. Il appert difficile d'exploiter les connaissances de Kant en téléologie pour la biologie actuelle. Cela étant dit, il existe des tentatives, comme celles de Jennifer Mensch dans *Kant's Organicism*, pour attribuer au concept d'épigénèse et, en général, à la téléologie, une signification fondamentale dans la pensée philosophique kantienne, qui va au-delà de la biologie[2].

LA PHILOSOPHIE PRATIQUE

La *Théorie de la justice* de Rawls ([1971], 1987 pour la trad. fr.) est considérée, aujourd'hui encore, comme la référence systématique décisive pour la philosophie pratique, c'est-à-dire, actuellement, aussi bien pour l'éthique que pour les philosophies du droit et politique contemporaines[3]. Grâce au modèle de fondation contractualiste reformulé de l'éthique, Rawls parvient à connecter Kant aux débats contemporains en philosophie morale. Des étudiant(e)s de Rawls, comme Onora O'Neil, Barbara Hermann, Christine Korsgaard ou Thomas Pogge, en ont assuré la relève chacun(e) à sa manière, de même que Thomas Scanlon, dont *What we owe to each other* (1998)[4], s'appuie explicitement sur contractualisme rawlsien et la rationalité pratique kantienne en général. Une chose caractérise les contributions récentes à la philosophie morale de Kant, à savoir : elles s'intéressent – du moins dans le contexte de la philosophie contemporaine – aussi bien aux questions éthiques des principes qu'à la fondation des devoirs moraux ou de la rationalité pratique en général tout en se penchant, de l'autre côté, sur les domaines de l'applicabilité pratique[5]. De plus, nombreux sont

Edinburgh University Press, 2007 et B. Kalar, *The Demands of Taste in Kant's Aesthetics*, London/New York, Continuum, 2006.

1. Voir les contributions ainsi que la bibliographie exhaustive dans *Kant Yearbook* 1, 2009 sur le thème de la téléologie ainsi que C. Bouton, F. Brugère und C. Lavaud (éd.), *L'Année 1790. Critique de la faculté de juger – Beauté, Vie, Liberté*, Paris, Vrin, 2008.

2. Voir J. Mensch : *Kant's Organicism. Epigenesis and the Development of Critical Philosophy*, London, The University of Chicago Press, 2013, ainsi que la discussion de cette publication de J. Zammito : « Bringing Biology Back In : The Unresolved Issue of "Epigenesis" in Kant », *Con-Textos Kantianos. International Journal of Philosophy*, 1, 2015, p. 197-216 et G. Zöller, « Metaphor and Method. Jeniffer Mensch's Organicist Kant Interpretation in Context », *Con-Textos Kantianos. International Journal of Philosophy*, 1, 2015, p. 217-234.

3. Voir *A Theory of Justice*, New Haven, Harvard UP, 1971.

4. *What we owe to each other*, New Haven, Harvard UP, 1998.

5. On mentionnera, par exemple, O. O'Neill, *Autonomy and Trust in Bioethics*, Cambridge, CUP, 2002 ; *Justice Across Boundaries : Whose Obligations ?*, Cambridge, CUP, 2016, T. W. Pogge, *World Poverty and Human Rights : Cosmopolitan Responsibilities and Reforms*, Londres, Polity Press, 2002, mais aussi T. Svoboda, *Duties Regarding Nature : A Kantian Environmental Ethics*, New York/Abingdon, Routledge, 2015.

ceux qui considèrent l'éthique kantienne fondamentalement comme un modèle théorique exemplaire d'éthique du devoir[1].

Dans sa thèse dirigée par Rawls, *Acting on Principles. An Essay On Kantian Ethics* (2013 pour la seconde édition ; la première édition est parue en 1975 sous le titre d'*Universalisability*), Onora O'Neil explicite déjà comment l'éthique de Kant peut se défendre contre le reproche de formalisme vide formulé déjà par Hegel, puis, plus tard, par Mill[2]. Dans *Constructions of Reason. Explorations of Kant's Practical Philosophy* (1990), Onora O'Neil développe davantage sa défense de l'éthique kantienne[3]. D'après le diagnostic d'Onora O'Neil, la conception kantienne de la rationalité se distingue fondamentalement des théories modernes et contemporaines. Plus précisément : il faut concevoir la rationalité kantienne de façon constructiviste, où les obligations morales précèdent les prétentions juridiques. Dans son livre, *The Practice of Moral judgement* (1993), Barbara Hermann tente également de défendre l'éthique kantienne contre les contresens et de réfléchir au contenu originel qui, selon elle, ne se réduit pas au concept du devoir, c'est-à-dire au concept de fondation de la rationalité pratique[4]. À l'instar d'O'Neil et de Herman, Christine Korsgaard, dans *Creating the Kingdom of Ends* (1996), s'efforce de réhabiliter l'éthique kantienne en montrant dans quelle mesure on rencontre dans les œuvres kantiennes de philosophie morale des réflexions –qui demeurent pertinentes– sur les valeurs morales, les relations sociales ou encore sur le concept de personne[5].

De même, dans *Kantian Ethics Almost without Apology* (1995), Marcia Baron propose une interprétation de l'éthique kantienne, dirigée contre l'insistance excessive sur le concept du devoir et, avant tout, donne la parole à la doctrine kantienne de la vertu souvent négligée[6]. Baron a également développé la

1. Parmi les nombreuses publications, voir, entre autres, H. E. Allison : *Kant's Groundwork for the Metaphysics of Morals : A Commentary*, Oxford/New York, OUP, 2011 ; *id.*, *Kants Theory of Freedom*, Cambridge, CUP, 1990; P. Guyer, *Kant on Freedom, Law, and Happiness*, Cambridge, CUP, 2000 ; J. Timmermann : *Kant's Groundwork of the Metaphysics of Morals : A Commentary*, Cambridge, CUP, 2010 ; R. Louden, *Kants Impure Ethics : From Rational Beings to Human Beings*, New York, OUP, 2000 ; S. Engstrom, *The Form of Practical Knowledge. A Study of the Categorical Imperative*, Cambridge/London, Harvard UP, 2009 ; D. Schönecker, *Kant : Grundlegung III : Die Deduktion des kategorischen Imperativs*, Freiburg i. Br., Verlag Karl Alber, 1999; T. Hill : *Human Welfare and Moral Worth : Kantian Perspectives*, Oxford/New York, OUP, 2002. K. Düsing, « Kants Ethik in der Philosophie der Gegenwart », *in* D. H. Heidemann et K. Engelhard (éd.), *Warum Kant heute ?*, *op. cit.*, p. 231-263 ainsi que le *Kant Yearbook* 4, 2012, sur Kant et la philosophie morale contemporaine, (« Kant and Contemporary Moral Philosophy ») nous offrent un aperçu de la littérature récente consacrée à l'éthique kantienne.

2. *Acting on Principle : An Essay On Kantian Ethics*, Cambridge, CUP, [2]2013.

3. *Constructions of Reason. Explorations of Kant's Practical Philosophy*, Cambridge/New York, CUP, 1990.

4. *The Practice of Moral Judgment*, Cambridge/London, Harvard UP, 1993.

5. *Creating the Kingdom of Ends*, Cambridge/New York, CUP, 1996 et *Self-Constitution : Agency, Identity, and Integrity*, Oxford/New York, OUP, 2009.

6. *Kantian Ethics Almost Without Apology*, Ithaca/N. Y., Cornell UP, 1995.

signification de la doctrine kantienne de la vertu dans d'autres recherches[1]. Ajoutons que, dans *Kant's Defense* (2013)[2], Jeanine Grenberg adopte une approche semblable à celle de Baron, lorsqu'elle s'efforce d'offrir une interprétation appropriée du concept de personne comme agent moral et du rôle du sentiment ainsi que, de manière général, de l'expérience dans l'éthique kantienne.

On ne saurait nier que le concept d'autonomie dans l'éthique kantienne a une fonction fondamentale. Pourtant, ce n'est que, ces dernières années, que la recherche s'est consacrée à une analyse plus approfondie de ce concept. On peut mentionner, dans cette perspective, le livre d'Andrew Reath, *Agency and Autonomy*[3]. Selon Reath, le concept d'autonomie dans l'éthique kantienne a, avant tout, une signification politique. L'« autonomie », chez Kant, ne doit pas être comprise psychologiquement, mais au sens où les agents moraux sont des législateurs souverains[4]. Il y a, chez Kant, entre le concept d'autonomie et celui de dignité humaine un lien direct de fondation. Il n'y a donc rien de surprenant à ce que la recherche se soit tout particulièrement consacrée à ce concept. Oliver Sensen, par exemple, dans son livre *Kant and Human Dignity* (2011), a reconstruit le rapport entre dignité humaine, valeur et respect, et est parvenu à la conclusion que le respect d'autrui, chez Kant, n'est pas légitimé par le concept de dignité humaine[5]. Ajoutons que tous ces thèmes sont considérés de manière appropriée dans l'importante – et pertinente – bibliographie qui recense les écrits consacrés à la philosophie morale de Kant.

La philosophie juridique et politique de Kant se trouve également, depuis quelques années, au centre de la recherche kantienne[6]. S'écartant du paradigme rawlsien, Katrin Flickschuh argumente dans son *Kant and Modern Political Philosophy* (2004)[7] que le cosmopolitisme kantien ne repose sur un modèle de fondation contractualiste. Dans *Force and Freedom. Kant's Legal and Political*

1. Par ex. : M. Baron, « Impartiality and Friendship », *Ethics*, 101, 1991, p. 836-857 ; *Virtue Ethics, Kantian Ethics and the « One Thought too Many » Objection*, *in* M. Belzer (éd.), *Kant's Virtue Ethics*, Berlin/New York, De Gruyter, 2008, p. 246-277. Voir également A. Esser, *Eine Ethik für Endliche : Kants Tugendlehre in der Gegenwart*, Stuttgart-Bad Cannstatt, Frommann-Holzboog, 2004.

2. *Kant's Defense of Common Moral Experience: A Phenomenological Account*, Cambridge, CUP, 2013.

3. *Agency and Autonomy in Kant's Moral Theory : Selected Essays*, Oxford/New York, Clarendon Press, 2006.

4. Sur l'autonomie chez Kant, voir O. Sensen (éd.), *Kant on Moral Autonomy*, Cambridge, CUP, 2012.

5. *Kant on Human Dignity*, Berlin/Boston, De Gruyter, 2011.

6. Voir I. Fetscher, « Grenzen der Aktualität der politischen Philosophie Kants », *in* D. H. Heidemann et K. Engelhard (éd.), *Warum Kant heute ?*, *op. cit.*, p. 286-305 ; W. Kersting, *Wohlgeordnete Freiheit. Immanuel Kants Rechts- und Staatsphilosophie*, Frankfurt a. M., Suhrkamp, 1993 ; H.-G. Schmitz, « Kantisches Vernunftrecht und seine gegenwärtige rechtsphilosophische Reinterpretation », *in* D. H. Heidemann et K. Engelhard (éd.), *Warum Kant heute ?*, *op. cit.*, p. 306-327.

7. *Kant and Modern Political Philosophy*, Cambridge, CUP, 2004.

Philosophy (2009)[1], Arthur Ripstein s'efforce de défendre la conception kantienne de la contrainte juridique et politique ainsi que celle de la liberté contre les critiques modernes de la philosophie politique et juridique de Kant[2]. Depuis deux décennies, le cosmopolitisme kantien rencontre un intérêt considérable ; intérêt qui concerne aussi bien le cosmopolitisme de la philosophie kantienne des relations internationales que l'orientation cosmopolitique de la philosophie kantienne[3]. – Une chose se cristallise de plus en plus clairement dans les discussions avec la philosophie de Kant des décennies passées : Kant est un penseur systématique au sens propre du terme, de sorte qu'un accès fragmentaire à son œuvre, qui considère seulement des éléments séparés et non la totalité des éléments, se révèle inapproprié pour saisir l'intérêt philosophique de son œuvre[4].

Dietmar HEIDEMANN
Université du Luxembourg
(Traduction Lukas K. SOSOE)

1. *Force and Freedom : Kant's Legal and Political Philosophy*, Cambridge/London, Harvard UP, 2009.

2. Sur la philosophie du droit chez Kant, voir en particulier : B. Sharon Byrd et J. Hruschka, *Kant's Doctrine of Right. A Commentary*, Cambridge, CUP, 2010.

3. Par exemple : O. Höffe, « *Königliche Völker* » *: Zu Kants kosmopolitischer Rechts- und Friedenstheorie*, Frankfurt a. M., Suhrkamp, 2001 et P. Kleingeld, *Kant and Cosmopolitism. The Philosophical Ideal of World Citizenship*, Cambridge, CUP, 2012.

4. Je tiens à exprimer mes remerciements à mon collègue Lukas Sosoe pour la traduction en français du texte original.

TABLE DES MATIÈRES

PHILOSOPHIE PRATIQUE

À LA MÊME LIBRAIRIE

Années 1747-1781. Kant. Avant la Critique de la raison pure, sous la direction de Luc Langlois, 352 p., 2009.

L'année 1790. Kant. Critique de la faculté de juger. *Beauté, vie, liberté*, sous la direction de Christophe Bouton, Fabienne Brugère et Claudie Lavaud, 352 p., 2008.

L'année 1793. Kant. Sur la politique et la religion, sous la direction de Jean Ferrari, 272 p., 1995.

L'année 1795. Kant. Essai sur la paix, sous la direction de Pierre Laberge, Guy Lafrance et Denis Dumas, 406 p., 1997.

L'année 1796. Kant. Sur la paix perpétuelle. De Leibniz aux héritiers de Kant, sous la direction de Simone Goyard-Fabre et Jean Ferrari, 216 p., 1998.

L'année 1797. Kant. La métaphysique des mœurs, sous la direction de Simone Goyard-Fabre et Jean Ferrari, 144 p., 2000.

L'année 1798. Kant. Sur l'anthropologie, sous la direction de Jean Ferrari, 224 p., 1997.

Années 1796-1803. Kant. Opus postumum. Philosophie, science, éthique et théologie, sous la direction de Ingeborg Schüssler, édité par Christophe Erismann, 246 p., 2001.

Années 1781-1801. Kant. Critique de la raison pure. *Vingt ans de réception*, sous la direction de Claude Piché, 288 p., 2002.

Kant. Les sources de la philosophie kantienne aux XVII*e et* XVIII*e siècles*, sous la direction de Lukas K. Sosoe et Robert Theis, 384 p., 2005.

Kant et les Lumières européennes, sous la direction de Lorenzo Bianchi, Jean Ferrari et Alberto Postigliola, 374 p., 2009.

Kant et Wolff. Héritages et ruptures, sous la direction de Sophie Grapotte et Tinca Prunea-Bretonnet, 236 p., 2011.

Kant et la Science. La théorie critique et transcendantale de la connaissance, sous la direction de Sophie Grapotte, Mai Lequan et Margit Ruffing, 328 p., 2011.

Kant et les sciences. Un dialogue philosophique avec la pluralité des savoirs, sous la direction de Sophie Grapotte, Mai Lequan et Margit Ruffing, 388 p., 2011.

Kant. Théologie et religion, sous la direction de Robert Theis, 402 p., 2013.

Kant. La raison pratique, sous la direction de Sophie Grapotte, Margit Ruffing, et Ricardo Terra, 426 p., 2015.

Achevé d'imprimer par Corlet Numérique - 14110 Condé-sur-Noireau
N° d'Imprimeur : 137523 - Dépôt légal : avril 2017 - *Imprimé en France*